Caro aluno, seja bem-vindo à sua plataforma do conhecimento!

A partir de agora, você tem à sua disposição uma plataforma que reúne, em um só lugar, recursos educacionais digitais que complementam os livros impressos e são desenvolvidos especialmente para auxiliar você em seus estudos. Veja como é fácil e rápido acessar os recursos deste projeto.

1 Faça a ativação dos códigos dos seus livros.

Se você NÃO tiver cadastro na plataforma:
- Para acessar os recursos digitais, você precisa estar cadastrado na plataforma educamos.sm. Em seu computador, acesse o endereço <br.educamos.sm>.
- No canto superior direito, clique em "**Primeiro acesso? Clique aqui**". Para iniciar o cadastro, insira o código indicado abaixo.
- Depois de incluir todos os códigos, clique em "**Registrar-se**" e, em seguida, preencha o formulário para concluir esta etapa.

Se você JÁ fez cadastro na plataforma:
- Em seu computador, acesse a plataforma e faça o *login* no canto superior direito.
- Em seguida, você visualizará os livros que já estão ativados em seu perfil. Clique no botão "**Adicionar livro**" e insira o código abaixo.

Este é o seu código de ativação! → **DCEL6-A6XBR-AUJ8P**

2 Acesse os recursos.

Usando um computador

Acesse o endereço <br.educamos.sm> e faça o *login* no canto superior direito. Nessa página, você visualizará todos os seus livros cadastrados. Para acessar o livro desejado, basta clicar na sua capa.

Usando um dispositivo móvel

Instale o aplicativo educamos.sm, que está disponível gratuitamente na loja de aplicativos do dispositivo. Utilize o mesmo *login* e a mesma senha da plataforma para acessar o aplicativo.

Importante! Não se esqueça de sempre cadastrar seus livros da SM em seu perfil. Assim, você garante a visualização dos seus conteúdos, seja no computador, seja no dispositivo móvel. Em caso de dúvida, entre em contato com nosso canal de atendimento pelo **telefone 0800 72 54876** ou pelo *e-mail* atendimento@grupo-sm.com.
BRA215302_13114

LÍNGUA PORTUGUESA

GERAÇÃO ALPHA

9

EVERALDO NOGUEIRA
Bacharel e licenciado em Letras pela Universidade de Guarulhos (UNG).
Especialista em Língua Portuguesa pelo Instituto Alberto Mesquita de Camargo da Universidade São Judas Tadeu (USJT).
Mestre e Doutor em Língua Portuguesa pela Pontifícia Universidade Católica de São Paulo (PUC-SP).
Professor e coordenador de Língua Portuguesa na rede particular.

GRETA MARCHETTI
Bacharela e licenciada em Letras pela Faculdade de Filosofia, Letras e Ciências Humanas (FFLCH) da Universidade de São Paulo (USP).
Mestra em Educação pela Faculdade de Educação (FE) da USP.
Doutora em Linguística Aplicada e Estudos da Linguagem pela PUC-SP.
Professora e coordenadora de Língua Portuguesa na rede particular.

MIRELLA L. CLETO
Bacharela em Letras pela FFLCH-USP e licenciada em Letras pela FE-USP.
Professora de Língua Portuguesa na rede particular.

São Paulo, 5ª edição, 2023

Geração Alpha Língua Portuguesa 9
© SM Educação
Todos os direitos reservados

Direção editorial André Monteiro
Gerência editorial Lia Monguilhott Bezerra
Edição executiva Isadora Pileggi Perassollo
Colaboração técnico-pedagógica: Cristiane Imperador, Millyane M. Moura Moreira, Priscila Piquera Azevedo
Edição: Beatriz Rezende, Cláudia Letícia Vendrame Santos, Cristiano Oliveira da Conceição, Ieda Rodrigues, Laís Nóbile, Lígia Maria Marques, Raphaela Comisso, Raquel Lais Vitoriano, Rosemeire Carbonari, Tatiane Brugnerotto Convelsan
Suporte editorial: Camila Alves Batista, Fernanda de Araújo Fortunato

Coordenação de preparação e revisão Cláudia Rodrigues do Espírito Santo
Preparação: Andréa Vidal, Iris Gonçalves
Revisão: Daniela Uemura, Janaína T. Silva, Márcio Medrado
Apoio de equipe: Lívia Taioque

Coordenação de *design* Gilciane Munhoz
***Design*:** Lissa Sakajiri, Paula Maestro, Camila N. Ueki
Ilustrações que acompanham o projeto: Laura Nunes

Coordenação de arte Vitor Trevelin
Edição de arte: Fabiane Eugenio, Renné Ramos
Assistência de arte: Selma Barbosa Celestino
Assistência de produção: Júlia Stacciarini Teixeira

Coordenação de iconografia Josiane Laurentino
Pesquisa iconográfica: Bianca Fanelli
Tratamento de imagem: Marcelo Casaro

Capa Megalo | identidade, comunicação e design
Ilustração da capa: Thiago Limón

Projeto gráfico Megalo | identidade, comunicação e design; Lissa Sakajiri, Paula Maestro, Camila N. Ueki

Editoração eletrônica Arbore Comunicação
Pré-impressão Américo Jesus
Fabricação Alexander Maeda
Impressão Gráfica Santa Marta

Dados Internacionais de Catalogação na Publicação (CIP)
(Câmara Brasileira do Livro, SP, Brasil)

Nogueira, Everaldo
Geração alpha língua portuguesa, 9 /
Everaldo Nogueira, Greta Marchetti, Mirella L.
Cleto. -- 5. ed. -- São Paulo : Edições SM, 2023.

ISBN 978-85-418-3103-1 (aluno)
ISBN 978-85-418-3104-8 (professor)

1. Língua portuguesa (Ensino fundamental) I. Marchetti, Greta. II. Cleto, Mirella L. III. Título.

23-154475 CDD-372.6

Índices para catálogo sistemático:
1. Língua portuguesa : Ensino fundamental 372.6

Cibele Maria Dias - Bibliotecária - CRB-8/9427

5ª edição, 2023
1 Impressão, Setembro 2023

SM Educação
Avenida Paulista, 1842 – 18º andar, cj. 185, 186 e 187 – Condomínio Cetenco Plaza
Bela Vista 01310-945 São Paulo SP Brasil
Tel. 11 2111-7400
atendimento@grupo-sm.com
www.grupo-sm.com/br

APRESENTAÇÃO

OLÁ, ESTUDANTE!

Ser jovem no século XXI significa estar em contato constante com múltiplas linguagens, uma imensa quantidade de informações e inúmeras ferramentas tecnológicas. Isso ocorre em um cenário mundial de grandes desafios sociais, econômicos e ambientais.

Diante dessa realidade, esta coleção foi cuidadosamente pensada para ajudar você a enfrentar esses desafios com autonomia e espírito crítico.

Atendendo a esse propósito, os textos, as imagens e as atividades nela reunidos oferecem oportunidades para que você reflita sobre o que aprende, expresse suas ideias e desenvolva habilidades de comunicação nas mais diversas situações de interação em sociedade.

Vinculados aos conhecimentos próprios da área de Linguagens, também são explorados aspectos dos Objetivos de Desenvolvimento Sustentável (ODS), estabelecidos pela Organização das Nações Unidas (ONU). Com isso, esperamos contribuir para que você compartilhe dos conhecimentos construídos em Língua Portuguesa e os utilize para fazer escolhas responsáveis e transformadoras em sua vida.

Desejamos também que esta coleção contribua para que você se torne um cidadão atuante na sociedade do século XXI e seja capaz de questionar a realidade em que vive, buscando respostas e soluções para os desafios presentes e os que estão por vir.

Equipe editorial

Abertura de unidade

Nesta unidade, eu vou...
Nessa trilha, você conhece os objetivos de aprendizagem da unidade. Eles estão organizados por capítulos e seções e podem ser utilizados como um guia para seus estudos.

Uma imagem busca instigar sua curiosidade e motivar você ao estudo da unidade.

Primeiras ideias
As questões desse boxe incentivam você a contar o que sabe sobre os conteúdos da unidade e a levantar hipóteses sobre eles.

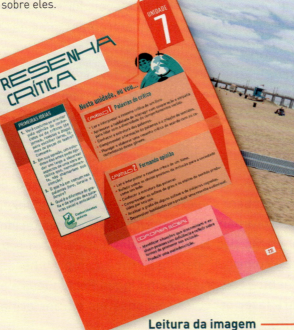

Leitura da imagem
As questões propostas orientam a leitura da imagem e permitem estabelecer relações entre o que é mostrado e o que você conhece sobre o assunto.

Cidadania global
Nesse boxe, você começa a refletir sobre um dos Objetivos de Desenvolvimento Sustentável (ODS). Ao percorrer a unidade, você terá contato com outras informações que ampliarão seu conhecimento sobre o ODS.

Capítulos

Abertura de capítulo
As unidades são compostas de dois ou três capítulos. Cada capítulo traz um texto de leitura do gênero que você vai estudar. O boxe *O que vem a seguir* apresenta algumas informações sobre o texto e propõe o levantamento de hipóteses antes da leitura.

Glossário
Apresenta definições de palavras e expressões que talvez você não conheça.

4

Texto em estudo

Nessa seção, você desenvolve habilidades de leitura e explora as características dos gêneros estudados, a linguagem e o contexto de produção de cada um deles.

Saber ser

O selo *Saber ser* indica momentos oportunos para o desenvolvimento de competências socioemocionais: tomada de decisão responsável, autogestão, autoconsciência, consciência social e habilidades de relacionamento.

Uma coisa puxa outra

Essa seção permite que você estabeleça diálogo entre textos, ampliando suas possibilidades de leitura.

Boxe Cidadania global

Traz informações e questões relacionadas ao aspecto do ODS apresentado na abertura da unidade, para que você reflita e amplie seu conhecimento sobre o assunto.

A língua na real

Nessa seção, você amplia os conhecimentos sobre a língua portuguesa por meio de diferentes situações de uso.

Língua em estudo

Nessa seção, você reflete e constrói seu conhecimento sobre o funcionamento e a estrutura da língua portuguesa de maneira contextualizada.

Boxe Relacionando

Relaciona os conteúdos da seção *Língua em estudo* ao gênero textual visto no capítulo.

Atividades

As atividades dessa seção ajudam você a desenvolver diferentes habilidades.

Boxe Anote aí!

Traz, de maneira sistematizada, os conceitos abordados na seção.

5

Agora é com você!

Nessa seção, você vai produzir um texto do gênero estudado no capítulo, percorrendo todas as etapas necessárias para sua elaboração.

Escrita em pauta

Essa seção oferece atividades para você ampliar e colocar em prática o que sabe sobre ortografia, acentuação e pontuação.

Boxe Para explorar

Oferece sugestões de livros, *sites*, filmes e lugares para visitação relacionados ao assunto em estudo.

Boxe Etc. e tal

Apresenta informações e curiosidades relacionadas à língua portuguesa.

Boxe de ampliação

Traz informações que complementam e ampliam o assunto abordado.

Fechamento de unidade

Atividades integradas

As atividades dessa seção integram os conteúdos abordados na unidade, para que você possa avaliar seus conhecimentos, e também auxiliam no desenvolvimento de habilidades e competências.

Investigar

Em dois momentos do livro, você e seus colegas vão entrar em contato com algumas metodologias de pesquisa e diferentes modos de coleta de dados. Também vão desenvolver diferentes formas de comunicação para compartilhar os resultados de suas investigações.

Cidadania global

Essa seção fecha o trabalho com o ODS e está organizada em duas partes. Em *Retomando o tema*, você vai retomar as discussões realizadas ao longo da unidade e terá a oportunidade de ampliar as reflexões feitas. Em *Geração da mudança*, você será convidado a realizar uma proposta de intervenção que busque contribuir para o desenvolvimento do ODS trabalhado na unidade.

6

No final do livro você também vai encontrar:

Interação
Essa seção propõe um projeto coletivo, que resultará em um produto destinado à comunidade escolar, incentivando o trabalho em equipe.

Prepare-se!
Seção composta de dois blocos de questões com formato semelhante ao de provas e exames oficiais, como Enem, Saeb e Pisa, para você verificar seus conhecimentos.

GERAÇÃO ALPHA DIGITAL

O livro digital oferece uma série de recursos para interação e aprendizagem. No livro impresso, eles são marcados com os ícones descritos a seguir.

Atividades interativas
Esse ícone indica que, no livro digital, você encontrará atividades interativas que compõem um ciclo avaliativo ao longo da unidade. No início dela, você poderá verificar seus conhecimentos prévios. Em algumas seções, você encontrará conjuntos de atividades para realizar o acompanhamento da sua aprendizagem e, ao final da unidade, terá a oportunidade de realizar uma autoavaliação.

 Conhecimentos prévios

 Autoavaliação

 Acompanhamento da aprendizagem

Recursos digitais
Esse ícone indica que, no livro digital, você encontrará galerias de imagens, áudios, animações, vídeos, entre outros recursos. Quando ele aparecer na página do livro impresso, acesse o recurso e faça a atividade proposta.

O QUE SÃO OS
OBJETIVOS
DE DESENVOLVIMENTO SUSTENTÁVEL

Em 2015, representantes dos Estados-membros da Organização das Nações Unidas (ONU) se reuniram durante a Cúpula das Nações Unidas sobre o Desenvolvimento Sustentável e adotaram uma agenda socioambiental mundial composta de 17 Objetivos de Desenvolvimento Sustentável (ODS).

Os ODS constituem desafios e metas para erradicar a pobreza, diminuir as desigualdades sociais e proteger o meio ambiente, incorporando uma ampla variedade de tópicos das áreas econômica, social e ambiental. Trata-se de temas humanitários atrelados à sustentabilidade que devem nortear políticas públicas nacionais e internacionais até o ano de 2030.

Nesta coleção, você trabalhará com diferentes aspectos dos ODS e perceberá que, juntos e também como indivíduos, todos podemos contribuir para que esses objetivos sejam alcançados. Conheça aqui cada um dos 17 objetivos e suas metas gerais.

1 ERRADICAÇÃO DA POBREZA

Erradicar a pobreza em todas as formas e em todos os lugares

2 FOME ZERO E AGRICULTURA SUSTENTÁVEL

Erradicar a fome, alcançar a segurança alimentar, melhorar a nutrição e promover a agricultura sustentável

11 CIDADES E COMUNIDADES SUSTENTÁVEIS

Tornar as cidades e comunidades mais inclusivas, seguras, resilientes e sustentáveis

10 REDUÇÃO DAS DESIGUALDADES

Reduzir as desigualdades no interior dos países e entre países

9 INDÚSTRIA, INOVAÇÃO E INFRAESTRUTURA

Construir infraestruturas resilientes, promover a industrialização inclusiva e sustentável e fomentar a inovação

12 CONSUMO E PRODUÇÃO RESPONSÁVEIS

Garantir padrões de consumo e de produção sustentáveis

13 AÇÃO CONTRA A MUDANÇA GLOBAL DO CLIMA

Adotar medidas urgentes para combater as alterações climáticas e os seus impactos

14 VIDA NA ÁGUA

Conservar e usar de forma sustentável os oceanos, mares e os recursos marinhos para o desenvolvimento sustentável

3 SAÚDE E BEM-ESTAR

Garantir o acesso à saúde de qualidade e promover o bem-estar para todos, em todas as idades

4 EDUCAÇÃO DE QUALIDADE

Garantir o acesso à educação inclusiva, de qualidade e equitativa, e promover oportunidades de aprendizagem ao longo da vida para todos

5 IGUALDADE DE GÊNERO

Alcançar a igualdade de gênero e empoderar todas as mulheres e meninas

8 TRABALHO DECENTE E CRESCIMENTO ECONÔMICO

Promover o crescimento econômico inclusivo e sustentável, o emprego pleno e produtivo e o trabalho digno para todos

7 ENERGIA LIMPA E ACESSÍVEL

Garantir o acesso a fontes de energia fiáveis, sustentáveis e modernas para todos

6 ÁGUA POTÁVEL E SANEAMENTO

Garantir a disponibilidade e a gestão sustentável da água potável e do saneamento para todos

15 VIDA TERRESTRE

Proteger, restaurar e promover o uso sustentável dos ecossistemas terrestres, gerir de forma sustentável as florestas, combater a desertificação, travar e reverter a degradação dos solos e travar a perda da biodiversidade

16 PAZ, JUSTIÇA E INSTITUIÇÕES EFICAZES

Promover sociedades pacíficas e inclusivas para o desenvolvimento sustentável, proporcionar o acesso à justiça para todos e construir instituições eficazes, responsáveis e inclusivas a todos os níveis

17 PARCERIAS E MEIOS DE IMPLEMENTAÇÃO

Reforçar os meios de implementação e revitalizar a parceria global para o desenvolvimento sustentável

Nações Unidas Brasil. Objetivos de Desenvolvimento Sustentável. Disponível em: https://brasil.un.org/pt-br/sdgs. Acesso em: 2 maio 2023.

SUMÁRIO

UNIDADE 1 — CONTO PSICOLÓGICO E CONTO SOCIAL 13

1. Mergulho interior 16
- **Texto** "Aquela água toda", de João Anzanello Carrascoza 16
- **Texto em estudo** 19
- **Uma coisa puxa outra** | O poético universo infantil 21
- **Língua em estudo** Revisão: período composto por coordenação 22
- **Atividades** 24
- **A língua na real** O *mas* na articulação de sequência de ideias 25
- **Agora é com você!** Escrita de conto psicológico 26

2. Um por todos... 28
- **Texto** "Por um pé de feijão", de Antônio Torres 28
- **Texto em estudo** 31
- **Língua em estudo** Período composto por subordinação 34
- **Atividades** 36
- **A língua na real** As subordinadas reduzidas e desenvolvidas e os efeitos de sentido ... 37
- **Escrita em pauta** Ortoépia e prosódia 38
- **Agora é com você!** Escrita de conto social 40

▲ **Atividades integradas** | "Uma esperança", de Clarice Lispector 42
▲ **Cidadania global** 44

UNIDADE 2 — CRÔNICA E *VLOG* DE OPINIÃO 45

1. Diálogo com o leitor 48
- **Texto** "3 de agosto de 1907", de Artur Azevedo 48
- **Texto em estudo** 49
- **Uma coisa puxa outra** | "Menas: o certo do errado, o errado do certo" 52
- **Língua em estudo** Orações subordinadas substantivas subjetivas, objetivas diretas e objetivas indiretas 54
- **Atividades** 57
- **A língua na real** A impessoalização do discurso por meio das orações subjetivas ... 58
- **Agora é com você!** Escrita de crônica 60

2. Rede de opiniões 62
- **Texto** "Menas", de Julia Tolezano 62
- **Texto em estudo** 63
- **Língua em estudo** Orações subordinadas substantivas completivas nominais, predicativas e apositivas 66
- **Atividades** 68
- **A língua na real** Repetição do *que* 69
- **Escrita em pauta** Pontuação nas orações subordinadas substantivas 70
- **Agora é com você!** *Vlog* de opinião 72

▲ **Atividades integradas** | "A perca", de Martha Medeiros 76
▲ **Cidadania global** 78

10

UNIDADE 3
CRÔNICA ESPORTIVA E REPORTAGEM — 79

1. Universo esportivo — **82**
Texto "Mudando a narrativa", de Renata Mendonça (*Folha de S.Paulo*) — 82
Texto em estudo — 84
Uma coisa puxa outra | Manual para contextos esportivos — **86**
Língua em estudo Pronomes relativos — 88
Atividades — **90**
A língua na real A importância dos pronomes relativos na coesão textual — 91
Agora é com você! Escrita de crônica esportiva — 92

2. Escola em transformação — **94**
Texto "As meninas que estão mudando a escola", de Paula Peres, Rodrigo Ratier e Alice Vasconcellos (*Nova Escola*) — 94
Texto em estudo — 98
Língua em estudo Orações subordinadas adjetivas — 100
Atividades — **102**
A língua na real Orações subordinadas adjetivas: generalização e especificação — 103
Escrita em pauta Uso de *este*, *esse*, *aquele* — 104
Agora é com você! Elaboração de reportagem multimidiática — 106

◢ **Investigar | Ações de incentivo à leitura** — **108**
◢ **Atividades integradas |** "Time feminino conquista título contra garotos. Pais dos meninos não aceitam", de Felipe Pereira (*UOL*) — **110**
◢ **Cidadania global** — **112**

UNIDADE 4
REPORTAGEM DE DIVULGAÇÃO CIENTÍFICA E INFOGRÁFICO — 113

1. Ciência ao alcance de todos — **116**
Texto "Covid-19: como o vírus saltou de morcegos para humanos", de Fabiana Mariz (*Jornal da USP*) — 116
Texto em estudo — 120
Uma coisa puxa outra | Ficção e realidade — **124**
Língua em estudo Orações subordinadas adverbiais temporais, condicionais, causais e consecutivas — 126
Atividades — **130**
A língua na real As orações adverbiais e a expansão da informação — 132
Agora é com você! Escrita de reportagem de divulgação científica — 134

2. Uma imagem, muitos sentidos — **136**
Texto "Como o novo coronavírus pode matar as pessoas", de Luciano Veronezi (*Folha de S.Paulo*) — 136
Texto em estudo — 138
Língua em estudo Orações subordinadas adverbiais concessivas, finais, conformativas, proporcionais e comparativas — 142
Atividades — **146**
A língua na real A concessão — 149
Escrita em pauta Pontuação nas orações subordinadas adverbiais — 152
Agora é com você! Elaboração de infográfico — 154

◢ **Atividades integradas |** "Como o Sars-CoV-2 é transmitido pelo ar" (*Folha de S.Paulo*) — **156**
◢ **Cidadania global** — **158**

UNIDADE 5
ROTEIRO DE TV E ROTEIRO DE CINEMA — 159

1. Para a telinha — **162**
Texto "Hoje é dia de Maria", de Luís Alberto de Abreu e Luiz Fernando Carvalho — 162
Texto em estudo — 165
Uma coisa puxa outra | Representações do amor — **168**
Língua em estudo Concordância verbal — 170
Atividades — **173**
A língua na real A concordância verbal e a variação linguística — 175
Agora é com você! Escrita de roteiro de TV — 176

2. Para a telona — **178**
Texto "Meu tio matou um cara", de Jorge Furtado — 178
Texto em estudo — 180
Língua em estudo Concordância nominal — 182
Atividades — **184**
A língua na real A concordância nominal e a expressividade — 185
Escrita em pauta *Onde* e *aonde*; *se não* e *senão* — 186
Agora é com você! Dramatização — 188

◢ **Atividades integradas |** "O ano em que meus pais saíram de férias", de Cláudio Galperin, Cao Hamburger, Bráulio Mantovani, Anna Muylaert — **190**
◢ **Cidadania global** — **192**

UNIDADE 6
ARTIGO DE OPINIÃO E LEI — 193

1. Argumentos que geram reflexão — **196**
Texto "Os nativos digitais são alvos fáceis para as *fake news*", de Januária Cristina Alves (*Nexo*) — 196
Texto em estudo — 199
Uma coisa puxa outra | Como identificar *fake news*? — **202**
Língua em estudo Regência verbal e regência nominal — 204
Atividades — **206**
A língua na real Regência verbal: norma e variações — 208
Agora é com você! Escrita de artigo de opinião — 210

2. Palavras que viram lei — **212**
Texto "Lei nº 12.965/14", (Marco Civil da Internet) — 212
Texto em estudo — 214
Língua em estudo Colocação pronominal — 218
Atividades — **220**
A língua na real As regências verbal e nominal na fala — 221
Escrita em pauta Uso da crase — 222
Agora é com você! Júri simulado — 224

◢ **Investigar | Verdadeiro ou falso? Vamos checar!** — **226**
◢ **Atividades integradas |** "A abordagem europeia contra a desinformação", de João Gomes Cravinho (*O Estado de S. Paulo*) — **228**
◢ **Cidadania global** — **230**

UNIDADE 7 — RESENHA CRÍTICA 231

1. Palavras do crítico 234
  Texto "Quiroga escreve para crianças de forma inusitada", de Michel Laub (*Folha de S.Paulo*) 234
  Texto em estudo 235
  Uma coisa puxa outra | Um conto de Horacio Quiroga 239
  Língua em estudo Estrutura das palavras: radical e afixos 240
  Atividades 242
  A língua na real A formação de palavras e os novos sentidos 243
  Agora é com você! Escrita de resenha crítica 244

2. Formando opinião 246
  Texto "Hoje eu quero voltar sozinho", de Bruno Carmelo 246
  Texto em estudo 248
  Língua em estudo Estrutura das palavras: desinência, vogal temática, consoante e vogal de ligação 250
  Atividades 252
  A língua na real Os sufixos de grau e os novos sentidos 253
  Escrita em pauta Grafia de alguns sufixos e de palavras cognatas 254
  Agora é com você! Elaboração de resenha em vídeo 256
  ▲ **Atividades integradas** | "Resenha: últimas conversas", de Bárbara Camirim 258
  ▲ **Cidadania global** 260

UNIDADE 8 — ANÚNCIO PUBLICITÁRIO E ANÚNCIO DE PROPAGANDA 261

1. A alma do negócio 264
  Texto Anúncio publicitário da *Nike* 264
  Texto em estudo 265
  Uma coisa puxa outra | O esporte além do esporte 268
  Língua em estudo Processos de formação de palavras: derivação e composição 270
  Atividades 272
  A língua na real Os estrangeirismos na língua portuguesa 274
  Agora é com você! Elaboração de anúncio publicitário 276

2. A propagação de uma ideia 278
  Texto Anúncio de propaganda do Sesc 278
  Texto em estudo 279
  Língua em estudo Processos de formação de palavras: onomatopeia, abreviação e sigla 284
  Atividades 286
  A língua na real Processos de formação de palavras e efeitos humorísticos 287
  Escrita em pauta O uso de aspas 288
  Agora é com você! Elaboração de campanha de propaganda 290
  ▲ **Atividades integradas** | Anúncio publicitário do UOL Deezer 294
  ▲ **Cidadania global** 296

INTERAÇÃO
  Canal de vídeos 297
  Cineclube 303

PREPARE-SE! 309

BIBLIOGRAFIA COMENTADA 327

CRÉDITOS OBRIGATÓRIOS 328

CONTO PSICOLÓGICO E CONTO SOCIAL

UNIDADE 1

PRIMEIRAS IDEIAS

1. Em sua opinião, qual é a diferença entre um conto psicológico e um conto social?
2. Você acredita que o conto social lida mais com as emoções das pessoas ou com a realidade do mundo?
3. As orações que formam um período composto podem se articular por coordenação ou por subordinação. Como você definiria essas relações?
4. De que maneira a pronúncia das palavras pode nos induzir a cometer desvios na ortografia e na acentuação em relação à norma-padrão?

Conhecimentos prévios

Nesta unidade, eu vou...

CAPÍTULO 1 — Mergulho interior

- Ler e interpretar conto psicológico, identificando as principais características do gênero.
- Analisar o uso de expressões e figuras de linguagem em poemas.
- Discutir como aprimorar a capacidade de autogestão.
- Identificar as orações coordenadas e os efeitos de sentido das conjunções coordenativas.
- Escrever um conto psicológico e organizar uma coletânea de contos.

CAPÍTULO 2 — Um por todos...

- Ler e interpretar conto social, percebendo as principais características do gênero.
- Discutir sobre agricultura familiar e segurança alimentar.
- Analisar períodos compostos por subordinação e identificar tipos de oração subordinada.
- Analisar os conceitos de ortoépia e de prosódia e reconhecer questões de pronúncia associadas aos usos da língua e às variedades linguísticas.
- Elaborar um conto social, eleger um dos contos e publicá-lo em um *site*.

CIDADANIA GLOBAL

- Refletir sobre qualidade nutricional.
- Avaliar a qualidade de alimentos consumidos no café da manhã.

13

LEITURA DA IMAGEM

1. Descreva o que você vê na imagem.
2. Em relação à dimensão da propriedade, o que a imagem lhe sugere?
3. Em sua opinião, qual deve ser o destino das verduras colhidas?
4. Que forma de produção agrícola você acha que está representada na fotografia?

CIDADANIA GLOBAL

É preciso produzir alimento para bilhões de pessoas em todo o planeta diariamente. Porém, dependendo de como se dá essa produção, podemos caminhar justamente para o esgotamento dos recursos naturais que a possibilitam. Daí a importância de estabelecer uma prática agrícola sustentável.

- Você acredita que pequenos produtores rurais contribuem para a agricultura sustentável, ou seja, para um tipo de produção agrícola que preserva a natureza sem comprometer futuras gerações? Explique.

 Acesse o recurso digital para conhecer outro espaço onde alimentos agrícolas podem ser cultivados de forma sustentável. Em seguida, responda: Em que lugar o coletivo retratado no recurso realiza o cultivo?

Produtora agrícola na comunidade quilombola Morro do Fortunato, em Garopaba, Santa Catarina. Foto de 2020.

CAPÍTULO 1

MERGULHO INTERIOR

O QUE VEM A SEGUIR

O conto que você vai ler, de João Anzanello Carrascoza, dá nome a um livro cujas narrativas relatam experiências marcantes na vida de personagens – criança ou adolescente –, ambientadas quase sempre dentro do núcleo familiar. A menção à água abundante, no título "Aquela água toda", pode evocar muitas ideias: enchente, mar, chuva, rio... Você imagina que esse título se refira a quê? Em sua opinião, seria um episódio feliz ou triste? Leia o conto para descobrir.

TEXTO

Aquela água toda

Era, de novo, o verão. O menino estava na alegria. Modesta, se comparada à que o esperava lá adiante. A mãe o chamou, e o irmão, e anunciou de uma vez, como se natural: iriam à praia de novo, igualzinho ao ano anterior, a mesma cidade, mas um apartamento maior, que o pai já alugara. Era uma notícia inesperada. E ao ouvi-la ele se viu, no ato, num instante azul-azul, os pés na areia fervente, o rumor da arrebentação ao longe, aquela água toda nos olhos, o menino no mar, outra vez, reencontrando-se, como quem pega uma concha na memória.

É verdade, mesmo?, queria saber. A mãe confirmou. O irmão a abraçou e riram alto, misturando os vivas. Ele flutuava no silêncio, de tão feliz. Nem lembrava mais que podia sonhar com o sal nos lábios, o cheiro da natureza grande, molhada, a quentura do sol nos ombros, o menino ao vento, a realidade a favor, e ele na sua <u>proa</u>...

O dia <u>mudou de mão</u>, um vaivém se espalhou pela casa. A mãe ia de um quarto ao outro, organizava as malas, *Vamos, vamos*, dava ordens, pedia ajuda, nem parecia responsável pela alegria que causara. O menino a obedecia: carregava caixas, pegava roupas, deixava suas coisas para depois. Temia que algo pudesse alterar os planos de viagem, e ele já se via lá, cercado de água, em seu corpo-ilha; um navio passava ao fundo, o céu lindo, quase vítreo, de se quebrar. Não, não podia perder aquele futuro que chegava, de mansinho, aos seus pés. O menino aceitava a fatalidade da alegria, como a tristeza quando o obrigava a se encolher — caracol em sua <u>valva</u>. Não iria abrir mão dela. Viver essa hora, na fabricação de outra mais feliz, ocupava-o, e ele, ancorado às antigas tradições, fazia o possível para preservá-la. A noite descia, e mais grossa se tornava a casca de sua felicidade.

Quando se deu conta, cochilava no sofá, exausto pelo esforço de preparar o dia seguinte. Esforçara-se para que, antes de dormir, a manhã fosse aquela certeza, e ela seria mesmo sem a sua pobre contribuição. Ignorava que a vida tinha a sua própria maré. O mar existia dentro de seu sonho, mais do que fora. E, de repente, sentia-se leve, a caminhar sobre as águas — o pai o levava para a cama, com seus braços de espuma.

Abriu os olhos: o sol estava ali, sólido, o carro de portas abertas à frente da casa, o irmão em sua bermuda colorida, a voz do pai e da mãe em alternância, a realidade a se espalhar, o mundo bom, o cheiro do dia recém-nascido. O menino se levantou, vestiu seu destino, foi fazer o que lhe cabia antes da partida, tomar o café da manhã, levar as malas até o carro onde o pai as ajeitava com ciência, a mãe chaveava a porta dos fundos, *Pegou sua prancha?*, ele, *Sim*, como se num dia comum, fingindo que a satisfação envelhecia nele, que se habituara a ela, enquanto lá no fundo brilhava o verão maior, da expectativa.

Partiram. O carro às tampas, o peso extra do sonho que cada um construía — seus castelos de ar. A viagem longa, o menino nem a sentiu, o tempo em ondas, ele só percebia que o tempo era o que era quando já passara, misturando-se a outras águas. Recordava-se de estar ao lado do irmão no banco de trás, depois junto ao vidro, numa calmaria tão eufórica que, para suportá-la, dormiu.

Ao despertar, saltou as horas menores — o lanche no posto de gasolina, as curvas na descida da serra, a garagem escura do edifício, o apartamento com móveis velhos e embolorados — e, de súbito, se viu de sunga segurando a prancha, a mãe a passar o protetor em seu rosto, *Sossega! Vê se fica parado!*, ele à beira de um instante inesquecível.

Ao lado do edifício, a família pegou o ônibus, um trechinho de nada, mas demorava tanto para chegar... E pronto: pisavam na areia, carregados de bolsas, cadeiras, toalhas, esteiras, cada um tentando guardar na sua estreiteza aquele aumento de felicidade. O menino, último da fila, respirava fundo a paisagem, o aroma da maresia, os olhos alagados de mar, aquela água toda. <u>Avaro</u>, ele se represava. Queria aquela vivência, aos poucos.

O pai demarcou o território, fincando o guarda-sol na areia. O irmão espalhou seus brinquedos à sombra. A mãe observava o menino, sabia que ele cumpria uma paixão. Não era nada demais. Só o mar. E a sua existência inevitável. Sentado na areia, a prancha aos seus pés, ele mirava os banhistas que sumiam e reapareciam a cada onda. Então, subitamente, ergueu-se, *Vou entrar!*, e a mãe, *Não vai lá no fundo!*, mas ele nem ouviu, já corria, livre para expandir seu sentimento secreto, aquela água toda pedia uma entrega maior. E ele queria se dar, inteiramente, como um homem.

Foi entrando, até que o mar, à altura dos joelhos, começou a frear o seu avanço. A água fria arrepiava. Mas era um arrepio prazeroso, o sol se derramava sobre suas costas. Deitou de peito na prancha e remou com as mãos, remou, remou, e aí a primeira onda o atingiu, forte. Sentiu os cabelos duros, o gosto de sal, os olhos ardendo. O desconforto de uma alegria superior, sem <u>remissão</u>, a alegria que ele podia segurar, como um líquido, na concha das mãos.

avaro: aquele que não costuma gastar e prefere guardar seu dinheiro; pão-duro.

mudar de mão: ter o sentido ou a direção alterados; mudar de rumo.

proa: parte da frente de uma embarcação.

remissão: perdão; consolo.

valva: concha de molusco.

17

O CONTISTA DA CONDIÇÃO HUMANA

João Anzanello Carrascoza (1962-) nasceu em Cravinhos, interior de São Paulo. Professor universitário, estreou com o livro *Hotel Solidão* (1994). Recebeu diversos prêmios, sendo considerado um dos maiores contistas da atualidade. Carrascoza faz em suas histórias uma delicada celebração da vida, ao transformar situações cotidianas em acontecimentos memoráveis e profundos.

▲ O escritor João Anzanello Carrascoza.

búzio: denominação comum às conchas de várias espécies de moluscos.

caiçara: habitante do litoral.

levar um caldo: ser arrastado ou perder o equilíbrio por causa de uma onda forte.

saciedade: satisfação; estado de quem supriu a necessidade de algo.

torpor: dormência.

Pegou outra onda. Mergulhou, engoliu água. Riu de sua sorte. Levou um caldo. Outro. Voltou ao raso. Arrastou-se de novo pela água, em direção ao fundo, sentindo a força oposta lhe empurrando para trás. Estava leve, num contentamento próprio do mar, que se escorria nele, o mar, também egoísta na sua vastidão. Um se molhava na substância do outro, era o reconhecimento de dois seres que se delimitam, sem saber seu tamanho.

O menino retornou à praia, gotejando orgulho. O sal secava em sua pele, seu corpo luzia — ele, numa tranquila agitação. E nela se manteve sob o guarda-sol com o irmão. Até que decidiu voltar à água, numa nova entrega.

Cortou ondas, e riu, e boiou, e submergiu. Era ele e o mar num reencontro que até doía pelo medo de acabar. Não se explicavam, um ao outro; apenas se davam a conhecer, o menino e o mar. E, naquela mesma tarde, misturaram-se outras vezes. A mãe suspeitava daquela saciedade: ele nem pedira sorvete, milho-verde, refrigerante. O menino comia a sua vivência com gosto, distraído de desejos, só com a sua vontade de mar.

Quando percebeu, o sol era suave, a praia se despovoara, as ondas se encolhiam. *Hora de ir*, disse o pai e começou a apanhar as coisas. A família seguiu para a avenida, o menino lá atrás, a pele salgada e quente, os olhos resistiam em ir embora. No ônibus, sentou-se à janela, ainda queria ver a praia, atento à sua paixão. Mas, à frente, surgiram prédios, depois casas, prédios novamente, ele ia se diminuindo de mar. O embalo do ônibus, tão macio... Começou a sentir um torpor agradável, os braços doíam, as pernas pesavam, ele foi se aquietando, a cabeça encostada no vidro...

Então aconteceu, finalmente, o que ele tinha ido viver ali de maior. Despertou assustado, o cobrador o sacudia abruptamente, *Ei, garoto, acorda! Acorda, garoto!*, um zunzunzum de vozes, olhares, e ele sozinho no banco do ônibus, entre os caiçaras, procurando num misto de incredulidade e medo a mãe, o pai, o irmão — e nada. Eram só faces estranhas.

Levantou-se, rápido no seu desespero, *Seus pais já desceram*, o cobrador disse e tentou acalmá-lo, *Desce no próximo ponto e volta!* Mas o menino pegou a realidade às pressas e, afobado, se meteu nela de qualquer jeito. Náufrago, ele se via arrastado pelo instante, intuindo seu desdobramento: se não saltasse ali, se perderia na cidade aberta. Só precisava voltar ao raso, tão fundo, de sua vidinha...

Esgueirou-se entre os passageiros, empurrando-os com a prancha. O ônibus parou, aos trancos. O cobrador gritou, *Desce, desce aí!* O menino nem pisou nos degraus, pulou lá de cima, caiu sobre um canteiro na beira da praia. Um búzio solitário, quebradiço. Saiu correndo pelo calçadão, os cabelos de sal ao vento, o coração no escuro. Notou com alívio, lá adiante, o pai que acenava e vinha, em passo acelerado, em sua direção. Depois... depois não viu mais nada: aquela água toda em seus olhos.

João Anzanello Carrascoza. *Aquela água toda*. São Paulo: Cosac Naify, 2012. p. 7-11.

TEXTO EM ESTUDO

PARA ENTENDER O TEXTO

1. O que você imaginou sobre o título do conto se confirmou após a leitura? Explique.
2. A notícia da viagem, dada pela mãe do menino, desperta nele que tipo de emoção?
3. O menino demonstra autonomia no momento em que está no mar? Justifique.
4. A idade do menino não é mencionada no conto.
   a) Que ações dos pais criam a imagem do menino como uma criança?
   b) A passagem a seguir contradiz essa imagem do menino? Explique.

   > [...] aquela água toda pedia uma entrega maior. E ele queria se dar, inteiramente, **como um homem**.

TEMPO PSICOLÓGICO

5. Releia este trecho:

   > A viagem longa, o menino nem a sentiu, o tempo em ondas, ele só percebia que o tempo era o que era quando já passara, misturando-se a outras águas.

   - O tempo que vinha em ondas era o tempo cronológico ou o interior? Justifique sua resposta.

6. Releia este outro trecho:

   > Ao despertar, saltou as horas menores — o lanche no posto de gasolina, as curvas na descida da serra, a garagem escura do edifício, o apartamento com móveis velhos e embolorados — e, de súbito, se viu de sunga segurando a prancha, a mãe a passar protetor em seu rosto, *Sossega! Vê se fica parado!* [...].

   a) Copie, no caderno, a alternativa correta. O adjetivo *menores* indica:
      I. O relógio marcava as horas de modo errado.
      II. Ao despertar, o menino passou a intimamente ressignificar as horas.
      III. O menino percebeu que as horas que vivia tinham importância menor em sua vida.
   b) Implicitamente, quais eram as horas consideradas "maiores"?
   c) Na expressão "de súbito, se viu", qual percepção do menino se evidencia em relação ao tempo? A percepção dele em relação ao tempo está ligada a quê?

ANOTE AÍ!

O **tempo cronológico** organiza-se de acordo com a sucessão dos acontecimentos e predomina em relatos de **ações** nos textos. O **tempo psicológico** ou **interior** flui de acordo com o estado de espírito da personagem. É sentido de modo subjetivo. É predominante no relato de **lembranças**, **reflexões** e **sentimentos**.

Nos **contos psicológicos**, o foco é a investigação do **mundo interior** das personagens, em uma tentativa de mostrar seus receios, impulsos e desejos. Mesmo em um conto psicológico, pode ser importante estabelecer com precisão referências do tempo cronológico. Elas contribuem para a coerência do texto e para a compreensão do leitor.

O CONTEXTO DE PRODUÇÃO

Acesse o recurso digital para saber mais sobre as características da obra de João Anzanello Carrascoza. Depois, responda: segundo o autor, o que marca seu fazer literário?

7. Leia um trecho sobre Carrascoza, retirado do livro *Aquela água toda*.

> João Anzanello Carrascoza é um escritor dos detalhes. Suas breves histórias [...] captam a suave luz matutina que desperta suas personagens para experiências vertiginosas.
>
> João Anzanello Carrascoza. *Aquela água toda*. São Paulo: Cosac Naify, 2012. p. 56.

a) Quais são as características das histórias do autor?

b) Relacione as características da produção do autor com o conto lido.

A LINGUAGEM DO TEXTO

8. Como as falas em discurso direto são representadas no conto "Aquela água toda"? Em sua opinião, por que o autor faz essa opção?

9. A respeito do tipo de narração presente no conto, responda:

a) Qual é o foco narrativo desse texto: em 1ª ou em 3ª pessoa? Justifique com um trecho do conto.

b) Qual é o tipo de narrador: onisciente ou observador? Explique sua resposta e justifique por que esse tipo de narrador foi utilizado.

> **ANOTE AÍ!**
>
> No **conto psicológico**, o emprego do **narrador onisciente** revela o mundo interior, o pensamento íntimo das personagens, sem delimitá-los com o uso de aspas ou de travessão. Isso faz com que as realidades externa e interna, mais intimista, se misturem no conto.

10. Considere este trecho e responda às questões no caderno:

> O cobrador o sacudia abruptamente, *Ei, garoto, acorda! Acorda, garoto!*, um zunzun-zum de vozes, olhares, e ele sozinho no banco do ônibus.

- De quem é a fala grafada em itálico? Como os limites entre as vozes do narrador e as da personagem estão representados? Que efeito de sentido esse recurso provoca?

11. O texto apresenta trechos com sentido ambíguo e com referência aos mundos interior e exterior da personagem. Observe:

> I. O mar existia dentro de seu sonho, mais do que fora.
> II. O carro às tampas, o peso extra do sonho que cada um construía.
> III. [...] à frente, surgiram prédios, depois casas, [...], ele ia se diminuindo de mar.

- Nesses trechos, quais expressões se referem ao mundo exterior e quais se referem ao mundo interior da personagem? Justifique sua resposta.

> **ANOTE AÍ!**
>
> A repetição funcional de palavras, bem como a seleção delas, e a criação de imagens por meio de figuras de linguagem configuram-se fundamentais na construção de sentido nas narrativas.

12. SABER SER No conto, é narrada uma situação em que uma criança brinca no mar de forma autônoma, sob a observação distanciada dos pais.

a) Você já vivenciou situações em que se sentiu com autonomia? Se sim, como foi?

b) Em sua opinião, é preciso incentivar a autonomia em crianças e jovens? Explique.

UMA COISA PUXA OUTRA

O poético universo infantil

Você conhece o poeta Manoel de Barros? Certa vez, um editor lhe pediu que escrevesse sua autobiografia em três etapas, de acordo com as fases da vida: infância, mocidade e velhice. E vieram três livros de prosa poética: *Memórias inventadas: a infância* (2003), *Memórias inventadas: a segunda infância* (2005) e *Memórias inventadas: a terceira infância* (2007) – cada um sobre uma fase.

1. Manoel de Barros manteve em sua obra a perspectiva poética própria da infância. Leia um poema desse autor.

   ### Peraltagem

   O canto distante da sariema encompridava a tarde.
   E porque a tarde ficasse mais comprida a gente sumia dentro dela.
   E quando o grito da mãe nos alcançava a gente já estava do outro lado do rio.
   O pai nos chamou pelo berrante.
   Na volta fomos encostando pelas paredes da casa pé ante pé.
   Com receio de um carão do pai.
   Logo a tosse do vô acordou o silêncio da casa.
   Mas não apanhamos nem.
   E nem levamos carão nem.
   A mãe só que falou que eu iria viver leso fazendo só essas coisas.
   O pai completou: ele precisava de ver outras coisas além de ficar ouvindo
   [só o canto dos pássaros.
   E a mãe disse mais: esse menino vai passar a vida enfiando água no espeto!
   Foi quase.

   Manoel de Barros. *Memórias inventadas*: as infâncias de Manoel de Barros. São Paulo: Planeta, 2010. p. 167.

   berrante: espécie de corneta de chifre que os boiadeiros usam para conduzir o gado.

   carão: repreensão; bronca.

   leso: aquele que age como doido.

   peraltagem: travessura; peraltice.

   sariema: seriema; ave típica do Cerrado, de plumas acinzentadas, cujo canto pode ser ouvido a um quilômetro de distância.

   a) No trecho "eu iria viver leso fazendo só essas coisas", a que se refere a expressão "essas coisas"? E a expressão "outras coisas" em "ele precisava de ver outras coisas, além de ficar ouvindo só o canto dos pássaros"?
   b) Que imagem mencionada pela mãe resume, de forma metafórica, a visão que os pais tinham do menino? O que essa imagem significa?
   c) Você considera que o comportamento do eu poético é próprio da infância?

2. Uma das características da infância é a maneira peculiar de usar a linguagem para representar a realidade. Em "Peraltagem", o uso poético da linguagem é marcante nos dois primeiros versos e aproxima o leitor do universo infantil.
   a) Explique de que forma o canto da sariema podia encompridar a tarde.
   b) Em sua opinião, o que torna o trecho do poema mais bonito que a explicação dada na resposta ao item *a*?

3. Depois de mencionar a expectativa da mãe, o eu poético diz: "Foi quase".
   a) Que sentido é possível atribuir a esse verso?
   b) Esse verso revela que o eu poético está em qual fase da vida?

21

LÍNGUA EM ESTUDO

REVISÃO: PERÍODO COMPOSTO POR COORDENAÇÃO

1. Releia estas passagens do conto "Aquela água toda":

> I. Era, de novo, o verão. O menino estava na alegria.
> II. O menino a obedecia: carregava caixas, pegava roupas, deixava suas coisas para depois.

a) Quantos períodos há em cada trecho?
b) Os períodos que você encontrou em I e em II são simples ou compostos? Justifique.

A ARTICULAÇÃO DAS ORAÇÕES NO PERÍODO COMPOSTO

As orações que formam um período composto podem se articular por meio de dois mecanismos: o de **coordenação** e o de **subordinação**.

Nos estudos sintáticos, o termo **coordenação** indica que as orações que formam um período composto estão no mesmo nível, ou seja, não há hierarquia entre uma oração e outra.

Já o termo **subordinação** indica que as orações de um período composto estão em níveis diferentes e há relação de dependência entre elas.

ORAÇÕES COORDENADAS

A independência que se observa entre orações coordenadas de um período é de natureza **sintática**. Do ponto de vista do **sentido**, elas são naturalmente ligadas. O período a seguir, extraído do conto "Aquela água toda", exemplifica o que isso quer dizer. Observe:

> [oração 1] A mãe **suspeitava** daquela saciedade, [oração 2] ele nem **pedira** sorvete, milho-verde, refrigerante.

Embora exista uma relação de sentido entre as duas orações, elas são sintaticamente independentes, o que significa que cada uma tem os termos sintáticos necessários para expressar o que foi pretendido sem depender da outra oração. Observe:

ANOTE AÍ!

Orações coordenadas não atuam como um termo sintático (sujeito, objeto direto, adjunto adverbial, predicativo, etc.) de outra oração do mesmo período e também não necessitam que outras orações funcionem como um de seus termos. São, por isso, independentes sintaticamente.

RELAÇÕES EXISTENTES ENTRE AS ORAÇÕES COORDENADAS

As orações coordenadas se ligam por meio de **sinais de pontuação** ou de **conjunções**. No exemplo anterior, dizemos que elas estão justapostas, isto é, uma fica ao lado da outra, sem conjunção, separadas por vírgula. Outros sinais que podem ser usados são: dois-pontos, ponto e vírgula e travessão.

Quando uma oração coordenada não apresenta conjunção, ela é denominada **coordenada assindética**.

Quando uma oração coordenada se liga a outra por meio de conjunção, temos a **coordenada sindética**.

Assim, as orações coordenadas do exemplo dado anteriormente são **assindéticas**, pois não estão ligadas por conjunção.

As orações **coordenadas sindéticas** são classificadas conforme a ideia que a conjunção empregada expressa. Veja a seguir os tipos.

ORAÇÃO	IDEIA EXPRESSA	CONJUNÇÕES
Aditiva	Acréscimo, adição	e; nem; não só... mas também
Adversativa	Ressalva, contraste	mas; porém; contudo; no entanto; entretanto; todavia
Alternativa	Exclusão ou alternância	ou; ou... ou; seja... seja; quer... quer; ora... ora
Conclusiva	Conclusão	então; portanto; logo; pois (posposto ao verbo)
Explicativa	Justificativa	pois; porque; que (= pois)

Os períodos apresentados a seguir foram extraídos do conto "Aquela água toda". Leia-os para examinar a análise de um período composto por coordenação. Perceba como o uso desses períodos conferiu certa rapidez às ações das personagens do conto.

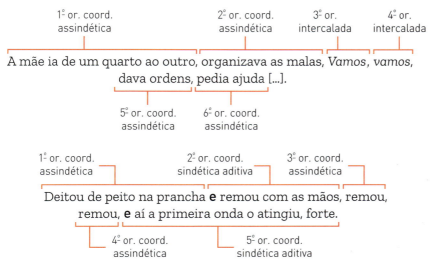

ANOTE AÍ!

A oração coordenada pode ser **sindética**, quando se relaciona com outra por meio de uma conjunção, ou **assindética**, quando se justapõe a outra sem a presença de conjunção. As sindéticas são classificadas em **aditivas, adversativas, alternativas, conclusivas** ou **explicativas**, conforme a ideia expressa pela conjunção que as introduz.

RELACIONANDO

Verifique, no conto lido, o efeito criado por alguns períodos compostos por orações coordenadas. O contista as emprega para desmembrar uma ação rápida: "O menino nem pisou nos degraus, pulou lá de cima, caiu sobre um canteiro na beira da praia"; ou para indicar sucintamente uma série de ações mais demoradas: "Cortou ondas, e riu, e boiou, e submergiu".

ATIVIDADES

Acompanhamento da aprendizagem

Retomar e compreender

1. Junte as duas orações a seguir em um período composto por coordenação. Para isso, use uma conjunção coerente e elimine repetições.

> O urso-polar é um exemplo de adaptação ao meio. / O corpo do urso-polar é protegido por uma camada de gordura sob a pele e por duas espessas camadas de pelos brancos.

2. Leia o trecho a seguir sobre doação de sangue, extraído de uma página do Ministério da Saúde.

> [...]
> O sangue é um composto de células que cumprem funções como levar oxigênio a cada parte do corpo, defender o organismo contra infecções e participar na coagulação. Nada substitui o sangue.
> A quantidade de sangue retirada não afeta a saúde do doador, porque a recuperação ocorre imediatamente após a doação. Uma pessoa adulta tem em média cinco litros de sangue e em uma doação são coletados, no máximo, 450 ml de sangue. [...]

Biblioteca Virtual em Saúde. Ministério da Saúde. Disponível em: https://bvsms.saude.gov.br/somos-todos-do-mesmo-sangue-25-11-dia-nacional-do-doador-de-sangue/. Acesso em: 24 abr. 2023.

a) Identifique o segundo parágrafo do texto. Ele responde a qual dúvida sobre o processo de doação de sangue?

b) Identifique e copie no caderno as orações presentes no último período de cada parágrafo. Lembre-se de que, para identificar uma oração, é necessário localizar seu verbo.

c) Agora, considere as orações que constituem um período composto e foram identificadas na atividade anterior.
- Por que, do ponto de vista sintático, elas são independentes uma da outra?
- Que classificação essas orações recebem por serem sintaticamente independentes?

d) As orações que você analisou no item *c* são justapostas ou se articulam com uma conjunção?

e) No período inicial do segundo parágrafo, identifique as orações e classifique-as.

Aplicar

3. Relacione as colunas indicando a ideia expressa pelas conjunções.

   a) Ela fala muito **e** não diz nada.
   b) Fique quieto, **que** eu estou falando.
   c) A água potável é escassa; devemos, **pois**, usá-la com parcimônia.
   d) Essa substância **não só** alivia os sintomas, **mas também** auxilia em sua prevenção.

   I. Adição.
   II. Contraste.
   III. Conclusão.
   IV. Explicação.

4. Leia o provérbio chinês a seguir.

> Quer a faca caia no melão, quer o melão caia na faca, o melão vai sofrer.

Domínio público.

a) Escreva com suas palavras um possível significado para esse provérbio.
b) Qual é a conjunção presente no provérbio? Que sentido ela expressa?

24

A LÍNGUA NA REAL

O *MAS* NA ARTICULAÇÃO DE SEQUÊNCIA DE IDEIAS

1. Leia este artigo extraído de uma revista sobre ciência.

Para que servem os hipopótamos?

Certa vez, um comediante perguntou na televisão se os hipopótamos "servem" para alguma coisa. Esta maneira de pensar é chamada de antropocêntrica, porque coloca o ser humano como o centro das atenções e do mundo.

Nós somos apenas uma entre milhões de espécies de seres vivos que compartilham este lindo planeta azul. É verdade que algumas espécies nos fornecem alimento, transporte, madeira e medicamentos. Mas, na natureza, cada espécie desempenha um papel no funcionamento dos ecossistemas, mesmo quando aparenta não ter utilidade para as necessidades humanas. É o caso dos hipopótamos.

Os hipopótamos são grandes mamíferos da África que pesam mais de uma tonelada quando adultos. Eles passam a noite se alimentando de grama na savana, mas se aglomeram em rios durante o calor do dia. Dentro da água os hipopótamos se refrescam, descansam [...].

Henrique Caldeira Costa. *Ciência Hoje das Crianças*. 23 dez. 2021. Disponível em: http://chc.org.br/artigo/para-que-servem-os-hipopotamos/. Acesso em: 24 abr. 2023.

a) Por que o verbo *servir* foi escrito entre aspas?

b) Releia este trecho do artigo:

Eles passam a noite se alimentando de grama na savana, mas se aglomeram em rios durante o calor do dia.

- Copie e complete o quadro com base no trecho.

Período do dia		
Ação dos hipopótamos		

- As ações indicadas não são opostas. Que justificativa se pode dar para o emprego da conjunção *mas* na articulação dessas ideias?

c) Leia o esquema, que representa as ideias do segundo parágrafo.

I. **Algumas espécies** fornecem alimento, transporte, madeira e medicamentos ao ser humano / são diretamente importantes para as necessidades humanas.

II. **Algumas espécies** não são diretamente importantes para as necessidades humanas.

III. **Todas as espécies** desempenham um papel no funcionamento dos ecossistemas / são de alguma forma importantes para as necessidades humanas.

- Copie a afirmação a seguir, substituindo as ocorrências de asterisco (*****) por **I**, **II** ou **III**.

No segundo parágrafo, a conjunção *mas* cria uma oposição entre a ideia * e o conjunto formado pelas ideias * e *.

ANOTE AÍ!

O *mas*, assim como outras conjunções adversativas e as conclusivas, favorece a progressão de ideias no texto. É um recurso linguístico que assinala um **encadeamento por justaposição de ideias**. Dessa forma, articula a sequência entre as partes de um texto (ou entre períodos).

AGORA É COM VOCÊ!

ESCRITA DE CONTO PSICOLÓGICO

Proposta

No conto psicológico que você leu, a personagem passa por uma experiência marcante desencadeada por um fato que pode ser considerado comum: uma viagem à praia.

Agora, você também vai escrever um conto psicológico. Nele, será narrada uma experiência semelhante. Como você está no campo da literatura, solte a imaginação, preocupando-se com a verdade interna de seu conto, que terá inclinação literária e será publicado em uma antologia de contos, a qual circulará entre professores, colegas da escola e familiares.

GÊNERO	PÚBLICO	OBJETIVO	CIRCULAÇÃO
Conto psicológico	Colegas de turma, de outras turmas, familiares, professores e funcionários da escola	Entreter, emocionar e gerar autoconhecimento a partir da leitura literária	Coletânea de contos a ser lançada na escola

Planejamento e elaboração do texto

1 Reflita inicialmente sobre os seguintes pontos:
- Quem é a personagem principal do conto? Qual é sua rotina?
- O narrador será o protagonista? Será um narrador observador com um olhar distante dos fatos? Será onisciente? O narrador vai delegar voz às personagens por meio do uso do discurso direto? Ou vai preferir segurar as rédeas da história nas próprias mãos, privilegiando o uso do discurso indireto?
- Onde acontece a experiência dessa personagem: na escola, na praia, na praça, no cinema, no estádio de futebol, no hospital, etc.?
- Que experiência é essa?
- Como a personagem vivencia essa experiência? A personagem a vivencia pessoalmente (um susto, uma alegria inesperada, etc.)? Ou se trata de uma emoção sentida pela personagem com base no que acontece a outras pessoas (como a chegada de alguém especial, um acidente ou um desencontro)?
- Com quem a experiência é vivida: com amigos, com familiares, com colegas de escola, com colegas de trabalho ou com pessoas desconhecidas?

2 Lembre-se de fornecer ao leitor elementos que orientem a passagem do tempo cronológico. Intercale à passagem do tempo cronológico os pensamentos e os sentimentos da personagem. Para isso você pode:
- empregar figuras de linguagem, como a metáfora, que favoreçam no seu texto a sensibilidade estética própria do texto literário;
- usar de modo criativo os sinais de pontuação;
- repetir, sempre que possível, uma mesma expressão ao longo do texto, atribuindo diferentes sentidos a ela.

3 Explore, por meio da linguagem verbal, as sensações e emoções de suas personagens. Elas podem sentir angústia, hesitação, ansiedade, desejo de prolongar um momento especial, medo, expectativa, terror, saudade, tristeza, desânimo, alegria, etc.

4 Escreva seu conto psicológico. Não se esqueça das reflexões realizadas nas etapas anteriores. Se necessário, leia novamente o conto "Aquela água toda".

LINGUAGEM DO SEU TEXTO

Releia o período a seguir, retirado do conto "Aquela água toda":

> Temia que algo pudesse alterar os planos de viagem, e ele já se via lá, cercado de água, em seu corpo-ilha; um navio passava ao fundo, o céu lindo, quase vítreo, de se quebrar.

1. Esse período é simples ou é composto? Há coerência entre as ideias articuladas nele? Explique.

2. Há concordância nominal e concordância verbal nesse período? A pontuação utilizada está adequada?

Ao escrever seu conto psicológico, utilize períodos compostos para articular ideias, usando as conjunções coordenativas adequadas. Lembre-se também de utilizar a concordância verbal e a concordância nominal, assim como os sinais de pontuação adequados ao longo do texto.

Avaliação e reescrita do texto

1 Troque seu conto com um colega. Então, avalie o texto dele com base no quadro a seguir.

ELEMENTOS DO CONTO PSICOLÓGICO
Há um conflito vivido interiormente pela personagem?
O conto explora o tempo psicológico?
Há indicações da passagem do tempo cronológico?
É possível diferenciar o mundo interior do mundo exterior?
O leitor tem informações suficientes para compreender a situação vivida pela personagem?
O leitor tem informações suficientes para compreender as emoções da personagem?

2 Com base nas sugestões de seu colega e na própria avaliação, reescreva seu conto, fazendo as alterações necessárias.

Circulação

1 Uma coletânea é uma publicação com textos selecionados de diversos autores ou de um mesmo autor. Reúna-se com os colegas e o professor para organizar uma coletânea com os contos produzidos pela turma.

2 Uma forma de organização da coletânea é pela temática dos contos: infância, juventude, vida adulta e terceira idade podem ser alguns eixos interessantes.

3 Além do miolo do livro, confeccionem a capa, a página de rosto, o sumário, a quarta capa e o prefácio. Vocês também podem incluir uma dedicatória.

4 Organizem o lançamento da coletânea. Convidem toda a comunidade escolar para o evento. Se desejarem, façam um convite para divulgá-lo.

5 Dependendo do número de exemplares, vocês podem se revezar levando um para casa por alguns dias. Ao final, os exemplares podem ser doados à escola ou à biblioteca pública de sua comunidade.

CAPÍTULO

2 UM POR TODOS...

O QUE VEM A SEGUIR

"Por um pé de feijão", conto do escritor Antônio Torres, conduz o leitor ao universo rural brasileiro. O texto foi publicado em um livro com apenas mais dois contos – todos apresentando meninos como personagens centrais. Por que você acha que o nome do conto é "Por um pé de feijão"? Leia-o para descobrir.

TEXTO

Por um pé de feijão

Nunca mais haverá no mundo um ano tão bom. Pode até haver anos melhores, mas jamais será a mesma coisa. Parecia que a terra (a nossa terra, feinha, cheia de altos e baixos, esconsos, areia, pedregulho e massapê) estava explodindo em beleza. E nós todos acordávamos cantando, muito antes de o sol raiar, passávamos o dia trabalhando e cantando e logo depois do pôr do sol desmaiávamos em qualquer canto e adormecíamos, contentes da vida.

Até me esqueci da escola, a coisa que mais gostava. Todos se esqueceram de tudo. Agora dava gosto trabalhar.

Os pés de milho cresciam desembestados, lançavam pendões e espigas imensas. Os pés de feijão explodiam as vagens do nosso sustento, num abrir e fechar de olhos. Toda a plantação parecia nos compreender, parecia compartilhar de um destino comum, uma festa comum, feito gente. O mundo era verde. Que mais podíamos desejar?

E assim foi até a hora de arrancar o feijão e empilhá-lo numa seva tão grande que nós, os meninos, pensávamos que ia tocar nas nuvens. Nossos braços seriam bastantes para bater todo aquele feijão? Papai disse que só íamos ter trabalho daí a uma semana e aí é que ia ser o grande pagode. Era quando a gente ia bater o feijão e iria medi--lo, para saber o resultado exato de toda aquela bonança. Não faltou quem fizesse suas apostas: uns diziam que ia dar trinta sacos, outros achavam que era cinquenta, outros falavam em oitenta.

No dia seguinte voltei para a escola. Pelo caminho também fazia os meus cálculos. Para mim, todos estavam enganados. Ia ser cem sacos. Daí para mais. Era só o que eu pensava, enquanto explicava à professora por que havia faltado tanto tempo. Ela disse que assim eu ia perder o ano e eu lhe disse que foi assim que ganhei um ano. E quando deu meio-dia e a professora disse que podíamos ir, saí correndo. Corri até ficar com as tripas saindo pela boca, a língua parecendo que ia se arrastar pelo chão. Para quem vem da rua, há uma ladeira muito comprida e só no fim começa a cerca que separa o nosso pasto da estrada. E foi logo ali, bem no comecinho da cerca, que eu vi a maior desgraça do mundo: o feijão havia desaparecido. Em seu lugar, o que havia era uma nuvem preta, subindo do chão para o céu, como um arroto de Satanás na cara de Deus. Dentro da fumaça, uma língua de fogo devorava todo o nosso feijão.

Durante uma eternidade, só se falou nisso: que Deus põe e o diabo dispõe.

E eu vi os olhos da minha mãe ficarem muito esquisitos, vi minha mãe arrancando os cabelos com a mesma força com que antes havia arrancado os pés de feijão:

— Quem será que foi o desgraçado que fez uma coisa dessas? Que infeliz pode ter sido?

bater feijão: golpear com varas as vagens do feijão, depois que elas secaram ao sol, para que se abram e os grãos se soltem.

esconso: canto; trecho anguloso.

massapê (ou massapé): terra fértil, argilosa, de cor escura.

pagode: festança; divertimento ruidoso.

pendão: inflorescência masculina do milho, que produz o pólen e fertiliza a espiga (inflorescência feminina).

seva: corda ou cipó onde se penduram folhas para secagem.

Beatriz Mayumi/ID/BR

E vi os meninos conversarem só com os pensamentos e vi o sofrimento se enrugar na cara chamuscada do meu pai, ele que não dizia nada e de vez em quando levantava o chapéu e coçava a cabeça. E vi a cara de boi capado dos trabalhadores e minha mãe falando, falando, falando e eu achando que era melhor se ela calasse a boca.

À tardinha os meninos saíram para o terreiro e ficaram por ali mesmo, jogados, como uns pintos molhados. A voz da minha mãe continuava balançando as telhas do avarandado. Sentado em seu banco de sempre, meu pai era um mudo. Isso nos atormentava um bocado.

Fui o primeiro a ter coragem de ir até lá. Como a gente podia ver lá de cima, da porta da casa, não havia sobrado nada. Um vento leve soprava as cinzas e era tudo. Quando voltei, papai estava falando.

— Ainda temos um feijãozinho-de-corda no quintal das bananeiras, não temos? Ainda temos o quintal das bananeiras, não temos? Ainda temos o milho para quebrar, <u>despalhar</u>, bater e encher o <u>paiol</u>, não temos? Como se diz, Deus tira os anéis, mas deixa os dedos.

E disse mais:

— Agora não se pensa mais nisso, não se fala mais nisso. Acabou.

Então eu pensei: O velho está certo.

Eu já sabia que, quando as chuvas voltassem, lá estaria ele, plantando um novo pé de feijão.

Antônio Torres. *Meninos, eu conto*. Rio de Janeiro: Galera Junior, 2015. p. 29-33.

> <u>despalhar</u>: separar a palha do grão.
>
> <u>paiol</u>: celeiro; local onde se guardam gêneros alimentícios.

DA BAHIA PARA O MUNDO

Antônio Torres nasceu em um povoado chamado Junco, hoje a cidade de Sátiro Dias, na Bahia, em 1940. Aos 20 anos foi para São Paulo, onde iniciou seus trabalhos como jornalista no diário *Última Hora*. Em 1972, lançou seu primeiro romance, *Um cão uivando para a Lua*, considerado "a revelação do ano". Em 1976, publicou *Essa terra*, romance que aborda o êxodo rural de nordestinos em busca de uma vida melhor nas grandes metrópoles do Sul. Ao longo de sua carreira, recebeu importantes prêmios, como o Prêmio Jabuti (2007), e teve seus livros traduzidos para diversas línguas.

▲ Antônio Torres, em foto de 2018.

TEXTO EM ESTUDO

PARA ENTENDER O TEXTO

1. A hipótese que você levantou a respeito do título do conto se confirmou? Explique.

2. Os três primeiros parágrafos narram o vigor da natureza naquele ano.
   a) Pela alegria das pessoas diante desse fenômeno, o que se pode inferir a respeito da condição do lugar em que elas vivem?
   b) Em certo ponto da narrativa, a que essa alegria deu lugar? Copie no caderno trechos que revelem a mudança de estado de espírito das personagens.
   c) No conto, a natureza não é percebida apenas em seu aspecto biológico. Veja:

   > Toda a plantação parecia nos compreender, parecia compartilhar de um destino comum, uma festa comum, feito gente.

   - Como o menino do conto percebia a plantação? Qual é a figura de linguagem que ressalta essa percepção?

3. O narrador do conto, personagem da história, organiza a narração dos fatos em que tempo verbal? Transcreva no caderno quatro ocorrências desse tempo. O uso recorrente desse tempo verbal torna as ações acabadas ou inacabadas?

4. Leia dois provérbios citados no conto.

   > I. Deus põe e o diabo dispõe.
   > II. Deus tira os anéis, mas deixa os dedos.

   a) Localize esses provérbios no texto e relacione-os à situação vivida no conto.
   b) Você conhece outros provérbios? Em caso afirmativo, compartilhe alguns deles com os colegas, ressaltando o contexto em que podem ser usados.

PROVÉRBIOS
Os provérbios podem ser definidos como expressões cristalizadas e consagradas pelo uso. Caracterizam-se por sua origem na sabedoria popular e pela grande circulação social.

A DENÚNCIA SOCIAL NOS TEXTOS DE FICÇÃO

5. Copie e complete no caderno o quadro a seguir, acrescentando itens que revelem as condições econômicas favoráveis e desfavoráveis da família descrita no conto lido. Depois, responda às questões propostas.

Favoráveis	Desfavoráveis
	A terra não é predominantemente adequada.
Tem trabalhadores.	

   a) Com base no que você preencheu e na leitura do conto, que avaliação pode ser feita da situação econômica e social da família? Justifique a resposta.
   b) A situação que você reconheceu na família retratada se estende a outras que sobrevivem do cultivo da terra? Explique.

ANOTE AÍ!
Contos que tratam, prioritariamente, de temas como as dificuldades de **grupos sociais menos favorecidos ou discriminados** são chamados de **contos sociais**. Neles, é comum que as personagens não sejam individualizadas, pois o que importa não é mostrar o drama de um indivíduo, mas a realidade vivida pelo **grupo social** que ele representa.

31

6. De acordo com o texto, o menino faltou muito tempo na escola, ocupado em plantar e colher.

   a) Por que ele tinha comparecido na escola daquela vez?

   b) Por que se pode inferir que ele voltaria a faltar?

7. Para narrar o episódio principal, o incêndio nas vagens de feijão recém-colhidas, não seria necessário mencionar a ausência escolar do menino. Copie no caderno, entre as declarações a seguir, as que apresentam o efeito que a opção do contista por fazer essa menção provoca no leitor.

   I. Apresentar um quadro realista da situação em que vive o grupo socioeconômico ao qual as personagens pertencem.

   II. Alertar quanto à influência que a condição socioeconômica desprivilegiada pode ter no desenvolvimento formal das crianças.

   III. Propor que a educação formal não é a principal atividade para as crianças do grupo socioeconômico ao qual o menino pertence, visto que seu meio de vida independe de escolarização.

   IV. Criticar a atuação dos pais que induzem os filhos a abandonar a escola para ter uma ocupação rentável.

O CONTEXTO DE PRODUÇÃO

8. O conto apresenta informações sobre a agricultura e a rotina de pessoas que vivem no campo. Que tipo de conhecimento essas informações proporcionam ao leitor?

9. O conto "Por um pé de feijão" foi publicado no livro *Meninos, eu conto*. O título do livro evoca o verso "Meninos, eu vi", do poema "I-Juca Pirama", escrito pelo poeta Gonçalves Dias (1823-1864). No poema, a expressão é usada por um velho timbira ao contar às gerações mais novas a história do jovem indígena I-Juca Pirama. Trata-se de um verso que ganha o sentido de testemunho. Ao tomar conhecimento disso, que hipótese você pode levantar acerca do conteúdo dos três contos do livro *Meninos, eu conto*?

PARA EXPLORAR

I-Juca Pirama, de Gonçalves Dias. São Paulo: L&PM, 1997.

Um dos mais famosos poemas indianistas do Romantismo brasileiro narra a trajetória do guerreiro tupi I-Juca Pirama, que, depois de capturado pelos indígenas timbiras, é solto por ser considerado covarde e fraco. Para recuperar sua honra, I-Juca Pirama tem de provar que é digno da própria morte.

ANOTE AÍ!

Para a boa compreensão de um texto, o leitor deve partilhar com ele certos **conhecimentos de mundo**. No caso do conto de temática social, é muito importante que o leitor tenha informações sobre a realidade ali representada, em geral, ligada a questões humanitárias e sociais.

A LINGUAGEM DO TEXTO

10. Releia este trecho:

    > [...] explicava à professora por que havia faltado tanto tempo. Ela disse que **assim eu ia perder o ano** e eu lhe disse que foi **assim** que **ganhei um ano**.

    a) O que significam as expressões *perder o ano* e *ganhar um ano*?

    b) A fala da professora e a do menino são semelhantes na construção, mas demonstram visões de mundo diferentes. Explique cada uma delas.

    c) O ponto de vista do menino fica reforçado por uma pergunta retórica que ele faz ao final do terceiro parágrafo do conto. Transcreva-a no caderno e esclareça o sentido implícito que ela apresenta.

COMPARAÇÃO ENTRE OS TEXTOS

11. Os contos "Aquela água toda" e "Por um pé de feijão" mostram a relação das personagens com elementos da natureza. Com qual elemento natural as personagens dos dois textos se relacionam?

12. Os dois contos estudados apresentam uma mudança de estado de espírito da personagem principal ao longo da narrativa. Explique essa afirmação.

13. Mesmo apresentando semelhanças entre si, "Aquela água toda" é um conto psicológico e "Por um pé de feijão" é um conto de temática social. A que se deve essa diferença de classificação? Justifique sua resposta.

14. Leia as afirmações a seguir.

> Opinião I – O conto psicológico, narrado em primeira pessoa, é intimista e possibilita acesso ao que a personagem sente e pensa.
> Opinião II – O conto social, para obter um efeito de sentido mais realista e mais objetivo, é narrado em terceira pessoa.

- Os dois contos lidos na unidade contradizem o senso comum das afirmações acima. Explique.

15. Na subseção *A denúncia social nos textos de ficção*, você refletiu sobre a situação socioeconômica das personagens de "Por um pé de feijão", percebendo que ela tende à generalização. Por que se pode dizer que não ocorre a mesma generalização em relação à situação vivida pela personagem de "Aquela água toda"?

16. Após ler os dois contos desta unidade e estudar sua linguagem e suas características, reflita sobre a importância da literatura para a sociedade. Em sua opinião, o conto "Aquela água toda" tem importância social? E o conto "Por um pé de feijão", é importante socialmente? Explique.

17. A narrativa dos protagonistas dos dois contos revela realidades diversas. Para você, como ficam caracterizadas no texto essas diferenças? Descreva, no caderno, as condições sociais das personagens em cada uma delas.

18. Nos dois contos desta unidade, são apresentadas as famílias dos protagonistas. No primeiro, a família se prepara para uma viagem de férias. No segundo, a família lida com o incêndio de sua colheita. Você gostou da caracterização das famílias? Justifique sua resposta.

19. Do que você mais gostou nos contos lidos? Por quê?

CIDADANIA GLOBAL

AGRICULTURA FAMILIAR

No conto, a família do narrador cultiva feijão, milho e banana em sua pequena propriedade, que é vista com orgulho pelo protagonista. Todos trabalham no campo, mesmo as crianças, e dali obtêm seu sustento. No texto, também é possível observar que o saber relativo a essa atividade é transmitido em família. Esse quadro exemplifica o que se denomina **agricultura familiar**. No Brasil, segundo o IBGE, a agricultura familiar é responsável por quase 80% das unidades produtivas e emprega mais de 60% dos trabalhadores ligados ao setor, ocupando 23% da área destinada à atividade agropecuária.

1. Em sua opinião, que papel a agricultura familiar tem na alimentação dos brasileiros?
2. Para você, a agricultura familiar favorece a sustentabilidade?

Acesse o recurso digital para conhecer a rotina de trabalho de pequenos produtores rurais. Então, responda: Qual é a importância das cooperativas para esses agricultores?

LÍNGUA EM ESTUDO

PERÍODO COMPOSTO POR SUBORDINAÇÃO

1. Releia este trecho de um período composto retirado de "Por um pé de feijão":

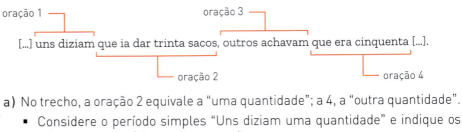

   a) No trecho, a oração 2 equivale a "uma quantidade"; a 4, a "outra quantidade".
   - Considere o período simples "Uns diziam uma quantidade" e indique os três termos sintáticos que o compõem.
   - Considere o período simples "Outros achavam outra quantidade" e indique os três termos sintáticos que o compõem.

   b) Conforme a estrutura sintática que você analisou no item *a*, pode-se afirmar que as orações 2 e 4 desempenham que função sintática em relação às orações 1 e 3?

2. Releia mais este trecho de um período composto do mesmo conto:

   a) Considerando que a oração 2 equivale a "divisória", como você transformaria esse período composto em período simples?

   b) No período mencionado no item *a*, que termo desempenha a função sintática de sujeito? E de verbo intransitivo? E de adjunto adverbial (de lugar)?

   c) O núcleo do sujeito que você apontou no item *b* é "cerca". O termo "divisória" desempenha qual função sintática em relação a esse núcleo?

   d) Qual função sintática a oração 2 desempenha em relação à oração 1?

A SUBORDINAÇÃO

Observe os exemplos que seguem. Além de estarem ligadas em relação ao conteúdo, as orações também são dependentes do ponto de vista sintático.

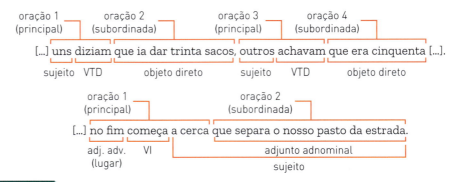

> **ANOTE AÍ!**
>
> **Oração subordinada** é a que desempenha uma função sintática em relação a outra.
> A oração que é completada pela oração subordinada é chamada de **oração principal**.

CLASSIFICAÇÃO DAS ORAÇÕES SUBORDINADAS DE ACORDO COM O VALOR QUE ASSUMEM

Você constatou que uma oração subordinada no período composto equivale a um termo do período simples. As orações subordinadas assumem o valor que um substantivo, um advérbio ou um adjetivo teriam em uma oração. Por isso, elas se classificam em **substantiva**, **adverbial** ou **adjetiva**. Veja:

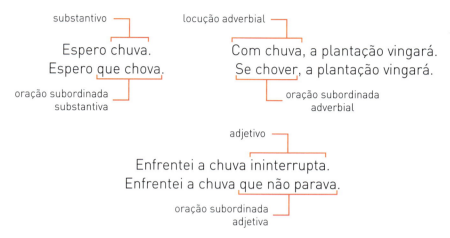

Nas próximas unidades, estudaremos cada uma dessas categorias e os conectivos que articulam as orações do período composto por subordinação.

CLASSIFICAÇÃO DAS ORAÇÕES SUBORDINADAS DE ACORDO COM A FORMA

A oração subordinada pode se apresentar de duas formas. Observe:

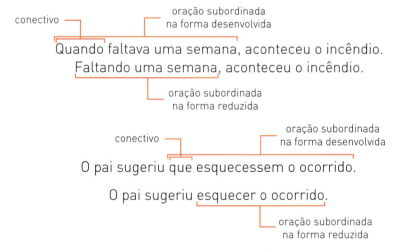

Na forma **desenvolvida**, a oração subordinada apresenta um conectivo que a liga à oração principal e seu verbo está flexionado no modo indicativo ou no subjuntivo. A forma **reduzida** tem o verbo em uma das formas nominais (gerúndio, particípio ou infinitivo) e, em geral, não apresenta conectivo.

> **ANOTE AÍ!**
>
> No período composto por subordinação, uma oração subordinada exerce **função sintática** na estrutura de outra (oração principal), podendo ser **substantiva**, **adverbial** ou **adjetiva**, conforme o valor que assume. Ela também pode estar em forma **desenvolvida** ou **reduzida**.

ATIVIDADES

Acompanhamento da aprendizagem

Retomar e compreender

1. Leia o trecho de uma reportagem sobre a indústria da moda.

> [...] Segundo levantamento do Programa das Nações Unidas para o Meio Ambiente (Pnuma), divulgado em 2019, nos últimos 15 anos, o consumo de peças [de roupas] cresceu 60% no mundo, e o tempo de permanência dos itens no roupeiro caiu pela metade.
> Esse ritmo de produção agride os recursos naturais do planeta. Dados do Pnuma apontam que o setor [têxtil] ocupa o segundo lugar no consumo de água [...]. Ao ano, a indústria libera 500 mil toneladas de microfibras sintéticas nos oceanos, as quais demandam 70 milhões de barris de petróleo para serem produzidas e levam mais de 200 milhões de anos para se decompor. [...]

Caroline Oliveira. A tendência da estação é o verde. *Sextante*, maio 2021. Disponível em: https://www.ufrgs.br/sextante/a-tendencia-da-estacao-e-o-verde/. Acesso em: 24 abr. 2023.

   a) Qual é o significado de dizer que "o tempo de permanência dos itens no roupeiro caiu pela metade"?

   b) A que oração se articula cada oração sublinhada? Identifique.

   c) As orações sublinhadas estão conectadas às orações que você indicou no item *b* pelo mecanismo da coordenação ou da subordinação?

2. Reescreva no caderno cada período a seguir, transformando o termo sublinhado em uma oração subordinada.

   a) O beija-flor é uma ave americana.

   b) Após a construção do ninho, a fêmea põe os ovos, normalmente dois.

   c) É importante a manutenção de seu ecossistema.

   d) Pesquisadores brasileiros documentaram algumas espécies de beija-flor desconhecidas.

Aplicar

3. No caderno, classifique as orações subordinadas sublinhadas como substantivas, adjetivas ou adverbiais, conforme seu valor sintático.

   a) Flores ricas em néctar é algo que atrai os beija-flores. (= atrativo)

   b) Quando se alimentam, eles polinizam as flores. (= durante a alimentação)

   c) Um dos diferenciais do beija-flor é que a ligação de sua asa com o corpo não é rígida. (= a flexibilidade)

   d) Câmeras comuns não captam seus movimentos porque eles são extremamente rápidos. (= por sua rapidez)

4. As orações subordinadas destacadas a seguir estão na forma reduzida. Agora, escreva-as na forma desenvolvida.

   a) O alargamento das ruas, criando grandes avenidas, transformou pontos de encontro em locais de passagem.

   b) Sabendo da organização Dentistas do Bem, muitos profissionais tornaram-se voluntários.

   c) É importante os cientistas buscarem alternativas ao emprego do plástico.

   d) Oferecido desconto no IPTU, muitas pessoas utilizarão energia solar em suas casas.

A LÍNGUA NA REAL

AS SUBORDINADAS REDUZIDAS E DESENVOLVIDAS E OS EFEITOS DE SENTIDO

1. Leia esta tira:

Fernando Gonsales. *Níquel náusea*: botando os bofes de fora. São Paulo: Devir, 2002. p. 20.

a) O menino capturou bichinhos para observá-los. No entanto, esses são bichinhos peculiares. Por quê? De que maneira o humor do texto se vincula a essa peculiaridade?

b) Releia o período que está no primeiro balão de fala do segundo quadrinho. Ele é composto de duas orações. Quais são elas?

c) A segunda oração está na forma reduzida ou desenvolvida? Explique.

d) Como seria o período se essa oração fosse escrita na outra forma?

e) "Abra um pouco a tampa para o ar circular" apresenta uma oração reduzida. Escreva, no caderno, essa oração. Em seguida, comente o grau de formalidade dessa reduzida e seus efeitos de sentido na tira.

2. Observe o exemplo a seguir.

Forma desenvolvida	Forma reduzida
Assim que o jogador caiu, o juiz apitou a falta.	**Caído o jogador**, o juiz apitou a falta.

- Em uma conversa espontânea, qual dos usos acima pode ser previsto?

3. Releia estas passagens do conto "Por um pé de feijão", nas quais estão destacadas orações subordinadas reduzidas:

> I. E eu vi <u>os olhos da minha mãe ficarem muito esquisitos</u>, vi <u>minha mãe arrancando os cabelos com a mesma força</u> [...].
>
> II. E vi <u>os meninos conversarem só com os pensamentos</u> e vi <u>o sofrimento se enrugar na cara chamuscada do meu pai</u> [...].

Agora, confronte com as versões a seguir.

> I. E eu vi que os olhos da minha mãe ficaram muito esquisitos, vi que minha mãe arrancava os cabelos com a mesma força.
>
> II. E vi que os meninos conversavam só com os pensamentos e vi que o sofrimento se enrugava na cara chamuscada do meu pai.

- Por que a forma reduzida é preferível nesses casos?

37

ESCRITA EM PAUTA

ORTOÉPIA E PROSÓDIA

1. Leia a tira a seguir, com personagens da turma do Xaxado, e responda às questões propostas.

Antonio Cedraz. *Xaxado*. Ano 4 – 365 tiras em quadrinhos. Salvador: Editora e Estúdio Cedraz, 2010. p. 49.

a) Qual é o fato que provoca humor nessa tira?
b) Que palavras presentes na tira não estão de acordo com a norma-padrão? Transcreva-as, indicando também a grafia correta de acordo com a convenção ortográfica de nossa língua.
c) Nessa situação de uso, essas palavras não são consideradas problemas ortográficos. Por quê?
d) O que o uso dessas palavras revela sobre as características do menino que chega atrasado?

2. Leia os versos a seguir, tirados de uma canção popular.

> Oiê, muié rendera
> Oiê, muié rendá
> Tu me ensina a fazê renda
> Que eu te ensino a namorá

Domínio público.

a) Os verbos *fazê* e *namorá* estão no infinitivo, mas não foram grafados de acordo com a norma-padrão. Qual é a grafia deles na norma-padrão?
b) Em sua opinião, por que esses versos foram escritos com essa grafia?
c) Nesses versos, outras duas palavras foram grafadas procurando reproduzir a pronúncia popular típica de algumas regiões do país. Escreva, no caderno, quais são essas palavras.
d) A pronúncia dessas palavras pode ser considerada adequada? Explique.

ANOTE AÍ!

A **ortoépia** é o estudo da chamada "boa pronúncia", "pronúncia correta". Ela reflete a forma de falar dos grupos mais privilegiados e letrados da sociedade. Assim, essa parte da gramática determina, por exemplo, que não se deve falar "*ele róba*", mas "*ele rôuba*".

A **prosódia** se ocupa da correta colocação do acento tônico nas palavras. Por exemplo, de acordo com suas regras, pronuncia-se *recorde* (com intensidade na penúltima sílaba), e não "*récorde*" (com intensidade na antepenúltima).

A pronúncia das palavras, porém, pode variar de acordo com a **variedade linguística** utilizada, e isso deve ser respeitado. Ao não respeitar determinada variedade, agimos com **preconceito linguístico** em relação ao falante ou grupo de falantes, o que, em geral, revela também o preconceito social relacionado a eles.

Essas questões de pronúncia acabam gerando desvios na ortografia e na acentuação gráfica, levando em consideração as convenções estabelecidas.

Para estar alerta quanto aos casos mais comuns de desvios da norma-padrão em razão da pronúncia, leia as palavras listadas a seguir.

NÃO PADRÃO	PADRÃO
adevogado	advogado
aerosol	aerossol
aterrisar	aterrissar
bandeija	bandeja
bebedor	bebedouro
beneficiência	beneficência
cabeçário	cabeçalho
cabelereiro	cabeleireiro
desinteria	disenteria
esteriótipo	estereótipo

NÃO PADRÃO	PADRÃO
imbigo	umbigo
largatixa	lagartixa
mendingo	mendigo
mineirador	minerador
mulçumano	muçulmano
prazeiroso	prazeroso
previlégio	privilégio
salchicha	salsicha
sombrancelha	sobrancelha
supérfulo	supérfluo

O NOVO ACORDO ORTOGRÁFICO DA LÍNGUA PORTUGUESA

Com o objetivo de unificar a escrita de todos os países cuja língua oficial é o português – Brasil, Portugal, Angola, Moçambique, Cabo Verde, Guiné-Bissau, São Tomé e Príncipe e Timor-Leste –, vigora desde 2009 o **Novo Acordo Ortográfico da Língua Portuguesa**. Entre as principais mudanças aprovadas estão o fim do trema, a supressão dos acentos diferenciais e tônicos e alterações no emprego do hífen e nas regras de acentuação de palavras com ditongos abertos. Por exemplo: *ideia* perdeu o acento, *autorretrato* perdeu o hífen, e *cinquenta* perdeu o trema.

3. Na linguagem oral, é comum a dúvida quanto à posição da sílaba tônica em algumas palavras. Copie as palavras a seguir no caderno, destacando em cada uma delas a sílaba que deve ser pronunciada como tônica.

- Exemplo: condor > dor

a) austero
b) fluido
c) gratuito
d) rubrica
e) recorde
f) ruim
g) ureter
h) ínterim
i) sutil

■ ETC. E TAL

Ao pé da letra

Quando aprendemos uma língua estrangeira, é comum nos preocuparmos com suas expressões idiomáticas (ou gírias). Afinal, elas precisam ser apreendidas em seu conjunto, pois, quando as consideramos palavra por palavra, seu significado torna-se absurdo, sem sentido.

Na língua materna, também temos expressões idiomáticas. Muitas vezes, elas são tão comuns que nem as percebemos assim, a menos que nunca tenhamos ouvido falar delas. Por exemplo, "estar como pinto no lixo" significa "estar feliz"; "voltar à vaca fria" quer dizer "voltar ao assunto do início da conversa"; "segurar vela" tem o sentido de "estar sozinho, acompanhando um casal"; "pôr as barbas de molho" significa "precaver-se".

No conto "Por um pé de feijão", que você leu neste capítulo, aparece a expressão "como um pinto molhado". Você sabe o que essa expressão significa?

AGORA É COM VOCÊ!

ESCRITA DE CONTO SOCIAL

Proposta

Agora você vai escrever seu conto social. Ele vai narrar uma situação vivenciada por uma criança que precisa trabalhar para ajudar financeiramente a família.

O conto deve se passar em um cenário urbano e, em meio à linguagem literária, vai denunciar a privação (total ou parcial) do direito da personagem principal à educação em virtude de sua condição de vida. Dessa vez, você e seus colegas farão um concurso e escolherão o conto, que será publicado em um *site* que promova textos de jovens autores.

GÊNERO	PÚBLICO	OBJETIVO	CIRCULAÇÃO
Conto social	Internautas em geral, pessoas interessadas em literatura contemporânea	Entreter, emocionar, provocar reflexões e posicionamentos sobre os direitos da criança com base em texto literário	Internet

Planejamento e elaboração do texto

1 No conto social "Por um pé de feijão", o menino tem sua infância determinada por um conjunto de fatores sociais e econômicos: ele vive no campo e ajuda a família na plantação. Não se ressente de, às vezes, faltar à escola, embora goste de frequentá-la. O trabalho infantil em nosso país não é uma realidade apenas das zonas rurais. Dos 1,768 milhão de crianças e adolescentes de 5 a 17 anos que trabalham, 75,8% vivem em áreas urbanas. Leia a notícia a seguir.

Acesse o recurso digital sobre trabalho infantil para saber mais sobre a legislação brasileira relativa à infância e à adolescência no Brasil. Em seguida, responda: Com qual intuito o Estatuto da Criança e do Adolescente (ECA) foi criado?

> **Cenário nacional**
>
> De acordo com os dados da Pesquisa Nacional por Amostra de Domicílios (PNAD Contínua) sobre Trabalho de Crianças e Adolescentes, em 2019, havia 1,768 milhão de crianças e adolescentes de cinco a 17 anos em situação de trabalho infantil, o que representa 4,6% da população (38,3 milhões) nesta faixa etária.
>
> A maior concentração de trabalho infantil está na faixa etária entre 14 e 17 anos, representando 78,7% do total. Já a faixa de cinco a 13 anos representa 21,3% das crianças exploradas pelo trabalho infantil. [...]

Projeto Criança Livre de Trabalho Infantil. *Estatísticas* – Cenário nacional. Organização Cidade Escola Aprendiz. Disponível em: https://livredetrabalhoinfantil.org.br/trabalho-infantil/estatisticas/. Acesso em: 24 abr. 2023.

2 Reflita, inicialmente, sobre os seguintes pontos do conto que você vai escrever:
- A personagem será um menino ou uma menina? Qual idade ela terá?
- Onde a personagem vive? Como é esse lugar?
- Qual é a rotina da criança e de sua família?
- Que trabalho ela realiza: vende doces, engraxa sapatos, limpa vidros de carros nos semáforos, faz serviços domésticos, realiza entregas, atua como guia turístico, faz separação de materiais recicláveis nos lixos?
- Que denúncia implícita será veiculada? Para se inteirar do universo a ser retratado, você pode recorrer a reportagens e documentários sobre o tema.

3 Determine o foco narrativo da história. O narrador será personagem ou seu conto será narrado em terceira pessoa? Quando ele narra o episódio, está temporalmente próximo ou distante do ocorrido?

4 Imagine a ação que vai envolver a personagem. Como no conto lido, essa ação não precisa ter um desfecho, mas deve estar ligada à sua condição de vida. Como ela se sente diante do trabalho e da impossibilidade de frequentar a escola regularmente?

5 Tenha em mente que o drama vivido não é específico daquela personagem, mas de muitas crianças que vivem em condições semelhantes, ou seja, representa todo um grupo social desfavorecido.

6 No final, pode haver um julgamento do narrador sobre a realidade mostrada, ou os fatos podem levar o leitor a tirar suas conclusões. É importante gerar empatia com a condição social da personagem e o problema vivido por ela.

7 Escreva um conto de propensão literária tendo em vista uma cena de injustiça social: faça isso levando em consideração os estudos previamente realizados.

LINGUAGEM DO SEU TEXTO

Releia o período a seguir, retirado do conto "Por um pé de feijão".

Nossos braços seriam bastantes para bater todo aquele feijão?

1. Separe as orações desse período composto por subordinação.

2. A oração subordinada presente nesse período está na forma desenvolvida ou na forma reduzida? Como ela ficaria se estivesse na outra forma?

Ao escrever seu conto social, procure utilizar de forma adequada os períodos compostos por subordinação para toná-lo mais expressivo.

Avaliação e reescrita do texto

1 Faça uma avaliação de sua produção. Para isso, reúna-se com um colega e troquem os textos para observar se os critérios a seguir foram seguidos.

ELEMENTOS DO CONTO SOCIAL
A personagem representa um grupo social desfavorecido?
A caracterização da personagem e/ou sua visão da realidade contribuem para que o leitor se afeiçoe a ela e se sensibilize por seu drama?
O leitor percebe a denúncia feita?
O leitor é levado a refletir sobre a realidade do grupo ao qual a criança pertence?

2 Converse com seu colega sobre o que você observou no conto que ele produziu. Depois, com base no retorno dele, escreva a versão final de seu conto.

Circulação

1 Façam um concurso para escolher o conto que será enviado ao *site*. O professor agendará um dia para a leitura coletiva; depois, encaminhará a votação.

2 O conto escolhido deve ser formatado conforme as orientações do regulamento.

3 Divulguem o *link* com o texto para seus familiares, amigos e professores.

PARA EXPLORAR

Cenário da Infância e Adolescência no Brasil – 2021
Em sua oitava edição, o guia lançado pela Fundação Abrinq traça um panorama da situação de crianças e adolescentes no país, apresentando dados como mortalidade, nutrição, gravidez na adolescência, escolarização, saneamento, etc.
Disponível em: https://observatoriocrianca.org.br/system/library_items/files/000/000/030/original/cenario-da-infancia-e-da-adolescencia-2021_%281%29.pdf?1617903781. Acesso em: 24 abr. 2023.

ATIVIDADES INTEGRADAS

Leia, a seguir, o conto "Uma esperança", escrito por Clarice Lispector.

Uma esperança

Aqui em casa pousou uma esperança. Não a clássica, que tantas vezes verifica-se ser ilusória, embora mesmo assim nos sustente sempre. Mas a outra, bem concreta e verde: o inseto.

Houve um grito abafado de um de meus filhos:

— Uma esperança! e na parede bem em cima de sua cadeira! Emoção dele também que unia em uma só as duas esperanças, já tem idade para isso. Antes surpresa minha: esperança é coisa secreta e costuma pousar diretamente em mim, sem ninguém saber, e não acima de minha cabeça numa parede. Pequeno rebuliço: mas era indubitável, lá estava ela, e mais magra e verde não poderia ser.

— Ela quase não tem corpo, queixei-me.

— Ela só tem alma, explicou meu filho e, como filhos são uma surpresa para nós, descobri com surpresa que ele falava das duas esperanças.

Ela caminhava devagar sobre os fiapos das longas pernas, por entre os quadros da parede. Três vezes tentou renitente uma saída entre dois quadros, três vezes teve que retroceder caminho. Custava a aprender.

— Ela é burrinha, comentou o menino.

— Sei disso, respondi um pouco trágica.

— Está agora procurando outro caminho, olhe, coitada, como ela hesita.

— Sei, é assim mesmo.

— Parece que esperança não tem olhos, mamãe, é guiada pelas antenas.

— Sei, continuei mais infeliz ainda.

Ali ficamos, não sei quanto tempo olhando. Vigiando-a como se vigiava na Grécia ou em Roma o começo de fogo do lar para que não apagasse.

— Ela se esqueceu de que pode voar, mamãe, e pensa que só pode andar devagar assim.

Andava mesmo devagar — estaria por acaso ferida? Ah não, senão de um modo ou de outro escorreria sangue, tem sido sempre assim comigo.

Foi então que farejando o mundo que é comível, saiu de trás de um quadro uma aranha. Não uma aranha, mas me parecia "a" aranha. Andando pela sua teia invisível, parecia transladar-se maciamente no ar. Ela queria a esperança. Mas nós também queríamos e, oh! Deus, queríamos menos que comê-la. Meu filho foi buscar a vassoura. Eu disse fracamente, confusa, sem saber se chegara infelizmente a hora certa de perder a esperança:

— É que não se mata aranha, me disseram que traz sorte...

— Mas ela vai esmigalhar a esperança! respondeu o menino com ferocidade.

— Preciso falar com a empregada para limpar atrás dos quadros — falei sentindo a frase deslocada e ouvindo o certo cansaço que havia na minha voz. Depois devaneei um pouco de como eu seria sucinta e misteriosa com a empregada: eu lhe diria apenas: você faz o favor de facilitar o caminho da esperança.

O menino, morta a aranha, fez um trocadilho, com o inseto e a nossa esperança. Meu outro filho, que estava vendo televisão, ouviu e riu de prazer. Não havia dúvida: a esperança pousara em casa, alma e corpo.

Mas como é bonito o inseto: mais pousa que vive, é um esqueletinho verde, e tem uma forma tão delicada que isso explica por que eu, que gosto de pegar nas coisas, nunca tentei pegá-la.

Uma vez, aliás, agora é que me lembro, uma esperança bem menor que esta pousara no meu braço. Não senti nada, de tão leve que era, foi só visualmente que tomei consciência de sua presença. Encabulei com a delicadeza. Eu não mexia o braço e pensei: "e essa agora? que devo fazer?". Em verdade nada fiz. Fiquei extremamente quieta como se uma flor tivesse nascido em mim. Depois não me lembro mais o que aconteceu. E acho que não aconteceu nada.

Clarice Lispector. *Todos os contos*. Rio de Janeiro: Rocco, 2016. p. 411-413.

Acompanhamento da aprendizagem

Analisar e verificar

1. Quando leu o título do conto, que sentido você atribuiu ao substantivo *esperança*?

2. Por que é importante que a narradora esclareça de imediato (no primeiro parágrafo) de que esperança ela está falando?

3. Qual das opções a seguir apresenta o sentido da frase dita pela mãe: "descobri com surpresa que ele falava das duas esperanças"?

   I. O menino de fato se referiu simultaneamente ao inseto e ao sentimento.

   II. O menino se referiu ao inseto, mas a mãe achou que também podia se aplicar ao sentimento.

4. A mãe comenta cada declaração feita pelo menino. Releia.

   > — Ela é burrinha, comentou o menino.
   >
   > — Sei disso, respondi um pouco trágica.
   >
   > — Está agora procurando outro caminho, olhe, coitada, como ela hesita.
   >
   > — Sei, é assim mesmo.
   >
   > — Parece que esperança não tem olhos, mamãe, é guiada pelas antenas.
   >
   > — Sei, continuei mais infeliz ainda.

   a) Ao comentar, a mãe parece se referir ao inseto ou ao sentimento de esperança?

   b) Apresente o que a mãe pode estar interpretando a cada declaração do filho.

5. No quadro abaixo, na coluna da esquerda, há passagens do texto nas quais as orações estão justapostas. Na coluna da direita, as orações foram articuladas com conjunções.

NO CONTO	OUTRA POSSIBILIDADE
"[...] unia em uma só as duas esperanças, já tem idade para isso."	Unia em uma só as duas esperanças, **pois** já tem idade para isso.
"Três vezes tentou renitente uma saída entre dois quadros, três vezes teve que retroceder caminho."	Três vezes tentou renitente uma saída entre dois quadros, **mas** três vezes teve que retroceder caminho.
"[...] mas era indubitável, lá estava ela [...]."	Mas era indubitável **que** lá estava ela.

   a) No texto original, que classificação recebem as seis orações, presentes nos três trechos?

   b) No texto reformulado, como se classifica cada oração introduzida por conjunção?

   c) No texto original, a justaposição de orações cria um efeito que condiz mais com a atmosfera do conto. Explique por quê.

6. Releia: "O menino, morta a aranha, fez um trocadilho, com o inseto e a nossa esperança".

   a) De acordo com seu conhecimento de mundo, que trocadilho poderia ter sido feito entre o inseto e o sentimento?

   b) A oração "morta a aranha" está na forma reduzida e tem a função de adjunto adverbial de tempo. Reescreva-a, passando essa oração para a forma desenvolvida.

Criar

7. Em livros, revistas ou na internet, pesquise um substantivo que, assim como "esperança", tenha mais de um significado. Depois, escreva um parágrafo brincando com os sentidos da palavra. Use trocadilhos, figuras de linguagem, recursos estilísticos, etc.

CIDADANIA GLOBAL

UNIDADE 1

2 FOME ZERO E AGRICULTURA SUSTENTÁVEL

Retomando o tema

Ao longo da unidade, você e os colegas viram que uma boa produção de alimentos é aquela capaz de alimentar a todos e preservar o meio ambiente. Agora vocês vão refletir sobre a necessidade de a alimentação suprir não apenas a fome, mas a demanda nutricional para uma vida com saúde. Para começar, vejam como o *Guia alimentar para a população brasileira,* documento produzido pelo Ministério da Saúde, classifica os alimentos (disponível em: https://bvsms.saude.gov.br/bvs/publicacoes/guia_alimentar_populacao_brasileira_2ed.pdf; acesso em: 18 maio 2023).

1. Vocês já conheciam essa classificação? Por que acham que foi classificado dessa maneira?
2. Vocês consomem alimentos minimamente processados com qual frequência? E ultraprocessados?

Geração da mudança

- Você e os colegas vão se organizar em grupos para avaliar a qualidade do café da manhã de cada um. Dessa forma, posteriormente, poderão analisar por conta própria as demais refeições que fazem e, se necessário, pensar em mudanças que devem ser feitas para uma alimentação mais saudável.

- Para analisar o consumo individual de cada integrante do grupo, anotem os itens que constituíram o café da manhã de cada um nos últimos três dias. Busquem lembrar em detalhes. Por exemplo: Bebi leite e achocolatado ou leite, achocolatado e açúcar? Comi tapioca com manteiga ou com margarina?

- Em seguida, cada integrante deve criar sua tabela. Em uma folha, criem quatro colunas para classificação: *in natura* ou minimamente processado; ingrediente culinário; processado; ultraprocessado. Em cada linha, anotem os alimentos consumidos e classifique-os de acordo com a categoria correspondente.

- Após a análise, converse com os colegas de grupo: O que acharam do resultado? Os alimentos consumidos são muito diferentes dos mencionados pelos colegas? O que poderia substituir um achocolatado, que é um alimento ultraprocessado, por exemplo? Há, ainda, pessoas que não se alimentam muito bem pela manhã por falta de tempo. Que ações poderiam contornar isso?

Autoavaliação

Estela Carregalo/ID/BR

44

UNIDADE 2
CRÔNICA E VLOG DE OPINIÃO

PRIMEIRAS IDEIAS

1. No seu dia a dia, você tem o hábito de ler crônicas? O que, em seu ponto de vista, difere a crônica de outros gêneros jornalísticos?

2. Você acompanha algum *vlog* na internet? Qual é a diferença entre os recursos de um vlogueiro e os meios que um cronista tem para expressar uma opinião?

3. Qual é a diferença entre as construções "A vlogueira não tinha dúvida de que o argumento era forte" e "A vlogueira não tinha dúvida da força do argumento"?

4. Que elementos podem introduzir as orações subordinadas substantivas?

Conhecimentos prévios

Nesta unidade, eu vou...

CAPÍTULO 1 — Diálogo com o leitor

- Ler e interpretar uma crônica, identificando as características do gênero.
- Refletir sobre a língua e o direito à educação de qualidade e discutir os principais aspectos da variação linguística.
- Identificar a estrutura das orações subordinadas substantivas e analisar a funcionalidade dessas orações e seus tipos (subjetivas, objetivas diretas e objetivas indiretas).
- Reconhecer as conjunções integrantes e os sentidos que expressam nas orações.
- Analisar a impessoalização dos discursos por meio do uso de orações subordinadas substantivas subjetivas.
- Escrever uma crônica com tema relacionado a padrões sociais e elaborar um painel de crônicas.

CAPÍTULO 2 — Rede de opiniões

- Assistir a um *vlog* de opinião, identificando as características do gênero e refletindo sobre aspectos relacionados à oralidade.
- Discutir norma-padrão e preconceito linguístico.
- Identificar e analisar orações subordinadas substantivas completivas nominais, predicativas e apositivas.
- Analisar os usos do *que* e os efeitos de sentido causados por ele.
- Aplicar as regras de pontuação nas orações subordinadas substantivas.
- Planejar e produzir um *vlog* de opinião e publicá-lo *on-line*.

CIDADANIA GLOBAL

- Refletir sobre a relação entre a língua e a identidade de um grupo e discutir a existência e os usos de variedades linguísticas.
- Produzir uma exposição de poemas, *raps* e outros gêneros que empregam diferentes variedades linguísticas.

45

LEITURA DA IMAGEM

1. Descreva o que a cena registrada na fotografia mostra.
2. Como é o espaço retratado na imagem?
3. Qual é a postura da plateia em relação à pessoa que se apresenta?
4. Ao observar a postura da *slammer* e a da plateia, você acha que a fala apresentada merece atenção?

CIDADANIA GLOBAL

 4 EDUCAÇÃO DE QUALIDADE

Em 2008, as batalhas de poesia falada, conhecidas como *slams*, ganharam força no Brasil. Os poemas são criados e apresentados por qualquer pessoa que deseje participar – geralmente jovens de regiões periféricas, que falam de suas vivências e de seus contextos. Atualmente, mais de duzentos *slams* acontecem regularmente no país, com um campeonato nacional e um internacional a cada ano.

1. O grupo social e etário que participa dos *slams* usa livremente sua variedade linguística de origem. Em sua opinião, esse fato pode colaborar para a popularização do movimento? Por quê?
2. Você acha que o emprego de uma variedade linguística por *slammers* indica necessariamente desconhecimento da norma-padrão da língua?
3. Os *slams* podem incentivar os participantes a buscar novas leituras, músicas e informações, de modo a possibilitar a aquisição de novas visões de mundo?

 Acesse o recurso digital e responda: Quais aspectos chamaram mais a sua atenção? Você identificou usos ou desvios da norma-padrão?

Final do Campeonato Brasileiro de Poesia Falada, o SLAM BR, no Sesc Pinheiros, São Paulo. Foto de 2019.

47

CAPÍTULO 1
DIÁLOGO COM O LEITOR

O QUE VEM A SEGUIR

A crônica que você vai ler foi escrita há mais de um século para o jornal carioca *O País*. Qual seria a opinião de um autor que viveu a virada para o século XX sobre a ortografia da língua portuguesa?

TEXTO

3 de agosto de 1907

Tenho diante dos olhos uma carta em que me perguntam o que penso da questão ortográfica. Não sei por que não me perguntam o que penso também do último eclipse do sol ou da candidatura do general Taft à presidência dos Estados Unidos!

Tenho medo que me pelo das questões gramaticais, e é por isso que passo de largo quando brigam dois gramáticos. Se brigam três, não saio de casa.

Aqui há tempos, o Dr. Fausto Maldonado publicou em Carangola uma interessante brochura intitulada *Ortografia portuguesa* e mandou-me um exemplar, acompanhado de uma carta, dizendo-me que no prefácio da 2ª edição responderia à minha crítica. Tanto bastou para que eu não escrevesse nada sobre o livrinho, que, aliás, me proporcionou algumas horas de prazer intelectual.

Nada! Com gramáticos não quero eu brigas!

Nunca me hei de esquecer da célebre questão "faz – fazem", que, há uns trinta anos, ou mais, se agitou no Maranhão, a terra em que os gramáticos mais proliferam.

Lembrou-se alguém de perguntar: Como se deve dizer: "fazem hoje dois anos" ou "faz hoje dois anos"?

Apareceram vinte respostas contraditórias: uns opinavam por "fazem", outros por "faz"; estes afirmavam que se podiam empregar ambas as formas; aqueles opinavam que nenhuma delas era correta.

Essa diversidade de opiniões deu lugar a uma discussão que durou longos meses. A princípio, nenhum dos contendores saiu do terreno da urbanidade e da boa educação, mas não tardaram as invectivas, os doestos e, finalmente, as injúrias.

Imaginem se tratasse de uma questão [...] como a da reforma ortográfica!

[...] Entretanto, reconhecendo embora a conveniência de simplificar e uniformizar a ortografia portuguesa, não faço, pessoalmente, questão de sistema. Desde que eu entenda o que está grafado, e haja boa sintaxe, o resto pouco me importa — tanto me faz o "f" como o "ph".

A simplificação ortográfica obedece a uma lei fatal da natureza, a lei do menor esforço, que tende a simplificar todas as coisas; tempo virá em que, quer queiram, quer não queiram, todas as palavras serão representadas pelo menor número possível de letras e sinais.

A. A.

Artur Azevedo. *Artur Azevedo*. São Paulo: Global, 2014. p. 325-326 (Coleção Melhores Crônicas).

TEXTO EM ESTUDO

PARA ENTENDER O TEXTO

1. As hipóteses que você levantou sobre a opinião do cronista em relação à ortografia da língua portuguesa se confirmaram? Explique.

2. O quadro a seguir apresenta a estrutura da crônica lida. Copie-o e complete-o.

Parágrafo	Partes da crônica	Conteúdo de cada parte
1	Fato que motivou a crônica	Carta recebida pedindo a opinião do cronista sobre a reforma ortográfica
2	Reação do autor ao tema	Distância das brigas entre gramáticos
	Relato de experiência pessoal	
	Reação do autor ao tema	Distância de brigas com gramáticos
5 a 8	Exemplo relativo ao tema	
	Posição do autor sobre o tema	

3. Sobre o primeiro parágrafo, responda:
   a) Como o cronista parece se sentir acerca do conteúdo da carta?
   b) De que maneira é possível perceber isso?

4. Releia o terceiro parágrafo e, depois, responda às questões.
   a) Em geral, com que intenção um autor ou uma editora enviam um livro recém-publicado para um cronista?
   b) Por que o cronista teve receio de escrever uma crítica à obra recebida?

5. Agora, releia este trecho:

   > **Lembrou-se alguém de perguntar**: Como se deve dizer: "fazem hoje dois anos" ou "faz hoje dois anos"?

   - De acordo com a expressão em destaque, o cronista considera o debate sobre esse assunto necessário?

6. A crônica de Artur Azevedo faz referência ao público leitor.
   a) Que classes gramaticais marcam o uso da primeira pessoa na crônica?
   b) Em que forma verbal a referência ao leitor no texto fica evidente?
   c) A referência aos leitores acentua a noção de diálogo de um texto dirigido a um determinado público. Agora, releia os trechos a seguir.

   > I. Tenho diante dos olhos uma carta em que me perguntam o que penso da questão ortográfica.
   > II. Aqui há tempos, o Dr. Fausto Maldonado publicou em Carangola uma interessante brochura intitulada *Ortografia portuguesa* [...].

   - A crônica traz um forte efeito de subjetividade que pode ser observado em diversas partes. Cite alguns recursos linguísticos que criam esse efeito nos trechos acima.
   d) Com base no suporte no qual a crônica circulou (um jornal impresso do século XIX), identifique quem fala no texto, a quem fala, de onde escreve e que evento marca o momento em que a crônica foi escrita.

UM CONTADOR DE CASOS

Artur Azevedo (1855-1908) nasceu em São Luís, no Maranhão, mas começou sua carreira literária depois de se mudar para o Rio de Janeiro, em 1873.

Contista, cronista, poeta, dramaturgo e jornalista, figurou, ao lado do irmão Aluísio Azevedo, no grupo fundador da Academia Brasileira de Letras.

▲ Artur Azevedo, no Rio de Janeiro, fotografia de 1890.

49

7. Releia estes trechos:

> I. Tenho medo que me pelo das questões gramaticais, e é por isso que passo de largo quando brigam dois gramáticos. Se brigam três, não saio de casa.
> II. Nada! Com gramáticos não quero eu brigas!

a) Nesses trechos, as referências à "briga" podem ser entendidas como luta corporal? Explique sua reposta.

b) Em "Se brigam três, não saio de casa", por que se pode dizer que há um exagero?

c) Há outros exageros na crônica? Em caso afirmativo, transcreva-os.

d) Qual efeito a presença do exagero cria para o sentido geral da crônica?

e) A criação de sentidos, da maneira como foi apresentada nos itens anteriores, assemelha-se mais ao universo jornalístico ou ao literário?

8. O uso de pontos de exclamação ao longo da crônica deu ao texto um efeito de objetividade ou de subjetividade? Explique.

9. Releia estes trechos:

> I. Tenho medo que me pelo [...].

> II. Nada!

a) Pensando nas marcas que caracterizam um registro formal e informal, as passagens acima estão próximas de qual dos dois extremos?

b) De modo geral, o registro de linguagem apresentado na crônica de Artur Azevedo se aproxima da formalidade ou da informalidade?

ANOTE AÍ!

Em sua origem, no século XV, o gênero **crônica** era o relato de fatos verídicos e históricos, apresentados em **ordem cronológica**, e que estavam ligados aos feitos dos reis e da corte. O formato mais próximo do que conhecemos hoje como crônica, ou seja, um gênero ligado ao jornalismo, surgiu na primeira metade do século XIX.

Inicialmente, a crônica publicada em jornal se assemelhava a um artigo sobre questões políticas, sociais, artísticas e literárias. Com o tempo, o caráter predominantemente argumentativo foi diminuindo e a crônica passou a simular um **diálogo com o leitor** e a tratar, de forma amena, de temáticas **cotidianas**, expressando e discutindo ideias. Aos poucos, a crônica **ganhou leveza** e, na medida em que esse gênero assumiu também o propósito de divertir, o **humor** foi se tornando mais constante nesses textos.

O CONTEXTO DE PRODUÇÃO

10. Você acredita que na publicação no jornal original também havia a data logo acima da crônica?

11. Ao final da crônica, leem-se as iniciais "A. A.", uma das formas como o autor costumava assinar seus textos. Considerando que a crônica foi extraída de um volume dedicado ao escritor, por que você acha que a assinatura foi mantida? Faça uma relação entre a abreviação do nome com a conclusão da crônica.

ANOTE AÍ!

Se no século XIX as crônicas começaram a ser produzidas para **jornais e revistas**, no século XX a **efemeridade** da crônica passou a ter *status* literário: em virtude de sua qualidade, as crônicas passaram a ser **reunidas e publicadas em livros**.

A LINGUAGEM DO TEXTO

12. Releia este trecho:

> Desde que eu entenda o que está grafado, e haja boa sintaxe, o resto pouco me importa [...].

- Para você, o cronista colocou em prática o que sugeriu no trecho acima?

13. Artur Azevedo emprega diversas inversões na colocação dos sujeitos. Leia.

> I. [...] quando brigam dois gramáticos.
> II. Se brigam três, não saio de casa.

- As inversões sintáticas comprometeram a fluência do texto? Justifique.

14. Releia o trecho a seguir e uma regra da gramática normativa.

> Apareceram vinte respostas contraditórias: uns opinavam por "fazem", outros por "faz"; estes afirmavam que se podiam empregar ambas as formas; aqueles opinavam que nenhuma delas era correta.

> Quanto ao emprego dos pronomes demonstrativos na norma-padrão, é comum a seguinte orientação: quando há dois referentes anteriores e se quer fazer menção a cada um, emprega-se o pronome *este* para indicar o último referente citado e *aquele* para indicar o primeiro.

- Considerando essa regra de uso de pronomes demonstrativos, pense no que se pode dizer a respeito desse emprego na crônica. Os pronomes *estes* e *aqueles* estão associados a *outros* e a *uns*, respectivamente? Explique.

> **ANOTE AÍ!**
>
> A **produção da crônica** está condicionada à **regularidade** exigida pelo fluxo constante do jornal. Apesar de circular na esfera jornalística, o **registro informal** da crônica e a valorização de um **texto fluente** estão entre os fatores que concorrem para **atrair o leitor**, com a **temática** com que o público se identifica, isto é, próxima das inquietações dele.

REFORMA DA REPHORMA

Até o início do século XX, a ortografia portuguesa tinha base etimológica, ou seja, se orientava pela origem das palavras e, portanto, seguia uma grafia mais próxima ao grego e ao latim. Um exemplo disso era a grafia *estylo* e *phosphoro*. Contra esse princípio, gramáticos defendiam que a ortografia seguisse uma base fonética, ou seja, norteada por uma correspondência maior entre som e grafia. Isso queria dizer, por exemplo, que "y" seria substituído por "i" e que a sequência "ph" seria substituída por "f".

Em 1907, após muitos debates, foi elaborada uma proposta de reforma ortográfica.

CIDADANIA GLOBAL

A LÍNGUA ALÉM DA NORMA-PADRÃO

Na crônica, o autor diz não fazer, "pessoalmente, questão de sistema", referindo-se ao sistema gramatical e ortográfico da língua. Há, todavia, quem considere a norma-padrão a única referência a ser seguida no emprego da língua. Dominá-la, segundo essa visão, implicaria ser eficiente no uso da linguagem verbal.

1. Você considera o domínio da norma-padrão um indicador suficiente da competência linguística de um falante? Por quê?

2. Para você, o direito das crianças e dos jovens à educação passa exclusivamente por seu direito ao domínio da norma-padrão?

3. No uso que faz da língua no seu dia a dia, você alterna a norma-padrão com outras variedades linguísticas de acordo com a situação de comunicação? Você acha que transita adequadamente de uma para outra?

UMA COISA PUXA OUTRA

"Menas: o certo do errado, o errado do certo"

Você conhecia a frase acima? Trata-se do título de uma exposição temporária que o Museu da Língua Portuguesa, localizado na cidade de São Paulo, organizou em 2010, sob a curadoria dos professores Ataliba de Castilho e Eduardo Calbucci. Parte dessa exposição integrou também a XXIV Bienal Internacional do Livro de São Paulo, em 2016.

Segundo o diretor do museu na época, foram organizadas sete instalações com o objetivo de "enumerar nossos 'erros' linguísticos mais comuns, entender por que saímos do padrão culto e discutir a amplitude e a criatividade da língua".

1. Observe o registro da instalação denominada *Óculos* – parcialmente reproduzida nas fotografias a seguir – que abria a exposição.

▲ Imagens da exposição "Menas: o certo do errado, o errado do certo", no Museu da Língua Portuguesa, em São Paulo, 2010.

- O que é possível ler na primeira fotografia?

2. A instalação *Óculos* é composta de um conjunto de espelhos que, inicialmente, cria certa desordem para quem olha (segunda imagem). Contudo, quando o visitante observa a partir de determinado equipamento instalado no local, semelhante ao visor de uma câmera fotográfica (que pode ser percebido na primeira fotografia acima), seu olhar é atraído para uma sequência de palavras que forma uma frase.

   a) Considerando o papel e o funcionamento dos óculos, que justificativa se pode dar ao título dessa instalação?

   b) No sentido figurado, o que os óculos podem proporcionar a uma pessoa? Nesse sentido, que outra justificativa é possível dar ao título?

   c) Leia a seguir outras frases encontradas na instalação *Óculos*. De modo geral, que tipo de reflexão elas sugerem a respeito da norma-padrão da língua?

   > I. Se alguém usou uma palavra, ela existe.
   > II. As gramáticas têm mais dúvidas do que certezas.
   > III. Quero ser um poliglota na minha própria língua.

3. Observe os usos das palavras *muito*, *pouco*, *mais* e *menos* como advérbios (exemplo I) e como pronomes (exemplo II).

I. César ficou **muito** magro.   Regina ficou **muito** magra.
                pouco magro.   **pouco** magra.
                mais magro.   **mais** magra.
                menos magro.   **menos** magra.

II. **Muito** ovo. / **Muitos** ovos. / **Muita** fruta. / **Muitas** frutas.
Pouco ovo. / **Poucos** ovos. / **Pouca** fruta. / **Poucas** frutas.
Mais ovo. / **Mais** ovos. / **Mais** fruta. / **Mais** frutas.
Menos ovo. / **Menos** ovos. / **Menos** fruta. / **Menos** frutas.

▲ Cartaz da exposição realizada no Museu da Língua Portuguesa na cidade de São Paulo, em 2010.

a) Qual é a classe gramatical das palavras *magro/magra*, *ovo* e *fruta*?
b) Com base nos exemplos I e II, explique quando as palavras *muito*, *pouco*, *mais* e *menos* variam e quando não variam em gênero e número.

4. Releia o título da exposição apresentada na página anterior.
a) Qual é o estigma das pessoas que empregam *menas*?
b) Por que a frase do título vê acerto no emprego "errado" de *menas*?
c) Por que a frase do título vê erro no emprego "certo" de *menos*?

5. Leia um trecho de uma notícia que trata da exposição.

> Mesmo sabendo que "menos" é um advérbio, portanto, invariável, quantas vezes já não ouvimos a "concordância" com o gênero feminino por pessoas das mais diferentes classes e idades.

Museu da Língua Portuguesa promove exposição Menas: o certo do errado, o errado do certo. Disponível em: https://www.saopaulo.sp.gov.br/ultimas-noticias/museu-da-lingua-portuguesa-promove-exposicao-menas-o-certo-do-errado-o-errado-do-certo/. Acesso em: 26 jan. 2023.

a) Ao fazer a flexão indevida ("menas fruta", "menas gente"), os falantes empregam um advérbio? Explique.
b) De acordo com a norma-padrão, é adequado corrigir o uso de "menas fruta" ou "menas gente" com a justificativa de que "advérbio é invariável"? Justifique sua resposta.

6. Outra instalação da mesma exposição, batizada como *Erros nossos de cada dia*, traz cem frases que fogem da norma-padrão da língua, mas que são comumente utilizadas pelos falantes. Veja alguns exemplos.

I. O carro dele deu perca total.
II. Fazem dois dias que não nos vemos.
III. Já é meio-dia e meio.

- Qual terá sido a intenção dos curadores ao dar esse nome à instalação?

PARA EXPLORAR

Um *tour* pela exposição
Faça uma visita virtual à exposição apresentada, tendo como guia um de seus curadores, Eduardo Calbucci.

Disponível em: https://www.youtube.com/watch?v=PZcppSdG8cg. Acesso em: 26 jan. 2023.

LÍNGUA EM ESTUDO

ORAÇÕES SUBORDINADAS SUBSTANTIVAS SUBJETIVAS, OBJETIVAS DIRETAS E OBJETIVAS INDIRETAS

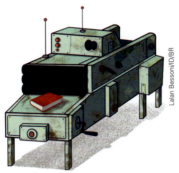

1. Releia este trecho da crônica apresentada no início do capítulo:

   I. Aqui há tempos, o Dr. Fausto Maldonado **publicou** em Carangola uma interessante brochura intitulada *Ortografia portuguesa* [...].

   II. [...] estes afirmavam que se podiam empregar ambas as formas; aqueles opinavam que nenhuma delas era correta.

   a) Qual é o núcleo do objeto direto da forma verbal destacada no trecho I?
   b) Quantas orações há no trecho II? Mencione-as.
   c) Copie e complete o quadro a seguir para sistematizar as orações do trecho II.

Sujeito	Verbo	OD
	afirmavam	
	opinavam	

   d) Como são classificadas as orações que participam da estrutura sintática de outra oração?
   e) Qual é a classificação da oração que tem a estrutura sintática completada por outra?

Você estudou as **orações subordinadas**: que desempenham alguma função sintática em relação a um termo de outra oração do mesmo período, a **oração principal**. Também viu que as orações subordinadas podem ter o valor de um substantivo, de um adjetivo ou de um advérbio e que, em alguns contextos, poderiam ser substituídas por eles. Agora, você vai começar a estudar as orações que equivalem a **substantivos**: as **subordinadas substantivas**.

TIPOS DE ORAÇÃO SUBORDINADA SUBSTANTIVA

As orações subordinadas substantivas desempenham as funções sintáticas próprias dos **substantivos**, ou seja, **sujeito**, **objeto direto**, **objeto indireto**, **aposto**, **complemento nominal** e **predicativo**. Observe:

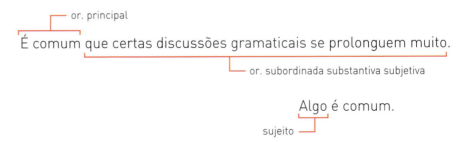

Como, nesse caso, a oração subordinada equivale a "algo", e esse termo é o sujeito da oração "é comum", concluímos, portanto, que a oração subordinada atua como sujeito da oração principal. Quando isso acontece, ela é chamada de **oração subordinada substantiva subjetiva**.

Quando a oração subordinada exerce a função de objeto direto do verbo da oração principal, ela é chamada de **oração subordinada substantiva objetiva direta**. Veja o exemplo a seguir.

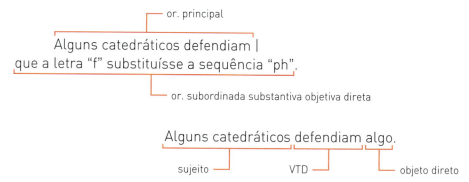

Quando a oração subordinada exerce a função de objeto indireto do verbo da oração principal, ela é chamada de **oração subordinada substantiva objetiva indireta**. Veja o exemplo a seguir.

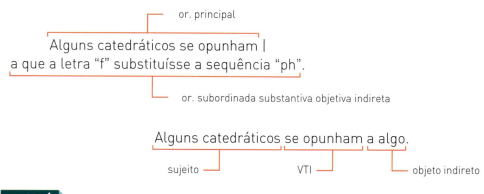

ANOTE AÍ!

As **orações subordinadas substantivas** são aquelas que desempenham, em relação a um termo da oração principal do **período composto**, as funções sintáticas que o substantivo desempenha em um período simples: sujeito, objeto direto, objeto indireto, aposto, complemento nominal e predicativo.

Observe, no esquema a seguir, os conceitos e exemplos das orações: subordinada substantiva subjetiva, subordinada substantiva objetiva direta e subordinada substantiva objetiva indireta.

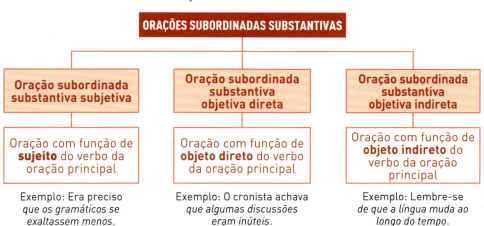

RELACIONANDO

Na crônica estudada, Artur Azevedo cita uma fala de terceiro: "Lembrou-se alguém de perguntar: *Como se deve dizer: 'fazem hoje dois anos' ou 'faz hoje dois anos'?*". Em outras passagens, ele reproduz o que outros teriam dito, porém com suas palavras: "me perguntam *o que penso da questão ortográfica*"; "por que não me perguntam *o que penso também do último eclipse do sol?*". Na segunda forma de citar, ou seja, em discurso indireto, é necessário empregar uma oração subordinada substantiva objetiva direta.

CONECTIVOS QUE INTRODUZEM AS ORAÇÕES SUBSTANTIVAS

As orações subordinadas substantivas foram introduzidas pela palavra *que* nos exemplos dados. Quando o *que* introduz uma oração subordinada substantiva, ele é chamado de **conjunção subordinativa integrante**. O verbo *integrar* significa "completar, tornar inteiro". A oração substantiva completa a estrutura de uma outra oração.

A palavra *se* também pode funcionar como conjunção subordinativa integrante e introduzir orações subordinadas substantivas. O *que* e o *se* exprimem noções diferentes: o *que* indica certeza e o *se*, dúvida ou interrogação indireta. Leia a tira a seguir.

Fernando Gonsales. *Níquel náusea*: nem tudo que balança cai. São Paulo: Devir, 2003. p. 29.

Em geral, a frase "Não importa se você é feio ou bonito!" indica que seu enunciador não prioriza a aparência, mas os sentimentos e valores do outro. Assim, ele é visto como alguém que admira qualidades de personalidade ou o que o outro "tem por dentro". Na tira, essa frase provoca humor porque o menino não valoriza o interior do porquinho nesse sentido. Ao contrário, a personagem é extremamente utilitarista, já que, ao se interessar pelo que o porquinho "tem por dentro", está preocupada com o dinheiro nele armazenado.

Ao afirmar "não importa se você é feio ou bonito", o menino deixa em dúvida se o cofrinho tem uma ou outra característica (o que é compreensível, afinal há certa semelhança entre ele e o porquinho). Se ele dissesse "não me importa que você seja feio" ou "não me importa que você seja bonito", estaria expressando certeza sobre a feiura ou a beleza do porquinho, respectivamente.

Caso exprimam uma pergunta indireta, as orações subordinadas substantivas objetivas diretas podem ser introduzidas por **pronomes interrogativos** ou por **advérbios interrogativos**: *quem, qual, onde, quando, quanto, por que* e *como*. Veja:

A delegada perguntou | **quem** dirigia o carro.

O escrivão perguntou | **qual** era o carro roubado.

A testemunha sabia | **quando** o carro havia sido roubado.

A testemunha contou | **onde** o carro foi deixado.

O policial perguntou | **por que** o crime havia sido cometido.

O ladrão confessou | **quanto** lucraria com o delito.

O policial desconhecia | **como** poderia ajudar.

> **ANOTE AÍ!**
>
> As **orações subordinadas substantivas** são geralmente introduzidas pelas **conjunções integrantes** *que* e *se*. As **orações subordinadas substantivas objetivas diretas** podem também ser introduzidas por **pronomes interrogativos** e por **advérbios interrogativos** como *quem, qual, onde, quando, quanto, por que* e *como*, exprimindo uma **pergunta indireta**.

ATIVIDADES
Acompanhamento da aprendizagem

Retomar e compreender

1. Leia este texto, extraído de uma coluna especializada em finanças pessoais:

   Juro zero é lenda, não se engane: peça desconto à vista

   Será que alguém acredita, de verdade, que pode comprar e pagar em 12, 14, 18 vezes sem juros? Em uma economia como a brasileira, que pratica a taxa de juros mais alta do planeta [...]?

   É evidente **que existe uma taxa de juros embutida no preço parcelado a perder de vista**. [...]

   Minha estratégia é pesquisar muito na internet antes de comprar. Pesquisa feita, sei quanto vale o produto e quem tem o melhor preço. Vou à loja para ver o produto de perto, comparar com outras marcas. Separo a negociação em duas partes. Na primeira demonstro incerteza, relutância se quero mesmo comprar, digo **que vi o produto por preço melhor em outra loja**, que a mesma loja vende o produto mais barato pela internet, enfim, faço o comerciante reduzir o preço para conseguir o negócio.

   Depois de conseguir um desconto e deixar o vendedor contente, inicio a segunda negociação, que diz respeito à forma de pagamento. Eu não pergunto se tem desconto para pagar à vista. Pergunto de quanto é o desconto para pagar à vista. [...]

   O comerciante não cede, insiste **em que o preço à vista é igual ao preço em dez vezes sem juros**? Diga que desistiu da compra e saia da loja. Nessa hora o vendedor provavelmente vai tirar a última carta da manga para não perder a venda. Se o comerciante não ceder, não faz mal. O mercado está cheio de concorrentes vendendo o produto pelo mesmo preço ou até melhor. [...]

   Marcia Dessen. Juro zero é lenda, não se engane: peça desconto à vista. *Folha de S.Paulo*, p. A17, 25 jul. 2016.

   a) Releia o seguinte período:

   > Pesquisa feita, sei **quanto** vale o produto e **quem** tem o melhor preço.

   - Quais orações completam a oração principal "sei"? Que função sintática elas desempenham em relação à oração principal?
   - Como os conectivos que introduzem essas orações podem ser classificados?

   b) Releia este trecho:

   > Eu não pergunto **se** tem desconto para pagar à vista. Pergunto de **quanto** é o desconto para pagar à vista. [...]

   - Por que o enunciador não pergunta se há desconto à vista, e sim de quanto é o desconto?
   - Por que os conectivos são importantes para a construção do sentido desse período?

Aplicar

2. Classifique as orações a seguir analisando os períodos compostos do texto.

   I. que existe uma taxa de juros embutida no preço parcelado a perder de vista
   II. que vi o produto por preço melhor em outra loja
   III. em que o preço à vista é igual ao preço em dez vezes sem juros

A LÍNGUA NA REAL

A IMPESSOALIZAÇÃO DO DISCURSO POR MEIO DAS ORAÇÕES SUBJETIVAS

1. Leia duas respostas a dúvidas frequentes sobre a realização da prova do Enem.

> **O que acontece se o local de prova designado for longe da minha casa?**
> Confira com antecedência o local de prova e, se possível, compareça ao local para ter uma ideia de quanto tempo levará, a fim de não se atrasar. Não é possível alterar o local indicado para a realização do Exame.

> **Que acessórios posso utilizar: boné, relógio, celular?**
> Não é permitido utilizar óculos escuros, relógios nem artigos de chapelaria – boné, chapéu, viseira, gorro e similares.

Enem divulga respostas para dúvidas frequentes dos estudantes que disputam vagas. Disponível em: http://hojesaopaulo.com.br/noticia/enem-divulga-respostas-para-duvidas-frequentes-dos-estudantes-que-disputam-vagas/4062. Acesso em: 26 jan. 2023.

a) As perguntas apresentam marcas de subjetividade. E as respostas?

b) Indique as alternativas corretas no caderno. A impessoalização do discurso para explicar dúvidas frequentes dos candidatos constrói a imagem de:

I. seriedade.
II. truculência.
III. dúvida.
IV. assertividade, segurança.

c) As interdições, nos dois casos, são expressas com estruturas semelhantes: "Não é possível" + "oração subordinada"; "Não é permitido" + "oração subordinada". Nesses casos, qual é a classificação dessas orações?

2. Leia o trecho de um artigo escrito por Tostão, comentarista esportivo.

> **Fábrica de jogadores**
> *A produção de atletas em série no Brasil é cada vez maior, mais lucrativa e com mais pessoas envolvidas*
>
> No passado, os meninos aprendiam a jogar nas ruas, brincando sem regras e sem professores. Começavam com uma bola de meia, passavam para uma de borracha e, por fim, a sonhada bola de couro. Aos poucos adquiriam intimidade e descobriam os segredos da bola.
>
> [...] Mais ou menos aos 14 anos, os que se destacavam eram indicados para fazer testes nas categorias de base dos clubes profissionais. Os aprovados aprendiam a importância da preparação física, do futebol coletivo e da técnica.
>
> Para esse aprendizado, é essencial **dar uma boa orientação**. Não basta **treinar bastante**. É preciso **ensinar**. Poucos sabem. [...]

Disponível em: http://www1.folha.uol.com.br/fsp/esporte/fk0901200813.htm. Acesso em: 26 jan. 2023.

a) Que opinião é expressa pelo autor no último parágrafo do trecho?

b) Para expressá-la, que tipo de oração subordinada foi utilizada?

c) Nesse parágrafo, há uso da primeira pessoa? Explique.

d) Reescreva o último parágrafo de modo a deixar evidente que a proposta é um ponto de vista pessoal de Tostão. Para isso, substitua as orações principais, fazendo as alterações necessárias para adequar o texto.

58

3. Leia este trecho de uma notícia publicada em jornal.

Quando tenho o direito de trocar um produto? Confira as dicas

Legislação prevê substituição obrigatória só em caso de defeito. Sem isso, [a] possibilidade de obter outro item depende de acordo com a loja no momento da compra do produto

[...] De acordo com o Código de Defesa do Consumidor (CDC), se o produto estiver em perfeitas condições, não há obrigatoriedade de troca e a decisão é do lojista. Mas, se o produto apresentar algum defeito, as regras são diferentes.

O coordenador do Procon [Programa de Proteção e Defesa do Consumidor] Assembleia, Marcelo Barbosa, explica que a regra geral para troca de presentes é que nenhum fornecedor é obrigado a substituir o produto, salvo se houver algum defeito. "Se o consumidor quer trocar o presente porque não ficou satisfeito com alguma especificidade do produto, ele deve seguir a política do estabelecimento comercial, que é livre para defini-la. É importante **que a loja apresente as condições de troca em um cartaz visível e de fácil acesso ao consumidor, e ainda que elas sejam divulgadas no *site* do estabelecimento**", salienta. Marcelo Barbosa destaca ainda que o comerciante deve ser transparente e, se optar por não trocar produtos, que deixe essa informação clara.

Barbosa lembra que, no ato da compra, as informações sobre troca têm de ser explicitadas. "Assim, é possível **que o consumidor procure os estabelecimentos que facilitam a troca para comprar os presentes de Natal.**" Outra dica do coordenador do Procon Assembleia, específica para o período de fim de ano, é que o consumidor que presentear deve se lembrar de repassar as condições de troca para o presenteado. "Para ajudar a pessoa presenteada, que pode vir a trocar o produto, é recomendável **que o consumidor**, que fez a compra, **avise** o que o vendedor informou sobre a troca, como o prazo ou até mesmo a obrigatoriedade de guardar a etiqueta ou a embalagem", ressalta.

Marina Rigueira. Quando tenho o direito de trocar um produto? Confira as dicas. *Estado de Minas*, 28 dez. 2015. Disponível em: https://www.em.com.br/app/noticia/economia/2015/12/28/internas_economia,720580/quando-tenho-o-direito-de-trocar-um-produto-confira-as-dicas.shtml. Acesso em: 26 jan. 2023.

a) Que comportamento cabe à loja na troca de produtos sem defeitos?

b) O comportamento que você descreveu no item *a* é uma obrigação? Justifique.

c) Copie o texto a seguir, substituindo ★ por uma oração principal que denote impessoalidade e mostre ausência de obrigatoriedade.

> Para Barbosa, ★ que as informações sobre troca sejam explicitadas, pois, se o consumidor conhecer a política de troca das lojas, ★ que, para as compras de Natal, ele procure uma que facilite as substituições.

d) Considerando as orações subordinadas substantivas subjetivas destacadas no texto, o depoimento do coordenador do Procon pode ser considerado mais objetivo ou mais subjetivo? Por que você acha que isso ocorreu?

ANOTE AÍ!

Ao optar pelas construções com **orações subordinadas substantivas subjetivas**, o autor **tira o foco de si mesmo** e o dirige para a informação ou opinião apresentada, que passa a ser como uma verdade que não se discute.

As **orações subordinadas substantivas subjetivas**, por tornarem **impessoal** um conteúdo, são frequentemente empregadas em gêneros como a **reportagem** e o **texto de divulgação científica**.

AGORA É COM VOCÊ!

ESCRITA DE CRÔNICA

Proposta

Inicialmente, a crônica de Artur Azevedo poderia ser confundida com um artigo de opinião, pois discorre sobre um tema polêmico. No entanto, ao longo do texto, percebe-se o modo leve e o tom de humor empregado pelo cronista ao abordar o tema, o fortalecimento do efeito de subjetividade e a coloquialidade de certas expressões, deixando evidente o estilo do gênero crônica.

O cronista fez uma crítica aos padrões ortográficos estabelecidos pelos gramáticos, afirmando que não importa se uma palavra é escrita com *f* ou *ph* e que o *essencial* é que se entenda o que está escrito e a "boa sintaxe".

Agora, você vai escrever uma crônica nos mesmos moldes do texto de Artur Azevedo, abordando de modo crítico imposições que normatizam os comportamentos em sociedade, como o padrão da estética corporal, o da exposição da vida pessoal nas redes sociais, entre outros. Ao final, você e os colegas vão publicar os textos em um painel da sala de aula para serem votados. O texto escolhido será enviado a um jornal da escola ou da cidade.

GÊNERO	PÚBLICO	OBJETIVO	CIRCULAÇÃO
Crônica	Comunidade escolar e leitores do jornal	Escrever um texto criticando um padrão social para provocar reflexão no leitor	Painel de crônicas e jornal da escola, do bairro ou da cidade

Planejamento e elaboração do texto

1 Reflita sobre que padrão social, acerca da imposição de comportamento, você vai abordar. Faça um levantamento de possíveis temas a serem abordados e procure ler textos sobre esses assuntos para fomentar as discussões.

2 Depois de escolher o tema de sua crônica, responda às seguintes questões:
- Você já vivenciou alguma experiência pessoal relacionada ao tema escolhido?
- Se não, você vai basear seu texto na experiência de alguém próximo, em um texto lido ou em um episódio fictício?

3 Caso tenha escolhido basear seu texto em algo que você não experienciou, procure conversar com pessoas que passaram por dificuldades ao enfrentar esse padrão social a fim de compreendê-lo com mais profundidade e empatia. Atente-se a cada informação apresentada e tome notas do relato, destacando aquelas que mais chamaram a sua atenção.

4 Faça uma lista com as principais ideias que você gostaria de explorar para produzir a crônica e obter um efeito de posicionamento em seu texto.
- Embora sua crônica tenha um aspecto mais expositivo-argumentativo do que narrativo, você pode citar cenas do cotidiano e apresentar casos reais relacionados ao tema, contando suas histórias e apresentando as personagens.
- Tenha clareza sobre o que mobiliza você a escrever sobre o assunto. Não bastam declarações generalizadas de repúdio a comportamentos preconceituosos e intolerantes. Exponha, de forma contundente, as reflexões e as emoções que o tema abordado despertou em você.

5 Defina se, em sua abordagem sobre o tema escolhido, haverá um toque de humor ou de poesia, por exemplo. É importante refletir sobre o modo como esses aspectos aparecerão no texto.

LINGUAGEM DO SEU TEXTO

1. Na crônica de Artur Azevedo, apresentada no início do capítulo, você observou o uso de expressões com sentido figurado?

2. O registro de linguagem era mais formal ou informal? O texto estava de acordo com a norma-padrão?

3. Você notou o uso de período composto e de conjunções? Qual foi o efeito de sentido produzido por tais recursos?

Ao escrever sua crônica, não se limite a expor informações de maneira técnica. Utilize uma linguagem expressiva e atraente para o leitor, preocupando-se com os efeitos de sentido e também com a adequação à norma-padrão. Utilize períodos compostos e um registro mais informal.

Avaliação e reescrita do texto

1 Entregue sua crônica a um colega e receba a dele.

2 Faça anotações a lápis, ao final da crônica, com base nas questões a seguir.

ELEMENTOS DA CRÔNICA
A crônica tem como ponto de partida uma crítica a um padrão social?
Exemplos do cotidiano foram utilizados?
A situação foi abordada de modo a criar empatia do leitor pela causa?
O texto apresenta o ponto de vista do cronista sobre o tema?
O leitor é convidado a rever posições após a leitura?
O tema foi abordado de modo humorístico ou poético, lírico?
A crônica foi escrita com registro mais formal ou informal?

3 Apresente a seu colega a avaliação feita e ouça o que ele tem a dizer sobre seu texto. Lembre-se de manter o respeito ao avaliar o texto do outro.

4 Ao receber sua crônica, reescreva os trechos que podem ser melhorados.

Circulação

1 Primeiro, façam um painel com as crônicas produzidas para expô-las na sala de aula. Deixem uma urna para que todos possam votar naquela que será enviada a um jornal da escola, do bairro ou da cidade.

2 No dia combinado, com a ajuda do professor, façam a contagem dos votos. Caso haja empate, realizem a leitura dos textos em voz alta para que uma nova votação ocorra a fim de desempatá-los.

3 Em seguida, verifiquem coletivamente e com o auxílio do professor se a crônica a ser enviada ao jornal, como sugestão de publicação, ainda precisará de ajustes.

4 Entrem em contato com o jornal por *e-mail*, telefone, etc. para se informar sobre o procedimento para a publicação da crônica.

5 Encaminhem a crônica selecionada de acordo com as diretrizes do jornal.

CAPÍTULO 2
REDE DE OPINIÕES

O QUE VEM A SEGUIR

Você já reparou que alguns vlogueiros costumam comentar o dia a dia, opinando sobre assuntos variados? A seguir, você vai assistir a um vídeo de Julia Tolezano, conhecida como Jout Jout, disponível em https://www.youtube.com/watch?v=BU5m2Sp9c1U (acesso em: 6 fev. 2023). Observe as pausas, a entonação, as hesitações, o ritmo, a gestualidade e a expressão facial da vlogueira.

Com base no título "Menas", o que você imagina que será tratado por ela neste vídeo?

TRANSCRIÇÃO

Menas

▲ A vlogueira Julia Tolezano. Foto de 2016.

Assista ao vídeo e responda: Você concorda com a opinião da vlogueira?

Hoje eu vou falar sobre uma coisa que me deixa muito irritada... porque hoje tá sendo um dia irritante, então eu resolvi homenageá-lo COM... uma coisa que me irrita... Existem pessoas no mundo que têm total domínio da língua portuguesa e existem outras pessoas que não têm total domínio da língua portuguesa, e aí essas pessoas se encontram na internet e, quando elas se encontram na internet, elas geralmente estão discutindo, e aí uma forma que as pessoas que têm total domínio da língua portuguesa arranjaram de terminar as discussões FOI "eu não discuto com quem separa sujeito de predicado com vírgula, eu não discuto com quem escreve... 'ação' com dois s, eu não discuto com quem escreve 'seje', eu não discuto com quem escreve 'menas' ". E esse é exatamente o tipo de argumento que cê não tem como responder, cê fala "é, realmente eu errei o português aqui, então...". Vamo analisá aqui rapidinho o que que tá por trás desse pensamento de "eu não discuto com quem produziu erros gramaticais". Quando uma pessoa com quem você tá discutindo comete um erro de português, isso significa QUE todo o embasamento dela pra fazer a argumentação X não faz mais sentido, já QUE... o erro de português... que ela cometeu diz MAIS SOBRE a discussão... do que os argumentos... por ela proferidos... né? Isso sugere QUE uma pessoa que talvez não teve o acesso que essa outra pessoa teve à educação não pode entrar na discussão de nada, e provavelmente essas pessoas que não discutem com quem cometeu erros de português já cometeram erros de português. E aí comé que resolve essa questão? Porque erros de português vão acontecer na internet... principalmente no Twitter, que você não pode, você não tem caracteres o bastante pra acertar no português, né? Discussões não podem depender de erros gramaticais, elas têm que depender de... boas argumentações, e boas argumentações podem ser feitas quando você usa cê-cedilha em lugares que era pra ser dois s ou quando cê usa dois s em lugares que era pra ser cê-cedilha, não é mesmo? Enfim, só um pensamento que anda me incomodando há um tempo já e... né? Pra que que eu tenho um canal... senão para usar... as pessoas que me assistem... para desabafar minhas angústias?... né?...

Julia Tolezano. Menas. *Canal JoutJout Prazer*. Disponível em: https://www.youtube.com/watch?v=BU5m2Sp9c1U. Acesso em: 15 mar. 2023.

TEXTO EM ESTUDO

PARA ENTENDER O TEXTO

1. O assunto que você imaginou com base no título foi tratado no texto? Explique.

2. No *vlog* de opinião "Menas", Julia Tolezano aborda uma questão relativa à língua portuguesa e a situa no espaço da internet.
   a) Ela se refere a "pessoas que têm total domínio da língua portuguesa" e a pessoas que não o têm. É possível um falante ter total domínio de sua língua? Justifique.
   b) O conflito descrito pela vlogueira restringe-se à comunicação pela internet?

3. Jout Jout se irrita com a estratégia que pessoas usam para discutir na internet.
   a) Que estratégia é essa? Transcreva o trecho que a ilustra.
   b) Essa estratégia revela a falta de argumento dessas pessoas. Por quê?

4. Para comprovar seu ponto de vista, a vlogueira Julia Tolezano faz um raciocínio. Acompanhe-o no quadro a seguir.

Raciocínio	Trecho
Um interlocutor que não "domina" a língua portuguesa não pode debater porque ele comete desvios...	A
... e as pessoas citadas não discutem com quem os comete.	B
As pessoas citadas já cometeram/cometem desvios.	C
É impossível não cometê-los.	D
Então as pessoas citadas também não podem debater. O resultado é que ninguém pode debater.	E

- Associe cada trecho a seguir a uma parte do raciocínio de Julia.

   I. Porque erros de português vão acontecer na internet... principalmente no Twitter, que você não pode, você não tem caracteres o bastante pra acertar no português, né?
   II. "Eu não discuto com quem separa sujeito de predicado com vírgula, eu não discuto com quem escreve... 'ação' com dois s, eu não discuto com quem escreve 'seje', eu não discuto com quem escreve 'menas'."
   III. Isso sugere QUE uma pessoa que talvez não teve o acesso que essa outra pessoa teve à educação não pode entrar na discussão de nada.
   IV. E provavelmente essas pessoas que não discutem com quem cometeu erro de português já cometeram erro de português.
   V. E aí comé que resolve essa questão?

5. Copie a alternativa correta. O *vlog* de opinião é mais próximo:
   I. da narrativa de ficção, com enredo e personagens.
   II. de um texto expositivo-argumentativo.

ANOTE AÍ!

Um **canal de vídeos** na internet pode veicular **diversos gêneros**, como entrevista, comentário, conversa, entre outros. O vídeo em que um vlogueiro apresenta **opiniões** a respeito de temas variados com espontaneidade pode ser chamado de ***vlog* de opinião**.

VLOGUEIRA COM PRAZER

Julia Tolezano (1991-), mais conhecida como Jout Jout, tornou-se um fenômeno na internet como uma das vlogueiras com maior número de seguidores do Brasil. Nascida em Niterói (RJ) e formada em jornalismo, sempre com muito bom humor, Jout Jout fala sobre os mais variados assuntos e de forma bastante descontraída, dialogando com o espectador.

6. O *vlog* cuja transcrição você leu neste capítulo foi publicado originalmente em uma plataforma de compartilhamento de vídeos na internet.

a) Essa forma de registro ofereceu à vloqueira uma oportunidade de planejar sua fala? Justifique.

b) Algumas ocorrências, como hesitação e retificação, provavelmente seriam editadas ou regravadas se o vídeo se destinasse a outra finalidade. O que a opção por mantê-las pode revelar?

c) Você imagina que Jout Jout elaborou um roteiro para orientá-la na gravação e, na sequência, editou o vídeo? Explique.

7. Assista ao vídeo novamente para observar os elementos que fazem parte de sua construção.

a) Ao analisá-lo, que situações e efeitos revelam que foi necessária a realização de uma edição?

b) Por que essa edição é necessária?

c) O que a falta de edição poderia ocasionar?

> **ANOTE AÍ!**
>
> Na **edição**, um vlogueiro pode acrescentar ao vídeo **efeitos diversos** como: cortes bruscos das imagens, inclusão de trilha sonora, uso de filtros em determinadas partes, distorção de voz, etc.

O CONTEXTO DE PRODUÇÃO

8. Releia este trecho da transcrição:

> Hoje eu vou falar sobre uma coisa que me deixa muito irritada...

a) A passagem pode sugerir que o *vlog* de opinião vai abordar uma experiência extremamente pessoal. Isso se confirma? Justifique.

b) Por que o assunto tratado no vídeo "Menas", do canal *JoutJout Prazer*, pode interessar ao público em geral?

9. Na página do canal em que o vídeo "Menas" foi publicado, é possível encontrar as seguintes informações:

> Publicado em 10 de dez. de 2015
>
> 638 mil visualizações
>
> 👍 54 mil 👎 ↪
>
> 1.241 Comentários

Julia Tolezano. Menas. *Canal JoutJout Prazer*. Disponível em: https://www.youtube.com/watch?v=BU5m2Sp9c1U. Acesso em: 26 jan. 2023.

a) O que esses dados permitem concluir sobre o interesse do público pelo *vlog* de opinião?

b) As ferramentas de comentar e compartilhar esse vídeo poderiam ser usadas com qual objetivo? Explique.

> **ANOTE AÍ!**
>
> O **vlogueiro** pode ser considerado um **formador de opinião**. A **interação** dele com o público é imediata: ocorre pelos comentários postados, pelo número de curtidas e de visualizações e também pelo retorno que recebe nas **redes sociais**.

PARA EXPLORAR

Tá todo mundo mal, **de Jout Jout. São Paulo: Cia. das Letras, 2016.**

Com o sucesso de seus vídeos na internet, não demorou para que as angústias e os conflitos de Jout Jout ganhassem as páginas de um livro. No mesmo tom bem-humorado de seu canal, Julia trata de assuntos variados: desde a escolha da carreira até o que fazer com os *sushis* que sobraram no prato em um restaurante.

A LINGUAGEM DO TEXTO

10. Ao assistir ao *vlog* de opinião de Julia, foi possível identificar que ela emprega predominantemente qual registro de linguagem?

11. Em uma interação na oralidade, os gestos, a entonação, as pausas, entre outros recursos, também expressam sentido. De que forma a expressão facial de Julia logo no início do vídeo revela o sentimento dela diante do tema tratado?

12. Reveja o vídeo e fique atento às pausas na fala de Jout Jout.
   a) A presença de pausas mais longas (marcadas pelas reticências na transcrição) parece ter sido intencional? Que sentido esse silêncio cria no texto?
   b) Que outros elementos podem contribuir para a criação do sentido que você apontou na resposta do item anterior?

13. SABER SER A autora discute a forma como algumas pessoas reagem diante de desvios da norma-padrão cometidos por outras e como o argumento utilizado para defender tais reações são, no mínimo, incoerentes. Com esse comportamento intolerante apontado por Julia, observa-se algo analisado por estudiosos da língua: o preconceito linguístico.
   a) Você já enfrentou esse tipo de atitude intolerante ou presenciou situações em que ele ocorreu?
   b) Do seu ponto de vista, o que essa forma de preconceito pode causar a quem ele atinge?
   c) Para você, há ações que podem contribuir para que o preconceito linguístico seja evitado?

Acesse o recurso digital e responda: Por que é importante lutar contra o estigma social que existe em relação a determinadas variedades linguísticas?

ANOTE AÍ!

Enquanto a escrita tem peculiaridades – como a ortografia, a acentuação e a pontuação –, a oralidade conta com **entonação**, **pausa**, **gesticulação**, **expressão facial** e **tom de voz**. As pausas, por exemplo, podem ser curtas, decorrentes do ritmo da frase, mas podem ser mais longas e criar silêncios expressivos. A expressão facial, a gesticulação, o riso e o olhar contribuem para a geração de sentido.

COMPARAÇÃO ENTRE OS TEXTOS

14. Copie no caderno a alternativa correta. Em relação ao diálogo com o leitor, pode-se afirmar que:
   I. apenas a crônica de Artur Azevedo o explicita.
   II. apenas o *vlog* de opinião de Julia Tolezano o explicita.
   III. os dois textos o explicitam.

15. A crônica e o *vlog* de opinião apresentam perspectivas semelhantes ou diferentes sobre o emprego da língua? Justifique.

16. Em sua opinião, a crônica de Artur Azevedo e o vídeo "Menas" apresentam linguagem bem-humorada? Explique.

17. Artur Azevedo escreveu sua crônica para um jornal do século XIX. Já o vídeo de Jout Jout foi publicado na internet no século XXI. Considerando as diferentes formas de publicação e o momento em que essas produções foram elaboradas, qual delas você acha que teve mais oportunidades de ser revisada e editada? Justifique.

LÍNGUA EM ESTUDO

ORAÇÕES SUBORDINADAS SUBSTANTIVAS COMPLETIVAS NOMINAIS, PREDICATIVAS E APOSITIVAS

1. Leia o trecho a seguir, extraído de "Menas".

> Hoje eu vou falar sobre uma coisa que me deixa muito irritada... porque hoje tá sendo um dia irritante, então eu resolvi homenageá-lo COM... uma coisa que me irrita...

a) O que levou a vlogueira a gravar esse vídeo?

b) Esse trecho é formado por quantas orações? Identifique-as.

Em períodos compostos, as funções sintáticas também podem ser constituídas por **orações subordinadas**. Quando assumem o valor de substantivos, elas são chamadas de **orações subordinadas substantivas**.

2. Agora, leia outro trecho do texto.

> Existem pessoas no mundo que têm total domínio da língua portuguesa e existem outras pessoas que não têm total domínio da língua portuguesa, e aí essas pessoas se encontram na internet e, quando elas se encontram na internet, elas geralmente estão discutindo [...]

a) No trecho, Jout Jout apresenta o contexto do qual ela vai tratar nesse vídeo do seu *vlog*. Qual é esse contexto?

b) De que modo esse contexto é relevante para o argumento que ela apresenta em seu *vlog*? Explique.

Alguns **substantivos**, **adjetivos** e **advérbios** precisam de um termo que complemente o sentido deles: o **complemento nominal**. É o caso do substantivo *domínio* em "Existem pessoas no mundo que têm total domínio da língua portuguesa". Nessa frase o termo "da língua portuguesa" é complemento nominal de *domínio*.

TIPOS DE ORAÇÃO SUBORDINADA SUBSTANTIVA

Quando apresenta a função sintática de **complemento nominal**, a oração subordinada substantiva é classificada como **completiva nominal**. Observe, no quadro, que ela completa o termo *dúvida* da oração principal.

ORAÇÃO PRINCIPAL	ORAÇÃO SUBORDINADA SUBSTANTIVA COMPLETIVA NOMINAL
A vlogueira não tinha **dúvida**	**de** que aquele argumento era **incoerente**. (= da **incoerência** daquele argumento)

O **predicativo do sujeito** também pode ser uma oração. Nesse caso, ela é chamada de **oração subordinada substantiva predicativa**. Veja um exemplo a seguir.

ORAÇÃO PRINCIPAL	ORAÇÃO SUBORDINADA SUBSTANTIVA PREDICATIVA
O **argumento** é	**que** desvios linguísticos **ocorrem** frequentemente. (= a **ocorrência** frequente de desvios linguísticos)

RELACIONANDO

No *vlog* de opinião, Julia Tolezano expõe um raciocínio a fim de comprovar a incoerência de determinado ponto de vista. Para apresentá-lo ao público, ela emprega a estrutura de oração principal + oração subordinada substantiva: "isso significa que"; "isso sugere que". Com essas construções, ela esclarece melhor e detalha as ideias que tinha acabado de apresentar.

66

Outro tipo de oração subordinada substantiva é a **apositiva**. Nesse caso, a oração desempenha a função sintática de **aposto**. No período a seguir, é possível constatar que essa oração esclarece o termo *fato* da oração principal. Observe:

ORAÇÃO PRINCIPAL	ORAÇÃO SUBORDINADA SUBSTANTIVA APOSITIVA
Muita gente desconhece um **fato** inquestionável:	**que** a língua **varia**. (= a **variação** da língua)

As orações subordinadas substantivas completivas nominais, predicativas e apositivas também são introduzidas pelas **conjunções integrantes** *que* ou *se*. No caso da apositiva, é comum omitir a conjunção:

Minha irritação revela uma verdade: **(que) as pessoas são intolerantes.**

ORAÇÕES SUBORDINADAS SUBSTANTIVAS REDUZIDAS

As orações subordinadas substantivas podem apresentar-se tanto na **forma desenvolvida** como na **forma reduzida**.

Na forma reduzida, a oração subordinada se articula diretamente com a oração principal (sem a conjunção integrante) e o verbo fica no **infinitivo** ou, mais raramente, no **gerúndio**.

ORAÇÃO SUBORDINADA SUBSTANTIVA REDUZIDA	EXEMPLOS
Subjetiva	Era difícil *argumentar contra aquele fato*. Estava fora de cogitação *abandonar o debate*.
Objetiva direta	A jovem sugeriu *analisar aquele ponto de vista*. Espero *convencer você*.
Objetiva indireta	A estratégia consistia *em desqualificar o interlocutor*. Aconselhou-o *a avaliar melhor aquele argumento*.
Completiva nominal	A jovem gostou da sugestão *de gravar um vídeo*. Estou certa *de ter os melhores argumentos*.
Predicativa	A solução seria *mobilizar as pessoas*. A vontade dela era *derrubar aquele preconceito*.
Apositiva	A jovem teve uma ideia: *discutir o assunto em seu canal na internet*. O jeito de resolver a irritação é este: *desabafando*.

ATIVIDADES

Acompanhamento da aprendizagem

Retomar e compreender

1. Leia este trecho extraído de uma notícia de jornal:

Mensagem de paz: Parque da Cidade ganha praça de ipês-brancos

No próximo sábado, os brasilienses ganharão a Praça da Paz, no Estacionamento 7 do Parque da Cidade. A inauguração faz parte da segunda fase do projeto "Brasília Capital do Ipê", que vai construir quatro praças, cada uma com um tipo da árvore – branca, amarela, rosa e roxa – e relacionada com os temas paz, cidadania, amor e respeito, em diferentes regiões da cidade. [...]

Segundo um dos idealizadores do projeto, [...] a ideia é que toda a população faça parte da ação. [...]

▲ Funcionários plantam ipês para a nova praça no Parque da Cidade, em Brasília, 2016.

Natália Cardim. *Correio Braziliense*, 12 mar. 2016. Disponível em: https://www.correiobraziliense.com.br/app/noticia/especiais/brasiliacapitaldoipe/2016/03/12/especial-brasilia-capital-do-ipe-2015-noticia,521774/mensagem-de-paz-parque-da-cidade-ganha-praca-de-ipes-brancos.shtml. Acesso em: 26 jan. 2023.

a) De acordo com o texto, o que cada tipo de árvore representa?
b) No segundo parágrafo, identifique as formas verbais e o conectivo que fazem parte do período.
c) Indique e classifique as orações que compõem esse período.
d) No caderno, reescreva o segundo parágrafo transformando-o em um período simples, expressando o conteúdo da oração subordinada por meio de um substantivo.
e) Leia os períodos e classifique as orações destacadas nos itens I e II.
   I. É conveniente **que outras cidades tenham iniciativas semelhantes**.
   II. O conveniente é **que outras cidades tenham iniciativas semelhantes**.

Aplicar

2. Leia este trecho, extraído do *site* de uma revista de divulgação científica:

Riqueza no sertão

Quem pensa no sertão como uma região pobre em biodiversidade pode se surpreender com o número: ali existem cerca de 3 mil espécies vegetais, nativas ou exóticas, que se combinam e formam a flora da caatinga. Um estudo [...] sinalizou que esta é uma importante fonte de alimento para as criações de gado locais, dispensando a criação de pastos artificiais e garantindo aos rebanhos alimento ao longo de todo o ano.

Marcello Lobo. Riqueza no sertão. Disponível em: https://sindizoo.webnode.com/news/riqueza-no-sertao-zootecnista-e-destaque-na-revista-ciencia-hoje/. Acesso em: 26 jan. 2023.

a) A que riqueza o título do texto se refere?
b) Com base no conteúdo do primeiro parágrafo, escreva no lugar de ★ uma oração subordinada substantiva que esclareça os termos destacados.
   I. Há um **senso comum** equivocado sobre a flora da caatinga: ★.
   II. Um olhar mais cuidadoso sobre a flora da caatinga revela uma **surpresa**: ★.
c) Como são classificadas as orações usadas para completar a ★?

A LÍNGUA NA REAL

REPETIÇÃO DO *QUE*

1. Leia este trecho de um artigo escrito pelo linguista Sírio Possenti:

   ### Línguas mudam

   Que as línguas mudam é um fato indiscutível. O que interessa aos estudiosos é verificar o que muda, em que lugares uma língua muda, a velocidade e as razões da mudança.

   Desde a década de 1960, um fator foi associado sistematicamente à mudança: a variação. Isso quer dizer que, antes que haja mudança de uma forma a outra, há um período de variação [...].

   Minha avaliação (bastante informal) é que "cujo" desapareceu. O que quer dizer "desapareceu"? Que não se emprega mais? Não! Quer dizer que não é mais de emprego corrente; só aparece em algumas circunstâncias – tipicamente, em textos muito formais (em geral de autores idosos). E, claro, em textos antigos.

   Que apareça em textos antigos é uma evidência de que a forma era/foi empregada. Que apareça cada vez menos é um indício de que tende a desaparecer. Com um detalhe: desaparecer não quer dizer não aparecer nunca mais em lugar nenhum. Quer dizer não ser de uso corrente. [...]

   Sírio Possenti. Línguas mudam. *Ciência Hoje*, 21 dez. 2015. Disponível em: http://cienciahoje.org.br/coluna/linguas-mudam/. Acesso em: 31 jan. 2023.

   a) Quantas ocorrências da palavra *que* você encontra no primeiro parágrafo?
   b) Compare o primeiro parágrafo com a versão a seguir. Qual é a mais enfática?

   > A mudança das línguas é um fato indiscutível. Interessa aos estudiosos verificar o **que** muda, onde, em qual velocidade e por quais razões.

2. Releia o trecho a seguir:

   > Isso quer dizer **que**, antes **que** haja mudança de uma forma a outra [...].

   a) Que formulação evitaria a repetição do segundo *que* se o autor desejasse isso?
   b) Que formulação evitaria o uso do primeiro *que* se o autor desejasse isso?

3. Leia novamente a primeira frase do quarto parágrafo do texto. Depois, copie o quadro a seguir no caderno e complete-o considerando o trecho lido.

Sujeito (constituído por oração)	Verbo de ligação + Predicativo do sujeito	Complemento nominal (constituído por oração)
	é uma evidência	

ANOTE AÍ!

A palavra *que* pode integrar **uma oração a outra**. Porém, além do valor de **conjunção integrante** e de **pronome interrogativo** (casos em que introduz orações subordinadas substantivas), ela compõe locuções conjuntivas (*antes que, já que, ainda que*), a expressão enfática *é que* ("Você *é que* merece o prêmio"), atua como pronome relativo, **entre outros**. Se sua repetição criar sentidos, for **intencional** ou não causar sonoridade desagradável, ela pode ser mantida. Sendo necessário **evitar sua repetição** na articulação de orações substantivas, os recursos à disposição são: substituir a oração por um núcleo substantivo, empregar a forma reduzida da oração subordinada ou omitir o conectivo.

ESCRITA EM PAUTA

PONTUAÇÃO NAS ORAÇÕES SUBORDINADAS SUBSTANTIVAS

1. Leia os períodos a seguir.

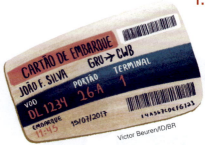

> I. Para a viagem acontecer, havia uma condição: que aguardássemos o voo seguinte.
> II. Havia uma condição – que aguardássemos o voo seguinte – para a viagem acontecer.

a) Que função sintática a oração subordinada "que aguardássemos o voo seguinte" exerce nos itens I e II?
b) Em relação a qual termo da oração principal ela exerce essa função?
c) Qual foi o sinal de pontuação empregado para destacar a oração subordinada substantiva em cada caso?
d) Observe a posição da pontuação e dê uma explicação para ela nos itens I e II.

ANOTE AÍ!

As **orações subordinadas substantivas apositivas** são, em geral, separadas da oração principal por **dois-pontos**, por **travessões**, por **vírgulas** ou por **parênteses**.

Para as demais orações subordinadas substantivas – exceto as apositivas –, valem as mesmas regras de pontuação de um período simples. Por exemplo, **não se separam por nenhum sinal de pontuação** (vírgula, ponto e vírgula ou dois-pontos) os seguintes termos:
- o sujeito de seu predicado;
- o verbo transitivo de seus complementos (objeto direto ou indireto);
- o verbo de ligação do predicativo do sujeito;
- um substantivo, um adjetivo ou um advérbio de seu complemento (complemento nominal).

2. Copie as frases a seguir pontuando-as quando necessário e identificando a oração subordinada substantiva.

a) A menina fez um único pedido que sempre pudesse sair para brincar em dias de sol.
b) Você não tem a impressão de que a peça será um sucesso?
c) A verdade que todo o dinheiro do cofre havia sido roubado viria à tona logo.
d) O melhor é que a plateia está cheia.
e) O risco consiste em que o fiscal da obra acabe sendo alguém da empresa.

3. Leia os períodos a seguir.

> I. Prefiro que você chegue logo.
> II. Prefiro, por muitos motivos, que você chegue muito rápido.

a) Identifique a oração subordinada substantiva do item I e classifique-a.
b) Identifique a oração subordinada substantiva do item II e classifique-a.
c) Você classificou de forma diferente as orações subordinadas substantivas dos itens I e II? Justifique sua resposta.
d) Em II, as vírgulas separaram indevidamente o verbo *preferir* (na oração principal) de seu objeto direto (a oração subordinada substantiva)? Explique.
e) Reescreva o item II utilizando apenas uma vírgula.

4. Observe a semelhança entre os períodos e a forma como foram pontuados.

> I. A atriz queria mais publicidade, mais holofotes, mais badalação.
> II. A atriz queria que houvesse mais publicidade, que jogassem os holofotes sobre ela, que se criasse mais badalação.

a) Quantas orações há em cada um dos períodos?
b) Classifique as orações do período II.
c) Qual é a função sintática dos termos "mais publicidade", "mais holofotes" e "mais badalação" em I?
d) Considerando suas respostas aos itens *b* e *c*, o que é possível deduzir sobre o emprego das vírgulas nas duas frases?

5. Copie as frases no caderno e pontue-as adequadamente.
a) Luís desejava que liberassem mais recursos que ampliassem o prazo e que financiassem o trabalho de especialistas.
b) O mais acertado é que vocês entrem que se acomodem em seus lugares e que esperem pelo professor.
c) Por favor dê-me a notícia de que o resultado da prova saiu de que você conseguiu vê-lo e de que estou aprovada.
d) O homem reivindicava que prendessem o criminoso que devolvessem seu carro e que pagassem o conserto.
e) No momento da apresentação gostaríamos de que prestassem atenção de que respeitassem a fala dos colegas e de que participassem das discussões.

6. Você acredita que seria possível omitir o conectivo *que* em alguma(s) das frases que compõem os períodos da atividade **5**? Se sim, reescreva-a(s) omitindo o conectivo e responda: Isso seria benéfico ou prejudicial à sonoridade do período?

ANOTE AÍ!

Uma das funções da **vírgula** é separar termos de **mesma função sintática** em uma oração. Da mesma forma, pode haver vírgulas separando uma **sequência de orações subordinadas substantivas**.

▪ ETC. E TAL

O que diz a norma-padrão?

Em sua crônica, Artur Azevedo mencionou um debate em relação às formas "Faz dois anos – Fazem dois anos". Narrou as posições divergentes: as duas estão certas? As duas estão erradas? Só a primeira está certa? Tudo para representar certa posição preciosista (e muitas vezes intolerante) sobre o uso da língua portuguesa. Como você constatou, o cronista emprega a norma urbana de prestígio, mas a coloca a serviço da linguagem clara e criativa. Você sabe o que a norma-padrão recomenda atualmente nesse caso?

O verbo *fazer*, na indicação do tempo decorrido, é considerado impessoal, ou seja, deve ser flexionado apenas na 3ª pessoa do singular. Logo, o correto, segundo essa proposição, é: "Faz dois anos".

Além de *faz* e *fazem*, há outros usos linguísticos que costumam gerar dúvida. Por exemplo: as expressões *ao encontro de* (que indica harmonia, afinidade) com *de encontro a* (que indica oposição); o emprego do particípio *chego*, etc.

AGORA É COM VOCÊ!

VLOG DE OPINIÃO

NOS BASTIDORES DE UM VLOG

Em muitos *vlogs*, os vídeos parecem ser feitos de maneira amadora, e o vlogueiro costuma falar de forma improvisada. No entanto, o vídeo postado foi planejado, produzido e editado, contando com efeitos visuais e trilhas sonoras, com o objetivo de chamar a atenção do espectador e conquistar novos seguidores. Conheça algumas estratégias de vlogueiros.

- Performance
- Por trás das câmeras

Uma vinheta com o nome do canal pode ser incluída no vídeo (geralmente entre a saudação e a introdução do assunto). Isso reforça a identidade do canal.

Para manter o espectador atento, o vlogueiro alonga vogais, fala pausadamente ou repete palavras. Também varia a intensidade e a velocidade da fala. Isso gera diferentes efeitos de sentido.

Para a gravação, o vlogueiro escolhe um lugar iluminado (às vezes, com apoio de iluminação artificial), veste uma roupa legal, ajeita o cenário, posiciona a câmera no tripé e testa o vídeo e o áudio.

Durante a gravação, o vlogueiro pode apontar elementos da tela para indicar *links* e o botão de inscrição no canal, por exemplo.

O vlogueiro pode se aproximar e se distanciar repentinamente da câmera ou sair da frente dela para gerar efeitos curiosos. Acontecimentos inesperados durante a gravação também podem ser incluídos no vídeo.

A preparação de um roteiro para a gravação ajuda a manter a ordem do que deverá ser apresentado.

Proposta

Você escreveu, no capítulo 1, uma crônica sobre um padrão – estético ou de comportamento – presente na sociedade. Como padrão, ele corresponde a uma idealização, não representando, portanto, muitas pessoas.

Agora, com mais um colega, grave um *vlog* de opinião de até 3 minutos sobre pessoas que são colocadas ou se sentem fora de determinado padrão social. Essa condição tem impacto na vida profissional, social ou familiar dessas pessoas? Como elas reagem a esse tipo de exclusão? Procuram se adequar ao padrão ou se organizam para criar novos parâmetros?

No final, vocês e os demais estudantes vão expor os vídeos para a turma e, depois, poderão divulgá-los na rede.

GÊNERO	PÚBLICO	OBJETIVO	CIRCULAÇÃO
Vlog de opinião	Público da internet em geral	Entreter e provocar reflexões sobre padrões sociais	Plataforma de vídeo na internet

Planejamento e elaboração

1. Definam o padrão social do qual vão tratar no *vlog*. Vocês gostariam de manter algum que já foi escolhido para a crônica elaborada no capítulo 1 ou se interessaram por outro aspecto? Nos dois casos, pesquisem sobre o assunto, em fontes confiáveis, para falar com propriedade sobre ele. Leiam textos publicados (por exemplo, artigos de opinião, artigos de divulgação científica e legislação vigente) e ouçam pessoas envolvidas com o tema.

2. Estabeleçam como vocês dois vão participar da produção do *vlog*: ambos estarão diante da câmera? Um ficará atrás dela, mas conversará com o apresentador? Só o apresentador será visto e ouvido pelo público?

3. Planejem a fala, organizando um roteiro do que pretendem dizer. Atentem-se para que o *vlog* não fique muito longo – ele pode ter, no máximo, 3 minutos. Lembrem-se de deixar tempo para a abertura e o encerramento do vídeo. Vocês podem criar uma abertura com os títulos do *vlog* e do vídeo em questão; no final, podem incluir os créditos, os agradecimentos e, ainda, as fontes pesquisadas sobre o assunto.

4. Façam um primeiro ensaio e cronometrem a duração. Anotem os acréscimos, os cortes e as mudanças que surgirem em relação ao roteiro inicial. Redefinam, então, o roteiro. Façam um segundo ensaio cronometrado para estabelecer uma versão do roteiro mais próxima da definitiva. Se necessário, repitam o ensaio mais uma vez.

5. Como o tema geral do *vlog* é um padrão social, é possível que substantivos como *padrão* e *padrões* sejam repetidos com frequência. A fim de evitar essa repetição, listem alguns termos equivalentes para substituí-los.

6. Usando um celular ou uma câmera, façam a gravação. Eventuais imprevistos durante a gravação podem tanto fazer parte do *vlog*, já que ele conta com espontaneidade e improviso, ou podem ser eliminados na edição.

7. Após a gravação, assistam ao vídeo e avaliem se o material está bom para ser editado. Caso encontrem problemas com o som, a iluminação ou outro aspecto, façam ajustes e regravem o que for necessáro. Se constatarem que faltou um conteúdo importante, gravem essa parte separadamente.

Acesse o recurso digital e responda: A que se deve a facilidade que temos hoje de produzir e compartilhar vídeos na internet?

8 A edição é a parte final da produção. Há aplicativos e *softwares* gratuitos disponíveis com recursos para edição de vídeo e imagem. Muitos deles apresentam ferramentas simples e interface intuitiva. Procurem por abas com títulos "editar", "inserir" e "cortar". Se necessário, vocês podem trabalhar com colegas que tenham domínio desses recursos e técnicas. Nessa etapa:

- façam um esboço dos trechos que querem manter e dos que querem cortar, pensando no vídeo como um todo;
- realizem, então, os cortes e os encaixes dos trechos do vídeo;
- por fim, decidam se haverá no vídeo recursos especiais, como músicas, distorção de voz, inserção de texto escrito e vinheta, etc.

MÚLTIPLAS LINGUAGENS

1. Assistam a alguns *vlogs* de opinião e prestem atenção à entonação dos vlogueiros. O tom oscila nos momentos em que há defesa de um ponto de vista?

2. Observem também as expressões faciais e os gestos das mãos dos vlogueiros. Esses recursos ajudam na compreensão do conteúdo verbal?

No momento de gravar seu *vlog*, façam uso de gestos, de expressões com os olhos e sobrancelhas e da modulação da voz. Esses recursos, usados em momentos oportunos, podem enfatizar sua opinião e manter o espectador atento ao vídeo.

Avaliação e regravação

1 Na data marcada pelo professor, cada dupla vai apresentar seu *vlog* para a turma. Durante exibição, todos os estudantes devem verificar os itens enumerados a seguir, fazendo anotações em uma folha avulsa para expô-las ao final da atividade, quando o professor propuser uma roda de conversa.

ELEMENTOS DO *VLOG* DE OPINIÃO
O tema é apresentado de forma lógica e organizada?
É possível compreender o áudio?
As linguagens verbal e não verbal ajudam a captar a atenção de quem assiste?
O conteúdo está adequado, sem ofensas a determinadas pessoas?
Os recursos adicionados na edição são coerentes com a mensagem a ser transmitida?

2 Se um vídeo apresentar pontos de atenção, ele pode ser regravado pela dupla responsável.

Circulação

1 Os estudantes que se sentirem à vontade podem subir o vídeo do *vlog* no *site* da escola ou publicá-lo em uma plataforma de compartilhamento de vídeos.

2 Caso optem por divulgar o *vlog*, escrevam uma descrição para ele, junto dos créditos, para que o compilado de vídeos fique com informações completas. É interessante expor o objetivo da produção e o que aprenderam com ela.

3 Vocês podem, ainda, criar listas específicas de vídeos, agrupando-os por temas. Se julgarem pertinente, criem uma capa para cada vídeo, com ilustrações e fotos ou apenas o título do *vlog*. Dessa maneira, os vídeos terão identidade visual.

PARA EXPLORAR

Escola para Youtubers

Se vocês precisarem de dicas para edição de vídeo e uso de vinhetas, trilhas sonoras, entre outras sugestões para se tornarem vlogueiros, acessem o canal Escola para Youtubers. Nele, vocês vão encontrar muitas dicas úteis.

Disponível em: https://www.youtube.com/channel/UCZSgdos4txBF1LtaAktpWGA. Acesso em: 16 fev. 2023.

75

ATIVIDADES INTEGRADAS

Nos capítulos 1 e 2, você conheceu textos sobre o prestígio da norma-padrão da língua portuguesa. Agora, leia uma crônica de Martha Medeiros sobre o mesmo tema e responda às questões.

A perca

Da série "só acontece comigo": estava parada num sinal da Avenida Ipiranga quando um carro encostou ao lado do meu. A motorista abriu a janela e pediu para eu abrir a minha. Era uma moça simpática que me perguntou: "Martha, o certo é dizer perda ou perca?".

"Hãn?"

"É perda de tempo ou perca de tempo? Como se diz?"

A pergunta era tão inusitada para a hora e o local, tão surpreendente, vinda de alguém que eu não conhecia, que me deu um branco: por um milésimo de segundo eu não soube o que responder. Perca de tempo, isso existe? Então o sinal abriu, os carros da frente começaram a engatar a primeira, eu olhei para ela e disse: "É perda de tempo".

Ela sorriu em agradecimento e foi em frente. Meu carro ainda ficou um tempo parado. Eu parada no tempo. Perca de tempo.

Dei uma risada e segui meu rumo também.

Se alguém te diz "não perca tempo", e todos te dizem isso o tempo todo, como não confundir o verbo com o substantivo? Tantos confundem. São coagidos a tal.

E, cá entre nós, a "perca" parece mais amena do que a perda.

A perca de um amor é quase tão corriqueira como a perca do capítulo da novela. A perca é feira livre. A perca é festiva. A perca é música popular.

Já a perda é sinfonia de Beethoven.

A perca acontece no verão. A perca de uma cadeirinha de praia, a perca de um palito premiado de picolé.

As perdas acontecem no inverno.

A perca é simplória, a perca é distraída, a perca é provisória, logo, logo reencontrarão o que está faltando.

A perda é para sempre.

As percas reinventam o vocabulário e seu sentido, não são graves, as percas são imperfeições perdoáveis, as percas são inocentes.

As perdas são catastróficas, nada têm de folclóricas.

A perca é um erro gramatical, e apenas esse erro ela contém. De resto, não faz mal a ninguém.

A perda é um acerto gramatical, mas só esse acerto ela contém. De resto, é brutal.

Se eu pudesse voltar no tempo, reconstituiria a cena de outra forma:

"Martha, é perda de tempo ou perca de tempo? Como é que se diz?"

"O correto é dizer perda, mas é muito solene. Perca dói menos por ser mais trivial."

9 de março de 2011

Martha Medeiros. *Feliz por nada*. 40. ed. Porto Alegre: L&PM, 2012. p. 191-192.

Weberson Santiago/ID/BR

Analisar e verificar

1. Releia o primeiro parágrafo da crônica. O fato de ele se iniciar com o trecho "Da série 'só acontece comigo'" cria de imediato um sentido para o leitor. Qual é esse sentido?

2. O que justifica o fato de a motorista fazer aquela pergunta à cronista?

3. O que, efetivamente, torna inusitada a pergunta feita?

Acompanhamento da aprendizagem

4. Releia os parágrafos a seguir.

> Ela sorriu em agradecimento e foi em frente. Meu carro ainda ficou um tempo parado. Eu parada no tempo. **Perca de tempo**.
>
> Dei uma risada e segui meu rumo também.

- Nesse contexto, a expressão destacada pode se referir a duas situações. Quais?

5. De acordo com a crônica, por que alguns falantes hesitam entre as formas "perda de tempo" e "perca de tempo"?

6. Por um lado, a cronista é receptiva ao emprego da forma "perca". Por outro, avalia esse termo objetivamente, com base na gramática normativa. Transcreva as passagens em que é possível constatar esse último posicionamento.

7. Leia as informações a seguir, que constam da versão *on-line* de verbetes do dicionário *Houaiss*.

perca

substantivo feminino
Uso: informal
m.q. **PERDA**

perda

substantivo feminino
1. ato ou efeito de perder
2. fato de deixar de possuir ou de ter algo [...]

Dicionário eletrônico Houaiss da língua portuguesa. Rio de Janeiro: Objetiva, 2009. CD-ROM.

- É possível afirmar que o dicionário considera errada a forma *perca* como substantivo? Justifique com base nas informações do verbete.

8. Releia o trecho a seguir.

> [...] por um milésimo de segundo eu não soube o que responder. Perca de tempo, isso existe? Então o sinal abriu, os carros da frente começaram a engatar a primeira, eu olhei para ela e disse: "É perda de tempo".

a) Analise o trecho "por um milésimo de segundo eu não soube o que responder". Ele é composto de quantas orações?

b) Como essas orações são classificadas?

c) No trecho "[...] eu olhei para ela e disse: 'É perda de tempo'", a fala da cronista está no discurso direto. Reescreva-o, passando para o discurso indireto.

d) No discurso indireto, a fala da cronista resultou em uma oração subordinada substantiva. Essa oração desempenha qual função sintática em relação ao verbo *dizer*, na oração anterior?

Criar

9. Releia as metáforas criadas na crônica.

> A perca é música popular.
> Já a perda é sinfonia de Beethoven.

- Mantendo a ideia lançada pela cronista, escreva uma nova metáfora para *perca* e outra para *perda*, considerando não o universo musical, mas outro.

CIDADANIA GLOBAL

UNIDADE 2

4 EDUCAÇÃO DE QUALIDADE

Retomando o tema

Ao longo desta unidade, você e seus colegas observaram em que medida o respeito à história de um grupo social e às variedades linguísticas empregadas por ele contribui para que a educação seja inclusiva e equitativa.

Agora, vamos retomar e aprofundar um pouco mais essa reflexão.

1. Em sua opinião, é importante o estudo da norma-padrão na escola? Por quê?

2. Com base no que você estudou, pode-se afirmar que o uso de variedades linguísticas é consequência da falta de conhecimento e acesso à norma-padrão?

Geração da mudança

Agora, vocês vão realizar uma exposição para divulgar trechos de poemas falados ou escritos, *raps* e outros gêneros que expressem diferentes variedades linguísticas, como este exemplo, um trecho do *rap* "Eu tô bem", de Emicida e DJ Nyack.

> Destaque no aeroporto, estranho no ninho
> Moça, tá olhando o quê? Faz o *check-in* dos irmãozinho
> Sou o Emicida da Rinha!
> Tá vendo aquelas pegada de barro no tapete vermelho? É minha!

Emicida e DJ Nyack. Eu tô bem. Intérprete: Emicida. Em: *Pra quem já mordeu um cachorro por comida, até que eu cheguei longe...* São Paulo: Laboratório Fantasma, 2009. 1 CD, faixa 24.

Ao reler o trecho acima, substituindo as construções consideradas desviantes pelas prescritas na norma-padrão, é possível notar como o resultado compromete a eloquência dos versos originais. Agora, em trios, sigam estas etapas:

- Conversem e estabeleçam gostos comuns para decidir qual gênero textual vocês vão pesquisar. Façam uma busca em *sites*, livros, revistas, álbuns de CD ou vinil, etc. e discutam sobre os resultados encontrados, analisando a linguagem empregada, os recursos poéticos e as referências intertextuais presentes nos textos.

- Cada trio deve eleger um trecho e decidir o suporte para apresentá-lo para a turma na exposição, a ser realizada na própria sala de aula. Não se esqueçam de inserir a referência bibliográfica e uma breve explicação sobre os autores dos textos.

Autoavaliação

Estela Carregalo/ID/BR

CRÔNICA ESPORTIVA E REPORTAGEM

UNIDADE 3

PRIMEIRAS IDEIAS

1. Se você quisesse ler uma crônica esportiva sobre seu time ou esporte preferido, em quais veículos de comunicação procuraria? Por quê?
2. Para você, que pontos em comum a reportagem tem em relação à crônica?
3. No trecho "A nota *que* esperamos ainda não foi divulgada.", a palavra em destaque refere-se a que termo anterior?
4. Com base em seus conhecimentos sobre orações subordinadas, o que você acha que podem ser as orações subordinadas adjetivas?

Conhecimentos prévios

Nesta unidade, eu vou...

CAPÍTULO 1 — Universo esportivo

- Ler e interpretar crônica esportiva, refletindo sobre a subjetividade e o uso do registro informal.
- Ler e analisar capa de um manual escrito.
- Compreender o conceito e o uso de pronome relativo.
- Planejar e produzir uma crônica esportiva; realizar pesquisa; expressar um ponto de vista sobre o tema abordado.

CAPÍTULO 2 — Escola em transformação

- Ler e interpretar reportagem; identificar as diferentes vozes no texto e seu tom impessoal; comparar os gêneros estudados nos dois capítulos.
- Desenvolver a consciência social, em busca de uma atuação mais ética.
- Compreender os conceitos de orações subordinadas adjetivas explicativas e orações subordinadas adjetivas restritivas.
- Compreender o uso dos pronomes *este*, *esse* e *aquele*, de acordo com a situação (espaço, tempo e texto).
- Produzir uma reportagem multimidiática e veiculá-la em um *blog*.

INVESTIGAR

- Pesquisar ações de incentivo à leitura por meio de coleta de dados e de realização de entrevistas orais gravadas.
- Elaborar um guia em formato virtual de ações de incentivo à leitura.

CIDADANIA GLOBAL

- Refletir sobre condutas que comprometam o empoderamento feminino.
- Propor condutas que possam fortalecer a igualdade de gênero na escola.

79

LEITURA DA IMAGEM

1. Observe as quatro jogadoras em destaque. Descreva como elas se situam no espaço da quadra, no momento registrado pela fotografia.
2. Repare no movimento das atletas em destaque que estão sem a posse de bola. O que cada uma delas está tentando fazer?
3. A expressão facial de qual atleta indica maior grau de pressão no momento?
4. Quais habilidades e características físicas observadas nas atletas são importantes para se tornar uma jogadora de basquete?

CIDADANIA GLOBAL

5 IGUALDADE DE GÊNERO

Nas últimas décadas, as mulheres têm lutado para ocupar espaços antes destinados predominantemente aos homens. Hoje em dia, elas estão mais presentes em diversos campos: nas universidades, na política e nos esportes, mas ainda assim há desigualdades.

- Você já percebeu que a cobertura esportiva é maior para jogos masculinos do que para jogos femininos? Em sua opinião, as mulheres ainda sofrem preconceito nas modalidades esportivas? Justifique suas respostas.

Acesse o recurso digital e veja como o esporte contribui para o empoderamento de mulheres e meninas. Dentre todos os aspectos apontados, qual você acha mais significativo para reforçar a igualdade de gênero?

Jogo entre Brasil e Sérvia em Belgrado, no Pré-Mundial de basquete feminino de 2022.

CAPÍTULO 1
UNIVERSO ESPORTIVO

O QUE VEM A SEGUIR

As partidas de futebol terminam, e as pessoas continuam falando sobre elas. Você costuma assistir a programas esportivos que comentam os jogos ou lê crônicas esportivas publicadas em jornais e *blogs*? Fora dos campos também há muito a se dizer sobre técnicos, dirigentes, torcidas... E também sobre políticas esportivas! Leia o título da crônica a seguir e reflita sobre o que ela discutirá. Depois, leia na íntegra este texto de Renata Mendonça.

TEXTO

FOLHA DE S.PAULO TERÇA-FEIRA, 17 DE AGOSTO DE 2021 ★ ★ ★ esporte B9

Mudando a narrativa

RENATA MENDONÇA

Mulheres tentam mudar conceito do esporte 'só para homens'

Durante os Jogos Olímpicos de Tóquio, usei o espaço extra que me foi dado semanalmente na **Folha** para destacar os feitos das mulheres. Aliás, isso não aconteceu só por aqui. Já há algum tempo, sempre que tenho a oportunidade, gosto de trazer dados e informações sobre o contexto de preconceito, proibições e lutas que as mulheres precisaram travar para simplesmente conquistar o direito de jogar, disputar, ocupar, afinal, os lugares do esporte, que antes eram exclusivamente masculinos.

Faço isso porque eu mesma, até cinco, seis anos atrás, não fazia ideia. Apaixonada por esporte desde cedo, eu fui moldada com as informações que recebia — sempre com protagonismo masculino. Não tem problema assistir aos homens desafiando limites, conquistando medalhas, virando ídolos de um país inteiro. O problema existe quando a gente cresce vendo SÓ homens fazendo isso. A mensagem não é literal, mas é clara: este é um lugar para homens.

Por sorte, ao contrário da maioria das minhas amigas, eu sempre me mantive perto do esporte. Praticando, trabalhando, vivendo as emoções dele diariamente, seja como torcedora, jornalista ou apenas uma fã de qualquer jogo que esteja passando na TV, de qualquer modalidade. Mas, curiosamente (ou nem tanto), os jogos que passam na TV são sempre deles, homens. A "estranha no ninho" sempre fui eu. E não era por acaso.

Algumas descobertas ao longo dos últimos anos me fizeram ligar os pontos. Talvez a mais chocante delas tenha sido uma pesquisa que o extinto Ministério do Esporte divulgou no fim de 2015, um diagnóstico da prática esportiva no país. Os dados ali diziam que 83% das mulheres acima de 15 anos não praticavam nenhum esporte. Parecia inacreditável, mas aí eu pensava no universo das minhas próprias amigas e me dava conta: pouquíssimas delas praticam esporte.

▲ Ketleyn Quadros, judoca, primeira mulher brasileira a ganhar medalha em modalidade individual nos Jogos Olímpicos, em 2008; ganhou bronze.

Isso é muito grave. Porque o esporte não é só importante para a saúde. Ele traz autoestima, determinação, disciplina e inúmeros benefícios que só quem vive essa experiência consegue mensurá-la. E 83% das mulheres brasileiras acima de 15 anos simplesmente estão sendo privadas, ainda que indiretamente, de tudo isso.

De novo, não é por acaso. Se eu te pedisse para citar cinco mulheres que ganharam medalhas em Jogos Olímpicos (não vale citar as de agora, em 2021, porque acabou de acontecer), você conseguiria? Se te perguntar quem tem mais gols com a seleção brasileira de futebol, quem tem mais jogos com a camisa amarela, inevitavelmente os primeiros nomes que vão surgir na sua cabeça são de homens. Pelé? Cafu? E, no caso, são duas mulheres: Marta e Formiga.

Isso tem a ver com a narrativa. A gente só tem referências masculinas no esporte porque foram só essas as histórias que nos contaram. Eu não sabia até pouco tempo atrás que a primeira medalha feminina do Brasil nos Jogos Olímpicos havia sido conquistada somente em 1996, com Jacqueline e Sandra no vôlei de praia. E que a primeira medalha em modalidade individual veio só em 2008. Também não fazia ideia de que alguns esportes haviam sido proibidos para mulheres – tanto pela lei de alguns países quanto pelo próprio programa olímpico, que só passou a oferecer as mesmas modalidades para homens e mulheres em 2012, com a inclusão do boxe feminino.

E é muito fácil explicar por que eu (e provavelmente você) não sabia de nada disso: só 4% da cobertura esportiva é dedicada aos esportes femininos.

É preciso mudar a narrativa para mudar a mensagem. Registrando e valorizando os feitos das mulheres, a gente mostra para as meninas: este também é o seu lugar. Os Jogos de Tóquio foram um ótimo exemplo disso.

mensurar: medir, estimar.
privado: impedido, proibido.

▲ Registro do pódio duplo no vôlei de praia dos Jogos Olímpicos de 1996: Mônica Rodrigues e Adriana Samuel (à esquerda) ganharam medalha de prata; Jacqueline Silva e Sandra Pires (à direita), de ouro.

DOMINGO: JUCA KFOURI, TOSTÃO, **segunda:** Juca Kfouri, Paulo Vinicius Coelho, **terça:** Renata Mendonça, **quarta:** Tostão, **quinta:** Juca Kfouri, **sexta:** Paulo Vinicius Coelho, **sábado:** Katia Rubio

Renata Mendonça. Mudando a narrativa. *Folha de S.Paulo*, 17 ago. 2021. Esporte, B9.

TEXTO EM ESTUDO

PARA ENTENDER O TEXTO

1. O que você imaginou sobre o texto com base no título se confirmou com a leitura? Explique.

2. No primeiro parágrafo, a cronista apresenta uma escolha feita por ela durante a cobertura dos Jogos Olímpicos. Informe qual foi essa escolha.

3. A opção da cronista pretende ser o contraponto a uma imagem comumente apresentada na mídia. Que imagem é essa?

4. De acordo com o texto, o conteúdo apresentado na cobertura esportiva passa uma mensagem ao público.

   a) Qual é a mensagem?

   b) Essa mensagem não é expressa literalmente, mas por meio de fatos que são contados ao longo do tempo e em diferentes linguagens.

      ▪ Qual termo a cronista emprega para fazer referência ao que se escolhe contar? Transcreva três trechos em que esse termo é utilizado.

   c) Qual é a mensagem diferente que a crônica propõe que seja passada na mídia? Como essa nova mensagem pode proporcionar uma nova realidade?

DESCRIÇÃO E ANÁLISE NA CRÔNICA ESPORTIVA

5. A cronista recorre à própria vivência para exemplificar seu ponto de vista. Apresente resumidamente essas situações relatadas por ela.

6. A cronista também recorre a dados estatísticos. Quais são eles?

7. No terceiro parágrafo, a cronista afirma: "A 'estranha no ninho' sempre fui eu. E não era por acaso".

   a) O que significa a expressão *estranho no ninho*?

   b) Por que a autora se qualifica dessa maneira?

8. No quarto parágrafo, ela afirma que "ligou os pontos", ou seja, encontrou uma relação entre fatos.

   a) Quais fatos ela relacionou?

   b) Alterando um dos fatos, o outro consequentemente pode se alterar. Qual fato ela propõe alterar?

9. De acordo com a crônica, a conquista das mulheres por espaço nos esportes não é só uma questão de representatividade. A vivência esportiva assegura acesso a experiências importantes. Quais?

Acesse o recurso digital e responda: Para o cronista Humberto Werneck, qual relação é estabelecida entre crônica e jornalismo?

ANOTE AÍ!

A **crônica esportiva** baseia-se em **acontecimentos atuais**, próximos ao momento de sua produção. No entanto, ela também pode retomar fatos distantes, quando eles têm relação com a ocorrência atual abordada e o cronista tem interesse em relacioná-los.

Além de abordar **eventos pontuais**, a crônica esportiva pode eleger como tema uma **discussão** ou uma **polêmica mais abrangente** que esteja em curso.

Ela não precisa apresentar uma abordagem totalmente técnica. Os dados objetivos podem ser utilizados para sustentar a **análise** feita pelo cronista. O **caráter subjetivo** com que o assunto é tratado fica evidenciado pelo destaque dado ao nome do cronista e ao ponto de vista explícito no texto. Alguns veículos identificam os autores cronistas com a imagem de seu rosto.

O CONTEXTO DE PRODUÇÃO

10. Na crônica lida, em quais passagens é possível encontrar marcas que indicam o momento no qual ela foi produzida?

11. O leitor também é evocado em vários momentos da crônica. Em quais passagens a presença dele fica marcada no texto?

12. Releia o texto no rodapé da crônica. Explique de que forma ele fortalece a relação do leitor com o gênero crônica esportiva.

13. Releia este trecho.

> [...] usei o espaço extra que me foi dado semanalmente na **Folha** para destacar os feitos das mulheres. Aliás, isso não aconteceu só por aqui.

- O advérbio *aqui* refere-se a quê?

ANOTE AÍ!

A crônica esportiva vincula-se ao **momento de produção**. Publicada com regularidade no veículo em que circula, reporta-se, em geral, a **acontecimentos recentes**. Sua **regularidade** às vezes cria uma história de análises, e uma crônica pode fazer referência a outra anterior, **fidelizando o leitor**.

Com registro mais **informal** do que o da notícia, o autor não tem compromisso de reproduzir os fatos. Ao contrário, apresenta-os de acordo com seu ponto de vista. Por isso, em muitos casos, há **marcas de primeira pessoa** ou de expressões que configuram o estilo do cronista e criam um **efeito de sentido de proximidade** com o leitor.

A LINGUAGEM DO TEXTO

14. Na crônica, há ocorrências que tendem para o registro informal, como as expressões "ligar os pontos" e "a gente" e os pronomes *te*, *você* e *sua*.
- Que relação elas estabelecem entre o autor da crônica e o leitor?

15. Releia este trecho:

> Se te perguntar quem tem mais gols com a seleção brasileira de futebol, quem tem mais jogos com a camisa amarela, *inevitavelmente* os primeiros nomes que vão surgir na sua cabeça são de homens.

a) Quais advérbios poderiam substituir *inevitavelmente*, sem mudança de sentido?
b) Explique a importância desse advérbio no trecho.

16. No sétimo parágrafo, foram empregados dois advérbios que criam o sentido de demora para a ação acontecer. Transcreva três passagens em que eles foram empregados e apresente um sinônimo para eles.

Acesse o recurso digital e responda: Apenas a criação e a promulgação de leis favoráveis à equidade salarial entre os gêneros são suficientes para que ela de fato exista na sociedade?

CIDADANIA GLOBAL

ABRINDO CAMINHO

A crônica informa que alguns esportes foram proibidos para mulheres – tanto pelas leis nacionais de alguns países quanto pelo próprio programa olímpico.

1. Em sua opinião, há proibições à participação feminina em outras áreas além do esporte? Cite algumas.
2. Que ações podem contribuir para combater esse tipo de proibição?

85

UMA COISA PUXA OUTRA

Manual para contextos esportivos

Para que servem os manuais? É muito comum utilizarmos manuais para consultar instruções de uso de um aparelho eletroeletrônico ou para compreender as regras de um jogo, por exemplo. No manual que você vai ler a seguir, a intenção é dar dicas sobre como se comportar de modo não discriminatório em relação às mulheres no esporte e em contextos esportivos.

1. Observe a capa do manual a seguir e responda às questões.

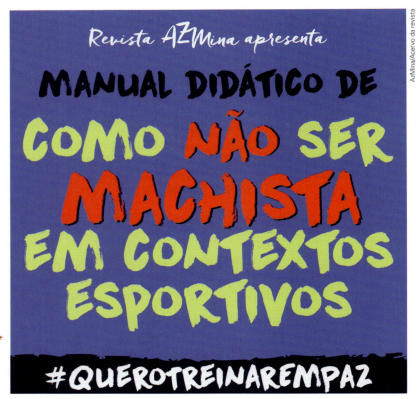

Capa do manual da revista *AzMina*, de 2016.

UOL. Disponível em: https://olimpiadas.uol.com.br/album/2016/07/25/como-nao-ser-um-machista-em-contextos-esportivos.htm. Acesso em: 6 mar. 2023.

- A que grupo esse manual é dirigido? Explique.

2. Considere a especificidade do *Manual didático de como não ser machista em contextos esportivos*. Sabendo que ele foi divulgado em julho de 2016, que evento esportivo motivou sua criação? Essa circunstância impede a aplicação do manual a outros contextos? Explique sua resposta.

3. Em que veículo de comunicação esse manual circulou? Qual é a importância de ele ter sido publicado em um veículo como esse?

4. No título do manual, além da mensagem completa, é possível ler dois segmentos, um em vermelho e o outro em verde.
   a) Quais são esses segmentos?
   b) Reescreva os segmentos com pontuação diferente, sem mudar o sentido do título.

5. Ao lado, leia as três recomendações do manual. Em seguida, explique o que caracteriza essa publicação como um manual.

6. Pela diagramação, é possível perceber que a publicação divide cada recomendação em duas partes.

a) Com quais recursos essas partes estão demarcadas?

b) Mencione o recurso linguístico comum em um manual e que pode ser constatado na publicação reproduzida nesta seção. Indique em qual parte ele se encontra.

c) Que pronomes fazem referência ao interlocutor no manual? Em qual parte eles se encontram?

7. Suponha que o manual apresentasse orientações como as que seguem.

> I. Respeite a capacidade das mulheres.

> II. Não trate a mulher como objeto.

a) Que recomendações do manual poderiam fazer referência às orientações I e II?

b) Que problema as orientações I e II apresentariam para atingir o público-alvo?

8. Por que o manual é um gênero classificado como didático?

9. Do ponto de vista linguístico, é adequado afirmar que o público imaginado para o manual é formado por meninos e homens? Explique com trechos do texto.

10. Nas partes do manual, há a presença de uma *hashtag*.

a) O que é dito nessa *hashtag*?

b) A quem é recomendável o uso dessa *hashtag*?

11. Antes de ler esse manual, você imaginava que seria possível fazer um com essa temática, isto é, para prescrever dicas de como não ser machista no contexto esportivo? Justifique sua resposta.

12. É importante que manuais como esse circulem na sociedade? Por quê?

13. Você colocaria esse manual em circulação em sua escola? Justifique sua resposta.

14. Se você fosse produzir um manual sobre como se comportar em sociedade, qual enfoque daria a ele e onde você o distribuiria? Por que você acha necessário ter um manual com o tema escolhido por você?

CONTEXTO

VOCÊ ESTÁ DISCUTINDO UM JOGO COM AMIGOS E UMA MULHER FAZ UM COMENTÁRIO.

PRESCRIÇÃO

NÃO DIMINUA OU DESMEREÇA A OPINIÃO DELA DIZENDO QUE MULHER NÃO ENTENDE DE ESPORTE SE ELA ESTÁ FALANDO, MUITO PROVAVELMENTE ENTENDE MUITO BEM DO ASSUNTO E APENAS DISCORDA DE VOCÊ

#QUEROTREINAREMPAZ

AzMina/Acervo da revista

CONTEXTO

VOCÊ QUER FAZER UM COMENTÁRIO SOBRE UMA ATLETA BONITA.

PRESCRIÇÃO

NÃO TEM PROBLEMA NENHUM ADMIRAR A BELEZA, O PROBLEMA É SE AO FALAR DO ASSUNTO, A GENTE ESQUECER DE SEUS TALENTOS ESPORTIVOS OU TRATÁ-LOS COMO SECUNDÁRIOS. PREFIRA "JAQUELINE A ESTRELA DO VÔLEI" DO QUE "JAQUELINE A MUSA DO VÔLEI", AFINAL O QUE IMPORTA EM QUADRA É O TALENTO DELA.

#QUEROTREINAREMPAZ

AzMina/Acervo da revista

CONTEXTO

SEU AMIGO DIZ: "MULHER NÃO SABE JOGAR".

PRESCRIÇÃO

DESAFIE ELE A DAR UM OLÉ NA MARTA E DEPOIS VOLTAR A FALAR COM VOCÊ SE FOR PACIENTE, TROQUE UMA IDEIA COM O CAMARADA SOBRE O QUANTO A MARTA É INCRÍVEL POR JOGAR O BOLÃO QUE JOGA MESMO TENDO PASSADO A VIDA OUVINDO O MUNDO DIZER QUE FUTEBOL NÃO É COISA DE MULHER.

#QUEROTREINAREMPAZ

AzMina/Acervo da revista

LÍNGUA EM ESTUDO

PRONOMES RELATIVOS

1. Releia alguns trechos da crônica. Em seguida, observe na segunda coluna da tabela a reformulação que esses trechos sofreram.

Trecho original	Trecho reformulado
"[...] gosto de trazer dados e informações sobre o contexto de preconceito, proibições e lutas que as mulheres precisaram travar [...]."	Gosto de trazer dados e informações sobre o contexto de preconceito, proibições e lutas. As mulheres precisaram travar lutas.
"[...] usei o espaço extra que me foi dado semanalmente na **Folha** para destacar os feitos das mulheres."	Usei o espaço extra para destacar os feitos das mulheres. Foi dado a mim espaço extra semanalmente na **Folha**.

- Que palavra evitou a repetição de "lutas" e "espaço extra" no trecho original?

A palavra *que*, empregada na crônica para evitar as repetições, é um **pronome relativo**. Veja, no quadro a seguir, esse e outros pronomes relativos.

PRONOME RELATIVO	RETOMA A PALAVRA QUE DESIGNA	EXEMPLO
que	coisa, pessoa ou lugar	São alarmantes os dados **que** o relatório oficial divulgou.
quem	pessoa	Conheço as atletas brasileiras a **quem** foi entregue a primeira medalha olímpica.
o qual, os quais, a qual, as quais	coisa, pessoa ou lugar	Convém rever a narrativa **na qual** só os homens têm espaço no esporte.
onde	lugar	A crônica cita Tóquio, cidade **onde** ocorreram os Jogos Olímpicos em 2021.
cujo, cujos, cuja, cujas	ser que possui algo	A cronista dá destaque às mulheres, **cujos** feitos não costumam ser divulgados.

EMPREGO DE ALGUNS PRONOMES RELATIVOS

Onde

O pronome *onde* é empregado **apenas** para substituir lugares.

> Tóquio é a cidade **onde** ocorreram os Jogos Olímpicos no ano de 2021.

Cujo e suas flexões

Para indicar uma relação de posse por meio de um pronome relativo, emprega-se o pronome *cujo*, com suas flexões de número e gênero. Veja este exemplo:

> A crônica fala dos feitos femininos nos esportes, **cuja** divulgação nas mídias é baixa.

Esse pronome concorda em gênero e número com a coisa possuída e não deve ser seguido por artigo.

RELACIONANDO

O pronome relativo *que* é o mais empregado. Na crônica "Mudando a narrativa", seu uso cuidadoso não causou impressão de repetição.

O PRONOME RELATIVO REGIDO DE PREPOSIÇÃO

Observe a articulação destas duas orações:

A equipe conseguiu uma vitória. A população alegrou-se com a vitória.

A equipe conseguiu uma vitória / com **a qual** a população se alegrou.
└─ vitória

Na segunda oração, o pronome *a qual* equivale a *vitória*. Antes do pronome *a qual* há a preposição *com,* porque o verbo *alegrar-se* é transitivo indireto e seu complemento (*vitória*) é regido por essa preposição. Observe no quadro outros exemplos de pronomes relativos antecedidos por preposições.

	a	o qual	você se refere.	→ referir-se a algo
	de	o qual	você reclama.	→ reclamar de algo
Este é o resultado...	com	o qual	você simpatiza.	→ simpatizar com algo
	em	o qual	você acredita.	→ acreditar em algo
	por	o qual	você luta.	→ lutar por algo
	contra	o qual	você luta.	→ lutar contra algo

A **combinação** ou a **contração** da preposição com o pronome é feita assim: Este é o resultado *ao qual* você se refere, *do qual* você reclama, *no qual* você acredita e *pelo qual* você luta.

PRONOME RELATIVO: UM DOS PAPÉIS DA PALAVRA *QUE*

A palavra *que* pode ser uma conjunção integrante das orações subordinadas substantivas. Se o *que* puder ser substituído por *o qual, a qual* (e o plural deles), ele desempenhará o papel de **pronome relativo**. Compare:

Acompanhava-o sempre a certeza / de **que** a vida era boa.
└─ conjunção integrante

Acompanhava-o sempre a certeza / **que** eu lhe dava.
└─ (= **a qual**) pronome relativo

OS PRONOMES RELATIVOS E A AMBIGUIDADE

Uma frase é ambígua quando tem mais de um sentido: "Eu procurei o livro e a revista *que* perdi". Nesse caso, não se sabe se livro e revista foram perdidos ou apenas um deles. A ambiguidade se dá porque ambos são antecedentes do pronome relativo. Veja exemplos em que não há ambiguidade:

I. Procurei o livro e a revista **a qual** perdi. (só a revista)

II. Procurei o livro e a revista **os quais** perdi. (ambos)

ANOTE AÍ!

Em alguns gêneros textuais, a **ambiguidade** é um importante **recurso expressivo**, intencionalmente utilizado. Quando, porém, cria dificuldade para a compreensão da mensagem, deve ser evitada por meio do uso adequado dos **pronomes relativos**.

O USO DO PRONOME RELATIVO *QUE*

O pronome relativo *que* é o mais empregado, pois, além de mais sintético que *o qual*, pode referir-se a pessoa, coisa ou lugar. Veja os exemplos:

- Essa é a professora *que* leciona Língua Portuguesa.
- Chegou o livro *que* você pediu.
- A casa em *que* cresci foi vendida.

Porém, de acordo com a gramática normativa, o *que* não pode ser antecedido por preposições que tenham mais de uma sílaba, como *contra, entre* e *para*. Com essas preposições, substitui-se o *que* por *o qual* ou suas flexões. Por exemplo, em vez de "Era forte a seleção contra que o Brasil jogou", será melhor dizer "Era forte a seleção contra *a qual* o Brasil jogou".

ATIVIDADES

Acompanhamento da aprendizagem

Retomar e compreender

1. Leia este trecho do livro *Em busca do tesouro da juventude*, de Luiz Schwarcz.

> — Contos são histórias que nascem na cabeça dos escritores, e de lá vão para o papel, enfrentar o tempo. [...] Os livros são ao mesmo tempo uma casa e um remédio **que** os contos tomam, um teto e um elixir da vida eterna. As histórias que no passado eram só contadas verbalmente, quando escritas e gravadas em livros passam a realizar um velho sonho dos homens: o da imortalidade.
>
> Luiz Schwarcz. *Em busca do tesouro da juventude*. São Paulo: Companhia das Letrinhas, 2003. p. 7-8.

a) Identifique o antecedente do pronome relativo *que* em destaque:

   I. "Uma casa e um remédio."

   II. "Os livros."

   III. Impossível apontar em razão da ambiguidade.

b) Justifique sua resposta ao item *a*.

c) Identifique o antecedente do pronome relativo *que* destacado a seguir.

> Falou de histórias que pertenciam à tradição oral, mas **que** depois foram registradas em livro.

Aplicar

2. Empregue o pronome relativo *cujo* (e flexões) e forme períodos compostos.

   a) I. Em muitos países saboreia-se o macarrão. + II. A invenção do macarrão é atribuída aos chineses.

   b) I. Em muitos países saboreia-se o macarrão. + II. Os ingredientes do macarrão são água e farinha.

   c) I. Em muitos países saboreia-se o macarrão. + II. A presença do macarrão é obrigatória na cesta básica nacional.

   d) I. Em muitos países saboreia-se o macarrão. + II. O sabor do macarrão pode não ser dos melhores em alguns lugares.

3. Empregue um pronome relativo para unir as duas ideias.

   a) I. Animais estrangeiros invadiram as terras. + II. As terras pertenciam às aves nativas.

   b) I. Animais estrangeiros invadiram as terras. + II. As aves nativas moravam nas terras.

   c) I. Animais estrangeiros invadiram as terras. + II. Os donos das terras eram as aves nativas.

   d) I. Animais estrangeiros invadiram as terras. + II. As aves nativas foram expulsas das terras.

4. Articule as duas orações dadas usando um pronome relativo.

   a) Aqui está o veículo. Solicitamos esse veículo.

   b) Aqui está o veículo. Viajamos nesse veículo.

   c) Aqui está o veículo. Precisamos desse veículo.

   d) Aqui está o veículo. Sonhamos com esse veículo.

   e) Aqui está o veículo. Optamos por esse veículo.

   f) Aqui está o veículo. Queríamos esse veículo.

A LÍNGUA NA REAL

A IMPORTÂNCIA DOS PRONOMES RELATIVOS NA COESÃO TEXTUAL

1. Leia o trecho a seguir, que pertence a uma coleção de assuntos variados direcionada a um público não especialista. O trecho é uma adaptação e sofreu a exclusão dos pronomes relativos. Após a leitura, responda às questões.

> Nosso cérebro é formado de células nervosas, os **neurônios**. Os **neurônios** se comunicam através de circuitos computacionais montados pacientemente durante milhões de anos de competição e seleção natural. Cada estímulo percorre um circuito particular de neurônios até chegar às **estações centrais**. O **estímulo** atinge o sistema nervoso central. As **estações centrais** decodificam os sinais recebidos. Quando um raio de luz impressiona nossa retina, por exemplo, o **estímulo** visual cruza o cérebro até a parte posterior da cabeça, no lobo occipital. No lobo occipital se encontra o centro da visão. Dele, novos circuitos de neurônios fazem a informação trafegar em velocidade vertiginosa aos **centros cerebrais**. Os **centros cerebrais** vão situar o estímulo no domínio do consciente. Em milionésimos de segundo saberemos se aquela luz é de um barco, de um vaga-lume ou do automóvel ameaçador.

Adaptado de: Drauzio Varella. *Macacos*. São Paulo: Publifolha, 2000. p. 83-84.

lobo occipital: parte do cérebro que fica atrás da cabeça e é responsável pelo processamento da visão e das cores.

retina: membrana do olho que capta sinais visuais.

vertiginoso: muito intenso, rápido.

a) O parágrafo anterior tem como conteúdo o percurso nervoso entre as estações centrais presentes no cérebro humano. Tal percurso é apresentado primeiro de forma teórica e, depois, com um exemplo para complementar a explicação. Que expressão introduz o exemplo?

b) Por que exemplos são necessários em um texto como esse?

2. Reescreva o parágrafo do livro de Drauzio Varella que você leu na atividade **1**, empregando pronomes relativos para retomar os termos repetidos destacados, a fim de articular orações e deixar o texto mais coeso.

a) Na versão em que o texto foi apresentado na atividade **1**, já havia coesão entre as ideias? Explique.

b) Os pronomes relativos asseguraram maior coesão atuando entre quais unidades do texto: entre parágrafos ou entre orações?

3. Releia esta passagem do texto.

> **Dele**, novos circuitos de neurônios fazem a informação trafegar em velocidade vertiginosa aos centros cerebrais.

a) O pronome *ele* retoma que termo?

b) Poderia ter sido usado um pronome relativo no lugar do pronome pessoal, mas essa não foi a escolha do autor no texto original. Você imagina por quê?

ANOTE AÍ!

Em um texto, a **coesão** se dá em vários níveis. Articulam-se blocos **textuais**, **períodos**, **orações** e **termos** que pertencem a cada segmento textual. O emprego do **pronome relativo** atua na articulação entre orações, uma vez que, por definição, essa é a palavra que **retoma**, na oração em que aparece, um termo da oração anterior. Por isso, o emprego do pronome relativo é **um dos recursos** para estabelecer a **coesão textual**.

AGORA É COM VOCÊ!

ESCRITA DE CRÔNICA ESPORTIVA

Proposta

Neste capítulo, você leu uma crônica esportiva que aborda a falta de divulgação, na mídia, de feitos femininos nos esportes e a consequente baixa adesão de meninas e mulheres a esse universo. Agora, você vai escrever uma crônica com foco no tratamento dado pela imprensa às mulheres esportistas. Depois, essa crônica será publicada no *blog* da turma.

GÊNERO	PÚBLICO	OBJETIVO	CIRCULAÇÃO
Crônica esportiva	Comunidade escolar e leitores da internet que se interessem pelo assunto	Provocar reflexão sobre a discriminação de mulheres esportistas pela mídia	Internet

Planejamento e elaboração do texto

1 Leia, a seguir, o trecho de um artigo de opinião que aborda o tema que você deverá explorar na crônica esportiva: a imprensa e as mulheres esportistas.

A cobertura da imprensa no esporte feminino

Qual foi a última vez que você conseguiu acompanhar as notícias do futebol feminino pelas mídias tradicionais? Para os fãs do esporte essa lacuna ainda não foi 100% preenchida e, muitas vezes, fica difícil conseguir informações sobre atletas, campeonatos e jogos.

Antes de tirar conclusões precipitadas sobre o porquê da falta de espaço midiático dedicado ao esporte feminino, é preciso entender o papel da imprensa. A mídia exerce uma grande influência sobre as pautas que direcionam o nosso dia a dia. Ela não é necessariamente capaz de dizer para as pessoas o que pensar sobre um determinado assunto, mas sobre quais assuntos pensar. Dessa forma, os grandes meios de comunicação acabam colocando valores subjetivos no momento em que escolhem as notícias e na forma com que vão tratá-las. O resultado para o grande público é simples: o que não é visto não é lembrado, ou simplesmente não existe.

Uma pesquisa realizada pela Universidade de Minnesota mostrou que as mulheres representam 40% de todos os atletas profissionais nos Estados Unidos e, ainda assim, recebem entre 2 e 4% da cobertura midiática. No Brasil, apenas 2,7% da cobertura da mídia é focada no esporte feminino, 37 vezes menos do que no masculino. Além do espaço midiático ser pequeno, a imprensa parece estar menos interessada no desempenho esportivo quando se trata de atletas mulheres. [...]

Não se trata apenas de dar mais espaço, mas perceber as inúmeras possibilidades que existem. Os fãs de esportes, em geral, não estão preocupados com o gênero da modalidade. O que eles querem é acompanhar grandes jogos, partidas, histórias de superação, títulos e conquistas. Para tanto, existe uma infinidade de histórias de mulheres esportistas esperando para serem exploradas. [...]

Gabriela Matos. A cobertura da imprensa no esporte feminino. *Foothub*. Disponível em: https://foothub.com.br/a-cobertura-da-imprensa-no-esporte-feminino/. Acesso em: 7 jun. 2023.

2 Para ampliar a abordagem sobre o tema, busque informações sobre o assunto em fontes confiáveis na internet.

3 Defina o ponto de vista que você vai abordar na crônica esportiva.

- Que posição vai assumir?
- A que se pode atribuir a presença massiva de homens nas editorias de esportes?
- O que podemos fazer como jornalistas, leitores e cidadãos para que esse cenário mude?

4 Avalie se é necessário buscar mais informações em outras fontes que apresentem dados estatísticos, depoimentos de esportistas ou jornalistas, etc.

LINGUAGEM DO SEU TEXTO

1. Na crônica esportiva "Mudando a narrativa", conjunções e pronomes relativos foram utilizados para articular as orações. Cite um exemplo do texto que você leu nesta seção em que isso acontece.

2. Cite um segmento da crônica em que adjuntos adverbiais tenham sido utilizados para relacionar diferentes parágrafos.

Ao escrever sua crônica, use adequadamente a norma-padrão, enriquecendo seu texto com conjunções, pronomes relativos e adjuntos adnominais, a fim de marcar a progressão dos conteúdos que você vai discutir.

5 Reflita sobre as seguintes questões:

- Quem serão os leitores desse *blog*? Que registro é o mais adequado para atingir esse público? Qual será o tom de sua crônica: descontraído ou sério?

6 Lembre-se também de criar um título atrativo para o leitor; se for apresentar uma opinião mais crítica, utilize a primeira pessoa.

Avaliação e reescrita do texto

1 Forme um grupo com quatro colegas para avaliar coletivamente os textos.

2 Leia sua crônica esportiva para os colegas e peça a eles que a avaliem de acordo com os critérios do quadro a seguir.

ELEMENTOS DA CRÔNICA ESPORTIVA
A crônica apresenta fatos recentes ou acontecimentos passados relacionados à atualidade?
Apresenta uma análise desses fatos?
Emprega o registro adequado aos leitores do *blog*?
A intenção do cronista ao abordar o tema ficou clara?
A crônica faz uso de pronomes relativos para garantir a coesão textual?

3 Avalie a crônica dos colegas do grupo de acordo com os mesmos critérios.

4 Reescreva seu texto, considerando as observações dos colegas.

Circulação

1 Digite sua crônica no formato combinado com o professor.

2 Publique-a com as demais crônicas dos colegas no *blog* da turma.

3 Se necessário, divulguem o *blog* na escola, nas redes sociais e por *e-mail*.

CAPÍTULO
2 ESCOLA EM TRANSFORMAÇÃO

O QUE VEM A SEGUIR

Alguém já lhe disse que determinada disciplina do currículo escolar não combina com você porque você é menino ou porque é menina? Ou que uma modalidade esportiva não é adequada a você por esse mesmo motivo? Para verificar se as respostas dadas fazem de você exceção ou parte das estatísticas oficiais, leia a reportagem que a revista *Nova Escola* publicou. Antes, porém, leia o título da reportagem e pense: Por que as meninas estão mudando a escola?

TEXTO

As meninas
que estão mudando a escola

Elas enfrentam o machismo com união, organização e criatividade. O que aprender com suas alunas e como ajudá-las

No Rio de Janeiro, os meninos não deixam suas colegas de classe jogarem futebol com eles. Também na capital fluminense, meninas são assediadas nas ruas por usarem saia e meias três-quartos como uniforme. No interior da Bahia, um professor afirma que: "A Matemática sai naturalmente dos poros dos meninos, assim como a Saúde e a Educação são escolhas óbvias para as meninas". Em São Paulo, as próprias meninas se xingam e se desrespeitam ao sinal do menor desentendimento. E há quem se pergunte se a escola ainda precisa do feminismo...

Enquanto alguns se questionam, muitas jovens – suas alunas – se mobilizam. Ao lado das ocupações secundaristas, as iniciativas feministas, sejam as organizadas em coletivos ou as espontâneas e individuais, são a grande novidade no hoje efervescente cenário da juventude estudantil. [...]

O feminismo, você sabe, não é de hoje. O movimento está presente de maneira organizada pelo menos desde o século 19, quando aconteceu sua primeira grande onda, que lutava pelo sufrágio, o direito ao voto, na Inglaterra. A segunda ocorreu nas décadas de 1960 e 1970 com a invenção da pílula anticoncepcional e a chamada revolução sexual nos Estados Unidos. [...]

O poder feminino de usar a quadra

Dez anos de idade é cedo demais para ser feminista? Não na Escola Edem, na capital fluminense. Por lá, os meninos ocupavam a quadra e não gostavam quando as meninas pediam para jogar futebol – queriam que elas ficassem como chefes de torcida.

A situação revoltou a turma do 5º ano. "Um dia, invadimos a quadra, e os meninos tentaram nos expulsar. Começamos a gritar 'Poder feminino!' e esse virou o nome do nosso time", diz Gabriela Faria Machado Garcia, 10 anos. Foram além: resolveram desafiar os meninos para jogar!

Depois de muito treino, foram para o desafio... e perderam por 8 a 1. O que poderia ser um balde de água fria só serviu para que elas se dedicassem mais. Na segunda partida, mais equilibrada, a desvantagem foi de apenas um gol. [...]

"Hoje já dá para falar na existência de uma terceira onda, com um feminismo mais plural do que nunca", afirma Maria Helena Vilela, educadora sexual e diretora executiva do Instituto Kaplan. O barulho dos movimentos no século 21 é considerável. O que chama a atenção é a grande aderência de jovens meninas tanto nas ruas, em protestos e marchas, quanto no ativismo virtual, em grupos de discussão e *blogs*. Nos dois casos, a capacidade de organização via redes sociais é um fator de impulso e novidade. "A internet trouxe a possibilidade de as pessoas falarem em primeira pessoa e conhecer ações em todo o mundo, o que unificou muitas lutas", diz Maíra Kubík Mano, professora do departamento de Gênero e Feminismo da Universidade Federal da Bahia (UFBA).

Essas jovens são as mesmas que estão na sua sala de aula. E os problemas começam quando elas não se reconhecem na escola que são obrigadas a frequentar. Apesar de ser liderada majoritariamente por mulheres, é importante que se diga que a escola é um dos ambientes mais machistas da sociedade. [...]

Dominação que parece natural

De tão reforçadas ao longo do tempo, as pequenas atitudes [...] dão a impressão de ser lógicas e aceitáveis, quase inevitáveis e parte do instinto de homens e mulheres. Esse processo – a naturalização – é justamente um dos mecanismos centrais das construções sociais mais poderosas. É por isso que é tão difícil acabar com o machismo. A ideia de que os homens podem fazer o que quiserem com as mulheres está tão enraizada que muitos até se sentem encorajados a encarnar esse padrão.

[...] "O machismo se manifesta sobretudo nos comportamentos cotidianos. Quando essas situações ocorrem, a chance concreta para discutir está diante de todos", afirma Maria Helena. [...] Em 2015, na capital paulista, vídeos denominados Top 10 do WhatsApp acabaram viralizando. "[...] os vídeos mostram fotos do Facebook de dez meninas, indicando por escrito características físicas ou comportamento sexual", explica Tatiana Rodrigues, educadora social do Centro de Defesa da Criança e do Adolescente (Cedeca) de Interlagos, zona sul da cidade de São Paulo. Ela e sua equipe precisaram entrar em ação para ajudar meninas expostas na periferia de São Paulo, pois as instituições não deram conta de dar uma resposta às queixas nem de fazer o debate sobre o tema.

A ação pedagógica, nesse tipo de caso, envolve discussões sobre padrões de beleza. É preciso explorar a contradição entre um ideal de mulher sexualmente desejada e uma pressão em sentido contrário, para que uma "moça de valor" seja recatada. "A cultura nos chama a tratar o corpo como objeto e, quando as meninas se comportam dessa maneira, são expostas e ridicularizadas. É algo enlouquecedor para as mulheres", afirma Valeska Zanello, coordenadora do Grupo de Estudos sobre Saúde Mental e Gênero da Universidade de Brasília (UnB).

Quando é preciso convencer as meninas sobre o feminismo

As ocupações das escolas de Ensino Médio, em 2015, ampliaram os horizontes de muitas garotas. Na EE Fernão Dias Paes, na capital paulista, o debate sobre gênero era comum durante os protestos.

Com a volta às aulas, as meninas sentiram necessidade de prosseguir o diálogo e criaram um grupo feminista, o Minas de Luta. "Muitas meninas implicavam umas com as outras por causa de garotos e outros assuntos pessoais. O grupo foi criado para diminuir os comentários e promover a união", diz Nathalia Rossi Roldan, 15 anos.

[...] O coletivo passa agora por um período de hibernação – algo relativamente comum entre os movimentos estudantis –, mas os impactos da discussão são comemorados. "É visível que a convivência entre nós melhorou e os xingamentos diminuíram", diz Lizandra.

[...] "Há garotos *gays* expostos e intensamente discriminados por não corresponderem ao comportamento considerado padrão de masculinidade. Isso também é machismo", diz Vanessa Cândida, comunicadora do Cedeca e membro do coletivo feminista Mulheres na Luta.

Mulher não serve para Exatas?

Outro aspecto do sexismo diz respeito às expectativas de aprendizagem de garotos e garotas – e como isso se reflete em suas escolhas futuras. [...]

Paulo Blikstein, professor da Universidade de Stanford, uma das melhores do mundo, explica que todos são igualmente capazes de aprender, mas as mulheres acabam desestimuladas a seguir a área de Exatas. Começa na família, que em geral compra a ideia de que há papéis sociais e profissões típicas de homens e de mulheres. Segue ao longo da escolarização, com as opções do currículo e as ações do dia a dia. "As meninas passam a acreditar em sua fictícia falta de capacidade por não verem exemplos de sucesso na área que estão estudando e por ouvirem afirmações aparentemente inocentes, como 'Tudo bem, esse exercício estava muito difícil para você'."

Elas querem, podem e sabem programar

No Colégio Estadual da Cachoeira, na Bahia, a ideia do projeto #NativasDigitais era oferecer oficinas sobre programação e *web design* apenas para meninas. Mas o interesse foi pífio: apenas três alunas se matricularam. "Havia tanto uma resistência das meninas, por não acharem que o curso seria de seu interesse, quanto preconceito dos meninos, que falavam mal de quem entrasse no curso", conta Eva Bahia, educadora do projeto e ex-aluna da escola.

Foi preciso discutir a participação das mulheres nas profissões de Exatas e uma palestra de uma técnica em robótica para vencer a barreira: as inscrições saltaram para 57 interessadas [...].

Por um currículo com mulheres incríveis

O feminismo vem cheio de estereótipos. Gina Vieira Ponte mostra que existem vários jeitos de ser feminista. Evangélica e militante negra, a professora de Língua Portuguesa da rede pública do Distrito Federal apresentou dez biografias de mulheres às turmas do 9º ano. "Busquei as mais novas, como Anne Frank e Malala, idosas, como Madre Teresa, da academia, das artes, com pouca escolaridade, brancas, negras. Quis montar um time diverso", conta a educadora.

Os alunos também conheceram a história de mulheres da própria comunidade de Ceilândia. Gina pediu que cada aluno escrevesse uma redação sobre a mulher inspiradora de sua vida. O que recebeu foi uma série de relatos emocionantes. Mulheres que tiveram seus direitos violados, que foram expulsas de casa porque engravidaram, que tinham uma vida de liderança na comunidade [...]. "Vejo que essa atividade gerou duas consequências igualmente proveitosas. De um lado, as próprias mulheres que foram tema das redações se sentiram valorizadas. [...] De outro, os alunos viram desafios que as mulheres enfrentam pelo simples fato de serem mulheres", reflete.

Mudança que a lei não pode conter

Ao mesmo tempo que a escola é uma instituição que historicamente tem colaborado para que o machismo sobreviva, ela também tem o potencial de desconstruir essa cultura. "É um dos ambientes mais eficazes para promover o respeito e a valorização mútuos", defende Maria Helena.

A solução sempre vai passar, de alguma maneira, pela coragem de debater gênero e sexualidade. "Terá falhado a escola que consegue ensinar a ler e escrever, mas que não estimula a reflexão sobre as relações entre homens e mulheres. Se a escola corrige quando se trata de ensinar a norma culta da escrita, por exemplo, também deve corrigir quando há algum ataque à igualdade e à democracia", defende Daniela Auad, professora do departamento de Educação da Universidade Federal de Juiz de Fora (UFJF) e autora do livro *Feminismo: que história é essa?*.

O trabalho se torna mais necessário num momento em que a legislação se coloca na direção oposta ao avanço da sociedade. "Na votação do Plano Nacional de Educação (PNE), a palavra 'gênero' saiu das diretrizes. A mobilização das meninas mostra como essa decisão foi equivocada. A escola está mudando de uma maneira que a legislação não consegue conter", diz Maíra, da UFBA. As meninas respondem — e de muitas maneiras. No Rio de Janeiro, criam times de futebol feminino e desafiam os garotos. Ou exigem uma discussão sobre os uniformes. No interior da Bahia, participam de um curso de Matemática e programação só para garotas. E, em São Paulo, aprendem que a união pode superar as desavenças. Elas mantêm a braveza das feministas clássicas, mas apenas quando têm direitos negados ou reduzidos pelo fato de serem mulheres. Bem-vinda e bem-vindo ao feminismo do século 21.

coletivo: organização autogerida e descentralizada, motivada por uma situação e reunida em torno de uma proposta. Caracteriza-se também pela flexibilidade.

coletivo feminista: grupo de feministas que pensam em ações que, no dia a dia, podem desconstruir o machismo e empoderar as mulheres; pode ser também um espaço de discussão e apoio.

ocupação secundarista: ação desenvolvida pelos estudantes de Ensino Médio para ocupar fisicamente o espaço de escolas públicas, com o objetivo de obrigar o Estado a agir em relação às demandas estabelecidas pelos estudantes.

pífio: de pouco valor.

sexismo: atitude de discriminação fundamentada no gênero.

Paula Peres, Rodrigo Ratier e Alice Vasconcellos. *Nova Escola*, São Paulo, n. 295, p. 35-40, set. 2016.

TEXTO EM ESTUDO

PARA ENTENDER O TEXTO

1. O que você pensou com base no título da reportagem se confirmou durante a leitura? Comente com os colegas e o professor.

2. Que fatos novos no âmbito estudantil a reportagem menciona?

3. De acordo com a reportagem, o que favorece a terceira onda do feminismo?

4. Segundo a reportagem, por que é difícil acabar com o machismo? Esse tipo de discriminação atinge apenas mulheres? Justifique.

5. Releia.

> O feminismo vem cheio de estereótipos. Gina Vieira Ponte mostra que existem vários jeitos de ser feminista. Evangélica e militante negra, a professora de Língua Portuguesa da rede pública do Distrito Federal apresentou dez biografias de mulheres às turmas do 9º ano.

a) Que estereótipos sobre o feminismo são constantemente evocados na sociedade? Explique.

b) No trecho, as informações apoiam os estereótipos feministas? Por quê?

6. Ao concluir com as expressões *bem-vinda* e *bem-vindo*, o que a reportagem salienta? Comente.

7. Releia o primeiro e o último parágrafos. Se fossem colocados um após o outro, seria possível observar a continuidade de ideias entre ambos. Qual é a relação de sentido entre esses parágrafos? Explique.

8. A reportagem está organizada por intertítulos e apresenta boxes que acrescentam informações ao texto principal. Sobre eles, responda, no caderno, às questões a seguir.

a) Quais são os intertítulos dessa reportagem? Qual é a função deles?

b) Observe que os boxes que acrescentam informações à reportagem têm um destaque colorido. Essa cor dialoga com que parte do texto?

c) Copie no caderno o quadro a seguir e preencha-o com uma síntese das informações apresentadas em cada um dos boxes da reportagem.

TÍTULO DO BOXE	SÍNTESE DO CONTEÚDO DO BOXE
"O poder feminino de usar a quadra"	
"Quando é preciso convencer as meninas sobre o feminismo"	
"Elas querem, podem e sabem programar"	
"Por um currículo com mulheres incríveis"	

PARA EXPLORAR

Todos nós deveríamos ser feministas

Nesse vídeo, a escritora nigeriana feminista Chimamanda Ngozi Adichie aborda a questão do feminismo.

Disponível em: https://www.youtube.com/watch?v=hg3umXU_qWc. Acesso em: 6 mar. 2023.

ANOTE AÍ!

Na esfera jornalística, a **reportagem** é um relato mais abrangente que a notícia. Não se restringe à divulgação de um fato novo, do interesse da comunidade, mas acrescenta ao fato o **trabalho investigativo do repórter**, que **apura dados** e confronta **opiniões de pessoas** envolvidas no assunto.

O CONTEXTO DE PRODUÇÃO

9. Releia a linha fina da reportagem.

> Elas enfrentam o machismo com união, organização e criatividade. O que aprender com suas alunas e como ajudá-las.

a) A que público, preferencialmente, a revista da qual foi extraída a reportagem se dirige? Justifique sua resposta com um trecho da linha fina.

b) Transcreva outras duas passagens da reportagem que evidenciam o diálogo com esse público.

10. Em "O feminismo, **você sabe**, não é de hoje", quais sentidos é possível atribuir ao trecho destacado, no contexto em que foi usado?

11. As reportagens tendem a empregar a terceira pessoa para deixar o texto com um tom mais impessoal. Apesar disso, é possível identificar um ponto de vista defendido na reportagem. Qual é esse ponto de vista?

A LINGUAGEM DO TEXTO

12. A reportagem cita falas de terceiros amplamente.

a) Que sinal de pontuação é utilizado para marcar as falas de terceiros? O uso desse sinal de pontuação caracteriza o discurso direto ou o discurso indireto? Explique.

b) Identifique as pessoas que deram depoimentos: nome, cargo e instituição em que trabalha. Caso seja estudante, escreva a escola em que estuda. Por que é importante que o leitor saiba o cargo e a instituição dessas pessoas?

COMPARAÇÃO ENTRE OS TEXTOS

13. A crônica esportiva e a reportagem abordam a questão da igualdade de gênero. Isso é igual nos dois textos ou um deles faz isso de forma mais explícita?

14. Tanto na reportagem como na crônica esportiva há a expressão clara de um posicionamento em relação ao machismo e à discriminação das mulheres na escola e no esporte. Você sentiu falta de posições divergentes sobre esse tema?

> **ANOTE AÍ!**
>
> Tanto a crônica esportiva quanto a reportagem são **assinadas**. Na crônica, é possível apontar marcas, explícitas e implícitas, que identificam o cronista. Já na **reportagem**, geralmente, percebe-se um **tom mais impessoal**; no entanto, é possível perceber a presença de um **ponto de vista** sobre o tema.

15. SABER SER Na crônica esportiva e na reportagem, vimos que algumas situações do dia a dia, em que há discriminação, são tão reforçadas que acabam parecendo aceitáveis. Essa "naturalização" é um mecanismo que colabora para a conservação do machismo.

a) Algumas frases feitas ou piadas contribuem para essa naturalização. Você já ouviu ou fez piadas que agora entende como machistas?

b) Ao rotularmos as pessoas com base em visões preconceituosas, nós as tratamos de forma diferente. Que atitudes poderiam ser tomadas para diminuir a discriminação?

Acesse o recurso digital e responda: Com base no exemplo apresentado, o que podemos concluir sobre o conceito de estereótipo?

LÍNGUA EM ESTUDO

ORAÇÕES SUBORDINADAS ADJETIVAS

1. Releia abaixo algumas passagens da reportagem. Depois, leia, nos quadros a seguir, uma versão de cada uma delas, observando os trechos em destaque.

> I. De um lado, as próprias mulheres **que foram tema das redações** se sentiram valorizadas.
> II. Mulheres [...] **que tinham uma vida de liderança na comunidade** [...].
> III. [...] elas não se reconhecem na escola **que são obrigadas a frequentar**.

> I. De um lado, as próprias mulheres **retratadas** se sentiram valorizadas.
> II. Mulheres **líderes**.
> III. Elas não se reconhecem na **própria** escola.

a) Na versão original e na reescrita, o sentido da oração destacada e o da palavra que a substituiu são semelhantes. O sentido mais detalhado ocorre na oração ou na palavra? Comente.
b) Os adjetivos destacados no quadro desempenham que função sintática em relação às palavras *mulheres* e *escola*, respectivamente?
c) As orações destacadas equivalem a que classe de palavra?
d) Que função sintática têm as orações destacadas?

Neste capítulo, você verá, entre outras questões, as orações subordinadas que equivalem a um **adjetivo** e desempenham a função sintática própria do **adjunto adnominal**.

O conteúdo de uma oração subordinada adjetiva pode corresponder ao conteúdo de um adjetivo. Por exemplo: "água *que vem da chuva*" e "água *pluvial*". Outras vezes, não há na língua um adjetivo que expresse com tanta precisão o conteúdo de uma oração. É o caso das passagens da reportagem transcritas anteriormente. A oração adjetiva possibilita que um conteúdo seja expresso quando não há, na língua, uma palavra específica para indicá-lo. A oração adjetiva acompanha um substantivo ou um pronome.

De um lado, as próprias mulheres (or. principal) que foram tema das redações (or. subordinada adjetiva) se sentiram valorizadas (or. principal).

O trabalho se torna mais necessário num momento (or. principal) em que a legislação se coloca na direção oposta ao avanço da sociedade (or. subordinada adjetiva).

ANOTE AÍ!

A **oração subordinada adjetiva** é aquela que desempenha a função sintática de **adjunto adnominal** em relação a um termo da oração principal. Ela é introduzida por **pronome relativo**: *que, quem, o qual, cujo, onde*, etc.

CLASSIFICAÇÃO DAS ORAÇÕES SUBORDINADAS ADJETIVAS

Essas orações podem atribuir características de dois tipos: as que singularizam os seres aos quais elas se referem e as que se referem genericamente a eles. Veja os períodos a seguir.

> I. A reportagem menciona o machismo, **que se manifesta em comportamentos cotidianos**.
> II. A escola pode fornecer referências **que as meninas não encontram na família nem na mídia**.

No período I, a oração subordinada adjetiva explica um atributo que se aplica ao machismo como um todo. Manifestar-se em comportamentos cotidianos é algo visto como um traço genérico do machismo. Esse efeito é criado pelo uso da vírgula.

No período II, a oração subordinada adjetiva especifica o sentido do antecedente "referências", designando as que estão ausentes na família e na mídia. Logo, a oração indica referências particulares. Esse efeito é criado com a ausência da vírgula.

ANOTE AÍ!

Quando a oração subordinada **amplia o sentido** de um termo antecedente, esclarecendo-o, é denominada **oração subordinada adjetiva explicativa**. Ela vem sempre separada da oração principal por **vírgula**, **travessão** ou **parênteses**.

Quando a oração subordinada **particulariza** um antecedente, delimitando-o, é denominada **oração subordinada adjetiva restritiva**. Ela não se separa da oração principal por um sinal de pontuação.

Orações subordinadas adjetivas e a pontuação

2. Leia estes períodos:

> I. A escola, **que reproduz o machismo da sociedade**, deve rever seu papel.
> II. A escola **que reproduz o machismo da sociedade** deve rever seu papel.

a) As orações destacadas poderiam ser substituídas pelo mesmo adjetivo? Qual?

b) As orações destacadas estão relacionadas a qual termo da oração principal?

c) Em cada um dos períodos, as orações destacadas estão especificando ou esclarecendo o termo ao qual se relacionam?

As orações I e II são subordinadas adjetivas explicativa e restritiva, respectivamente. A vírgula cria a noção de que as escolas como um todo perpetuam o machismo. Já a ausência dela indica que, entre as escolas, algumas perpetuam o machismo. Em alguns contextos, o emprego de vírgulas, travessões ou parênteses é necessário: "Belo Horizonte – que é a capital de Minas Gerais – não tem mar.". Em outros, é contraindicado: "O contribuinte que não pagar no prazo será multado.". Não há uma Belo Horizonte que não seja mineira e todo contribuinte tem de pagar dentro do prazo.

RELACIONANDO

As orações adjetivas qualificam substantivos e pronomes. Na reportagem, algumas delas fazem isso sintaticamente, mas também indicam justificativas semanticamente. Veja um exemplo: "De um lado, as próprias mulheres **que foram tema das redações** se sentiram valorizadas.". A oração adjetiva em destaque expressa que as mulheres se sentiram valorizadas **porque foram tema das redações**.

ATIVIDADES

Acompanhamento da aprendizagem

Retomar e compreender

1. Leia a tira de Garfield e responda às questões.

Jim Davis. *Garfield*: toneladas de diversão. Porto Alegre: L&PM, 2006. v. 5. p. 8.

a) Que expectativa do leitor o terceiro quadrinho quebra?
b) Classifique a oração introduzida pelo pronome relativo.
c) Se a oração adjetiva fosse substituída pelos adjetivos *irrealizáveis* ou *canceladas*, o sentido original não permaneceria o mesmo. Explique essa declaração.
d) Se houvesse uma vírgula após a palavra *coisas*, qual seria o sentido do período?
e) Escreva, no caderno, outra oração subordinada no lugar dessa fala de Garfield, dando um final diferente para a tira. Em seguida, anote a classificação da oração criada por você.

Aplicar

2. Leia o trecho de uma reportagem.

> Gastando pouco e valendo-se de muita disposição e de materiais fáceis de encontrar, o técnico agropecuário Edison Urbano, do *site* Sempre Sustentável, criou uma minicisterna que coleta a água que vem da calha e, depois de filtrar a sujeira mais grossa, a armazena em um tanque [...] de 200 litros – **que [...] vive tampado**, a fim de evitar a proliferação do mosquito transmissor da dengue.

Revista *Minha Casa*, São Paulo, Abril, ano 6, n. 59, p. 70, mar. 2015.

a) A oração destacada é adjetiva explicativa. A que se deve essa classificação?
b) A oração destacada continuaria coerente se fosse escrita como adjetiva restritiva. Que efeito ela deixaria de gerar, nesse caso?
c) Observe, no esquema a seguir, a relação entre as orações adjetivas que compõem o trecho.

```
criou uma minicisterna ──→ que coleta a água
                                        └──→ que vem da calha
                    e
                       ──→ (que) a armazena em um tanque de 200 litros
                                        └──→ que vive tampado
```

- Quantas especificações (em forma de oração adjetiva) foram atribuídas ao termo *minicisterna*? Quais são elas?

d) Considere a frase "Criou uma minicisterna que coleta a água da chuva, filtra os detritos e a armazena em um tanque". Que especificações foram atribuídas ao termo *minicisterna*?
e) No item *d*, no que o leitor se baseia para compreender que a oração "filtra os detritos" não se refere ao termo imediatamente anterior, *chuva*?

A LÍNGUA NA REAL

ORAÇÕES SUBORDINADAS ADJETIVAS: GENERALIZAÇÃO E ESPECIFICAÇÃO

1. O trecho a seguir foi extraído de uma crônica publicada em 20 de abril de 1957, na qual Nelson Rodrigues comenta resultados do Brasil no Campeonato Sul-Americano.

> Conservou-se, ao máximo, a formação Zizinho-Didi, **que poderia funcionar contra adversários menos categorizados**, mas **que era de todo contraindicada nos jogos contra os uruguaios e os argentinos**. Manteve-se um Edson, **que não apresentava condição de jogo**, e deixou-se uma muralha como Bellini na cerca. Um jogador decisivo como Garrincha, **que se caracteriza pela penetração e velocidade**, só jogou na partida final. Conclusão — nos cotejos que, realmente, decidiriam o certame, o ataque brasileiro era um sossego, um repouso para o antagonista. Do ponto de vista tático, fomos de uma falta de imaginação, de invenção, de eficiência que dava pena. [...]

Nelson Rodrigues. *O berro impresso das manchetes*. Rio de Janeiro: Agir, 2007. p. 226.

▲ Atletas da seleção brasileira na Copa do Mundo em 1958: Brasil 1 × 0 Peru.

a) A que o cronista atribui o resultado decepcionante da partida que comenta: à seleção brasileira ou ao esquema tático posto em prática? Justifique.

b) Considerando a época em que a crônica foi escrita, que frase poderia substituir a passagem "nos cotejos que, realmente, decidiriam o certame"?

c) Faça, no caderno, um quadro conforme o modelo a seguir e complete-o com as quatro orações subordinadas adjetivas explicativas destacadas no trecho.

	Termo antecedente	Oração subordinada adjetiva explicativa
I		
II		

d) Se, para falar do jogador Bellini, o cronista desejasse usar, pela quinta vez, a mesma estrutura sintática, como o período poderia ser escrito?

e) Reescreva o trecho a seguir, substituindo ★ por um adjetivo coerente.

> Não apresentar condição de jogo parece ser algo circunstancial no caso do jogador Edson, mas, ao apontar essa característica utilizando uma oração subordinada adjetiva explicativa, esse traço soa como ★ ao/do jogador, ao menos naquele momento.

f) Em princípio, o fato de a formação Zizinho-Didi funcionar contra times fracos e não contra adversários fortes é uma opinião do cronista. Todavia, que *status* esse parecer ganha ao ser expresso por meio de uma oração subordinada adjetiva explicativa?

g) Explique o uso das orações subordinadas adjetivas explicativas na argumentação do cronista.

ANOTE AÍ!

Ao **especificar os termos** a que se referem e ao apresentar traços que lhes são próprios, as **orações subordinadas adjetivas** podem **criar efeitos de sentido** importantes na argumentação.

103

ESCRITA EM PAUTA

USO DE *ESTE, ESSE, AQUELE*

1. Leia a tira.

Fernando Gonsales. Níquel Náusea e barata. *Folha de S.Paulo*, 1985.

a) Qual é, provavelmente, a profissão da personagem masculina nessa tira? Justifique sua resposta.

b) A mulher parece não enxergar bem ou não compreender o que vê. Que elementos da situação levam o leitor a essa percepção?

c) O homem parece disposto a solucionar o problema de visão ou de compreensão da mulher? Explique sua resposta.

d) Releia o primeiro quadrinho. O pronome *esse* está empregado de acordo com a norma-padrão? Por quê?

e) No segundo e no quarto quadrinhos, o pronome *esse* é substituído por *este*. Explique esse uso de acordo com a norma-padrão.

A tira exemplifica o emprego dos pronomes demonstrativos para situar seres, fatos e informações no **espaço**. Caso não houvesse a linguagem não verbal, não conseguiríamos entender o contexto da tira. Os pronomes demonstrativos também situam seres, fatos e informações no **tempo**. Veja os exemplos a seguir.

> I. *Aquele* dia em que fizemos o piquenique foi muito bom.
> II. *Esta* tarde vamos nos reunir para produzir o texto.

Tanto a indicação espacial quanto a temporal estão ligadas ao **momento da enunciação**, esteja o texto na modalidade **oral** ou na modalidade **escrita**. Além disso, os pronomes demonstrativos também criam referências no **interior do texto** – oral ou escrito.

O **texto escrito** não conta com os elementos da oralidade (gestual, presença de seres e objetos no momento da enunciação, etc.) para intermediar a interação; por isso, na produção escrita, os pronomes demonstrativos são de grande importância para dar coesão ao texto.

O uso desses pronomes de maneira adequada, ou seja, de acordo com a norma-padrão, facilita a retomada de informações por parte do leitor.

Leia o quadro a seguir, que resume o emprego dos pronomes demonstrativos para situar seres e objetos no tempo e no espaço e para fazer referências no interior do texto.

SITUAÇÃO	PRONOME	USO	EXEMPLO
No espaço	Este/a(s); isto	Situar seres e objetos próximos à **primeira** pessoa do discurso.	*Esta* caneta que estou segurando não escreve direito.
	Esse/a(s); isso	Situar seres e objetos próximos à **segunda** pessoa do discurso.	Depois de usar, você pode me emprestar *essa* caneta?
	Aquele/a(s); aquilo	Situar seres e objetos próximos à **terceira** pessoa do discurso.	Quando *aquele* candidato terminar o texto, pediremos a caneta dele emprestada.
No tempo	Este/a(s); isto	Referir-se ao presente em relação ao momento da fala.	Um ano como *este* em que estamos será inesquecível.
	Esse/a(s); isso	Referir-se ao passado e ao futuro próximos em relação ao momento da fala.	Todos os anos são especiais. *Esse* que está para começar terá boas surpresas.
	Aquele/a(s); aquilo	Referir-se ao passado e ao futuro distantes em relação ao momento da fala.	Minhas melhores lembranças são *daqueles* primeiros anos da infância.
No texto	Este/a(s); isto	Indicar uma informação que será dada ou, entre informações dadas, a citada por último.	Separe *estes* ingredientes: água e sal. Detesto chá e café. *Este* é amargo demais.
	Esse/a(s); isso	Indicar uma informação que foi dada.	Os italianos comiam macarrão com especiarias; na China, *esse* alimento era uma sopa.
	Aquele/a(s); aquilo	Indicar a informação que foi citada em primeiro lugar em relação a um par de informações dadas.	Pão e macarrão levam praticamente os mesmos ingredientes. *Aquele* fermenta, este não.

2. Leia o trecho a seguir.

> No início **deste** século, as cidades de São Paulo e Rio de Janeiro fizeram uma campanha de saúde pública em que se ofereciam 100 réis por cada rato levado ao incinerador público. **Nessa** época, o lixo vivia espalhado por todo lado e **esses** animais proliferavam em abundância, transmitindo doenças à população.

Francisco Luiz Rodrigues e Vilma Maria Cavinatto. *Lixo*: de onde vem? Para onde vai? 2. ed. São Paulo: Moderna, 2003.

a) Observe os pronomes destacados no texto. Eles indicam referência espacial, temporal ou textual?

b) A expressão "este século" refere-se ao século do momento da fala, que não poderia ser o século XXI. Explique por quê.

c) Por que foram empregados os pronomes demonstrativos *essa* e *esses*?

■ ETC. E TAL

Língua e igualdade de gênero

Na contemporaneidade da comunicação em textos escritos, empregam-se palavras como "Car@s" e "alunxs" – a última para indefinir se o autor, por exemplo, pressupõe *alunos* ou *alunas*. Oralmente, como são "impronunciáveis", essas formas cederiam lugar para "caros e caras" e para "alunos e alunas".

105

AGORA É COM VOCÊ!

ELABORAÇÃO DE REPORTAGEM MULTIMIDIÁTICA

Proposta

A reportagem sobre as meninas que estão mudando a escola destacou que a naturalização de algumas atitudes do dia a dia fortalece comportamentos machistas. Agora, em grupos, vocês vão elaborar uma reportagem multimidiática sobre aspectos relativos à igualdade de oportunidades entre meninos e meninas que podem ser melhorados na escola em que estudam.

GÊNERO	PÚBLICO	OBJETIVO	CIRCULAÇÃO
Reportagem multimidiática	Comunidade escolar	Informar a comunidade escolar sobre (des)igualdade de gênero na escola.	Internet

Planejamento e elaboração de texto

1 Uma reportagem multimidiática conta com recursos de diferentes mídias: além da parte escrita, ela pode apresentar recursos digitais, como fotos, vídeos, áudios, gráficos, infográficos, etc. Então, definam como o grupo vai se organizar para desempenhar as tarefas a seguir.

- Elaboração de roteiro de perguntas sobre situações de desigualdade de gênero vivenciadas na escola e sugestões para o enfrentamento do problema.
- Realização, filmagem (ou gravação de áudio) e edição das entrevistas realizadas com estudantes, funcionários e outros integrantes da comunidade escolar.
- Coleta de dados sobre desigualdade de gênero nas escolas e em projetos desenvolvidos, visando à conscientização sobre o assunto.
- Busca e/ou elaboração de gráficos e infográficos sobre o assunto.
- Captura, seleção e organização de fotos relacionadas ao tema reportagem multimidiática.

2 A parte escrita da reportagem deverá ser elaborada coletivamente, com base nas buscas realizadas, assim como nos materiais coletados e produzidos pelos integrantes de cada grupo.

MÚLTIPLAS LINGUAGENS

1. Busquem e leiam, na internet, reportagens multimidiáticas. Que elementos, além do texto escrito, as compõem?

2. Assistam, na televisão ou na internet, a vídeos de entrevistas orais. Como as perguntas são apresentadas ao entrevistado nesse formato? Esses vídeos costumam ser curtos ou longos? O que há de interessante na edição deles?

Agora, chegou a vez de vocês planejarem uma reportagem multimidiática, que deverá conter, pelo menos, um vídeo ou um áudio com uma entrevista oral. Inspirem-se no material que encontraram e a que assistiram para elaborar os textos e os vídeos de vocês.

3 Escolham uma estratégia para apresentar e explicar aos leitores o contexto da escola em relação à desigualdade de gênero. Vocês podem utilizar dados numéricos, trechos de entrevistas, gráficos ou fotos, por exemplo.

4 Organizem as informações. Vocês podem fazer referência a fatos do passado, desde que mantenham seu foco principal no presente.

5 Além das informações, analisem os conteúdos e ofereçam propostas para solucionar os problemas encontrados.

6 Ao escrever, considerem as características do gênero reportagem e o perfil do público-alvo (predominantemente pessoas da comunidade escolar), que vai ler o texto publicado na internet.

7 Além do título, se for conveniente para organizar o texto, usem intertítulos.

8 Citem as fontes para comprovar as informações e as opiniões apresentadas.

9 Explorem de modo diversificado o conteúdo encontrado por vocês, elaborando boxes informativos. Busquem e utilizem imagens que ampliem as informações apresentadas.

10 Decidam em que momentos serão inseridos os vídeos editados por vocês.

11 Para que o texto tenha um tom impessoal, não usem a primeira pessoa.

12 Escrevam o texto de acordo com a norma-padrão.

13 Criem título e linha fina para finalizar a reportagem.

Avaliação e reescrita do texto

1 Releiam o texto de vocês para avaliá-lo. Para isso, verifiquem todas as informações pedidas, tendo como base as questões do quadro a seguir.

ELEMENTOS DA REPORTAGEM MULTIMIDIÁTICA
A reportagem apresenta informações suficientes sobre o tema abordado?
Além de fornecer informações, o texto também analisa os assuntos abordados e apresenta propostas de solução?
O texto foi escrito em terceira pessoa e de acordo com a norma-padrão?
A reportagem é adequada ao veículo em que vai circular quanto à extensão e à organização das informações?
Foram utilizados recursos digitais, como fotos, vídeos, gráficos, etc., para ampliar as informações?
A reportagem apresenta título e linha fina?

2 Reescrevam o texto levando em conta a avaliação feita por vocês. Vocês podem reescrevê-lo diretamente no computador.

Circulação

1 Após digitarem o texto, vocês devem editá-lo:
- Escolham o tamanho e o tipo de letra que vão utilizar no título, na linha fina, nos intertítulos (se houver) e nas legendas.
- Insiram os recursos digitais (vídeos, fotos, etc.) que selecionaram.
- Ao final, coloquem os nomes de todos os integrantes do grupo.

2 Postem a reportagem multimidiática com todos os recursos digitais no *blog* da turma, conforme orientação do professor.

3 Divulguem o endereço do *blog* às pessoas da comunidade escolar.

INVESTIGAR

Ações de incentivo à leitura

Para começar

Agora, você e os colegas vão realizar uma pesquisa sobre ações de incentivo à leitura e identificar possibilidades de ampliar esse hábito na comunidade escolar. Para divulgar tais ações e colocá-las em prática, vocês também vão elaborar um guia em formato virtual, para que toda a comunidade possa acessar o trabalho realizado.

O PROBLEMA	A INVESTIGAÇÃO	MATERIAL
Que ações de incentivo à leitura podem ser promovidas na escola para que toda a comunidade leia mais?	**Procedimento:** pesquisa-ação **Instrumentos de coleta:** construção e uso de questionários, tomada de nota, entrevista gravada, enquete, análise documental, estudo de recepção	• caderno para anotações • caneta • celular • computador

Procedimentos

Parte I – Planejamento

1. Organizem-se em grupos de, no máximo, cinco estudantes.
2. Cada grupo ficará responsável por pesquisar um conjunto de pessoas que represente a comunidade escolar: grupo de colegas do mesmo ano ou de outro ano, grupo de professores, grupo de funcionários, etc.

Parte II – Coleta de dados

Construção e uso de questionários

1. Elaborem um questionário para entrevistar as pessoas do grupo pelo qual ficaram responsáveis. As perguntas devem buscar respostas sobre: a recepção das obras literárias na vida dos leitores; os hábitos de leitura, a rotina delas e como inserem a leitura no dia a dia; o que poderia ser feito para incentivá-las a ler mais; que benefícios a leitura pode gerar; que experiências significativas a leitura proporcionou à vida dessas pessoas; etc.
2. As perguntas devem ser formuladas sem apresentação de alternativas, para que os entrevistados se expressem livremente sobre o assunto.

Entrevista

1. Peçam a autorização prévia dos entrevistados para que vocês possam gravá-los durante a entrevista. Marquem um dia e um horário para encontrar o grupo.
2. Preparem o ambiente em que a entrevista será gravada, para que não haja ruídos sonoros. Um dos estudantes pode ficar responsável pela gravação. Toda a conversa pode ser gravada sem cortes, pois a edição ocorrerá em uma etapa posterior.
3. Comecem a gravação com uma breve apresentação do tema a ser debatido e dos participantes envolvidos. Apresentem, uma a uma, as perguntas do questionário e incentivem o grupo a conversar sobre elas. Vocês também podem participar da conversa.
4. Um estudante pode ficar responsável pelas anotações, enquanto os demais fazem as perguntas e participam da discussão.

5. Ao surgirem ideias de ações para incentivar a leitura, estimulem todos os participantes a pensar como essa ideia poderia ser concretizada. Anotem as sugestões.

6. Ao final da entrevista, elaborem uma breve fala de encerramento para o vídeo. Em seguida, sem a presença dos entrevistados, analisem o material gravado e façam uma edição simples, excluindo eventuais trechos desnecessários. Para isso, utilizem uma ferramenta de edição de vídeos para celular.

Análise documental

1. Para conhecer as ações de incentivo à leitura já realizadas na escola e sugestões de novas ações do grupo entrevistado, elaborem uma enquete com perguntas objetivas.
2. Organizem a enquete em duas partes: ações já realizadas e sugestões de novas ações.
3. Entreguem uma cópia da enquete para cada integrante do grupo responder. O objetivo é que vocês consigam realizar um levantamento do histórico de ações na escola e das demandas da comunidade para a resolução do problema.
4. Coletem todas as enquetes e façam a leitura delas em grupo.

Parte III – Discussão dos dados

1. No dia combinado com o professor, levem para a sala de aula as anotações feitas na gravação e as enquetes respondidas.
2. Cada grupo também deverá expor: a experiência da gravação da entrevista com o grupo em estudo; as ações de incentivo à leitura já realizadas na escola; as propostas de ações de incentivo à leitura elaboradas pelo grupo com base na entrevista e nas enquetes; e o passo a passo necessário para realizá-las.

Parte IV – Preparação do guia virtual

1. Com base nas respostas ao questionário, elaborem um guia de ações de incentivo à leitura para a comunidade escolar, destacando os benefícios que esse hábito pode gerar para as pessoas. Para isso, decidam quais foram as ações sugeridas mais interessantes e escrevam o passo a passo para realizá-las.
2. Escrevam o conteúdo do guia virtual, que deve apresentar: título; introdução sobre o tema abordado e quem o produziu; breve histórico das pesquisas, indicando a metodologia usada; vídeos com as entrevistas editadas; descrição das ações de incentivo à leitura elencadas pela turma; agradecimentos aos participantes.

Estela Carregalo/ID/BR

Questões para discussão

1. Como foi a experiência de pesquisar um tema visando à solução de um problema? Reflita com o professor e os colegas.
2. Em sua opinião, houve uma etapa mais importante na pesquisa? Qual?
3. Das ações levantadas na pesquisa, qual você iniciaria imediatamente? Por quê?

Comunicação dos resultados

Lançamento do guia virtual

Decidam o dia de lançamento do *blog* contendo o guia virtual e, com o auxílio do professor, façam um comunicado à comunidade escolar. Vocês podem afixar recados impressos na escola, pedir à coordenação da escola que comunique às famílias, etc.

109

ATIVIDADES INTEGRADAS

O texto a seguir faz parte do Especial #QueroTreinarEmPaz, que reúne cinco reportagens e cinco vídeos sobre as dificuldades que as mulheres enfrentam (e os homens não) quando decidem praticar esportes. Leia-o para responder às questões e continuar a reflexão sobre esse tema.

Time feminino conquista título contra garotos.
Pais dos meninos não aceitam.

Participar de um campeonato masculino foi revelador para o time feminino do Centro Olímpico de São Paulo. As atletas de até 14 anos descobriram que os garotos se sentiam menores em perder para meninas. Os pais deles também não aceitavam a derrota. E até brigaram com os filhos.

"Existia uma cobrança de certa forma exagerada em relação às derrotas dos meninos para as meninas. Eu acho que também é uma coisa que a gente cutucou uma ferida que, no Brasil, ainda não é coisa bem explicada. A gente invadiu um campeonato que [achavam que] a gente não tinha, talvez, que se meter naquilo e causou um certo mal-estar", afirma Lucas Piccinato, treinador do Centro Olímpico.

A ideia de se inscrever num torneio masculino sub-13 ocorreu por um motivo simples: não há competições nesta faixa etária para times femininos. A Copa Moleque Travesso é um campeonato tradicional de São Paulo e os outros sete participantes foram consultados em aceitar a equipe. Houve uma objeção.

O time do Centro Olímpico pediu e entrou na disputa autorizado a ter sete atletas de 14 anos para equilibrar a diferença física. A campanha foi de três vitórias, duas derrotas e dois empates, obtendo o terceiro lugar na classificação e vaga nas semifinais. [...]

"Eu não condeno, eu acho que todo o Brasil tem que melhorar em relação ao preconceito. A gente acabou invadindo o espaço de uma competição masculina. [...]"

O treinador declarou que pais dos jogadores diziam que os meninos não entravam forte por medo de machucar as adversárias. O pico da discórdia ocorreu quando foi dito que futebol não era coisa de meninas.

Na partida valendo o lugar na decisão, a equipe pegou o Olímpia, o time que não aceitou a participação das atletas e para quem havia perdido por 2 a 1 na fase de grupos. Lucas conta que havia certa rivalidade pelo histórico e um mal-entendido ocorrido nas arquibancadas no jogo anterior.

As meninas ganharam a semifinal por 3 a 1. [...] Nas arquibancadas, os pais das garotas ouviram mais uma vez que havia medo de machucar as atletas e que futebol não é para elas. Também escutaram que o resultado ocorreu por causa das atletas de 14 anos.

"Em alguns momentos, os pais das outras equipes — principalmente nos jogos da final e semifinal — usaram isso como muleta. Só que ao mesmo tempo essas duas mesmas equipes durante a competição nos jogos da fase regular venceram a gente com essas mesmas sete meninas jogando".

A vitória na final contra o São Paulo Piloto foi por 3 a 0 e rendeu mais que o troféu. A zagueira Lauren Leal foi eleita a melhor jogadora da decisão. Outra premiação individual coube a Marcelli, escolhida melhor goleira da Copa Moleque Travesso.

O que chamou atenção também foi o engajamento dos pais das meninas. Não apenas por fazerem camisetas para as fases finais, mas pela defesa do direito de as mulheres jogarem bola.

"Acabava que os pais passavam para nossas atletas uma certa luta, uma resistência contra todo o preconceito em volta", concluiu o técnico.

fase de grupos: rodada inicial do campeonato em que os times estão divididos em grupos. De cada um sai a equipe que passará para a fase seguinte.

sub-13: equipe cujos jogadores completam 12 ou 13 anos no ano do campeonato.

Felipe Pereira. Time feminino conquista título contra garotos. Pais dos meninos não aceitam. *UOL*, 25 jul. 2016. Disponível em: https://olimpiadas.uol.com.br/noticias/redacao/2016/07/25/meninas-vencem-campeonato-masculino-e-adversarios-nao-aceitam-derrota.htm. Acesso em: 6 mar. 2023.

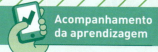

Analisar e verificar

1. O técnico inscreveu um time de meninas em um campeonato masculino de futebol. Sua atitude revela que posição em relação à participação feminina no esporte?

2. Releia.

   > Eu acho que também é uma coisa que a gente cutucou uma ferida que, no Brasil, ainda não é coisa bem explicada. A gente invadiu um campeonato que [achavam que] a gente não tinha, talvez, que se meter [...].

   a) A que ferida o técnico se refere?
   b) A fala do técnico está em discurso direto. De quem é o trecho entre colchetes?
   c) Releia o texto sem o trecho entre colchetes. Que diferença de sentido isso gera?
   d) Por que foi conveniente inserir o trecho entre colchetes?
   e) Que outras falas do técnico defendem a igualdade de gênero no esporte?
   f) No trecho "A gente invadiu um campeonato que a gente não tinha, talvez, que se meter", a segunda oração é subordinada adjetiva, e foi introduzida pelo pronome relativo *que*. Considerando que o verbo da segunda oração exige a preposição *em*: "a gente se mete <u>em</u> um campeonato", reescreva o trecho seguindo essa estrutura.

3. As falas a respeito das meninas que queriam jogar futebol, presentes na reportagem lida no capítulo 2, convergem com a fala do técnico do Centro Olímpico? Explique.

4. Considerando o que leu, você acha que as oportunidades de campeonato feminino são raras porque poucas meninas jogam ou poucas meninas jogam porque não encontram condições para isso (por exemplo, espaços, torneios)?

5. Relembre os argumentos dados pelos pais dos garotos.

   > I – Os meninos não entravam forte com medo de machucar as meninas.

   > II – As meninas ganharam porque havia atletas de 14 anos no time.

   a) O que está implícito no argumento I? E no argumento II?
   b) Considerando o critério de coerência, o que é possível concluir sobre os argumentos dados pelos pais dos garotos?

6. Releia.

   > Na partida **valendo o lugar na decisão**, a equipe pegou o Olímpia, o time que não aceitou a participação das atletas e para quem havia perdido por 2 a 1 na fase de grupos.

   a) Que oração adjetiva pode substituir a forma reduzida "valendo o lugar na decisão"?
   b) Quantas orações subordinadas adjetivas qualificam o termo *time*? Transcreva-as.
   c) Que pronomes relativos introduzem cada uma?

Criar

7. Essa reportagem não apresentou uma parte importante para o leitor: a linha fina. Considerando seu conteúdo, crie uma linha fina para ela.

111

CIDADANIA GLOBAL

UNIDADE 3

5 IGUALDADE DE GÊNERO

Retomando o tema

Ao longo desta unidade, você e seus colegas puderam refletir sobre a desigualdade de gênero existente em nossa sociedade, especialmente no contexto esportivo, e sobre atitudes de enfrentamento a esse tipo de discriminação. Agora vocês vão refletir sobre isso no contexto de sua escola.

1. Vocês já presenciaram situações de discriminação contra alunas, professoras ou funcionárias na escola? Em que contexto isso aconteceu? Como você imagina que a pessoa discriminada tenha se sentido? Como o problema foi resolvido?
2. Vocês acham que meninos e meninas recebem o mesmo incentivo em todas as disciplinas escolares?
3. No intervalo das aulas, o uso da quadra esportiva é compartilhado entre meninos e meninas?

Geração da mudança

Com base no que foi discutido, vocês vão se organizar em grupos e elaborar recomendações de como prevenir e agir nessas situações.

- Assim como foi apresentado, na seção *Uma coisa puxa outra*, o *Manual didático de como não ser machista em contextos esportivos*, cada grupo deve pensar em uma situação dentro do ambiente escolar envolvendo a discriminação de meninas e elaborar uma prescrição de como agir de forma empática e não preconceituosa.
- Depois de criado o texto, compartilhem com o restante da turma e verifiquem se todos concordam com a recomendação feita. Se necessário, façam ajustes.
- Produzam cartazes com as recomendações e afixem em vários locais da escola, para que esse posicionamento possa ser difundido entre a comunidade escolar.

Autoavaliação

Estela Carregalo/ID/BR

REPORTAGEM DE DIVULGAÇÃO CIENTÍFICA E INFOGRÁFICO

UNIDADE 4

PRIMEIRAS IDEIAS

1. Você acredita que seja possível abordar conceitos de diversas áreas da ciência de modo compreensível para leitores não especialistas? Comente.
2. Como as imagens podem ajudar o leitor a entender os fenômenos apresentados em um texto científico? Por que elas podem ser consideradas científicas?
3. Leia: "Quando lavamos as mãos, evitamos a transmissão de vírus e bactérias de uma pessoa a outra". O que a oração "Quando lavamos as mãos" expressa em relação à oração principal?
4. Escreva um período utilizando a locução "a fim de". Que sentido ela expressa?

Conhecimentos prévios

Nesta unidade, eu vou...

CAPÍTULO 1 — Ciência ao alcance de todos

- Ler e interpretar uma reportagem de divulgação científica, identificando as principais características do gênero.
- Refletir sobre a relação entre os seres humanos e a natureza.
- Analisar orações subordinadas adverbiais temporais, condicionais, causais e consecutivas.
- Reconhecer o efeito de sentido provocado pelas orações adverbiais.
- Planejar e elaborar uma reportagem de divulgação científica.

CAPÍTULO 2 — Uma imagem, muitos sentidos

- Ler e interpretar um infográfico, localizando informações contidas neste gênero e identificando suas principais características.
- Desenvolver a autoconsciência em relação a experiências subjetivas da vida do ser humano.
- Analisar orações subordinadas adverbiais concessivas, finais, conformativas, proporcionais e comparativas.
- Pontuar adequadamente as orações subordinadas adverbiais.
- Produzir um infográfico para ser divulgado em uma exposição.

CIDADANIA GLOBAL

- Refletir sobre formas de deter a perda da biodiversidade.
- Produzir uma exposição fotográfica a respeito do tráfico de animais.

113

Eduardo Srur/Acervo do artista

114

LEITURA DA IMAGEM

1. Observe a intervenção que aparece em primeiro plano na fotografia. Seu formato sugere que conhecido elemento? Quais objetos foram usados em sua construção?

2. Para você, qual é a relação entre os objetos usados para construir a obra e o formato que ela adquiriu?

3. Você percebe uma crítica expressa na instalação urbana? Se sim, explique como a obra revela essa crítica.

CIDADANIA GLOBAL

Os seres vivos que habitam determinada área interagem entre si e também com outros elementos, como solo, água, ar e luz, criando um sistema relativamente equilibrado, estável e autossuficiente: um ecossistema. Eventos naturais, como erupções vulcânicas e terremotos, e ações humanas podem interferir nesse equilíbrio.

1. Segundo as informações de que você dispõe, as ameaças a esse equilíbrio nas últimas décadas partem principalmente de fatores naturais ou da ação humana?

2. O conjunto formado por todas as formas de vida é denominado biodiversidade. Para você, que prejuízos a diminuição da biodiversidade pode trazer às pessoas?

 Acesse o recurso digital para ver uma atividade que ameaça a biodiversidade e responda: De que atividade se trata? Que consequências ela pode gerar para os seres humanos?

Intervenção urbana "Voo dos pássaros", do artista visual Eduardo Srur, no Parque do Povo (São Paulo). Foto de 2022.

CAPÍTULO 1
CIÊNCIA AO ALCANCE DE TODOS

O QUE VEM A SEGUIR

No início da pandemia de covid-19, muitas pessoas estavam ansiosas por informações. Queriam saber a origem do vírus, como ele se disseminava e de que forma podíamos nos proteger dele.

Uma das teorias mais aceitas na comunidade científica sobre a origem do vírus é a de que os morcegos teriam sido os hospedeiros originais dele. A seguir, você vai ler uma reportagem de divulgação científica que trata dessa teoria. Ao ler o título, o que se espera do conteúdo do texto? Que tipo de informação você acha que a autora apresentará?

TEXTO

Início > Ciências > Covid-19: como o vírus saltou de morcegos para humanos

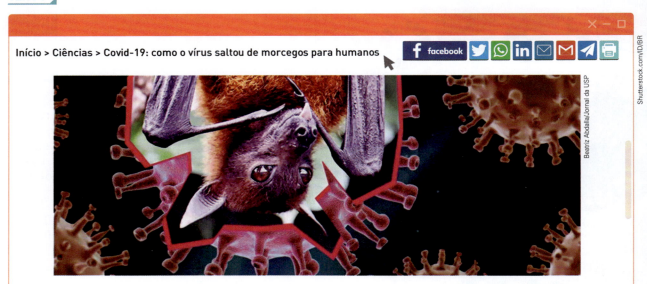

Covid-19: como o vírus saltou de morcegos para humanos

Mudanças climáticas, intervenção humana em áreas preservadas, caça e tráfico de animais silvestres e más condições de higiene em criadouros são fatores que facilitam o aparecimento de novas doenças

Pandemias como a que estamos vivendo, infelizmente, já eram esperadas por autoridades e cientistas. Tudo por causa do estilo de vida contemporâneo. A destruição de *habitats* naturais, manuseio de carne sem os protocolos de higiene, consumo de animais silvestres, criação intensiva de animais domésticos e mudanças climáticas são apontados como os principais causadores de pandemias, epidemias e surtos epidêmicos no mundo. E a fórmula é simples: quanto mais nos aproximamos de áreas preservadas, mais entramos em contato com patógenos nunca antes vistos.

É aí que surge o fenômeno conhecido como *spillover* (termo em inglês que pode ser traduzido como transbordamento), que se torna cada vez mais frequente, e aqui vamos entender o porquê. O *spillover* é usado em Ecologia para dizer que um vírus ou micróbio conseguiu se adaptar e ir de um hospedeiro para outro. E foi assim, migrando dos morcegos para os seres humanos (tendo, talvez, os pangolins como intermediários), que o Sars-CoV-2 atingiu esses números impressionantes.

↪ Continua

A simulação

Nova York, outubro de 2019. Especialistas em saúde, autoridades governamentais e empresários se reúnem para planejar uma resposta a uma epidemia global. Um desconhecido coronavírus, chamado CAPS (Síndrome Pulmonar Associada ao Coronavírus, em português), começou com porcos no Brasil, contaminou agricultores e, em 18 meses, já havia se espalhado para várias partes do mundo. O saldo dessa pandemia deixou as autoridades em alerta: 65 milhões de pessoas perderam a vida, além de desencadear uma crise financeira global sem precedentes.

Para a nossa sorte, esse foi somente um exercício de treinamento, coordenado pelo Centro para Segurança de Saúde da Universidade Johns Hopkins, em parceria com o Fórum Econômico Mundial e a Fundação Bill e Melinda Gates. O objetivo foi tentar prever a nossa reação a um possível surto de um vírus nunca visto. Depois de três horas e meia, o grupo de 15 pessoas terminou a simulação. Ninguém conseguiu conter a propagação do vírus, apesar de todos os esforços.

Apenas um mês após a simulação, o governo chinês confirmou o primeiro caso de covid-19 em Wuhan, província de Hubei, na China. Ao que tudo indica, o Sars-CoV-2, vírus causador da doença, passou de animais para pessoas a partir do mercado central de Wuhan e se espalhou para vários países. O aumento no número de casos da doença e a disseminação global fizeram a Organização Mundial da Saúde (OMS) declarar pandemia de coronavírus em 11 de março. Desde então, o mundo tem assistido a milhares de óbitos e o Brasil, especificamente, já contava com 133 mil mortos e mais de 4 milhões de casos confirmados até o fechamento da reportagem.

Apesar das várias notícias em redes sociais afirmarem que os responsáveis pelo evento teriam previsto a pandemia de coronavírus, o Centro para a Segurança de Saúde da Universidade Johns Hopkins divulgou, em 24 de janeiro de 2020, uma resposta às publicações viralizadas. *"Para esclarecer, o Centro para a Segurança de Saúde e seus sócios não fizeram uma previsão durante o exercício de simulação. Para o cenário, desenhamos um modelo de pandemia de coronavírus fictício, mas declaramos explicitamente que não se tratava de uma previsão."*

Há bilhões de anos...

Os vírus são organismos microscópicos, acelulares, formados por ácido nucleico (DNA ou RNA) envolvidos por uma cápsula proteica, chamada capsídeo. Há evidências que eles tenham surgido junto com as primeiras formas de vida na Terra, há mais ou menos 4 bilhões de anos. Eles se utilizam da maquinaria celular para se multiplicar. Em uma primeira etapa, esses parasitas se aderem à parede da célula e se ligam aos receptores presentes na membrana. Depois, eles inserem o seu material genético e passam a controlar o metabolismo da célula infectada, inativando a maior parte dos genes. Por último, já em número maior, eles passam a infectar as outras células.

criadouro: local em que se criam animais.

pangolim: mamífero de pele escamosa que vive em zonas tropicais da África e da Ásia.

patógeno: organismo capaz de causar doenças.

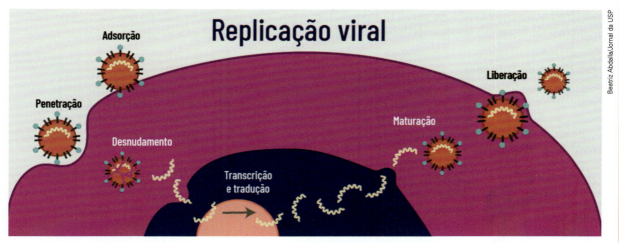

▲ A replicação viral é composta das seguintes etapas: 1 – Adsorção: ligação de uma molécula presente na superfície da partícula viral aos receptores da membrana celular do hospedeiro; 2 – Penetração: entrada do vírus na célula; 3 – Desnudamento: ocorrem a remoção do capsídeo e a liberação do material genético; 4 – Transcrição e tradução: ocorre a formação de proteínas dos vírus; 5 – Maturação: ocorre a formação de novas partículas virais; 6 – Liberação: vírus sai do interior da célula para infectar outras.

↳ Continua

Patrícia Beltrão Braga, virologista, pesquisadora e professora do Instituto de Ciências Biomédicas (ICB) da USP [Universidade de São Paulo], costuma dizer que a replicação viral se assemelha ao trabalho realizado em uma fábrica de automóveis. "Temos várias linhas de montagem e cada uma delas faz uma peça específica: o motor, a carroceria, a parte interna do carro... ao final, todas seguem para um único setor, que une as peças e finaliza o produto", explica a pesquisadora ao **Jornal da USP**.

Durante esse processo, podem ocorrer as mutações, que são as alterações no material genético do vírus. Muitas delas são incorporadas às espécies e passam adiante, em um processo de seleção natural. Cientistas acreditam que o genoma humano é formado por milhões de sequências de DNA de vírus antigos, algo como fósseis moleculares. Vincent Racaniello, professor de microbiologia e imunologia, explicou, durante uma palestra na Universidade de Columbia, em 2016, que "nós carregamos genomas de vírus no nosso material genético, fruto do processo de evolução, o que confere muitas vantagens à nossa espécie".

"Hoje temos essa quantidade enorme de espécies catalogadas porque houve uma evolução na Terra, e elas foram selecionadas de acordo com a capacidade de sobreviver no ambiente", explica Patrícia. "E por que essas espécies foram surgindo? Porque vírus foram infectando e foram incorporando o seu genoma no genoma das espécies, conferindo a elas um papel evolutivo superimportante."

Já outras alterações no DNA viral dão aos vírus a capacidade de infectar células que eles não conseguiam antes. "E a de migrar para outros hospedeiros", explica a virologista.

Transpondo barreiras

Para que doenças migrem de uma espécie a outra, um patógeno precisa superar uma série de peneiras, como, por exemplo, a quantidade de vírus disponível ao hospedeiro (também conhecida como pressão do patógeno) e o comportamento entre humano e vetor, que determina probabilidade, rota e dose de exposição. "Se temos um maior contato com animais – seja por meio da caça ou da criação – e não tomamos as devidas precauções sanitárias, os patógenos vencem mais uma barreira também", afirma Marco Mello, biólogo e professor do Instituto de Biociências (IB) da USP. "O *spillover* é um fenômeno frequente na natureza, mas a migração de animais e humanos é mais rara", explica Mello. "Febre amarela, ebola e HIV são exemplos de *spillover* e que já causaram muitas mortes."

A percepção de que o fenômeno vem aumentando deve-se, segundo Mello, à maior disponibilidade de ferramentas que preveem epidemias e surtos epidêmicos e, ao mesmo tempo, a vários outros fatores, como o aumento da população do planeta, a velocidade com que as pessoas se locomovem e a destruição de ambientes naturais. "Além disso, quanto mais gente no mundo, maior a quantidade de animais de criação", diz o biólogo.

No caso do Sars-CoV-2, as evidências indicam que o marco zero da pandemia foi o mercado de animais vivos em Wuhan, na China. "No local, temos a mistura de animal doméstico com animal silvestre caçado, presença de seres humanos, todos em uma densidade altíssima e com péssimas condições de higiene", pontua Mello.

Em busca de culpados

Diante de surtos, epidemias ou pandemias, é relativamente comum assistirmos a aumento de agressões e mortes de animais por pessoas que temem ser infectadas. Foi assim durante o surto de febre amarela no Brasil, em 2018. Residentes de áreas rurais passaram a matar macacos, com medo de contágio. Vale lembrar que macacos não transmitem a doença. Pelo contrário, alertam as autoridades para o reaparecimento do vírus nessas regiões.

Com a covid-19, os vilões da vez são os morcegos. De fato, já se sabe há décadas da ligação entre eles e vários vírus emergentes, como o da raiva e de outros coronavírus. Mas, como explica Patrícia, morcegos e humanos são mamíferos que possuem receptores análogos e que permitem que o coronavírus consiga encaixar na célula e iniciar o processo de replicação.

Por outro lado, esse animal, imortalizado na figura do super-herói Batman, é importante para o equilíbrio do planeta. São conhecidas 1.411 espécies de morcegos, sendo que 70% delas comem insetos, mosquitos, gafanhotos e mariposas; polinizam mais de 500 espécies de plantas só na região neotropical (equivalente à América Latina); regeneram florestas; e, por comerem insetos, são essenciais no controle de pragas agrícolas.

Continua

Mello aponta outra contribuição dos morcegos para a biomimética, área que estuda, na natureza, as estruturas biológicas e suas funções e usa esse conhecimento no desenvolvimento de novas tecnologias. "Os remédios anticoagulantes foram inspirados nos morcegos", enfatiza Mello. "A saliva do morcego contém uma substância que faz com que o animal sangre mais, conferindo ao hematófago consumir mais sangue em um tempo menor, evitando que a presa o ataque."

Fora isso, os morcegos alimentam os ecossistemas das cavernas ondem vivem. "Se ninguém os incomodar, eles não fazem mal algum", diz o biólogo.

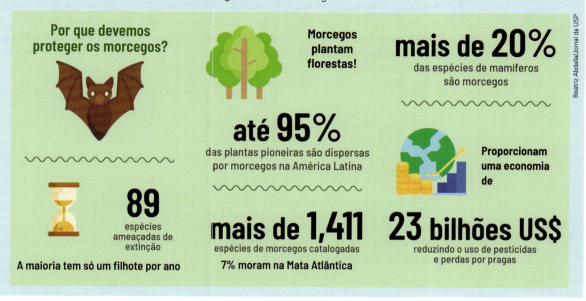

Ainda há tempo

Segundo os dois especialistas que falaram ao **Jornal da USP**, o que precisamos, de imediato, é a implantação de medidas de contenção dessa e de futuras pandemias. "Os protocolos internacionais, bem como federais, estaduais e municipais precisam falar a mesma língua", pontua Mello. "Precisamos, também, fortalecer os organismos internacionais, como a Organização Mundial da Saúde, para que haja uma mudança nas práticas econômicas."

Já Patrícia acredita ser difícil mudar os hábitos da população. "Atividades que consideramos básicas, como lavar as mãos várias vezes ao dia, antes das refeições, depois de ir ao banheiro, dependem de educação, e cabe aos mais velhos ensinar as crianças a realizar essas atividades", explica a virologista. "Mas o mais importante, e que fará a diferença, é o respeito ao meio ambiente", ressalta a pesquisadora. Respeitar os limites entre a área silvestre e áreas rurais seria uma medida importante.

Os pesquisadores apontam, também, para a necessidade de um controle sanitário mais rígido em portos e aeroportos. "Se o cidadão tiver alguma reunião importante em outro lugar, mas no embarque apresentar sintomas como febre ou algo preocupante, simplesmente não embarca", enfatiza Mello.

Os mercados de animais vivos precisam ser fechados, segundo os pesquisadores entrevistados pelo **Jornal da USP**. "No Brasil temos vários deles e é comum vermos animais silvestres sendo comercializados", relata Mello. "E, em vários países, a existência deles faz parte da cultura local. É uma catástrofe."

Patrícia e Mello concordam que devemos conviver com o Sars-CoV-2 por dois ou três anos ainda, mas que o cenário mudará quando uma vacina chegar ao mercado. "Esse é o mundo sem uma vacina, especificamente. Imagine se não houvesse as outras? ", finaliza Patrícia. É para se pensar.

Mais informações: e-mail marmello@usp.br, com Marco Mello;
e-mail: patriciacbbbraga@usp.br, com Patrícia Beltrão Braga

anticoagulante: remédio que evita a formação de coágulos no sangue, isto é, de aglomerados de sangue no estado gelatinoso ou semissólido.

hematófago: animal que se alimenta de sangue.

Fabiana Mariz. *Jornal da USP*, 18 set. 2020. Disponível em: https://jornal.usp.br/ciencias/covid-19-como-o-virus-saltou-de-morcegos-para-humanos/. Acesso em: 26 jan. 2023.

TEXTO EM ESTUDO

PARA ENTENDER O TEXTO

1. As hipóteses levantadas por você sobre o conteúdo da reportagem, com base no título, foram confirmadas após a leitura? Explique.

2. A introdução da reportagem aponta, genericamente, o estilo de vida contemporâneo como causa de pandemias na atualidade, e, ao longo do texto, são detalhados fatores que compõem esse estilo de vida. Copie o quadro no caderno e complete-o, listando esses fatores.

1	Destruição de hábitats naturais
2	
3	Consumo e tráfico de animais silvestres
4	
5	Mudanças climáticas
6	
7	Velocidade com que as pessoas se locomovem

3. Releia uma das falas do biólogo e professor Marco Mello, presente na reportagem de divulgação científica.

> "Se temos um maior contato com animais — seja por meio da caça ou da criação — e não tomamos as devidas precauções sanitárias, os patógenos vencem mais uma barreira também".

- Pode-se afirmar que os fatores enumerados na questão anterior favorecem a maior exposição das pessoas a animais e a disseminação de doenças? Justifique.

4. No começo do texto, apresenta-se o *spillover* como um fenômeno que se torna cada vez mais frequente. Com base no que você respondeu na atividade **3**, explique o porquê da frequência crescente do *spillover*.

5. Releia este trecho da reportagem.

> É aí que surge o fenômeno conhecido como *spillover* (termo em inglês que pode ser traduzido como transbordamento), que se torna cada vez mais frequente, e aqui vamos entender o porquê. O *spillover* é usado em Ecologia para dizer que um vírus ou micróbio conseguiu se adaptar e ir de um hospedeiro para outro. E foi assim, migrando dos morcegos para os seres humanos (tendo, talvez, os pangolins como intermediários), que o Sars-CoV-2 atingiu esses números impressionantes.

- Qual é a intenção da jornalista ao fazer a seguinte afirmação: "e aqui vamos entender o porquê"?

6. Localize no texto os subtítulos que iniciam as seções que o compõem. Em seguida, responda:

a) Quais seções têm os vírus e seus mecanismos como foco?

b) O conteúdo apresentado sobre os morcegos ganhou um destaque diferente. Em que medida ele se relaciona com o tema central da reportagem e se distancia dele?

7. Releia esta passagem, que descreve o que os vírus fazem no corpo do hospedeiro.

> Eles se utilizam da maquinaria celular para se multiplicar. Em uma primeira etapa, esses parasitas se aderem à parede da célula e se ligam aos receptores presentes na membrana. Depois, eles inserem o seu material genético e passam a controlar o metabolismo da célula infectada, inativando a maior parte dos genes. Por último, já em número maior, eles passam a infectar as outras células.

a) Devido ao caráter mais técnico, esse conteúdo precisou ser apresentado mais de uma vez na reportagem, a fim de favorecer a compreensão do leitor. Em que outra parte esse conteúdo também está presente?
b) O que diferencia as duas ocorrências desse conteúdo?
c) Por que, em uma reportagem de divulgação científica, esse procedimento não se torna uma repetição indesejável?

8. Na seção "Ainda há tempo", propõem-se medidas de enfrentamento à pandemia. Apresente-as resumidamente em seis itens.

O CONTEXTO DE PRODUÇÃO

9. A reportagem lida foi publicada no *Jornal da USP*, que é produzido por uma universidade pública estadual. Em sua opinião, os conteúdos veiculados nesse jornal são voltados a qual público?

10. Na reprodução da reportagem feita neste capítulo, foram mantidos elementos próprios do meio digital, no qual o texto circulou.
    a) Observe a seguir os ícones de *links* para redes sociais, aplicativos de mensagens e correios eletrônicos:

    - Com qual objetivo o *Jornal da USP* oferece esse recurso?

    b) Veja este outro recurso reproduzido no texto, que consiste em três *links*:

    > Início > Ciências > Covid-19: como o vírus saltou de morcegos para humanos

    - Para quais partes do *Jornal da USP* cada *link* deve remeter?
    - Explique a funcionalidade desse recurso.

11. A reportagem foi publicada em 18 de setembro de 2020, cerca de seis meses após a Organização Mundial da Saúde ter decretado o início da pandemia. Além da datação da publicação indicada no veículo em que circulou, o texto traz marcas do momento em que foi produzido.
    - Transcreva no caderno três trechos em que isso pode ser constatado.

12. Pode-se afirmar que essa reportagem dá voz a cientistas.
    a) Por que você acha que isso ocorre?
    b) No final do texto, são fornecidos canais de contato direto com os cientistas entrevistados. Por quê?

ANOTE AÍ!

Reportagens de divulgação científica costumam ter como autor um jornalista (embora, às vezes, cientistas as escrevam). Essas reportagens usam recursos próprios de **textos jornalísticos**, como a citação de **dados** e **opiniões de especialistas** no assunto tratado.

121

A LINGUAGEM DO TEXTO

13. De modo geral, a autora da reportagem emprega qual tipo de registro?

14. Releia estas passagens.

> I. Pandemias como a que estamos vivendo, infelizmente, já eram esperadas por autoridades e cientistas.
> II. Para a nossa sorte, esse foi somente um exercício de treinamento [...].

a) Que expressões indicam um ponto de vista sobre o que está sendo informado?

b) Essas expressões mostram uma opinião pessoal da autora do texto ou da população?

15. A reportagem termina com o trecho "'Esse é o mundo sem uma vacina, especificamente. Imagine se não houvesse as outras?', finaliza Patrícia. É para se pensar". Esse trecho remete o leitor a determinada situação, sem indicá-la literalmente. De que situação se trata? Por que a autora da reportagem faz questão de remeter a ela?

16. Relembre alguns termos e expressões mencionados na reportagem.

> - biomimética
> - DNA-RNA
> - hospedeiro
> - mutação
> - pandemia
> - epidemia
> - surto epidêmico
> - patógeno
> - replicação viral
> - seleção natural
> - *spillover*
> - vetor
> - vírus

a) Quais deles foram explicados no próprio texto?

b) Em sua opinião, por que há termos e expressões que, mesmo sendo específicos da Biologia, não foram explicados no texto?

17. Releia esta parte da reportagem, extraída da seção "Há bilhões de anos...".

> **Eles** se utilizam da maquinaria celular para se multiplicar. Em uma primeira etapa, **esses parasitas** se aderem à parede da célula e se ligam aos receptores presentes na membrana. Depois, **eles** inserem o **seu** material genético e passam a controlar o metabolismo da célula infectada, inativando a maior parte dos genes. Por último, já em número maior, eles passam a infectar as outras células.

a) O que esse trecho pretende explicar ao leitor?

b) O conteúdo apresentado envolve uma série de ações. Que expressões são usadas para ordenar essas ações, de modo a facilitar a compreensão do leitor?

c) As palavras e expressões em destaque têm o mesmo referente. Qual?

d) Esse trecho não evidencia a que se referem algumas estruturas (célula, membrana, material genético e genes). Observe o esquema a seguir.

> I. [...] aderem à parede da célula * **Que célula?**
> II. [...] se ligam aos receptores presentes na membrana * **De quem?**
> III. [...] inserem o seu material genético * **Onde?**
> IV. [...] inativando a maior parte dos genes * **De quem?**

- Contudo, o leitor pode fazer deduções baseado no contexto. Explicite as referências que ficaram implícitas nos casos apresentados.

18. Volte ao texto e releia o segundo parágrafo da seção "Há bilhões de anos...".

a) Patrícia Braga usa uma estratégia para explicar a replicação viral. Apresente essa estratégia e explique sua importância.

b) Essa estratégia é empregada mais uma vez na mesma seção. Transcreva no caderno a passagem em que isso ocorre.

c) O que a pesquisadora fala sobre replicação viral aparece também visualmente na reportagem. Que itens da legenda do esquema ilustrado "Replicação viral" correspondem à fala de Patrícia Braga?

ANOTE AÍ!

Reportagens de divulgação científica podem apresentar **analogias**, um **procedimento de associação** em que se parte de algo conhecido para explicar algo desconhecido. Os elementos associados não têm propriamente uma relação; a correspondência entre eles é imaginária, mas válida para melhor visualização e compreensão de conceitos.

19. Releia estas passagens e responda às questões.

I. E foi assim, migrando dos morcegos para os seres humanos (tendo, **talvez**, os pangolins como intermediários), que o Sars-CoV-2 atingiu esses números impressionantes.

II. **Ao que tudo indica**, o Sars-CoV-2, vírus causador da doença, passou de animais para pessoas a partir do mercado central de Wuhan e se espalhou para vários países.

a) Qual sentido as expressões em destaque criam no texto?

b) Uma reportagem de divulgação científica deve fornecer informação confiável ao público. As expressões destacadas contrariam esse objetivo? Explique.

c) O fato de o vírus ter passado do morcego para o ser humano está confirmado. De acordo com o trecho II, o que ainda não se sabe ao certo?

20. Releia estas passagens, em que foi empregada a primeira pessoa do plural.

I. [...] quanto mais **nos aproximamos** de áreas preservadas, mais **entramos** em contato com patógenos nunca antes vistos.

II. [...] é relativamente comum **assistirmos** a aumento de agressões e mortes de animais por pessoas que temem ser infectadas.

III. O objetivo foi tentar prever a **nossa** reação a um possível surto de um vírus nunca visto.

a) Mesmo que a autora não empregasse a primeira pessoa do plural, o conteúdo declarado diria respeito a ela e ao leitor. Que efeito se cria, no texto, com a explicitação da participação da autora e do leitor?

b) Escreva no caderno versões mais impessoais para os itens II e III.

CIDADANIA GLOBAL

SER HUMANO E NATUREZA

Os seres que constituem a biodiversidade da Terra estão unidos em uma grande rede de relações. A reportagem lida neste capítulo mostrou o que pode ocorrer em razão de interferências danosas do ser humano na natureza, como a destruição de hábitats naturais e o tráfico de animais.

1. Esse comportamento destrutivo do ser humano revela a forma como ele encara a natureza. Que forma é essa?

2. Que atitudes podem ser adotadas com vistas a uma interação harmônica do ser humano com a natureza?

123

UMA COISA PUXA OUTRA

Ficção e realidade

▲ Cartaz do filme *Contágio*, de 2011.

No ano de 2011, foi lançado o filme *Contágio*, sob a direção de Steven Soderbergh. Na narrativa, a executiva Beth Emhoff viaja a Hong Kong, na China, e, ao voltar para Minneapolis, nos Estados Unidos, manifesta fortes sintomas de uma doença misteriosa. Em pouco tempo, ela morre, assim como seu filho e outras pessoas com as quais Beth teve contato. Em outras cidades, como Chicago, Tóquio e Londres, são registrados casos semelhantes.

Começam, então, as investigações. O Centro de Controle de Doenças dos Estados Unidos (CDC) envia uma médica a Minneapolis, que rastreia o surto e chega até a mulher executiva. Uma epidemiologista da Organização Mundial da Saúde (OMS) viaja a Hong Kong para reconstruir o percurso de Beth. Por meio de imagens captadas por câmeras em locais por onde a executiva havia passado, a cientista identifica que as primeiras vítimas fatais da doença tinham estado com ela.

A partir desse grupo de contato, um novo vírus – denominado MEV-1 no filme – é levado a outras cidades do mundo e se espalha, causando muitas mortes. Uma especialista em genética do CDC verifica que o MEV-1 é uma mistura do material genético de vírus presentes em morcegos e porcos. Começa a busca por uma vacina e há uma situação de pânico na população, gerando um sério embate na opinião pública.

1. No resumo do enredo do filme, é possível constatar três pontos em comum com a pandemia real de covid-19, que também foram mencionados na reportagem lida neste capítulo. Apresente-os.

2. No cartaz do filme, há a seguinte frase: "Nada se espalha como o medo".
   a) No filme, o espalhamento do medo é comparado ao espalhamento do quê? Quais aspectos permitem essa relação?
   b) Em sua opinião, quais danos o medo pode causar em uma situação como a retratada no filme?

3. Examine esta cena do filme.

◀ A atriz Anna Jacoby-Heron e o ator Matt Damon, em cena do filme *Contágio*.

a) Descreva o que há de incomum no interior do supermercado.
b) No contexto do filme, qual poderia ser a razão de o supermercado estar assim?
c) As personagens retratadas são Mitch Emhoff (marido da paciente zero, Beth) e a filha, Jory. Apesar de ter estado com a esposa, Mitch não se infecta, por ser imune ao vírus. Sem ter certeza de que a filha também seria imune, ele quer que ela se proteja. Que detalhe na cena representa o que foi descrito?
d) Durante a pandemia de covid-19, o isolamento trouxe quais sentimentos a adolescentes como Jory?

4. Leia o boxe e responda: Que justificativa se pode dar para a publicação do livro apresentado ter ocorrido no Brasil em 2020?

LIVRO *CONTÁGIO*

David Quammen, escritor estadunidense que passou a se dedicar ao jornalismo científico, publicou em 2012 o livro, que só foi traduzido em 2020 para o português, intitulado *Contágio: infecções de origem animal e a evolução das epidemias*. O livro, que se tornou *best-seller*, descreve epidemias enfrentadas pelos seres humanos ao longo da história (como a de gripe espanhola, HIV/Aids, ebola e Sars), além de estudos científicos sobre possíveis pandemias do futuro. Conforme os relatos de cientistas entrevistados na época da produção da obra, existia a possibilidade de uma *influenza* ou coronavírus novo originado de um primata ou de um morcego atingir a humanidade.

▲ Capa do livro de David Quammen, publicado pela Companhia das Letras em 2020.

5. Para você, pode-se atribuir o sentido de pressentimento à afirmação comumente feita de que o autor previu a pandemia de covid-19? Explique.

6. Tanto o filme *Contágio* (2011) quanto o livro de Quammen (2012) antecipam cenários semelhantes aos que ocorreram na pandemia de covid-19.
    a) O que essas obras nos lembram sobre o papel da ciência?
    b) O que elas reforçam sobre nossa relação com a natureza?

7. A reportagem de divulgação científica que você leu neste capítulo menciona uma simulação feita em outubro de 2019 e relata que os participantes dela não conseguiram conter a pandemia imaginária. Em uma entrevista, o escritor Quammen afirmou:

> Seja uma catástrofe ou algo que consigamos controlar, uma coisa que sabemos sobre essa nova pandemia é que não será a última.

Disponível em: https://www.companhiadasletras.com.br/livro/9788535933741/contagio. Acesso em: 26 jan. 2023.

- Você acha que a pandemia de covid-19 nos preparou para outras possíveis pandemias que virão? Comente com o professor e os colegas.

LÍNGUA EM ESTUDO

ORAÇÕES SUBORDINADAS ADVERBIAIS TEMPORAIS, CONDICIONAIS, CAUSAIS E CONSECUTIVAS

1. Releia um trecho da reportagem "Covid-19: como o vírus saltou de morcegos para humanos", estudada neste capítulo.

> [...] um mês após a simulação, o governo chinês confirmou o primeiro caso de covid-19 em Wuhan, província de Hubei, na China.

Agora, observe a análise da oração a seguir.

Sujeito	Verbo	Complemento do verbo
o governo chinês	confirmou	o primeiro caso de covid-19

- Do ponto de vista sintático, qual é a classificação dos termos que indicam quanto tempo depois da simulação ocorreu o primeiro caso e o local onde isso se passou?

2. Releia estes outros trechos. Depois, responda às questões.

> I. Os vírus são organismos microscópicos, acelulares, formados por ácido nucleico (DNA ou RNA) envolvidos por uma cápsula proteica, chamada capsídeo. [...] Eles se utilizam da maquinaria celular para se multiplicar.
>
> II. "**Hoje** temos essa quantidade enorme de espécies catalogadas porque houve uma evolução **na Terra**, e elas foram selecionadas de acordo com a capacidade de sobreviver no ambiente", explica Patrícia.

a) A qual termo se refere cada adjunto adverbial destacado no trecho II?

b) Que ideia expressa cada um desses adjuntos adverbiais? Eles são formados por um advérbio ou por uma locução adverbial?

c) De acordo com o excerto I, com qual finalidade os vírus se utilizam da maquinaria celular? Identifique o trecho em que isso é expresso.

d) A finalidade apontada na resposta ao item *c* é dada por uma locução adverbial ou por uma oração com função de advérbio?

Você viu que, para expressar a circunstância em que ocorre a ação verbal, podemos empregar advérbios, locuções adverbiais e também uma oração. Nos capítulos anteriores, vimos que as orações subordinadas assumem o valor de substantivos ou de adjetivos, desempenhando funções sintáticas próprias dessas classes de palavras. Agora, você vai ver como as orações podem assumir valor de **advérbios** com as **orações subordinadas adverbiais**.

ANOTE AÍ!

Quando uma oração tem valor de **advérbio** e desempenha a função sintática de **adjunto adverbial**, tem-se uma **oração subordinada adverbial**, que especifica circunstâncias do verbo de outra oração – classificada como **oração principal** – ou de seu conteúdo integral.

TIPOS DE ORAÇÃO SUBORDINADA ADVERBIAL

As orações subordinadas adverbiais exprimem circunstâncias diversas. Veja:

ORAÇÃO PRINCIPAL	CIRCUNSTÂNCIA	ORAÇÃO SUBORDINADA ADVERBIAL
As pessoas agridem os animais	Quando?	quando os consideram responsáveis pela transmissão de doenças.
Os morcegos não fazem mal algum	Sob qual condição?	se ninguém os incomodar.
Os morcegos ajudam na preservação de florestas	Por quê?	porque dispersam sementes.
Os morcegos devoram insetos	Com qual consequência?	de modo que são essenciais no controle de pragas agrícolas.

Observa-se que as orações subordinadas adverbiais respondem a perguntas relacionadas a tempo, causa, condição e consequência. Portanto, classificam-se como orações subordinadas adverbiais temporais, condicionais, causais e consecutivas.

Oração subordinada adverbial temporal

A oração subordinada adverbial temporal exprime o momento em que ocorre o fato expresso na oração principal ou a frequência com que ocorre.

> [...] 21 espécies de aves e mamíferos foram fotografadas **quando pousavam ou subiam no ninho da ave**. Entre as espécies registradas, podemos destacar o tamanduá-mirim, a irara, o macaco-prego, outros gaviões e tucanos.

CHC. Disponível em: https://chc.org.br/de-olho-nos-ninhos-de-harpias/. Acesso em: 16 mar. 2023.

A oração em destaque expressa o momento exato no qual as espécies de aves e mamíferos foram fotografadas. Veja outro caso.

> **Quando falamos em dengue**, em geral a primeira imagem que nos ocorre é a do mosquito *Aedes aegypti*. Porém, é importante fazer distinção.

Denise Valle. *Instituto Oswaldo Cruz*. Disponível em: https://www.ioc.fiocruz.br/dengue/textos/
aedesvetoredoenca.html#:~:text=Quando%20falamos%20em%20dengue%2C%20em,%C3%A9%20
importante%20fazer%20a%20distin%C3%A7%C3%A3o. Acesso em: 26 jan. 2023.

O momento apontado para a distinção entre o que pensamos ao falar em dengue e o que devemos pensar não é exatamente uma marcação cronológica. A oração subordinada adverbial temporal ajuda a expressar esse momento.

Oração subordinada adverbial condicional

A oração subordinada adverbial condicional expressa a condição necessária para que se realize o que é dito na oração principal ou a hipótese em que ocorre o que está na oração principal. Observe:

> Lá, os estudantes das universidades [...] não precisam pagar aluguel, **desde que passem ao menos 30 horas por mês como "bons companheiros" dos idosos.** O objetivo é reduzir a solidão dos mais velhos [...].

Vanessa Daraya. Casa de repouso na Holanda abriga universitários
em troca de companhia. *Superinteressante*, abr. 2015.

Oração subordinada adverbial causal

A oração subordinada adverbial causal apresenta a causa do que se afirma na oração principal. Observe este trecho de entrevista sobre um surto de ebola:

> Na África [...] os doentes demoram a procurar o serviço de saúde. [...] **Como o cadáver é extremamente infectante**, em geral, a pessoa acaba não tendo um funeral religioso, o que é muito agressivo para eles. E vira um motivo para fugir do tratamento, pois pensam: "Já que vai morrer mesmo, melhor que morra em casa, com a família e com um funeral digno".

Márcio Silveira da Fonseca. Há muita vida no surto de ebola. *Superinteressante*, fev. 2015.

O autor aponta a razão pela qual não se faz a cerimônia do funeral: o risco de o cadáver infectar o ambiente.

Oração subordinada adverbial consecutiva

A oração subordinada adverbial consecutiva expressa a consequência do que se diz na oração principal. Veja isso no provérbio popular a seguir.

> Tanto vai o jarro à fonte **que um dia se quebra**.

Domínio público.

Um jarro, se for constantemente usado para buscar água, tem muita chance de se partir. Assim, para ensinar – de maneira figurada – que quem se arrisca com frequência acaba se dando mal, o provérbio indica a consequência de um jarro ser tantas vezes usado: uma hora ele se quebra.

Veja a seguir um resumo das orações subordinadas adverbiais apresentadas na seção.

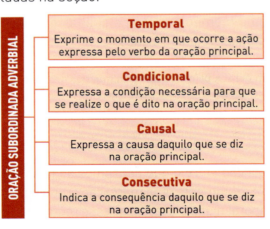

CONECTIVOS QUE INTRODUZEM AS ORAÇÕES SUBORDINADAS ADVERBIAIS

As orações subordinadas adverbiais são introduzidas por **conjunções** ou **locuções conjuntivas subordinativas** que as ligam à oração principal.

CONJUNÇÕES E LOCUÇÕES CONJUNTIVAS SUBORDINATIVAS	EXEMPLOS
Temporais	quando; enquanto; antes que; depois que; assim que; logo que
Condicionais	se; caso; desde que; a menos que; a não ser que; salvo se
Causais	porque; já que; uma vez que; visto que; como
Consecutivas	de forma que; de modo que; tão... que; tanto... que

Dependendo do contexto em que se apresenta, uma mesma conjunção ou locução conjuntiva pode ter sentidos diferentes. É o caso de *desde que*. Observe:

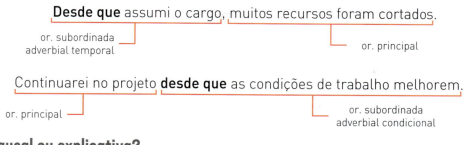

Causal ou explicativa?

As conjunções *pois* e *porque* podem introduzir tanto orações coordenadas sindéticas explicativas quanto orações subordinadas adverbiais causais. Veja:

O vizinho vai viajar **porque colocou bagagem no porta-malas**.

Colocar bagagem no porta-malas não provoca a viagem; pelo contrário, a viagem é o motivo da arrumação das malas. Assim, a oração destacada é **coordenada sindética explicativa**. Agora, leia:

O vizinho vai viajar **porque recebeu uma oferta de emprego em outro estado**.

A oferta de trabalho em outro estado motiva a viagem, tanto que ocorreu antes dela. Por isso, tem-se uma **oração subordinada adverbial causal**.

ORAÇÕES SUBORDINADAS ADVERBIAIS REDUZIDAS

As orações subordinadas adverbiais reduzidas não são introduzidas por conjunção ou locução conjuntiva (as causais e condicionais podem ser introduzidas por preposição ou locução prepositiva). Nas reduzidas, o verbo se apresenta em uma das formas nominais: infinitivo, gerúndio ou particípio. Observe os quadros a seguir.

	ORAÇÃO SUBORDINADA ADVERBIAL CAUSAL	ORAÇÃO PRINCIPAL
Forma reduzida (de infinitivo)	**Por** precisar de ajuda,	chamei o monitor.
Forma desenvolvida	**Uma vez que** precisava de ajuda,	chamei o monitor.

	ORAÇÃO SUBORDINADA ADVERBIAL CONDICIONAL	ORAÇÃO PRINCIPAL
Forma reduzida (de gerúndio)	Precisando de ajuda,	chame o monitor.
Forma desenvolvida	**Se** precisar de ajuda,	chame o monitor.

	ORAÇÃO SUBORDINADA ADVERBIAL TEMPORAL	ORAÇÃO PRINCIPAL
Forma reduzida (de particípio)	Terminada a prova,	chame o monitor.
Forma desenvolvida	**Depois que** terminar a prova,	chame o monitor.

RELACIONANDO

Os cientistas ouvidos na reportagem de divulgação científica estudada mostraram que algumas situações estão condicionadas a determinadas ações das pessoas. Assim, o emprego das orações subordinadas adverbiais condicionais em suas falas é um importante recurso. Relembre: "'**Se temos um maior contato com animais [...] e não tomamos as devidas precauções sanitárias**, os patógenos vencem mais uma barreira também', afirma Marco Mello, biólogo e professor do Instituto de Biociências (IB) da USP". Ou ainda: "'**Se ninguém os incomodar**, eles não fazem mal algum', diz o biólogo".

Retomar e compreender

1. O texto a seguir é parte de um artigo publicado em um *blog* de ciência. O autor analisa dois poderes do Homem-Aranha e os compara com propriedades reais do aracnídeo.

A ciência do Homem-Aranha

[...]

Uma das habilidades do Homem-Aranha é lançar teias. Você já se perguntou onde e como essa teia fica guardada dentro da aranha? Será que ela fica inteirinha lá dentro e a aranha só põe pra fora? Na verdade, o que a aranha armazena mesmo é tipo um gel de proteínas e, quando ela expele esse gel pelas fiandeiras (no abdômen), ele entra em contato com o ar e se solidifica, tornando-se fios bem finos.

[...]

Quão resistente essas teias são?

As teias são extremamente fortes, se levarmos em conta o tamanho delas. Para você ter ideia, nem um fio de aço com a mesma espessura de uma teia de aranha seria tão forte quanto uma teia.

Lembra-se daquela cena do Peter Parker usando sua teia para segurar um trem em movimento? Você poderia pensar: "nossa que exagero"!

Cientistas calcularam há algum tempo que, se uma teia de aranha tivesse cerca de 21 centímetros de espessura e 1 km de comprimento [...], a teia seria capaz de frear um Boeing-747 de 180 toneladas voando a 1000 km/h!

Lucas Miranda. *Ciência Nerd*, 20 jan. 2022. Disponível em: https://www.blogs.unicamp.br/ciencianerd/2022/01/20/ciencia-homem-aranha-1/. Acesso em: 26 jan. 2023.

a) No primeiro parágrafo do texto, há duas ocorrências próprias do registro informal. Quais são elas?

b) Que intencionalidade pode haver em seu uso?

2. Releia esta passagem do primeiro parágrafo.

> [...] **quando ela expele esse gel pelas fiandeiras (no abdômen)**, ele entra em contato com o ar e se solidifica, tornando-se fios bem finos.

a) Quantas orações há nesse trecho?

b) A primeira oração (em destaque) expressa uma ideia em relação à segunda. Qual é essa ideia? Que conectivo foi responsável por isso?

c) Compare o trecho original apresentado com a versão dele proposta a seguir.

> Ela expele esse gel pelas fiandeiras (no abdômen), ele entra em contato com o ar e se solidifica, tornando-se fios bem finos.

- A versão nova altera a visualização que o leitor tem do fenômeno? Se sim, como ele passa a enxergar o que ocorre?

3. Releia a parte "Quão resistente essas teias são?" para responder às perguntas.

a) As teias de aranha são extremamente fortes para qualquer situação? Justifique sua resposta com base no texto.

b) Que tipo de oração o autor usou para expressar o que foi discutido no item *a*?

Acompanhamento da aprendizagem

Aplicar

4. Leia este enunciado de uma questão de Física.

   (PUC-RJ 2013) A uma certa hora da manhã, a inclinação dos raios solares é tal que um muro de 4,0 m de altura projeta, no chão horizontal, uma sombra de comprimento 6,0 m. Uma senhora de 1,6 m de altura, caminhando na direção do muro, é totalmente coberta pela sombra quando se encontra a quantos metros do muro?

   Disponível em: http://www.puc-rio.br/vestibular/repositorio/provas/2013/download/provas/VEST2013PUCRio_GRUPO_2_15102012.pdf. Acesso em: 26 jan. 2023.

   a) De acordo com o primeiro período do enunciado, a que se deve a sombra do muro que é projetada no chão?
   b) Identifique as orações que compõem o primeiro período.
   c) A segunda oração expressa qual circunstância em relação à primeira?
   d) Qual conectivo criou essa relação?
   e) Escreva a classificação das duas orações que você identificou no item *b*.
   f) O trecho a seguir é uma reelaboração do primeiro período. Que locução conjuntiva substitui coerentemente o símbolo ★?

   Um muro de 4,0 m de altura projeta, no chão horizontal, uma sombra de comprimento 6,0 m, ★, a uma certa hora da manhã, os raios solares encontram-se em determinada inclinação.

   g) Releia o trecho a seguir. Como a oração destacada pode ser classificada?

   Uma senhora de 1,6 m de altura, caminhando na direção do muro, é totalmente coberta pela sombra **quando se encontra a quantos metros do muro**?

5. Leia o trecho a seguir, que é uma orientação para usuários de um navegador de internet.

   Configure *firewalls* para que o <u>Firefox</u> possa acessar a internet

   Um *Firewall* pessoal é um programa de segurança que vigia todas as conexões do seu computador com a internet. Pode estar incluso como parte de um pacote de segurança da internet, ou ser um programa avulso. A maioria dos *Firewalls* pessoais vão negar o acesso à internet a qualquer programa ou a novas versões de qualquer programa, **a menos que** esteja especificadamente permitido o acesso.

   Suporte Mozilla. Disponível em: https://support.mozilla.org/pt-BR/kb/configurando-o-firewall-de-modo-o-firefox-acesse. Acesso em: 26 jan. 2023.

   <u>Firefox</u>: nome de um programa que permite navegar pela internet; é produzido pela Fundação Mozilla, com o objetivo de tornar a internet um recurso aberto a todos.

   a) O que ocorre se houver um *firewall* instalado em um equipamento?
   b) Copie no caderno a oração que indica a limitação apresentada que pode ser superada.
   c) Substitua a locução conjuntiva destacada por outra equivalente.
   d) Reescreva o último período, empregando a conjunção *se*. Faça as alterações necessárias.
   e) Determine as orações que compõem o último período e classifique-as.

A LÍNGUA NA REAL

AS ORAÇÕES ADVERBIAIS E A EXPANSÃO DA INFORMAÇÃO

1. O texto a seguir é parte de um artigo publicado na imprensa durante o Carnaval. Leia-o para responder às questões.

O politicamente correto é uma chatice. Para piorar, ele tem razão.

O politicamente correto é chato porque está correto. E vice-versa.

O banimento de algumas marchinhas carnavalescas é só mais um capítulo na novela do politicamente correto. Fenômeno mundial [...], a ideia por trás dele é muito bem-intencionada: a linguagem cotidiana não apenas refletiria as diferenças históricas existentes entre grupos (privilegiados *versus* desprivilegiados, por exemplo), como também favoreceria a manutenção dessas diferenças. Se livrarmos a linguagem dessas influências podemos ao menos reduzir um dos fatores que perpetuam injustiças. [...]

Para os críticos do politicamente correto, o mundo está ficando muito chato: levar a sério marchinhas carnavalescas com conteúdo hoje considerado preconceituoso seria uma bobagem. Nesse quesito, contudo, as evidências científicas apontam para outra direção. Vários experimentos realizados sobre o tema mostram que, por um lado, o humor não faz as pessoas se tornarem preconceituosas. Ninguém ouve uma música e pensa "É mesmo! Negros são inferiores, como nunca me dei conta?". Por outro, as piadas criam um ambiente de aceitação à discriminação — assim, quem já acreditava existir diferenças qualitativas entre grupos sente-se menos constrangido e tem mais chance de agir de forma discriminatória. Não por acaso, são as pessoas que mais se divertem com esse tipo de humor.

Se está correto, por que então o politicamente incorreto é tão criticado?

Um dos mecanismos mentais que nos permitem apreciar o humor é acreditar que uma piada é apenas uma piada, convencendo-nos que elas não têm problema. Em maior ou menor grau, todos fazemos isso — a comédia sempre traz um pouco de agressividade ou violação de normas, e para apreciá-la temos que dar esse desconto, considerá-la um tanto inocente. O politicamente correto incomoda ao denunciar que quando fazemos isso com o humor sexista, racista ou contra qualquer minoria estamos agindo como <u>vetores</u> de desigualdade. E como ninguém acha que é preconceituoso, quando nos dizem que passamos a infância <u>endossando</u> injustiças nas <u>matinês</u> de Carnaval, por exemplo, a tendência é nos sentirmos mal e resistirmos à ideia. Não se desmascaram defeitos ocultos impunemente. [...]

Daniel Martins de Barros. O politicamente correto é uma chatice. Para piorar, ele tem razão. *O Estado de S. Paulo*, 15 fev. 2017.

<u>endossar</u>: apoiar.

<u>matinê</u>: espetáculo ou sessão que acontece à tarde.

<u>vetor</u>: condutor, aquilo que traz algo como consequência.

---

a) Ao empregar a palavra *novela* no primeiro parágrafo, que sentido é associado ao politicamente correto?

b) O articulista defende que a polêmica sobre as marchinhas é bem-intencionada. Que justificativa ele apresenta, no texto, para essa declaração?

c) A ideia de atenuação de um fator de injustiça está em qual trecho do último período do primeiro parágrafo?

d) No texto, que oração expande a informação que você citou em sua resposta ao item anterior? Como ela é classificada sintaticamente?

ANOTE AÍ!

As orações subordinadas adverbiais **expandem o sentido** da oração principal, acrescentando a elas circunstâncias que tornam o conteúdo mais preciso.

2. Releia o trecho a seguir.

> Para os críticos do politicamente correto, o mundo está ficando muito chato: levar a sério marchinhas carnavalescas com conteúdo hoje considerado preconceituoso seria uma bobagem. Nesse quesito, contudo, as evidências científicas apontam para outra direção.

- Que estratégia o articulista emprega para rebater a crítica feita ao debate?

3. Logo após o trecho transcrito na atividade anterior, o articulista pontua:

> Vários experimentos realizados sobre o tema mostram que, por um lado, o humor não faz as pessoas se tornarem preconceituosas. Ninguém ouve uma música e pensa "É mesmo! Negros são inferiores, como nunca me dei conta?".

a) Inicialmente, esse trecho parece contradizer a ideia defendida antes sobre certos discursos reforçarem atitudes preconceituosas. Por quê?

b) Na sequência, o articulista acrescenta:

> Por outro, as piadas criam um ambiente de aceitação à discriminação — assim, quem já acreditava existir diferenças qualitativas entre grupos sente-se menos constrangido e tem mais chance de agir de forma discriminatória. Não por acaso, são as pessoas que mais se divertem com esse tipo de humor.

- Com essa passagem, ele confirma ou elimina a impressão de contradição?

4. Releia este trecho.

> [...] **quando fazemos isso com o humor sexista, racista ou contra qualquer minoria** estamos agindo como vetores de desigualdade.

a) Que tipo de oração o articulista emprega para expandir a ideia de que agimos como vetores de desigualdade?

b) Por que o articulista considera que podemos ser vetores de desigualdade?

5. No caderno, acrescente, antes da oração "A tendência é [...] ideia", as duas orações subordinadas adverbiais em destaque após as setas.

A tendência é nos sentirmos mal e resistirmos à ideia

→ **Como** ninguém acha que é preconceituoso

→ **Quando** nos dizem que passamos a infância endossando injustiças nas matinês

- Após o acréscimo, classifique sintaticamente as orações e comente os novos efeitos de sentido gerados pela expansão da oração principal.

ANOTE AÍ!

Uma vez que funcionam como adjunto adverbial e, assim, expandem o sentido da oração principal, as **orações subordinadas adverbiais** evidenciam, em relação à oração principal, circunstâncias de **tempo**, **condição**, **causa**, **consequência**, etc.

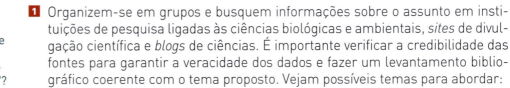

ESCRITA DE REPORTAGEM DE DIVULGAÇÃO CIENTÍFICA

Proposta

No início do capítulo, você leu uma reportagem de divulgação científica publicada no portal de notícias da Universidade de São Paulo, o *Jornal da USP*. O texto relata de que forma um vírus hospedado em morcegos passou para seres humanos.

Agora, com um grupo de colegas, você vai participar da produção de um texto desse gênero. Nele, vocês vão abordar aspectos relacionados aos morcegos. O texto será publicado em uma revista de divulgação científica da turma, que circulará pela comunidade escolar e entre familiares e amigos.

GÊNERO	PÚBLICO	OBJETIVO	CIRCULAÇÃO
Reportagem de divulgação científica	Comunidade escolar, família e amigos	Informar sobre os morcegos	Publicação em revista de divulgação científica da turma

Planejamento e elaboração de texto

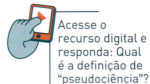

Acesse o recurso digital e responda: Qual é a definição de "pseudociência"?

1. Organizem-se em grupos e busquem informações sobre o assunto em instituições de pesquisa ligadas às ciências biológicas e ambientais, *sites* de divulgação científica e *blogs* de ciências. É importante verificar a credibilidade das fontes para garantir a veracidade dos dados e fazer um levantamento bibliográfico coerente com o tema proposto. Vejam possíveis temas para abordar:
   - invenções humanas baseadas em características dos morcegos;
   - quais são e como funcionam os órgãos de sentido dos morcegos;
   - a importância ecológica dos morcegos na natureza.

2. Individualmente, façam um relatório, de modo a resumir, sintetizar e organizar as informações coletadas. Verifiquem a pertinência dessas informações para o texto a ser criado.
   - Elaborem uma introdução destacando qual é o objetivo do texto.
   - Façam referência no texto a informações coletadas de agências oficiais, de pesquisadores ou de autoridades da área. Por exemplo: Segundo dados da Sociedade Brasileira de Zoologia, "...". Abram aspas quando usarem trechos de textos de terceiros.
   - Utilizem, quando pertinente, tabelas ou esquemas para organizar melhor os dados obtidos.

3. Reúnam todas as informações levantadas pelos integrantes do grupo. Compartilhem o material e selecionem as informações mais interessantes e apropriadas ao gênero textual.

4. Preparem-se para elaborar a primeira versão do texto. Cada integrante do grupo pode ficar responsável por escrever uma parte da reportagem.
   - Estabeleçam o tom do texto: crítica, reconhecimento, denúncia, etc.
   - Criem um roteiro do que vão abordar e em que ordem vão fazê-lo, associando as informações coletadas de acordo com essa ordem. Construam o texto com base nos dados levantados.

5 Se usarem imagens, definam quais e o local onde entrarão. As imagens podem completar ou detalhar informações e devem estar acompanhadas de legendas.

6 Quanto à linguagem e à estrutura do texto, atentem ao seguinte:

- Vocês podem optar por um registro que mescle o formal com passagens de coloquialidade.

- No título e na linha fina, o uso de palavras e expressões com mais de um sentido pode atrair a atenção do leitor. Verifiquem a possibilidade de inserir subtítulos, pois eles ajudam a organizar o texto.

- Se necessário, utilizem comparações para explicitar dados e conceitos mais complexos. É importante que as informações sejam compreensíveis.

- Usem períodos simples e compostos. Se for necessário empregar termos técnicos, expliquem seus significados no texto ou em notas destacadas.

- Empreguem pronomes e sinônimos para retomar ou antecipar ideias. Isso evita repetições desnecessárias e contribui para a continuidade do texto.

LINGUAGEM DO SEU TEXTO

1. No boxe *Relacionando*, na página 129, vocês observaram alguns usos de orações subordinadas adverbiais condicionais na reportagem de divulgação científica lida. O que o uso de orações subordinadas adverbiais em uma reportagem de divulgação científica indica?

2. A reportagem faz uso de analogias. Se elas não fossem usadas, haveria prejuízo no entendimento? Justifiquem.

Ao escrever sua reportagem, utilizem analogias para facilitar o entendimento do texto. Usem também o período composto para deixar o texto mais sofisticado, explorando diferentes efeitos de sentido.

Avaliação e reescrita do texto

1 Reúnam, em um único texto, as partes que cada integrante do grupo escreveu e realizem uma leitura integral da reportagem.

2 Façam ajustes para suprimir repetições, explicar melhor o que não ficou claro, inserir as informações que faltaram e uniformizar a linguagem.

3 Avaliem a produção de acordo com as questões apontadas no quadro a seguir.

ELEMENTOS DA REPORTAGEM DE DIVULGAÇÃO CIENTÍFICA
A linguagem está acessível a leitores não especialistas no assunto?
Os dados são de fontes confiáveis e estão coerentes?
Há uma progressão de ideias?
O tom pretendido pelo grupo ficou claro e adequado ao gênero?
O uso de imagens cumpre a função de completar ou detalhar informações?

4 Após a avaliação, reescrevam o texto e cheguem à versão final.

Circulação

1 Sigam as orientações do professor para organizar a revista de divulgação científica, na qual o texto será publicado, com citação da autoria da turma.

3 Revezem para levar a revista para casa e mostrá-la aos familiares e amigos.

CAPÍTULO 2
UMA IMAGEM, MUITOS SENTIDOS

O QUE VEM A SEGUIR

No infográfico, gênero que você vai estudar neste capítulo, as linguagens verbal e não verbal são utilizadas para explicar de que maneira o Sars-CoV-2 afeta o ser humano. Você sabe dizer qual é o processo básico que esse vírus desencadeia no nosso corpo?

TEXTO

COMO O NOVO CORONAVÍRUS PODE MATAR AS PESSOAS

1 Nível celular

O **vírus** se aproxima da célula e se liga às **proteínas ACE-2** que ficam na membrana plasmática

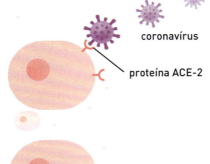

coronavírus

proteína ACE-2

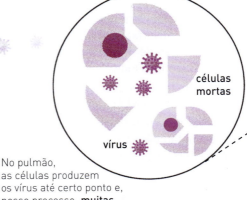

células mortas

vírus

No pulmão, as células produzem os vírus até certo ponto e, nesse processo, **muitas acabam morrendo**

Ao perceber a presença do vírus, a célula cria um endossomo, uma **bolsa que engloba** o invasor

endossomo

Outras **células se autodestroem** para tentar interromper a invasão de vírus

No interior da célula, o **vírus sequestra o maquinário celular**

O vírus também produz **proteínas que aparecem na membrana da célula**

A grande ação de células de defesa provoca **inflamação** em diversas áreas do pulmão, um órgão grande

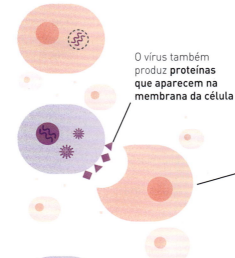

As **células de defesa** percebem que essas proteínas na membrana são corpos estranhos, que não deveriam estar ali. O sistema de defesa, então, começa a **atacar as células infectadas**, o que leva a mortes celulares

A **célula começa a trabalhar para o vírus**, criando cópias dele que vão infectar outras células

136

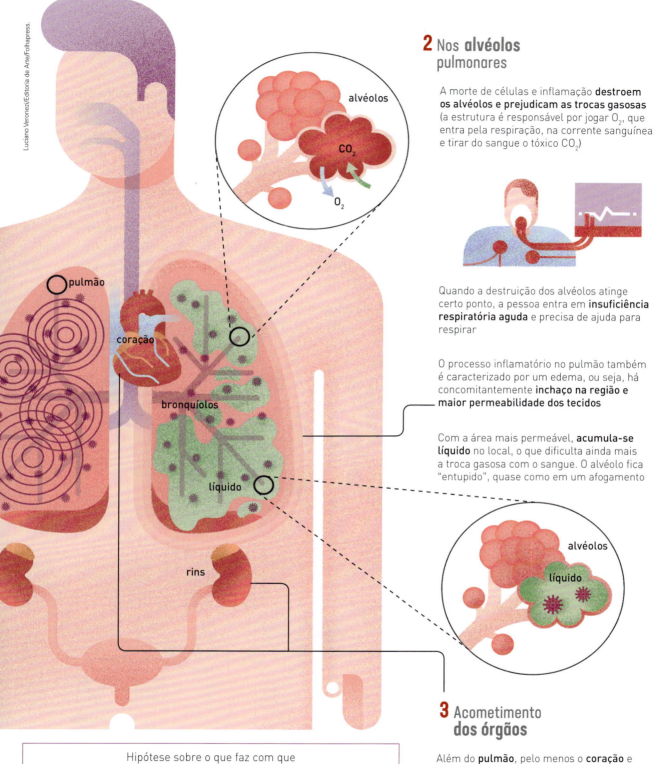

2 Nos **alvéolos** pulmonares

A morte de células e inflamação **destroem os alvéolos e prejudicam as trocas gasosas** (a estrutura é responsável por jogar O_2, que entra pela respiração, na corrente sanguínea e tirar do sangue o tóxico CO_2)

Quando a destruição dos alvéolos atinge certo ponto, a pessoa entra em **insuficiência respiratória aguda** e precisa de ajuda para respirar

O processo inflamatório no pulmão também é caracterizado por um edema, ou seja, há concomitantemente **inchaço na região e maior permeabilidade dos tecidos**

Com a área mais permeável, **acumula-se líquido** no local, o que dificulta ainda mais a troca gasosa com o sangue. O alvéolo fica "entupido", quase como em um afogamento

3 Acometimento dos órgãos

Além do **pulmão**, pelo menos o **coração** e os **rins** também sofrem com o processo inflamatório (esses órgãos têm as proteínas ACE-2 que possibilitam a entrada do vírus). No coração, pode haver inflamação do músculo (miocardite) e arritmias. Nos rins, pode haver insuficiência renal aguda em casos graves

Luciano Veronezi. Como o coronavírus pode matar as pessoas. *Folha de S.Paulo*, 20 jun. 2021. p. B6.

Hipótese sobre o que faz com que **doenças associadas aumentem o risco de morte na Covid-19**

Estudo da USP aponta que alterações no metabolismo causadas por doenças como hipertensão e diabetes podem desencadear eventos bioquímicos que levam a um aumento na expressão do gene ACE-2. Como o ACE-2 é um facilitador da infecção, pacientes com maior expressão do gene teriam uma quantidade maior de células afetadas pelo Sars-CoV-2. Com isso, haveria um quadro mais severo da doença.
Contudo, ainda não há confirmação sobre a relação entre maior expressão do ACE-2 e uma Covid-19 mais grave. Mais pesquisas são necessárias.

TEXTO EM ESTUDO

PARA ENTENDER O TEXTO

1. Após a leitura do infográfico, as hipóteses levantadas por você sobre o processo que o Sars-CoV-2 desencadeia no corpo humano foram confirmadas? Comente.

2. Geralmente, ao observar o gráfico pela primeira vez, o leitor já pode visualizar o que vai encontrar.

    a) O infográfico se propõe a responder a qual questão?
    b) O infográfico obedece a uma sequência para responder a essa questão. Como essa sequência pode ser identificada de imediato?
    c) Quais conteúdos básicos são apresentados, conforme a sequência identificada?
    d) A leitura de cada parte do infográfico segue a direção horizontal ou a vertical?
    e) A ilustração central (do corpo humano) refere-se mais diretamente a qual parte do infográfico?

3. Considere a parte 1 do infográfico.

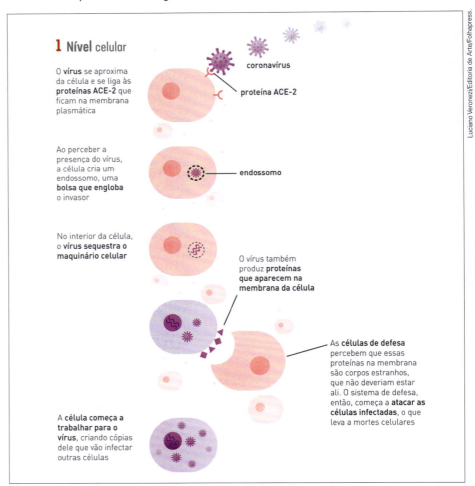

    a) Que estrutura foi representada em rosa? Como você chegou a essa conclusão? Explique.
    b) Por que as duas últimas células da sequência estão na cor roxa?
    c) Nessa parte do infográfico, seria suficiente haver apenas a ilustração ou apenas o texto escrito para transmitir a informação? Por quê?

Considere a parte 2 do infográfico para responder às atividades de **4** a **7**.

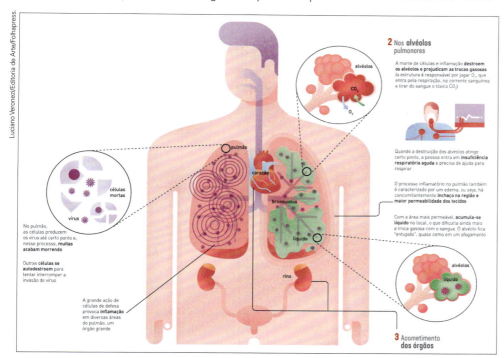

4. Observe que o órgão em destaque nessa parte do infográfico são os pulmões.

   a) Com base na ilustração, pode-se julgar que o pulmão esquerdo e o pulmão direito são atingidos de maneiras diferentes pelos vírus. Por quê? A hipótese de cada pulmão ser atingido diferentemente faria sentido?

   b) O que as circunferências na cor roxa mostradas em um dos pulmões representam? E o que representa a mancha verde no outro pulmão?

   c) Que elementos ambos os pulmões apresentam em comum no desenho?

> **ANOTE AÍ!**
>
> O **infográfico** é um gênero que faz uso das linguagens verbal e não verbal, com o intuito de explicar conceitos e procedimentos de forma atrativa para o leitor. Nesse gênero, **textos escritos** e **recursos visuais** são **interdependentes**, isto é, para compreender o conteúdo apresentado na totalidade, é preciso analisá-los em conjunto.

Acesse o recurso digital para conhecer as etapas e os profissionais envolvidos na criação de um infográfico multimídia. Depois, responda: Você considera que esse trabalho seja simples? Justifique.

5. Descreva, resumidamente, o que informa o texto escrito da porção esquerda da parte 2 do infográfico. Esse conteúdo também é transmitido visualmente?

6. Observe que, na porção direita da parte 2, há duas lupas e uma linha que direciona para um texto escrito.

   a) O que as ilustrações em cada lupa têm de igual? E de diferente?

   b) A linha liga a explicação verbal de edema à sua representação visual. Você acha que, sem a linha, o leitor visualizaria facilmente o edema na ilustração?

7. Releia os blocos de texto escrito que aparecem abaixo do título "Nos alvéolos pulmonares" (parte 2). Quais são as consequências diretas da inflamação para o funcionamento dos pulmões?

8. Agora, releia a parte 3 do infográfico, intitulada "Acometimento dos órgãos".

   - Que órgãos são mencionados e de que maneira eles estão ligados ao conteúdo do infográfico?

139

9. Com base no infográfico, responda: Qual é o papel da ACE-2 no ataque à célula pelo vírus?

10. Na parte inferior do infográfico, próximo à parte 3, há um boxe que apresenta uma hipótese sobre a causa de certas doenças aumentarem o risco de morte por covid-19.
    - No caderno, copie e complete o esquema a seguir para apresentar os fatos envolvidos na hipótese.

11. **SABER SER** O infográfico lido exemplifica uma forma de adoecimento, experiência que impõe limites a quem a enfrenta e a quem está próximo.
    a) Para você, que tipo de sentimentos uma pessoa pode apresentar em uma situação como essa?
    b) Você já vivenciou ou presenciou alguma experiência desse tipo? Comente.

O CONTEXTO DE PRODUÇÃO

12. O infográfico "Como o novo coronavírus pode matar as pessoas" acompanhou uma reportagem publicada no dia 20 de junho de 2021. No dia anterior, o Brasil havia chegado ao número de 500 mil mortos pela covid-19, de acordo com a *Folha de S.Paulo*.
    - Você acha que o uso do verbo *matar* no título assume um sentido especial em função desse contexto? Explique.

13. Se o infográfico fosse publicado na versão digital, poderia haver diferença em relação à forma como as informações são apresentadas? Se sim, que tipo de diferença?

14. Observe, ao lado, a página da edição impressa do jornal em que circulou o infográfico.
    a) Você considera que o infográfico, sem a reportagem, é suficiente para criar um panorama de como o Sars-CoV-2 pode matar as pessoas? Por quê?
    b) Em sua opinião, os leitores do jornal se restringiriam à leitura do infográfico para se informar ou a leitura dele poderia incentivar a leitura da reportagem? Explique seu ponto de vista.

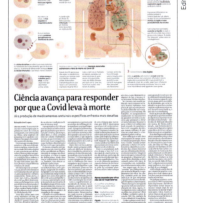

▲ Página do jornal *Folha de S.Paulo* de 20 de junho de 2021.

A LINGUAGEM DO TEXTO

15. Quais destes recursos foram explorados no infográfico?

    I. Fotografia   II. Ilustração   III. Esquema   IV. Gráfico

16. A parte verbal do infográfico é composta de blocos de texto escrito que não são finalizados por ponto.

a) Que efeito essa ausência de pontuação cria na leitura?

b) Observe que, em cada bloco de texto, há termos destacados. Quanto à visualização do infográfico pelo leitor, o que esse destaque favorece? E quanto à transmissão do conteúdo?

17. No texto escrito do infográfico, a maioria dos períodos apresenta apenas uma ou duas orações.

a) Por que é importante que, nesse gênero, os períodos não sejam longos nem apresentem muita articulação de orações?

b) Há uma exceção para o que foi afirmado anteriormente.

> [1]A morte de células e inflamação **destroem** os alvéolos | [2]e **prejudicam** as trocas gasosas | ([3]a estrutura **é** responsável | [4]por **jogar** O_2, | [5]que **entra** pela respiração, | [4]na corrente sanguínea | [6]e **tirar** do sangue o tóxico CO_2)

- Embora o trecho apresente seis orações, existem duas estruturas sintáticas independentes, que poderiam ser escritas cada uma em um período. Reescreva-o no caderno fazendo essa alteração e outras, se necessárias, para facilitar o entendimento.

18. Grande parte dos verbos do infográfico está no presente do indicativo. No entanto, no trecho a seguir, foi usado o futuro do pretérito.

> Como o ACE-2 é um facilitador da infecção, pacientes com maior expressão do gene **teriam** uma quantidade maior de células afetadas pelo Sars-CoV-2. Com isso, **haveria** um quadro mais severo da doença.

- O que o futuro do pretérito expressa e por que ele foi utilizado?

19. O texto escrito do infográfico não explora o uso de um registro de linguagem informal. Que relação pode haver entre o registro usado e o conteúdo do infográfico?

ANOTE AÍ!

A **parte verbal** do infográfico é constituída por blocos curtos de texto escrito. As frases estão preferencialmente na ordem direta, e o tempo verbal é empregado conforme a intencionalidade, assim como a pontuação.

A **parte não verbal** pode ser formada por ilustrações, esquemas, gráficos e fotografias, e explora cores, formas, tipos de letra, diagramação, etc.

Acesse o recurso digital e descreva os elementos que compõem o infográfico interativo.

COMPARAÇÃO ENTRE OS TEXTOS

20. A parte 1 do infográfico tem relação com uma seção da reportagem de divulgação científica do capítulo 1.

a) Que seção da reportagem é essa?

b) O que é possível notar de diferente em relação às informações abordadas nessa parte do infográfico e da reportagem?

21. Quais são as finalidades do infográfico e da reportagem ao expor o processo de replicação do vírus?

22. Quanto ao grau de confiabilidade das informações, como você avalia os dois gêneros estudados?

141

LÍNGUA EM ESTUDO

ORAÇÕES SUBORDINADAS ADVERBIAIS CONCESSIVAS, FINAIS, CONFORMATIVAS, PROPORCIONAIS E COMPARATIVAS

1. Releia alguns trechos do infográfico.

> I. No interior da célula, o vírus sequestra o maquinário celular
> II. Com a área mais permeável, acumula-se líquido no local [...]

a) Identifique, em cada período, expressões que funcionam como adjuntos adverbiais. Copie-as no caderno.

b) Que circunstâncias essas expressões indicam?

Na atividade **1**, foram examinadas as possíveis expressões dos adjuntos adverbiais em diferentes circunstâncias. No trecho **I**, "no interior da célula" expressa onde ocorre o sequestro do maquinário celular. No trecho **II**, "no local" expressa onde o líquido é acumulado, e "com a área mais permeável" explica por que ele é acumulado. Assim, o primeiro e o segundo casos expressam noção de **lugar**, enquanto o terceiro expressa **causa**.

2. Agora, analise estes outros trechos do infográfico.

> I. Quando a destruição dos alvéolos atinge certo ponto, a pessoa entra em insuficiência respiratória aguda [...]
> II. Como o ACE-2 é um facilitador da infecção, pacientes com maior expressão do gene teriam uma quantidade maior de células afetadas pelo Sars-CoV-2.

a) Do ponto de vista sintático, esses trechos são períodos compostos. Copie-os no caderno, identificando as orações que os compõem.

b) Quais conjunções introduzem as orações?

c) Que circunstância cada oração subordinada atribui à oração principal?

Na atividade **2**, você viu que os trechos **I** e **II** apresentam períodos compostos por orações principais e orações subordinadas adverbiais; isso porque essas orações funcionam como adjuntos adverbiais. No trecho **I**, a oração "Quando a destruição dos alvéolos atinge certo ponto" expressa em que momento ocorre o que é indicado na oração principal. No trecho **II**, "Como o ACE-2 é um facilitador da infecção" expressa a razão de alguns pacientes terem mais células infectadas. Tempo e causa foram circunstâncias estudadas no capítulo 1. Agora, você estudará outras circunstâncias que podem ser expressas pelas orações subordinadas adverbiais: **concessão**, **finalidade**, **conformidade**, **proporção** e **comparação**.

ANOTE AÍ!

Relembre: Quando uma oração equivale a um **advérbio** e desempenha a função sintática de **adjunto adverbial**, tem-se uma **oração subordinada adverbial**. Esse tipo de oração pode ser classificada como: **temporal**, **condicional**, **causal**, **consecutiva**, **concessiva**, **final**, **conformativa**, **proporcional** ou **comparativa**.

TIPOS DE ORAÇÃO SUBORDINADA ADVERBIAL

Oração subordinada adverbial concessiva

Esse tipo de oração descreve um fato que poderia impedir ou invalidar a informação apresentada na oração principal, mas não o faz. Veja este exemplo:

> [...] o jovem pediatra estava preocupado com uma situação que vivenciava nos postos de saúde de comunidades pobres de Porto Alegre e Pelotas, por onde clinicou. **Por mais que tratasse crianças desnutridas e com diarreia, entre outros problemas**, elas sempre estavam de volta.

Paloma Oliveto. *Correio Braziliense*, 29 mar. 2017. Disponível em: https://www.correiobraziliense.com.br/app/noticia/ciencia-e-saude/2017/03/29/interna_ciencia_saude,584377/cesar-victora-e-o-primeiro-brasileiro-a-ganhar-pre-nobel.shtml. Acesso em: 26 jan. 2023.

O fato de as crianças doentes serem tratadas deveria impedir que continuassem doentes, mas não impede. Veja outro exemplo:

> As instituições de ensino superior privadas abriram no Paraná cerca de 160 mil vagas e, **ainda que 170 mil candidatos tenham participado de vestibulares**, pouco mais de 68 mil alunos se matricularam.

Jônatas Dias Lima. *Gazeta do Povo*, 23 maio 2012. Disponível em: http://www.gazetadopovo.com.br/educacao/vida-na-universidade/por-que-sobram-tantas-vagas-no-ensino-superior-brasileiro-2my0uov9b31b1tvri0xrw92z2. Acesso em: 26 jan. 2023.

O número de candidatos deveria indicar que quase todas as vagas teriam sido preenchidas, mas não indica. Assim, ambas as orações destacadas são subordinadas adverbiais concessivas.

Oração subordinada adverbial final

Esse tipo de oração exprime a finalidade do que se diz na oração principal.

> **Para que sua atuação como cidadão seja mais efetiva**, é importante que você conheça a legislação brasileira que protege os consumidores [...].

Guia alimentar para a população brasileira. Brasília: Ministério da Saúde, 2014. p. 120.

O conhecimento da legislação tem por objetivo uma atuação mais consciente. Assim, a oração destacada é subordinada adverbial final.

Oração subordinada adverbial conformativa

Esse tipo de oração expressa um fato que se dá em conformidade com o que é declarado na oração principal.

> Máscaras faciais podem reduzir significativamente a contaminação por Covid-19, [...] **como alertam infectologistas e autoridades de saúde desde o início da pandemia**.

Nicolas Paulino; Antonio Rodrigues. *Diário do Nordeste*. Disponível em: https://diariodonordeste.verdesmares.com.br/metro/com-queda-de-casos-de-covid-19-aumenta-resistencia-ao-uso-de-mascaras-de-protecao-no-ceara-1.3146558. Acesso em: 1º fev. 2021.

O alerta de infectologistas e autoridades está em conformidade com o que foi dito na oração principal. Logo, ela é subordinada adverbial conformativa.

RELACIONANDO

A reportagem de divulgação científica e o infográfico que você leu abordam mecanismos dos quais seres e estruturas da natureza se valem para atingir um objetivo ligado à sua permanência. Com esse conteúdo, torna-se comum o emprego de orações adverbiais finais. Relembre: "Eles [os vírus] se utilizam da maquinaria celular para se multiplicar"; "*Para que doenças migrem de uma espécie a outra*, um patógeno precisa superar uma série de peneiras [...]"; "Especialistas em saúde, autoridades governamentais e empresários se reúnem *para planejar uma resposta a uma epidemia global*" (capítulo 1); "Outras células se autodestroem *para tentar interromper a invasão de vírus*" (capítulo 2).

▲ Capa do livro *Quanto mais entendo os homens, mais eu gosto do meu gato*, de Daisy Hay. São Paulo: Publifolha, 2004.

Oração subordinada adverbial proporcional

Esse tipo de oração exprime em que proporção ou gradação ocorre o que é apresentado na oração principal.

Observe, ao lado, o título do livro. A oração "Quanto mais entendo os homens" indica em que proporção o amor pelo gato aumenta (na mesma proporção em que se vai entendendo os homens), e por isso a primeira é uma oração subordinada adverbial proporcional em relação a "mais eu gosto do meu gato". Algo similar pode ser constatado no título desta reportagem:

Por que o tempo parece passar mais rápido **à medida que envelhecemos**?

Ricardo Teixeira. *Correio Braziliense*, 25 jul. 2016. Disponível em: https://www.correiobraziliense.com.br/app/noticia/revista/2016/07/25/interna_revista_correio,541572/por-que-o-tempo-parece-passar-mais-rapido-a-medida-que-envelhecemos.shtml. Acesso em: 26 jan. 2023.

No texto, afirma-se que, em circunstâncias como a chegada progressiva da velhice, algumas pessoas têm a percepção de que o tempo passa mais rápido. Assim, a oração destacada é subordinada adverbial proporcional.

Oração subordinada adverbial comparativa

Contém o fato que é comparado com aquilo que se diz na oração principal.

Apesar da alta concentração calórica, a rapadura tem mais benefícios **que o açúcar branco**.

Centrais de Abastecimento de Goiás S/A, 23 jul. 2020. Disponível em: https://www.ceasa.go.gov.br/noticias/922-o-doce-sabor-nutritivo-da-rapadura.html. Acesso em: 2 fev. 2023.

Ao comparar os benefícios da rapadura e os do açúcar branco, observa-se que no primeiro produto eles são mais numerosos. Portanto, a oração destacada, na qual está o termo de comparação, é uma subordinada adverbial comparativa. A anterior é sua oração principal. Nas orações subordinadas adverbiais comparativas, é comum o verbo estar subentendido, como no exemplo: "a rapadura tem mais benefícios que o açúcar branco [tem]".

Veja a seguir um resumo das orações subordinadas adverbiais apresentadas nessa seção.

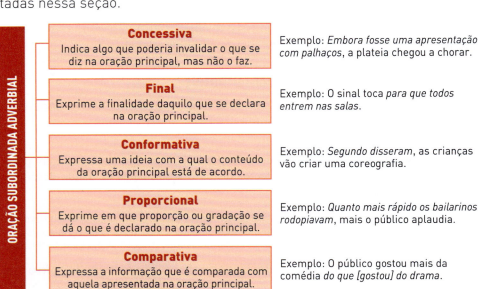

RELACIONANDO

Na reportagem de divulgação científica do capítulo 1, destaca-se a relação proporcional entre as ações dos seres humanos no mundo e situações decorrentes delas. Por isso as orações adverbiais proporcionais foram empregadas (inclusive com os verbos subentendidos): "[...] *quanto mais nos aproximamos de áreas preservadas*, mais entramos em contato com patógenos nunca antes vistos"; "Além disso, *quanto mais gente* [houver] *no mundo*, maior [será] a quantidade de animais de criação".

CONECTIVOS QUE INTRODUZEM AS ORAÇÕES SUBORDINADAS ADVERBIAIS

Veja exemplos de conjunções e locuções conjuntivas subordinativas.

CONJUNÇÕES E LOCUÇÕES CONJUNTIVAS SUBORDINATIVAS	EXEMPLOS
Concessivas	embora; ainda que; mesmo que; apesar de que; por mais que; por menos que; se bem que
Finais	para que; a fim de que
Conformativas	conforme; como; segundo; consoante
Proporcionais	à medida que; à proporção que; quanto mais... mais; quanto mais... menos
Comparativas	como; mais... (do) que; menos... (do) que; tão... quanto; tanto... quanto

A conjunção *como* pode assumir significados diferentes. Leia a tira.

Bill Watterson. *O mundo é mágico*: As aventuras de Calvin e Haroldo. São Paulo: Conrad, 2010.

No segundo quadrinho, *como* corresponde a *conforme* e a oração é classificada como subordinada adverbial conformativa, equivalendo a "*Conforme* sabemos". No terceiro quadrinho, *como* corresponde a *já que* ou *porque* e a oração é subordinada adverbial causal, equivalendo a "*Porque* minha mãe tem afinidades secretas com meninas".

A conjunção *como* pode ainda iniciar orações adverbiais comparativas: "Ele ouvia bem *como um cão*" (*como* = *tanto quanto*).

ORAÇÕES SUBORDINADAS ADVERBIAIS REDUZIDAS

Observe, no quadro abaixo, exemplos de equivalência de sentido entre as formas reduzida e desenvolvida de orações adverbiais finais e concessivas.

	ORAÇÃO SUBORDINADA ADVERBIAL	ORAÇÃO PRINCIPAL
Forma reduzida (de infinitivo)	**Para** receber ajuda,	chamei o monitor.
Forma desenvolvida	**Para que** recebesse ajuda,	chamei o monitor.
Forma reduzida (de gerúndio)	**Mesmo** precisando de ajuda,	não chamei o monitor.
Forma desenvolvida	**Ainda que** precisasse de ajuda,	não chamei o monitor.
Forma reduzida (de particípio)	**Mesmo** machucado,	continuou no jogo.
Forma desenvolvida	**Ainda que** estivesse machucado,	continuou no jogo.

Retomar e compreender

1. Leia esta tira.

Chris Browne. Hagar, o Horrível. *Folha de S.Paulo*, 4 jun. 2004. p. E13.

a) A que Hagar associa o tamanho dos chifres?
b) Que relação sintática existe entre a primeira e a segunda orações da fala de Hagar no segundo balão?
c) De acordo com a teoria de Hagar, quem é mais importante: ele ou seu filho?
d) O humor da tira surge no segundo quadrinho. Explique por quê.
e) Classifique a oração "Quanto maiores [são os chifres]".

2. Copie o texto abaixo no caderno e complete-o segundo os itens a seguir.

> Na corrida de pessoas com deficiência visual, cada atleta precisa de um guia que corra a seu lado. Por meio de uma corda curta que ambos seguram, o atleta não perde a direção enquanto corre.

a) Acrescente ao texto um período composto por uma oração principal seguida de uma oração subordinada adverbial comparativa. Esse trecho deve apresentar a ideia de que o guia precisa ter a mesma rapidez que o atleta.
b) Acrescente mais uma oração ao período que você escreveu. Desta vez, use uma subordinada adverbial final, expressando que o objetivo do guia é não atrapalhar o atleta.

3. O trecho a seguir foi retirado de um texto que trata sobre o mapeamento afetivo, processo de olhar para nosso entorno considerando os lugares de afeto, as memórias suscitadas, as pessoas e suas histórias.

> ### Do mapa afetivo ao jornalismo de serviço hiperlocal
>
> As coisas que a gente vê são as coisas que de alguma maneira tocam a gente. O que não nos toca, passa batido, **mesmo que a gente passe por elas todos os dias, mesmo que sejam super relevantes pra outros olhos**. Portanto, as coisas que a gente procura pra ler, assistir, escutar, são as coisas sobre as quais temos mais do que curiosidade: são com as quais temos uma certa relação de afetos – dos mais diversos tipos. [...]

Amanda Rahra. *Observatório da Imprensa*, 4 jul. 2017. Disponível em: https://www.observatoriodaimprensa.com.br/educacao-e-cidadania/caderno-da-cidadania/do-mapa-afetivo-ao-jornalismo-de-servico-hiperlocal/. Acesso em: 26 jan. 2023.

a) Que sentidos devem ser atribuídos aos verbos *ver* e *tocar* citados no trecho?
b) Explique o jogo de palavras feito pela autora com base no verbo *passar*.
c) Indique as ocorrências que exemplificam o uso do registro informal.
d) Qual é a classificação das duas orações destacadas?

Acompanhamento da aprendizagem

4. Leia a seguir o trecho de um texto sobre a rapadura, publicado no *site* das Centrais de Abastecimento de Goiás.

   ### O doce sabor nutritivo da rapadura
   [...]
   "Rapadura é doce, mas não é mole não", já dizia um ditado que representa a popularidade deste alimento no Brasil. A rapadura tem origem no continente europeu e surgiu no século XVI. Foi uma solução criada para substituir o açúcar nas longas viagens, já que o adoçante granulado era mais perecível, pois umedecia e melava facilmente. A rapadura, por ser em barras, era mais durável e mais prática de transportar nas sacolas dos viajantes.

   ▲ Pedaços da tradicional rapadura.

   O doce sabor nutritivo da rapadura. *Centrais de Abastecimento de Goiás S/A*, 23 jul. 2020. Disponível em: https://www.ceasa.go.gov.br/noticias/922-o-doce-sabor-nutritivo-da-rapadura.html. Acesso em: 26 jan. 2023.

   a) O ditado citado costuma ser lembrado para ilustrar que tipo de situação?
   b) Releia esta passagem, dividida nas orações que a compõem.

   > ¹Foi uma solução criada | ²para substituir o açúcar nas longas viagens, | ³já que o adoçante granulado era mais perecível, | ⁴pois umedecia | ⁵e melava facilmente.

   - Que conectivos introduzem as orações 2 e 3? Essas orações estão na forma reduzida ou desenvolvida?
   - Que circunstâncias as orações 2 e 3 expressam?

   c) A durabilidade e a praticidade da rapadura – mencionadas em "A rapadura, por ser em barras, era mais durável e mais prática de transportar nas sacolas dos viajantes" – são comparadas às mesmas características de outro produto no trecho lido.
   - Qual é esse produto? Por que, nesse período, ele não precisou ser explicitado na forma de uma oração subordinada adverbial comparativa?

   d) Ainda na passagem citada no item *c*, a oração "por ser em barras" recebe qual classificação? Ela está na forma reduzida ou desenvolvida?

5. Levando em consideração o uso das orações subordinadas adverbiais concessivas, examine a frase a seguir, proferida pelo filósofo Cícero. Logo após, classifique no caderno as alternativas como **verdadeiras** ou **falsas**.

   > Por mais que eu tente, por mais que eu queira, por mais que eu me dedique, nunca irei conseguir agradar a todos.

   I. As orações "Por mais que eu tente, por mais que eu queira, por mais que eu me dedique" expressam a ideia de intensidade à concessão.
   II. Orações como as utilizadas na frase – introduzidas pela expressão "por mais que" – costumam ser empregadas de forma anteposta, ou seja, antes da oração principal.
   III. Com a repetição da expressão "por mais que", o autor confere maior teor enfático e persuasivo à sua frase.

   Continua

Aplicar

6. As orações subordinadas adverbiais são categorizadas em nove tipos diferentes. Classifique as orações adverbiais dos períodos a seguir.

> I. **À medida que o progresso no combate à fome estanca**, a pandemia de Covid-19 está intensificando as vulnerabilidades e inadequações dos sistemas alimentares globais.
>
> Unicef Brasil, 13 jul. 2020. Disponível em: https://www.unicef.org/brazil/comunicados-de-imprensa/acabar-com-fome-ate-2030-e-incerteza-alerta-relatorio-onu. Acesso em: 26 jan. 2023.

> II. Socorro, a mala não chegou! Saiba o que fazer **caso sua bagagem se perca**
>
> Correio Braziliense, 11 jul. 2017. Disponível em: https://www.correiobraziliense.com.br/app/noticia/turismo/2017/07/11/interna_turismo,608467/socorro-a-mala-nao-chegou-saiba-o-que-fazer-caso-sua-bagagem-se-perc.shtml. Acesso em: 26 jan. 2023.

> III. A expectativa para o vestibular é tão grande **quanto a incerteza.**
>
> Bom dia Rio, 11 jul. 2017. Disponível em: http://g1.globo.com/rio-de-janeiro/noticia/vestibular-da-uerj-acontece-no-domingo-e-muitos-estudantes-vao-fazer-a-prova-preocupados.ghtml. Acesso em: 26 jan. 2023.

> IV. **Embora Palmeiras tenha ajudado Corinthians**, zagueiro fala de "dever cumprido"
>
> ESPN, 3 jul. 2017. Disponível em: http://espn.uol.com.br/noticia/707833_embora-palmeiras-tenha-ajudado-corinthians-zagueiro-fala-em-dever-cumprido. Acesso em: 26 jan. 2023.

> V. [...] **quanto mais nossa juventude estiver ligada a uma tela**, mais devemos nos preocupar.
>
> Jim Schroeder. Aleteia, 25 fev. 2021. Disponível em: https://pt.aleteia.org/2021/02/25/por-que-adultos-e-criancas-estao-mais-ansiosos-que-nunca/. Acesso em: 26 jan. 2023.

> VI. O nível dos rios que abastecem as hidrelétricas deve continuar abaixo da média histórica nesta semana, **segundo prevê o Operador Nacional do Sistema Elétrico (ONS).**
>
> Lucas Leon. Rádio Agência Nacional, 11 jul. 2021. Disponível em: https://agenciabrasil.ebc.com.br/radioagencia-nacional/meio-ambiente/audio/2021-07/nivel-de-rios-do-pais-devem-continuar-baixo-nessa-semana. Acesso em: 26 jan. 2023.

7. Leia o texto a seguir.

> ★ se compreenda o quadro dos transportes no Brasil, faremos uma retrospectiva. As redes viárias foram sendo construídas ★ o país se desenvolvia economicamente. Em alguns momentos, isso atendeu aos interesses de alguns grupos, ★ se percebe por algumas escolhas imprudentes que persistem até hoje. Um exemplo é o predomínio do sistema rodoviário. Ele é ★ caro ★ o ferroviário e o hidroviário.
>
> Discutindo Geografia, São Paulo, Escala Educacional, ano 3, n. 16, 2008.

a) Copie o texto no caderno, substituindo o símbolo ★ por uma destas conjunções ou locuções conjuntivas: *como*, *mais/que*, *à medida que* e *para que*.

b) Classifique as orações iniciadas por essas conjunções e locuções conjuntivas.

c) Qual crítica é feita nesse texto?

A LÍNGUA NA REAL

A CONCESSÃO

1. Leia o trecho a seguir de um *blog* sobre esportes veiculado no jornal *Diário de Pernambuco*.

Empate no Clássico dos Clássicos com Náutico e Sport na bronca com o árbitro

O segundo Clássico dos Clássicos no ano foi bem mais disputado. Desta vez com dois times vivos numa partida franca na arena, sem tanta importância para a classificação de ambos, mas com a rivalidade presente. Se o Leão buscava a sexta vitória seguida no confronto, o Timbu queria recuperar a confiança da torcida, após a última apresentação. Tecnicamente, o jogo teve limitações, mas o destaque negativo ficou mesmo para o árbitro [...].

No primeiro tempo, não quis conversa, tratando qualquer lance mais duro com cartão amarelo — se bem que o primeiro foi justo, com Lenis tentando simular um pênalti. No segundo, assinalou uma penalidade bem duvidosa de Matheus Ferraz em Caíque Valdívia, caindo antes do contato — na visão do *blog*. [...].

Apesar da intensidade, faltava espaço, com faltas, cartões e reclamações em interpretações distintas. Na segunda etapa, os gols. Aos 9, Ronaldo Alves se manteve 100% em pênaltis no ano, mandando no cantinho. Porém, a vantagem só durou cinco minutos, com Niel marcando contra — e o árbitro deu o gol a Rithely, que sequer estava no lance. Após a igualdade, o Sport se mostrou satisfeito, tentando encaixar contragolpes e evitando desgaste na maratona. Se o Náutico não chegou ao gol, ao menos mereceu os aplausos de sua torcida. [...]

Cassio Zirpoli. *Diário de Pernambuco*, 6 mar. 2016. Disponível em: https://blogs.diariodepernambuco.com.br/esportes/2016/03/06/empate-no-classico-dos-classicos-com-nautico-e-sport-na-bronca-com-o-arbitro/. Acesso em: 2 fev. 2023.

▲ Jogadores durante a partida entre Náutico e Sport no campeonato pernambucano.

igualdade: empate.

Leão: apelido do time Sport Recife.

Timbu: apelido do time Náutico.

a) Em quantas passagens o blogueiro critica a atuação do juiz? Indique os parágrafos em que elas aparecem.

b) No segundo parágrafo do texto, o blogueiro faz uma concessão em relação ao desempenho do juiz da partida.

- Nesse caso, a palavra *concessão* apresenta o significado presente em duas das acepções indicadas a seguir. Que acepções são essas?

  1. consentimento, permissão, transigência [...].
  2. ato ou efeito de ceder algo de sua opinião ou direito a outrem [...]
  4. (ESTL, RET) figura de retórica que consiste em se concordar com o adversário em coisa passível de contestação
  5. (ESTL, RET) o que se admite como possibilidade ou hipótese válida
  6. (GRAM) fato subordinado e contrário ao da ação principal de uma oração, mas incapaz de impedir que tal ação venha a ocorrer [...]

  Dicionário Houaiss. Disponível em: https://houaiss.uol.com.br/corporativo/apps/uol_www/v6-1/html/index.php#2. Acesso em: 2 fev. 2023.

- No caderno, transcreva a oração subordinada adverbial do segundo parágrafo que expressa a concessão.

c) Ainda no segundo parágrafo, ao escrever "na visão do *blog*", o que o blogueiro deixa implícito?

QUEM SÃO OS JOGADORES?

Jogadores do Sport citados no texto: Lenis, Matheus Ferraz e Rithely.

Jogadores do Náutico citados no texto: Caíque Valdívia, Ronaldo Alves e Niel.

149

2. As publicações em *blogs* costumam ser abertas para comentários. Veja a seguir alguns comentários de leitores que o texto da atividade 1 recebeu. Os autores foram identificados como Leitor I e Leitor II.

Leitor I no dia 6 de março de 2016 às 19:36 disse:

Cássio, se foi duvidoso o pênalti a favor do Náutico, o que dizer da "falta" que originou o gol contra de Niel? Vale a pontuação, não acha?

Comentário do autor do *blog*

Falta. Confesso que nem vi a contestação no lance, tirando o seu comentário. Mas está aí o registro do *blog* então.

Leitor I no dia 6 de março de 2016 às 20:23 disse:

Tranquilo, mas não fui o único. Diretores e jogadores se manifestaram pelo rádio, bem como Dal Pozzo. Também alguns radialistas. Obrigado.

Leitor II no dia 7 de março de 2016 às 21:05 disse:

Engraçado que o *Diário de Pernambuco* foi o único meio de comunicação que não citou a contestação da "falta" que originou o gol do Sport! Além de dizer, na capa, que o "leão" é líder.

a) O Leitor I esperava uma concessão do blogueiro. Ela foi feita? Justifique.

b) Que dados o Leitor I e o Leitor II citam para justificar a concessão esperada?

3. Agora, leia este outro comentário:

Leitor III no dia 6 de março de 2016 às 22:42 disse:

Vcs do *blog* têm todo o direito de achar que não foi **pênalti**, agora dizer que Caíque Valdívia caiu antes do contato francamente é querer distorcer a realidade...

- Pode-se afirmar que o Leitor III empregou uma estratégia baseada em concessão? Explique.

4. Releia um trecho do último parágrafo do texto da atividade 1.

> Apesar da intensidade, faltava espaço, com faltas, cartões e reclamações em interpretações distintas.

a) Nessa passagem (que usa um conectivo para expressar concessão: *apesar de*), qual situação poderia impedir outra, mas não impede?

b) A intensidade é vista como algo positivo ou negativo? E a falta de espaço e as interpretações discutíveis acerca de faltas, cartões e reclamações?

c) Essa frase revela superação ou limitação? Para expressar o inverso, como a frase poderia ser reelaborada?

5. Levando em consideração o sentido global do trecho a seguir, reescreva-o no caderno empregando uma conjunção subordinativa concessiva.

> Se o Náutico não chegou ao gol, ao menos mereceu os aplausos de sua torcida.

6. Leia este trecho, extraído de uma coluna de jornal.

Frutos muito estranhos

Movimentos de defesa de minorias agora estrilam quando um membro dos chamados grupos dominantes se utiliza ("se apropria", na linguagem dos militantes) de um elemento icônico de sua cultura. No Brasil, uma adolescente branca que havia perdido seus cabelos por causa de um tratamento contra o câncer foi duramente repreendida por ativistas negros por ter se exibido com um turbante afro.

Compreendo a necessidade dos movimentos de buscar bandeiras capazes de mobilizar a militância – e não há nada como uma polêmica cultural para fazê-lo. Também concordo que é importante discutir a história e a dimensão política de símbolos culturais, mas receio que vivamos num mundo onde as interações entre povos foram tantas e tão intensas que nenhum grupo pode reivindicar direitos exclusivos sobre nada.

[...]

Podemos ir mais longe e dizer que a própria história é uma história de sucessivas apropriações. Tomemos o caso da escrita. Embora ela seja hoje quase universal, foi inventada de forma independente apenas três ou quatro vezes e depois "apropriada" por todas as culturas não ágrafas.

Hélio Schwartsman. Frutos muito estranhos. *Folha de S.Paulo*, 28 fev. 2017. Disponível em: http://www1.folha.uol.com.br/colunas/helioschwartsman/2017/02/1862425-frutos-muito-estranhos.shtml. Acesso em: 23 jan. 2023.

ágrafo: que não possui escrita.

bandeira: ideia que orienta um grupo, um partido.

estrilar: esbravejar, exaltar-se.

icônico: emblemático de um momento, de um grupo, de um comportamento.

a) *Apropriar-se* significa "tomar para si, apoderar-se". O articulista usou aspas duas vezes ao empregar esse verbo. Que sentido ele criou ao usá-las?

b) No primeiro uso do verbo *apropriar*, além das aspas, o articulista salienta que o termo é próprio da linguagem dos militantes de determinado grupo. Qual é o propósito do articulista ao fazer isso?

c) Por que, no terceiro parágrafo, *apropriações* não recebeu aspas?

d) O articulista discorda da ideia do turbante afro como direito exclusivo de africanos e afrodescendentes, conforme defendem alguns ativistas negros. Todavia, ele apresenta abertura para o ponto de vista dessas pessoas. Copie no caderno as frases que revelam isso.

e) As concessões feitas pelo articulista são construídas com orações subordinadas adverbiais concessivas?

f) Reescreva as passagens citadas em sua resposta ao item *d*, construindo-as por meio de orações subordinadas adverbiais concessivas.

ANOTE AÍ!

Fazer **concessões** é um mecanismo utilizado para **atenuar afirmações** que poderiam ter um impacto negativo sobre nosso(s) interlocutor(es). Assim, quando apresentamos uma crítica a algo ou alguém, fazer uma concessão apontando um ponto positivo, por exemplo, mostra que a crítica é racional, já que temos clareza para perceber pontos positivos no objeto criticado. Isso nos faz parecer mais **confiáveis** aos olhos de nossos interlocutores. Em debates, fazer alguma concessão a um oponente pode ser uma manobra para **conquistar a simpatia** dele e tornar mais fácil que ele aceite nossos argumentos.

151

ESCRITA EM PAUTA

PONTUAÇÃO NAS ORAÇÕES SUBORDINADAS ADVERBIAIS

1. Leia o trecho de uma notícia que reproduz falas do médico Drauzio Varella proferidas durante uma palestra em Recife.

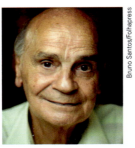

▲ O médico e escritor Drauzio Varella. Foto de 2019.

> "O Brasil enfrenta hoje dois problemas: a vida sedentária, fator de risco para o câncer, e a obesidade. Nunca se imaginou que a obesidade seria uma epidemia. **Atualmente, 52% dos brasileiros estão acima do peso** e 15% estão obesos" [...].
>
> A prática regular de exercícios físicos foi um dos pontos principais defendidos pelo médico como aliado na melhora da qualidade de vida. "**Nós aumentamos a expectativa de vida brutalmente**. E esse aumento fez com que, para que o ser humano viva melhor, precise se cuidar melhor. E só é possível de duas formas: ao controlar o peso e ao fazer atividade física. O problema é que todos sabem que o exercício físico faz bem, mas ninguém faz."
>
> Cinthya Leite. Exercício e controle da alimentação são o futuro da medicina preventiva, diz Drauzio Varella. *Casa Saudável*, 28 abr. 2017. Disponível em: http://blogs.ne10.uol.com.br/casasaudavel/2017/04/28/exercicio-e-controle-da-alimentacao-sao-o-futuro-da-medicina-preventiva-diz-drauzio-varella/. Acesso em: 2 fev. 2023.

a) Copie o quadro a seguir no caderno e complete-o com os termos do primeiro período destacado.

sujeito	verbo de ligação	predicativo do sujeito	adjunto adverbial

- Na fala do médico, o adjunto adverbial está na ordem direta? Justifique.

b) Copie o quadro a seguir no caderno e complete-o com os termos do segundo período destacado.

sujeito	verbo transitivo direto	objeto direto	adjunto adverbial

- Na fala do médico, o adjunto adverbial está na ordem direta? Justifique.

Na reprodução da primeira fala, o adjunto adverbial *atualmente*, que está na ordem indireta, foi destacado com vírgula. Esse é um preceito básico da pontuação no interior do período simples. Todavia, o uso da vírgula não é obrigatório quando o adjunto adverbial é considerado curto. Releia.

> O Brasil enfrenta hoje dois problemas [...].

O adjunto adverbial *hoje*, no meio da oração, não foi marcado com um par de vírgulas.

Quando o adjunto adverbial, no período simples, é colocado na ordem direta, ou seja, no final da oração, ele tende a não ser separado por vírgula (embora isso seja possível, se a intenção for criar um efeito específico), como acontece com o adjunto adverbial *brutalmente* no segundo trecho da fala de Drauzio Varella. No período composto, a oração adverbial na ordem direta, ou seja, após a oração principal, pode ser destacada por vírgula, embora isso não costume ocorrer.

Em geral, a **pontuação** das **orações subordinadas adverbiais** no período composto segue os mesmos princípios da pontuação do adjunto adverbial no período simples, com a diferença de que a inversão de uma oração deve ser marcada por vírgula(s), diferentemente do período simples, em que o adjunto adverbial pode não ter vírgula.

ANOTE AÍ!

- Quando **inicia um período**, a oração subordinada adverbial é destacada por vírgula. Exemplo: *Enquanto os Jogos Olímpicos não começam*, os atletas treinam.
- Quando aparece no **meio do período**, a oração subordinada adverbial vem separada por vírgulas. Exemplo: O que vai acontecer, *quando o torneio começar*, é que os turistas vão chegar em peso.
- Quando está no **final do período** – sua posição na ordem direta –, a oração subordinada adverbial não é separada por vírgula. Exemplo: Os turistas só vão aparecer *quando começarem a vender os ingressos*.

Observação: Pode haver vírgula antes da oração subordinada adverbial em final de período quando houver a intenção de destacar um conteúdo.

2. Copie no caderno e pontue adequadamente as frases a seguir.
   a) Como riu muito Elza acabou ficando sem fôlego.
   b) Contanto que vocês não riam vou contar o que me aconteceu hoje.
   c) A conclusão conforme os relatórios apontam é que o riso é importante na vida em sociedade.
   d) Algumas pessoas assim que acordam já estão rindo e falando.

ETC. E TAL

Conectivos subordinativos e gíria

Segundo dicionários, a locução "só que" introduz construções contrastivas e restritivas. Por exemplo: "É um funcionário autorizado, só que não está de uniforme" é o equivalente de "É um funcionário autorizado, embora não esteja de uniforme".

Essa locução tornou-se tão expressiva a ponto de começarem a empregá-la na versão "só que não". Ela expressa uma volta atrás no que foi dito e cria uma exceção de forma bem simples. "Fulano é o mais adequado para o cargo. Só que não". Esse é um jeito mais direto de dizer "Embora pareça o mais adequado para o cargo, fulano não o é".

Os falantes da língua são habilidosos em explorar a matéria-prima que ela proporciona. De forma criativa, fazem surgir expressões engraçadas, poéticas, elucidativas de coisas complicadas... E elas vão sendo incorporadas. Veja um exemplo:

> Hoje começa o fim de semana, e muitos brasileiros planejam as mais do que tradicionais peladas, com três, quatro horas de futebol. A princípio, diversão e sinal de que, afinal, não são sedentários. Mas a batida expressão "só-que-não" nunca teve uso tão apropriado. Não só são sedentários quanto temerários.

Ana Lucia Azevedo. Falta de atividade física mata 300 mil por ano no Brasil. *O Globo*, 31 out. 2015. Disponível em: https://oglobo.globo.com/sociedade/saude/falta-de-atividade-fisica-mata-300-mil-por-ano-no-brasil-17932881. Acesso em: 23 jan. 2023.

AGORA É COM VOCÊ!

ELABORAÇÃO DE INFOGRÁFICO

Proposta

Depois de ler o infográfico "Como o novo coronavírus pode matar as pessoas", você vai produzir, com dois colegas, seu próprio infográfico. Para isso, vocês utilizarão uma folha de papel sulfite tamanho A3 ou uma cartolina. O assunto do infográfico deve ser relacionado a vacinas. Após concluírem esse projeto, haverá uma exposição dos infográficos produzidos na escola.

GÊNERO	PÚBLICO	OBJETIVO	CIRCULAÇÃO
Infográfico	Comunidade escolar	Informar sobre vacinas	Exposição, na escola, dos infográficos produzidos

Planejamento e elaboração de texto

1. Reúnam-se em grupos de três integrantes.

2. Cada trio vai escolher um tema relacionado a vacinas para ser desenvolvido no infográfico. Sugestões:

   - Origem e história das vacinas
   - Tecnologias de produção de vacina e fases de desenvolvimento
   - Cientistas importantes na criação de vacinas
   - Papel das vacinas no aumento da expectativa de vida
   - A revolta da vacina no Brasil em 1904
   - Instituições brasileiras ligadas à pesquisa de vacinas
   - Campanhas de vacinação
   - Origem da desconfiança nas vacinas

3. Busquem informações sobre o tema em livros, revistas de divulgação científica, *sites* institucionais e *blogs* de especialistas no assunto. Peçam ajuda ao professor para fazer a revisão bibliográfica e encontrar fontes confiáveis que abordem o tema.

4. Selecionem informações dos textos ou vídeos encontrados, avaliando a relevância delas para explicar o assunto. Para tanto, grifem as partes mais importantes dos textos ou tomem nota do que foi apresentado nos vídeos.

5. Busquem também outros infográficos. Quanto maior seu repertório, maiores as chances de fazer um bom trabalho. Procurem infográficos sobre assuntos científicos diversos, observando:

   - as cores utilizadas relacionadas ao tema;
   - a disposição do texto escrito e também das imagens;
   - a proporção entre tamanho e quantidade de imagens e blocos de texto escrito.

6. Pesquisem e selecionem imagens científicas relacionadas ao tema. Vocês poderão imprimi-las, fotocopiá-las ou usá-las como referência para montar o infográfico.

7. Verifiquem se uma tabela, um gráfico ou um mapa enriqueceria o infográfico. Se for o caso, fiquem à vontade para usar esses recursos.

8 Elaborem a primeira versão do infográfico.

- Digitem o texto em uma fonte que julgarem compatível com o infográfico. Usem cores e tamanhos diferentes para destacar títulos e subtítulos.

- Decidam a disposição das imagens e dos textos escritos no papel. Para isso, vocês podem recortá-los e manuseá-los sobre o papel para terem uma ideia de qual é o melhor jeito de acomodá-los, do que deve ser aumentado ou diminuído ou se será necessário acrescentar informações. Lembrem-se de que é preciso haver uma lógica que oriente o olhar do leitor.

- Completem o infográfico com subtítulos, traços, setas, entre outros recursos gráficos.

- Deem um título ao infográfico.

LINGUAGEM DO SEU TEXTO

1. No texto escrito do infográfico "Como o novo coronavírus pode matar as pessoas", vocês observaram o uso de inversões sintáticas? Se esse recurso não foi usado, explique o motivo.

2. No infográfico, há o uso de expressões como "ou seja"? Em caso afirmativo, por que essa expressão foi utilizada?

Ao produzir seu infográfico, utilizem uma linguagem clara e objetiva: façam uso de frases curtas, na ordem direta. Empreguem também expressões que facilitem o entendimento do texto, como "ou seja", "isto é", "em resumo", que explicam, hierarquizam e sintetizam conceitos.

Avaliação e reescrita do texto

1 Avaliem o infográfico produzido por vocês com base nos itens a seguir.

ELEMENTOS DO INFOGRÁFICO
O título do infográfico está adequado e relacionado ao tema?
A disposição dos textos escritos e das imagens facilita a compreensão do assunto tratado?
As imagens estão relacionadas ao assunto?
O infográfico está organizado de modo a facilitar a leitura?
A linguagem está acessível a leitores não especialistas no tema?

2 Façam as alterações que considerarem necessárias e entreguem o infográfico finalizado ao professor, para que ele também possa avaliá-lo.

3 Com base nos comentários recebidos, produzam a versão final do infográfico.

Circulação

1 Os infográficos produzidos ficarão expostos em um espaço da escola para que os demais estudantes e funcionários possam ter acesso a eles e se informar sobre o tema.

2 Organizem o lançamento da exposição. Oralmente ou por escrito, façam convites aos colegas e funcionários da escola para o evento de lançamento.

3 Escolham alguns estudantes para desempenhar funções específicas no dia do lançamento, como dar as boas-vindas ao público, explicar o trabalho que foi realizado e agradecer a presença de todos.

ATIVIDADES INTEGRADAS

No capítulo 1, você leu uma reportagem de divulgação científica que informa sobre como um novo vírus, o Sars-CoV-2, passou de morcegos para humanos. No capítulo 2, você leu um infográfico que explica como esse vírus pode afetar o organismo de uma pessoa.

Agora, leia o infográfico a seguir e saiba como esse vírus é transmitido entre a população. Depois, responda às questões propostas.

Como o Sars-CoV-2 é transmitido pelo ar

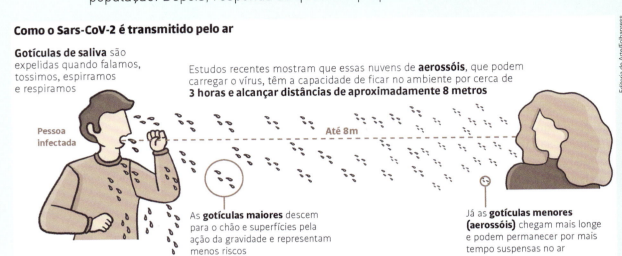

Gotículas de saliva são expelidas quando falamos, tossimos, espirramos e respiramos

Estudos recentes mostram que essas nuvens de **aerossóis**, que podem carregar o vírus, têm a capacidade de ficar no ambiente por cerca de **3 horas e alcançar distâncias de aproximadamente 8 metros**

Pessoa infectada — Até 8m

As **gotículas maiores** descem para o chão e superfícies pela ação da gravidade e representam menos riscos

Já as **gotículas menores (aerossóis)** chegam mais longe e podem permanecer por mais tempo suspensas no ar

Como evitar a transmissão por aerossóis

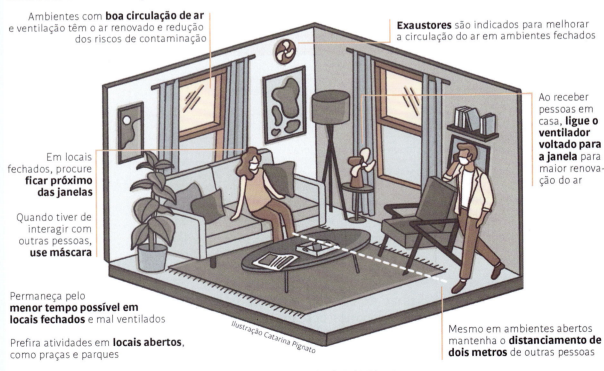

Ambientes com **boa circulação de ar** e ventilação têm o ar renovado e redução dos riscos de contaminação

Exaustores são indicados para melhorar a circulação do ar em ambientes fechados

Em locais fechados, procure **ficar próximo das janelas**

Quando tiver de interagir com outras pessoas, **use máscara**

Ao receber pessoas em casa, **ligue o ventilador voltado para a janela** para maior renovação do ar

Permaneça pelo **menor tempo possível em locais fechados** e mal ventilados

Prefira atividades em **locais abertos**, como praças e parques

Mesmo em ambientes abertos mantenha o **distanciamento de dois metros** de outras pessoas

Ilustração Catarina Pignato

Fontes: Ricardo Gomes Passos, pesquisador no Centro de Desenvolvimento da Tecnologia Nuclear (CDTN/CNEN), artigo "Turbulent Gas Clouds and Respiratory Pathogen Emissions" (revista Jama) e Secretaria de Estado de Saúde de Minas Gerais

Como o Sars-CoV-2 é transmitido pelo ar. *Folha de S.Paulo*, São Paulo, 11 mar. 2021. Caderno Equilíbrio e Saúde, p. B6.

Acompanhamento da aprendizagem

Analisar e verificar

1. O infográfico desta seção foi extraído do mesmo jornal que o infográfico "Como o novo coronavírus pode matar as pessoas". Que semelhanças é possível constatar entre eles no que diz respeito aos recursos gráficos utilizados?

2. O infográfico apresenta duas partes: uma é expositiva e a outra é predominantemente injuntiva, ou seja, exprime o que o interlocutor deve ou não fazer.

   a) Identifique cada uma dessas partes.

   b) Qual delas se assemelha ao infográfico estudado no capítulo 2?

3. É informado, na primeira parte do infográfico, que gotículas de saliva podem descer para superfícies. Contudo, a contaminação a partir de superfícies não é detalhada. Por que isso não constitui uma incoerência?

4. Como a interação entre ilustração e texto verbal ajuda na compreensão do infográfico?

5. Explique a relação que há entre a primeira e a segunda partes do infográfico.

6. Por que, na segunda parte do infográfico, predominam verbos no modo imperativo?

7. Qual é a função das linhas vermelhas que aparecem na segunda parte?

8. Observe, no quadro a seguir, a classificação de parte do período simples "Mesmo em ambientes abertos mantenha o distanciamento de dois metros de outras pessoas".

SUJEITO (OCULTO)	VERBO TRANSITIVO DIRETO	OBJETO DIRETO
você	mantenha	o distanciamento de dois metros de outras pessoas

   a) Do ponto de vista sintático, como é classificado o termo "mesmo em ambientes abertos", que não foi inserido na tabela?

   b) Quanto à pontuação, o que, segundo a norma-padrão, é recomendável para esse termo no período apresentado?

   c) Reescreva o período simples dado, transformando o termo "mesmo em ambientes abertos" em uma oração de mesmo valor sintático.

   d) Classifique as orações do período que você apresentou na resposta ao item *c*.

   e) Que justificativa pode haver para a escolha da construção que está no infográfico em vez de um período composto?

9. No período "Quando tiver de interagir com outras pessoas, use máscara", o conectivo *quando* expressa tempo. Confronte esse período com esta versão: "Se tiver de interagir com outras pessoas, use máscara".

   a) No período sugerido, o que a conjunção *se* expressa?

   b) O que cada conjunção indica quanto à probabilidade de o leitor do infográfico interagir com outras pessoas?

Criar

10. Proponha a reestruturação ou a ampliação das informações do infográfico apresentado na seção. Você pode inserir novos dados e modificar os textos verbais e não verbais de modo a deixá-los mais objetivos. Apresente essa nova distribuição em um esboço.

CIDADANIA GLOBAL
UNIDADE 4

Retomando o tema

Nesta unidade, você e seus colegas refletiram sobre a biodiversidade e a relação entre os seres. Também pensaram nas ameaças a que a biodiversidade está exposta e em comportamentos capazes de evitar desarranjos nos ecossistemas. Agora, vocês vão aprofundar essa discussão, com base nas perguntas a seguir.

1. Quando o tema da proteção à biodiversidade é abordado, você pensa na atuação de quais instituições? Você conhece pessoas que trabalham na área?
2. Você acha que as pessoas, em suas ações cotidianas, também podem atuar em prol desse objetivo? Compartilhe exemplos.
3. Entre as atividades que ameaçam a biodiversidade, destaca-se o tráfico ilegal de animais silvestres. Em sua opinião, que ações poderiam desencorajar esse mercado? Como é possível colocá-las em prática?

Geração da mudança

Nem sempre as pessoas estão cientes de que, mesmo sem querer, podem cooperar com o tráfico ilegal de animais. Diferentes produtos comercializados são fruto dessa prática, como casacos de pele (coelho, urso, chinchila), bolsas e sapatos (jacaré), pentes e fivelas (tartaruga), etc. Você já imaginou quantas espécies foram extintas por conta dessa comercialização e da falta de conhecimento da população?

- Formem grupos e busquem informações sobre animais que já foram extintos ou que sofrem risco de extinção devido a essa prática. Levantem também dados sobre outros produtos gerados com matéria-prima advinda desse comércio ilegal.
- Organizem uma exposição de fotografias desses animais e produtos. Para isso, juntem-se aos demais grupos e façam a curadoria das imagens e informações coletadas. Imprimam os conteúdos selecionados para alertar as pesoas sobre as espécies de animais mais ameaçadas ou já extintas.
- Escolham um local da escola para realizar a exposição fotográfica e combinem um dia para o evento de lançamento dela. Convidem toda a comunidade escolar, a fim de promover diálogo e conscientização sobre o tema.

Autoavaliação

ROTEIRO DE TV E ROTEIRO DE CINEMA

UNIDADE 5

PRIMEIRAS IDEIAS

1. Em um roteiro para TV ou para cinema, qual é a finalidade das indicações cênicas escritas no texto?
2. O que não pode faltar em um roteiro de TV ou de cinema? Faça, no caderno, uma lista do que você acha essencial em textos como esse.
3. Explique esta afirmação: "O verbo concorda com o sujeito em número e pessoa".
4. Em que situações você utiliza as palavras *onde* e *aonde*? Dê exemplos.

Conhecimentos prévios

Nesta unidade, eu vou...

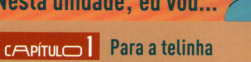

CAPÍTULO 1 Para a telinha

- Ler e interpretar roteiro de minissérie para TV, identificando as características do gênero.
- Refletir sobre atitudes empáticas e solidárias no cotidiano.
- Analisar representações do amor em registros fotográficos.
- Conhecer e empregar adequadamente as regras de concordância verbal.
- Produzir um roteiro de minissérie para TV com base em um conto e, na sequência, encená-lo e gravá-lo.

CAPÍTULO 2 Para a telona

- Ler e interpretar roteiro de filme para cinema, analisando a estrutura e organização do gênero.
- Refletir sobre os impactos que o trabalho tem na vida dos adolescentes.
- Conhecer e empregar adequadamente as regras de concordância nominal.
- Identificar e compreender o uso dos termos *onde* e *aonde*; *se não* e *senão*.
- Produzir uma dramatização.

CIDADANIA GLOBAL

- Buscar informações sobre o Programa de Aprendizagem, voltado para a inserção de jovens e adolescentes no mercado de trabalho.
- Criar um guia com informações sobre esse programa.

159

LEITURA DA IMAGEM

1. Qual é o elemento principal da imagem? De que modo esse elemento se destaca em relação ao restante da cena?
2. Considerando o elemento principal da imagem, em sua opinião ela ilustra que assunto da atualidade?
3. Normalmente, quais são as condições de trabalho da atividade profissional retratada na imagem? Ela costuma ser desempenhada por pessoas de qual faixa etária?

CIDADANIA GLOBAL

8 TRABALHO DECENTE E CRESCIMENTO ECONÔMICO

O direito ao trabalho – assim como as condições favoráveis para executá-lo e a remuneração justa recebida por ele – está previsto na Declaração Universal dos Direitos Humanos. Em um contexto econômico instável, entretanto, muitas pessoas acabam recorrendo a trabalhos informais, o que ocasiona a perda de direitos. Esse cenário impacta a vida dos indivíduos que trabalham na informalidade e do país como um todo.

1. Para você, o que caracteriza condições favoráveis de trabalho?
2. Em sua opinião, quais podem ser as contribuições de um trabalho formal e amparado nas leis para a formação pessoal e profissional de um jovem?

Acesse o recurso digital para saber mais sobre a relação entre juventude e mercado de trabalho. Depois, discuta com os colegas: O que os jovens buscam com o trabalho informal? Em sua opinião, a informalidade favorece o que os jovens buscam?

Entregador por aplicativo em Manaus, durante a pandemia de covid-19. Foto de 2020.

161

CAPÍTULO

1

PARA A TELINHA

O QUE VEM A SEGUIR

A seguir, você vai ler cenas do roteiro da minissérie *Hoje é dia de Maria*, produzida e transmitida pela TV Globo em 2005. Em uma atmosfera de encantamento, a produção conta a história de Maria, uma menina que sai de casa para fugir dos maus-tratos da madrasta. Em suas aventuras, além de ser transformada em adulta por Asmodeus, o diabo, Maria encontra um pássaro ferido. Como você imagina que será esse encontro? Que desafios você acha que Maria enfrentará em seguida?

TEXTO

Hoje é dia de Maria

PRIMEIRA JORNADA

[...]

CENA 57

RIOZÃO / EXTERIOR / PÔR DO SOL

MARIA vai andando pela margem do rio. Ouve um gemido e estaca, *atenta. Logo percebe no chão o PÁSSARO INCOMUM, que bate as asas e emite uns gemidos estranhamente humanos. Está crivado por uma flecha. MARIA abaixa-se e, com extremo cuidado, pega o PÁSSARO e o traz junto ao colo. O PÁSSARO pia dolorosamente.*

MARIA

Ruidade que fizero co'essa criatura de Deus! Corage, meu amigo, que vou curar essa ferida!

MARIA começa a tirar a flecha. O PÁSSARO pia esganiçadamente. *Ela o consola, acarinha suas penas.*

MARIA

Tuda dor passa...

MARIA tira um pouco mais a seta. O PÁSSARO pia de dor.

MARIA

Tuda dor se esquece. Agora já te falta tão pouco. Corage, que tuda dor termina.

MARIA finalmente retira toda a seta do peito do PÁSSARO. O PÁSSARO INCOMUM se transforma num lindo rapaz nu, que cai ao chão. É o AMADO. MARIA sufoca um grito de susto e espanto e se afasta. Depois pergunta, surpresa:

MARIA

Quem é ocê?

Com esforço, o AMADO tenta erguer-se do chão.

AMADO

Sou aquele que velei seu sono e segui seus passos. E não vi encanto em voar livre no espaço, nem em estar perto do manto das estrelas, nem no canto dos pássaros das manhãs. Quis andar... pela terra...

Trôpego, o AMADO tenta, mas não consegue, se suster nas pernas e cai ao chão, virando o rosto, envergonhado de sua fragilidade.

AMADO

Eu conheci a altura dos voos, os raios mais fortes do sol, naveguei no ar gelado das montanhas e enfrentei o hálito quente do deserto... Eu, que agora estou tão perto de você, não sei caminhar... minhas pernas não me obedecem, sou um fraco... Por favor, não me olhe...

MARIA

Quem é ocê?

Os olhos do AMADO se entristecem por um instante. Ele não responde.

MARIA

Será ocê aquele que eu já adivinho?

O AMADO permanece em silêncio, mirando no fundo dos olhos de MARIA.

MARIA

E pur que minha voz pergunta quem é ocê, se meu coração já le reconhece?

162

AMADO

Ainda não sou nada! Nem ave que era nem homem completo. Sou o fruto dessa queda que tanto sonhei. Por você quis ser homem. E agora estou perdido!

MARIA

Me diz: foi ocê que esperei sem sabê? Foi ocê que sonhei à noite sem lembrá de manhã? É aquele que meu coração... Cala, cala, coração meu! Aquieta, minha alma! (*em lágrimas*) Ah!, o peso tão leve do amor me esmaga! Vem!

MARIA estende as mãos em direção ao AMADO, que, com a ajuda de MARIA, começa a se erguer.

AMADO

Não sou homem inteirado, completo ainda...

MARIA

Inté tô achano que um é a parte que falta ao outro.

[...] *Deitados, MARIA e o AMADO olham as estrelas que brilham no céu.*

AMADO

Preciso de falá.

MARIA

Num precisa.

O AMADO se vira para MARIA.

AMADO

Preciso. Logo quebra a barra do dia, e com o sol vem a minha tristeza. Homem só sou na sombra da noite. Na luz do dia, minha sina é sê pássaro.

MARIA

Não...

Lágrimas começam a rolar no rosto de MARIA.

AMADO

Não chora...

MARIA

Eu num queria descansá de amá...

AMADO

Lá de cima vou segui seu passo... O sentido das minhas horas vai sê desejá o fim do dia...

O sol nasce e cresce no horizonte, espargindo sua luz sobre a terra. O PÁSSARO levanta um lindo voo. MARIA fica lá embaixo e acena um adeus.

[...]

▲ A atriz Letícia Sabatella como Maria (adulta), na minissérie *Hoje é dia de Maria*.

CENA 3

BOSQUE / EXTERIOR / NOITE

Um céu estrelado. MARIA corre pelo bosque em busca do AMADO.

MARIA

Ah, meu amado... vem, que não suporto mais essa espera, desafoga meu peito...

Oh, noite! Desvenda esse encanto!

Vem, meu Amado...

De longe, vê-se uma silhueta. É AMADO transmutando-se. Ergue-se e caminha na direção de MARIA.

MARIA

Amor...

AMADO

Maria... A cada instante e de todos os lados ressoa assim o chamado do amor. (*Tocam-se delicadamente.*) Tua presença é bálsamo para meu castigo!

MARIA

Num diz isso! Deus num havera de colocá nóis dois no mermo caminho pra mó de sê, pra mim ou procê, um castigo... Nóis recebemo a bênção do amor divino... Apois num foi dos confim do céu que ocê veio...?

Abraçam-se.

AMADO

Do céu... que escreve teu nome com as estrelas... Maria, o que sou, de onde vim, tão pouco sei!... Na vaga lembrança de mim mesmo, me perco! Só o que sei é que te amo, com amor profundo... e que esse amor, esse, sim, puro encanto, me liberta, como agora, do peso da longa jornada, da busca, que pensei desenganada.

bálsamo: alívio, que proporciona conforto.

desenganado: sem esperança.

esganiçadamente: de forma estridente, aguda, penetrante.

espargir: espalhar.

estacar: parar subitamente.

trôpego: que anda sem firmeza.

MARIA

Tomém le amo, de um amor que não tem medida... que ninguém nesse mundo deve de tê sentido!

Beijam-se um beijo puro, contido, por instinto assim aprendido.

AMADO

Esse amor que há de curar-me, para sempre!

Acaricia e beija os olhos de MARIA.

MARIA

Apois, se num foi a brisa que te ensino a carícia tão suave... meu anjo adorado!

E beijam-se, agora mais apaixonadamente.

[...]

CENA 14

ESTRADA / EXTERIOR / NOITE

Na estrada solitária, iluminada pela lua, vê-se a silhueta de MARIA e do AMADO abraçados. MARIA se solta do AMADO. Tem lágrimas nos olhos.

MARIA

Amanhã, quando o sol nascê, pra onde ocê vai?

AMADO

Vou voar o mais alto que minhas forças me levarem e, lá, vou perguntar ao sol da manhã como é que um pássaro ganha substância humana. Para sempre! E, amando, não perca nunca a lembrança do voo, o desejo do voo, a liberdade do voo.

MARIA se afasta e olha a <u>aurora</u>, que começa a pintar de rosa o céu escuro.

MARIA

As horas da noite são curta, as do dia tarda tanto a passar.

AMADO

Já é quase dia.

MARIA

Não, ainda é noite. O sol ainda tarda um tantinho... Fica. Se pudesse le impedi de parti... Mai num devo!

MARIA solta-se do AMADO.

MARIA

Vai, amado, voa. A luz do sol logo vai ferir sua pele...

AMADO

Fico um instante mais.

MARIA

Só mais um abraço.

Abraçam-se. MARIA solta-se abruptamente do AMADO. Está assustada.

MARIA

Seu coração! Soa diferente, no descompasso!

AMADO

Não importa. Me abrace e basta.

MARIA

Não! O raio do sol logo le atinge, voa! Depressa!

AMADO

Um último beijo, só mais um beijo!

Após um momento de indecisão, MARIA, aflita, abraça o AMADO. O sol começa a raiar no horizonte, e a luz avança na direção dos dois. O AMADO está trôpego, fraco.

AMADO

Quero ficar!

MARIA

Quero o mesmo tanto, mai pelo amor que ocê me tem, vai!

AMADO

Eu volto. Me espera.

MARIA

Num diz mais nada! Se afasta do meu amor pra continuar me amando. Voa!

O AMADO se transforma em PÁSSARO e voa num segundo antes que o sol chegue a eles. MARIA olha para o voo de seu PÁSSARO. Grita para ele.

MARIA

Vai que le espero! Vai que cultivo, no tempo que não le tenho, o meu amor pra sua vorta!

No ar, o PÁSSARO pia, despedindo-se, e se distancia. MARIA sorri em lágrimas e, de tão feliz que está, não percebe que a transformação foi vista por alguém que se oculta no mato: QUIRINO.

[...]

aurora: claridade antes do nascer do sol.

Luís Alberto de Abreu e Luiz Fernando Carvalho. Baseado na obra de Carlos Alberto Soffredini. *Hoje é dia de Maria*. São Paulo: Globo, 2005. p. 187-191; 206-208; 223-226.

TEXTO EM ESTUDO

PARA ENTENDER O TEXTO

1. O encontro de Maria com o pássaro se deu da forma como você imaginou antes da leitura? Você previu os desafios que ela enfrentaria na sequência?

2. Maria encontra um pássaro crivado por uma flecha e se dispõe a tirá-la. O que essa atitude revela sobre Maria?

3. A personagem que contracena com Maria ora é um pássaro, ora é um homem. Por que essas transformações acontecem?

4. A transmutação de pássaro em homem não acontece perfeitamente. Que sentimento esse fato desperta em Amado?

5. Releia as falas que marcam o momento em que Maria conhece o Amado. Ela já havia se encontrado com ele antes? Que impressão Maria teve em relação a ele?

6. Em uma das cenas, Maria pergunta ao Amado a identidade dele. Releia uma das respostas dadas por ele.

> Sou aquele que velei seu sono e segui seus passos. E não vi encanto em voar livre no espaço, nem em estar perto do manto das estrelas, nem no canto dos pássaros das manhãs. Quis andar... pela terra...

   - Como o Amado poderia responder à pergunta de Maria se quisesse claramente se identificar? Agora, compare sua resposta com o trecho acima. Que efeito de sentido o texto original produz?

7. Releia as falas a seguir.

> **AMADO**
> Não sou homem inteirado, completo ainda...
> **MARIA**
> Inté tô achano que um é a parte que falta ao outro.

   - Maria concorda com o fato de que Amado não seja inteiramente completo? Se ela respondesse a ele sem rodeios, qual seria o efeito de sentido?

8. Releia dois trechos da fala de Maria:

> [...] Ah!, o peso tão leve do amor me esmaga!

> [...] Se afasta do meu amor pra continuar me amando. [...]

   a) Assinale a alternativa que revela uma característica dos trechos.

      I. Há comparação.   II. Há contradição.   III. Há atenuação.

   b) Qual é o efeito do uso desses recursos no texto?

9. Considerando a atmosfera do texto lido, você julga que a ideia de dor, presente em algumas falas de Maria, refere-se apenas ao aspecto físico? Justifique.

ANOTE AÍ!

Apesar de o roteiro ter função técnica, o roteirista pode explorar no texto recursos estilísticos que lhe conferem um **caráter poético**.

ROTEIRO

A origem do roteiro está associada à indústria cinematográfica. Ele nasceu da necessidade do produtor de prever o custo do filme, como uma espécie de simulação do produto final. Assim, o objetivo desse gênero é possibilitar ao leitor (que, inicialmente, é o produtor) **visualizar** o filme tal como ele será quando acabado. Além disso, o roteiro também orienta o trabalho do diretor, dos atores e dos técnicos.

10. **SABER SER** No roteiro lido, você acompanhou o amor entre Maria e Amado.

a) Mesmo antes de saber que o pássaro ferido é o Amado, Maria o ajuda. Em sua opinião, o que move Maria a ter essa atitude?

b) Você já se deparou com atitudes como a de Maria? Em que situações essas atitudes ocorreram?

c) O obstáculo enfrentado por Maria e Amado para ficarem juntos despertou em você que sentimentos? Compartilhe com os colegas.

ESTRUTURA DE UM ROTEIRO

11. Releia, no texto, as indicações que marcam as divisões de cena.

a) Graficamente, como a divisão cênica é indicada?

b) A indicação do período do dia está sempre presente nas divisões cênicas, que normalmente sinalizam "dia" e "noite". Considerando o sentido geral do texto lido, explique a importância da indicação "pôr do sol".

12. O roteiro apresenta rubricas com indicações do que ocorre na cena.

a) Transcreva no caderno um exemplo de rubrica do texto e explique como você a identificou no roteiro.

b) Quando a cena é filmada, como é expresso o conteúdo indicado pelas rubricas que estão no roteiro?

> **ANOTE AÍ!**
>
> O primeiro recurso de organização do roteiro é a **divisão das cenas**. O roteiro apresenta trechos **narrativos** e **descritivos**, articulados às **falas das personagens em discurso direto**.

13. Releia estes trechos.

> **MARIA**
>
> [...] Cala, cala, coração meu! Aquieta, minha alma! (*em lágrimas*) Ah!, o peso tão leve do amor me esmaga! Vem!

> **AMADO**
>
> Maria... A cada instante e de todos os lados ressoa assim o chamado do amor. (*Tocam-se delicadamente.*) Tua presença é bálsamo para meu castigo!

- Explique como é possível diferenciar a fala das personagens das indicações dos gestos e da emoção que devem ser expressas na cena.

> **ANOTE AÍ!**
>
> A **rubrica** é um recurso de organização do roteiro. Além de dar informações sobre a sonoplastia, a iluminação, o cenário e o figurino, é utilizada para indicar a intenção da personagem ao dizer determinada fala (**rubrica de intenção**) ou para descrever uma ação que ela realiza enquanto fala (**rubrica de ação simultânea**).

O CONTEXTO DE PRODUÇÃO

14. Em "O PÁSSARO INCOMUM se transforma em um lindo rapaz nu, que cai ao chão" e "O PÁSSARO levanta um lindo voo. MARIA fica lá embaixo e acena um adeus", percebe-se que não há, no roteiro, uma indicação precisa de como a transformação e o voo acontecem. Por que isso ocorre?

15. Em comemoração aos 40 anos da TV Globo, a minissérie *Hoje é dia de Maria* foi ao ar em 2005. Considerando essas informações, o que você imagina sobre as características dessa produção audiovisual?

> **ANOTE AÍ!**
>
> Uma minissérie de TV envolve diferentes linguagens não verbais, como a musical e a visual (cenográfica, de figurino, etc.), podendo abranger ainda efeitos especiais. Todavia, o roteiro contempla apenas o que nela pode ser expresso pela linguagem verbal.

A LINGUAGEM DO TEXTO

16. A variedade linguística na fala de Maria é um elemento relevante.

   a) A que grupo (ou grupos) de falantes tal variedade linguística se vincula?

   b) No roteiro, essa variedade linguística contribui para criar intertextualidade com textos de outro gênero. Qual?

17. As rubricas que aparecem entre as falas das personagens no roteiro apresentam verbos flexionados em que tempo? O que explica essa escolha?

18. Releia este trecho.

> *Após um momento de indecisão, MARIA, aflita, abraça o AMADO.*

   a) Nesse trecho, a ação da Maria de abraçar o Amado ocorre depois de um momento de indecisão e de aflição. O sentido geral da frase mudaria se ela fosse reescrita assim: "Maria, aflita, abraça o Amado após um momento de indecisão"?

   b) Na versão apresentada no item anterior, em qual ordem o leitor visualiza os elementos? Por que a nova versão não é a mais adequada ao roteiro?

19. Considerando o que você refletiu na questão anterior, avalie os trechos a seguir.

> I. Com esforço, o AMADO tenta erguer-se do chão.
> II. MARIA estende as mãos em direção ao AMADO, que, com a ajuda de MARIA, começa a se erguer.

   ■ A ordenação dos termos contribui para a visualização que o espectador teria da cena? Justifique.

20. Releia outro trecho narrativo.

> Na estrada solitária, iluminada pela lua, vê-se a silhueta de MARIA e do AMADO abraçados. MARIA se solta do AMADO. Tem lágrimas nos olhos.

   ■ Esse trecho sugere o deslocamento da câmera de uma cena mais ampla para um enquadramento menor. Explique essa afirmação.

> **ANOTE AÍ!**
>
> Em um roteiro, as imagens são construídas considerando a forma e a ordem como vão aparecer na tela. Para construir esse efeito, é preciso planejar a ordem de tudo o que vai integrar o roteiro: os acontecimentos que apareceram de maneira narrativa, os diálogos e as rubricas. Até mesmo a ordem dos termos na oração é relevante para produzir sentido.

UMA COISA PUXA OUTRA

Representações do amor

Você deve se lembrar de muitos filmes, novelas e livros com protagonistas apaixonados. O roteiro que você leu, *Hoje é dia de Maria*, trata da história de Maria, que acaba se envolvendo afetivamente com um pássaro, o Amado.

O tema do amor, entre tantos outros, é um dos mais recorrentes na literatura, no cinema, na música, nas trilhas sonoras de filmes, etc. As paisagens do dia a dia estão repletas de textos que tematizam as expectativas amorosas.

Acesse o recurso digital e observe algumas cenas de filmes. O que é comum a todas elas? Que outras formas de amor existem além da apresentada nas cenas?

▲ Coração no tronco de uma árvore.

PARA EXPLORAR

Romeu e Julieta, de Nino Rota. Trilha sonora do filme *Romeu e Julieta*, de Franco Zeffirelli. UK: Capitol Records, 1989 (CD).

A trilha sonora, composta por Nino Rota para o filme *Romeu e Julieta* (1968), de Franco Zeffirelli, foi indicada ao Globo de Ouro e ao BAFTA. A música, tema de amor entre Romeu e Julieta, foi premiada com o Nastro d'Argento, que é o prêmio instituído pelo Sindicato dos Jornalistas e Críticos Cinematográficos da Itália.

1. Observe a fotografia acima e, em seguida, responda às questões.
   a) Que sentimento é expresso em um registro como esse, feito no tronco de uma árvore?
   b) Que elemento desse registro faz com que ele seja facilmente relacionado a esse sentimento?
   c) Para você, qual seria a razão de as pessoas fazerem registros como esse em muros, árvores, vidros empoeirados de um carro e até mesmo na areia da praia? Faça uma reflexão com os colegas.
   d) Que sentido mais específico se produz pelo fato de a imagem ser gravada no tronco de uma árvore e não em uma folha de papel ou, ainda, na areia da praia?
   e) Você já encontrou alguma inscrição em uma árvore, um muro, um vidro de carro empoeirado ou na areia da praia? Em caso afirmativo, relate essa experiência aos colegas, respondendo à seguinte pergunta:
      - Qual é a relação entre a mensagem que essa inscrição transmitia e o suporte em que ela foi grafada?

2. Observe a fotografia e, depois, responda às questões.

▲ Casal faz *selfie* na Casa de Julieta, em Verona, na Itália. Foto de 2017.

a) Em sua opinião, o que há em comum entre a cena retratada acima e a fotografia da página anterior?

b) A fotografia acima foi tirada na Casa de Julieta, um ponto turístico em Verona, Itália, onde os visitantes deixam seus bilhetes amorosos. Acredita-se que nesse local teria vivido a jovem que inspirou Shakespeare a escrever *Romeu e Julieta*. Essa informação acrescenta um sentido especial ao registro deixado pelos turistas? Por quê?

c) Em uma roda de conversa, comente qual seria a razão de duas pessoas que se amam fazerem registros desse amor usando a tecnologia, como é o caso da *selfie*. Após a discussão com a turma, escreva no caderno seus comentários sobre essa questão.

d) Duas pessoas que se amam desejam que o tempo do amor não acabe. Relacione esse desejo de duração do amor com alguma música, algum livro, alguma peça teatral, algum filme ou minissérie que você conheça. Troque ideias sobre isso com os colegas.

3. Muitos pintores em diferentes épocas costumam reproduzir cenas de amor, de afeto, de carinho. Para isso, representam personagens e cenários e utilizam cores e materiais diversos. Em casa, busque em livros, jornais, revistas ou na internet imagens de obras de arte que representam o amor. Se possível, faça uma cópia desses exemplos para apresentá-los aos colegas em sala. Em seguida, no caderno, faça uma breve descrição da cena, mostrando quem produziu essas obras, analisando como o amor foi representado, como foi a recepção dessas obras para você, que sensações elas despertaram. Compartilhe o trabalho com os colegas e ouça o que eles têm a dizer.

O AMOR NA SÉTIMA ARTE

As obras de Shakespeare fizeram muito sucesso no cinema. O filme *Romeu e Julieta*, dirigido por Franco Zeffirelli em 1968, foi sucesso de bilheteria na época. O filme conta a história de Romeu, um jovem que se apaixona por Julieta, que pertence a uma família rival. Ela também acaba se apaixonando por ele. Esse amor profundo e intenso será o disparador de trágicas consequências para ambos. Trata-se de uma história clássica de um amor proibido.

LÍNGUA EM ESTUDO

CONCORDÂNCIA VERBAL

1. Releia a seguir algumas falas do roteiro de *Hoje é dia de Maria*.

> **MARIA**
> [...] vou curar essa ferida!
> **MARIA**
> [...] A luz do sol logo vai ferir sua pele...
> **MARIA**
> [...] os dias vão demorar tanto a passar...

a) Copie os quadros no caderno e preencha-os com informações sobre os verbos indicados na primeira coluna.

	Flexão em pessoa	Sujeito
vou		
vai		

	Flexão em número	Sujeito
vai		
vão		

b) Na primeira fala de Maria, se no lugar da primeira pessoa do singular fosse utilizada a primeira pessoa do plural, como o verbo *vou* seria flexionado?

c) Na segunda fala de Maria, se no lugar de "a luz do sol" fosse utilizada a expressão "os raios do sol", como o verbo *vai* seria flexionado?

d) Na terceira fala de Maria, se no lugar de "os dias" fosse utilizada a expressão "o tempo", como o verbo *vão* seria flexionado?

e) Que termo da oração determina a pessoa e o número de um verbo?

ANOTE AÍ!

Entre o verbo e o sujeito de uma oração existe uma relação de conformidade: o verbo deve **concordar** com o sujeito gramatical em **número** e **pessoa**.

ALGUNS CASOS DE CONCORDÂNCIA COM SUJEITO SIMPLES

1. Expressões que indicam parte de um conjunto. Em expressões como *um grupo de*, *a maioria de*, o verbo pode tanto concordar com o núcleo, ficando no singular, quanto com o modificador do núcleo.

Um *grupo* de estudantes **prefere** teatro a cinema.

Um grupo de *estudantes* **preferem** teatro a cinema.

2. Expressão "um dos que". Preferencialmente, o verbo fica no plural.

Nossa turma foi *uma das que* mais **prestigiaram** a apresentação.

(= Das turmas que mais prestigiaram a apresentação, a nossa foi uma.)

PARA EXPLORAR

Memória Globo

No portal *globo.com*, a página Memória Globo disponibiliza informações sobre antigas produções da emissora, entre elas, *Hoje é dia de Maria*. Sobre a minissérie, é possível conhecer a trama principal, informações técnicas, fotografias, vídeos, trilha sonora e diversas outras curiosidades, como a da história de dedicação do diretor e roteirista Luís Fernando Carvalho, que se empenhou por 12 anos na criação dessa produção cheia de simbolismo que somente pôde ser assistida na televisão em 2005.

Disponível em: https://memoriaglobo.globo.com/entretenimento/minisseries/hoje-e-dia-de-maria/. Acesso em: 27 fev. 2023.

3. **Expressões com porcentagem.** O verbo concorda com o número, que é o núcleo, mas também pode concordar com o modificador dele.

Vinte por cento do público **manifestaram** essa opinião.

Vinte por cento do *público* **manifestou** essa opinião.

Um por cento dos estudantes **apoia** a ideia de Maria.

Um por cento dos *estudantes* **apoiam** a ideia de Maria.

4. **Expressões com fração.** O verbo concorda com o numerador.

Dois terços dos atores **concordavam** com o diretor.

5. **Núcleos escritos no plural representando ideia de singular.**

a) Nomes de lugar: quando o nome está acompanhado por artigo, a concordância é feita no plural.

Os Estados Unidos **notabilizam-se** pela produção de grandes musicais.

Alagoas **preserva** a tradição do teatro de mamulengo.

b) Títulos de obra: seguem o mesmo princípio do item anterior.

Os Maias **ganharam** uma adaptação para a televisão.

Laços de família **vai** agradar você.

6. **Pronomes relativos *que* e *quem*.** Se o sujeito for *que*, o verbo concorda com a pessoa gramatical a quem ele se refere. Já com *quem*, o verbo fica na terceira pessoa.

Sou eu *que* **revejo** as rubricas.

Sou sempre eu *quem* **pesquisa** detalhes do figurino de época.

ALGUNS CASOS DE CONCORDÂNCIA COM SUJEITO COMPOSTO

Via de regra, o verbo concorda com o sujeito composto, ficando no plural. No entanto, há algumas especificidades.

1. **Sujeito composto posposto ao verbo.** Nesse caso, o verbo pode concordar com o núcleo do sujeito que estiver mais próximo ou ficar no plural.

Determina o perfil do público a *classificação* etária e o *preço* do espetáculo.

Determinam o perfil do público a *classificação* etária e o *preço* do espetáculo.

2. **Núcleos do sujeito ligados pela conjunção *ou*.** É preciso avaliar se os dois núcleos participam da ação ou se um exclui o outro.

Luana *ou* Tainá **interpretará** Maria.

(Só uma desempenhará o papel.)

Preparo vocal *ou* possibilidade de viajar para apresentações **constituem** requisitos importantes.

(Os dois itens são requisitos importantes.)

ALGUNS CASOS DE CONCORDÂNCIA COM O VERBO *SER*

1. Quando há na oração uma palavra no plural, a concordância se faz de preferência com ela, esteja essa palavra no sujeito ou no predicativo.

As *falas* do protagonista **foram** uma surpresa.

Seu sonho **eram** os grandes *teatros* da Europa.

2. Quando há na oração uma palavra que designa nome de pessoa, a concordância se faz com ela, esteja essa palavra no sujeito ou no predicativo.

Maria **era** os sonhos do Amado.

3. Nas expressões "é pouco" e "é muito", o verbo *ser* fica no singular.

Um ensaio geral **é** *pouco*, dois **é** *bom*, três **é** *demais*.

CONCORDÂNCIA COM VERBOS IMPESSOAIS

1. O verbo *haver* é impessoal quando significa "existir" e quando indica tempo decorrido. Nesses casos, é empregado no singular.

Havia já dois anos que estavam em cartaz com a mesma comédia.

Havia, na peça, três momentos especialmente engraçados.

2. Indicando tempo decorrido, *fazer* é impessoal e fica no singular.

Já **fez** sete dias que estreamos?

A VOZ PASSIVA E O SUJEITO INDETERMINADO

1. **VERBO + SE na voz passiva sintética.** Verbo seguido da partícula apassivadora *se* concorda com o sujeito.

Divulgam-se *as peças em cartaz* nos jornais.

2. **VERBO + SE na indeterminação do sujeito.** Quando seguido do índice de indeterminação do sujeito *se*, o verbo é empregado no singular.

Precisa-se da autorização do autor para alterar o texto da peça.

índice de indeterminação do sujeito

Retomar e compreender

1. Leia a tira abaixo.

Jim Davis. Garfield. *Folha de S.Paulo*, 27 maio 2004.

   a) Por que Garfield aceitou uma ordem de seu dono?
   b) Qual é o sentido de *haver* no último quadrinho? Qual é o sujeito dessa frase?
   c) Reescreva a frase do último quadrinho com o verbo *haver* no pretérito perfeito.
   d) Agora, troque o verbo *haver* por *existir* e *ocorrer*.

2. Leia o trecho de uma notícia publicada em um jornal.

   > No que se refere à participação política das mulheres, dobrou **o número de parlamentares mulheres ao redor do mundo**, embora elas representem apenas um em cada cinco parlamentares.
   >
   > No entanto, **os números de violência contra a mulher** continuam "inaceitavelmente altos", aponta o relatório.
   >
   > Folha Press. ONU denuncia "níveis alarmantes" de violência contra a mulher. *O Tempo*, 9 mar. 2015. Disponível em: https://www.otempo.com.br/mundo/onu-denuncia-niveis-alarmantes-de-violencia-contra-a-mulher-1.1006024. Acesso em: 27 fev. 2023.

   a) Nesse contexto, qual é o significado de *número* e de *números*, respectivamente?
   b) Identifique o núcleo dos dois sujeitos destacados no trecho acima.
   c) Agora, identifique as formas verbais que acompanham esses sujeitos.
   d) Considere a oração "O número de parlamentares mulheres ao redor do mundo dobrou". Suponha que o sujeito fosse "o número de parlamentares mulheres e de meninas matriculadas na educação primária ao redor do mundo". Haveria alteração na flexão do verbo *dobrar*? Explique sua resposta.
   e) O verbo *melhorar* seria escrito no singular ou no plural após o sujeito "a taxa de mortalidade materna e o acesso de mulheres a postos de trabalho"? Explique.
   f) Se no exemplo do item anterior o verbo *melhorar* estivesse antes do sujeito, ele poderia ser escrito no singular? Por quê?

3. Leia o título a seguir.

   > **Um em cada dez brasileiros sofre de doença nos rins**
   >
   > Felipe Vanini, *Gazeta do Povo*, 11 mar. 2015.

   - Explique a concordância do verbo *sofrer* no singular.

4. Substituindo ★ pelo verbo *desconhecer*, com que termo(s) ele concordará?

   > Boa parte dos brasileiros com problemas renais ★ sua situação.

Continua

173

ATIVIDADES

Aplicar

5. Substituindo ★ pelo verbo *poder*, com que termo(s) ele concordará?

> A doença renal é uma das que ★ se associar à hipertensão e à diabetes.

6. Nos trechos a seguir, as orações destacadas estão na voz passiva sintética.

> I. **Cidade gaúcha tem escassez de empregadas domésticas**
>
> **Procuram-se domésticas em Não-Me-Toque** (RS). O crescimento acelerado da cidade trouxe o pleno emprego e catalisou todos os setores da economia local.
>
> Revista *Veja*, São Paulo, Abril, 10 maio 2014.

> II. **Vida seca na cidade grande**
>
> **Buscam-se, também, maneiras** de frear o desperdício nas tubulações e as perdas comerciais dos chamados "gatos", além da redução consciente do consumo.
>
> Revista *Veja*, São Paulo, Abril, p. 49, 24 jan. 2005.

> III. **Novos municípios: riscos são maiores do que os benefícios**
>
> [...] junto com as novas cidades, **abrem-se novas oportunidades** para desvios de recursos públicos.
>
> Revista *Veja*, São Paulo, Abril, 27 out. 2013.

a) No caderno, escreva cada oração destacada na voz passiva analítica.

b) Copie e complete, no caderno, o quadro a seguir.

	Sujeito na voz passiva sintética	Número e pessoa do sujeito	Verbo na voz passiva sintética	Pessoa do verbo
I				
II				
III				

7. No caderno, complete as frases com a forma verbal adequada.

a) O foco da campanha ★ as atitudes discriminatórias contra a mulher. (*ser*)

b) ★ oitenta e seis anos que as mulheres conquistaram o direito de votar. (*fazer*)

8. Reescreva no caderno as frases abaixo, colocando no plural os termos destacados. Quando se tratar do sujeito da oração, faça a concordância verbal necessária.

a) Doa-se **filhote de pastor-alemão**.

b) Desconfiava-se de **uma intriga**.

c) Precisa-se de **um perito**.

d) Exige-se **perícia técnica**.

e) Verificou-se **a possibilidade de fraude**.

A LÍNGUA NA REAL

A CONCORDÂNCIA VERBAL E A VARIAÇÃO LINGUÍSTICA

1. Leia esta fala de Maria.

> **MARIA**
> As horas da noite são curta, as do dia tarda tanto a passar.

- Examine a concordância de cada verbo com seu respectivo sujeito. Explique se, em cada um deles, o princípio básico de concordância foi seguido.

2. Agora, leia esta fala de Maria.

> **MARIA**
> Nóis recebemo a bênção do amor divino...

a) As palavras *nóis* e *recebemo* não estão grafadas segundo a norma-padrão. O que determinou, no roteiro, essa forma de grafá-las? Segundo a gramática, essas palavras correspondem a que formas vigentes?

b) Com base na resposta ao item *a*, pode-se afirmar que, na fala de Maria, não houve aplicação da concordância verbal segundo a norma-padrão? Por quê?

3. Retome a reflexão que você fez na atividade **1**. Dê um motivo de natureza linguística para o não uso da concordância verbal.

4. Releia o trecho a seguir e preste atenção à concordância verbal.

> os dias **vão** demorar tanto a passar
> Ruidade que **fizero** co'essa criatura de Deus!

- Considerando o trecho acima e aqueles analisados nas atividades anteriores, podemos dizer que o uso da concordância verbal, segundo a norma-padrão, não é predominante na fala da personagem? Por quê?

5. Observe o anúncio a seguir, retirado de uma página de classificados veiculado na internet.

> Vende-se lotes financiáveis [...]

Classificados da semana, *Perfil Multi*. 21 dez. 2022. Disponível em: https://www.perfilmulti.com.br/noticia/16901/classificados-da-semana. Acesso em: 27 fev. 2023.

- A concordância verbal no anúncio "Vende-se lotes financiáveis [...]" está de acordo com as regras da norma-padrão? Explique sua resposta.

ANOTE AÍ!

O **não uso de concordância verbal** é recorrente em textos ficcionais para caracterizar personagens que utilizam uma variedade regional ou uma variedade social consideradas variedades linguísticas de pouco prestígio. Há, ainda, falantes que, mesmo usando uma variedade de prestígio, não aplicam as regras de concordância. Por exemplo, na voz passiva sintética, os falantes têm dificuldade de detectar o sujeito da oração, o que dificulta a aplicação da regra de concordância.

RELACIONANDO

Na elaboração de um roteiro, a compreensão de que os falantes de uma língua não se expressam do mesmo modo é muito importante. A criação de uma personagem passa obrigatoriamente pelo jeito como ela se expressa. A concordância verbal não escapa a essa realidade e, dependendo do contexto, pode não obedecer à norma-padrão da língua portuguesa.

AGORA É COM VOCÊ!

ESCRITA DE ROTEIRO DE TV

Proposta

O roteiro que você leu, da minissérie *Hoje é dia de Maria,* é um texto que teve como inspiração histórias originárias, sobretudo, da tradição oral, como contos populares e contos de encantamento. Agora, será sua vez de se inspirar em uma história para criar um roteiro de minissérie para TV!

Em grupos, vocês vão escolher um conto para, com base nele, elaborar o roteiro de uma minissérie. Ao final da produção, haverá uma votação para definir quais textos serão encenados e gravados em vídeo, com o intuito de serem apresentados aos estudantes do 8º ano da escola.

GÊNERO	PÚBLICO	OBJETIVO	CIRCULAÇÃO
Roteiro de minissérie para TV	Colegas, professores e estudantes do 8º ano da escola	Escrever um roteiro baseado em um conto e encenar e gravar esse texto em vídeo	Sala de aula / escola

Planejamento e elaboração de texto

1 Para iniciar o planejamento do texto, é importante selecionar o conto que será adaptado. Reúna-se com mais dois colegas e, em livros ou na internet, busquem diferentes contos. Para identificar o conto mais adequado aos objetivos do grupo, levem em consideração os seguintes aspectos:

- Que conto vocês gostariam de ver adaptado para uma minissérie de TV?
- Que tipo de história seria mais interessante para esse público?

2 Com o conto definido, é o momento de pensar nas personagens envolvidas. Quais são os traços físicos delas? Quais são as características psicológicas marcantes de cada uma? Como será a linguagem dessas personagens?

3 Os fatos se passarão no presente ou no passaco? As ações ocorrerão ao longo de que período (uma tarde, um dia, algumas semanas, etc.)? Pensem em como indicar as mudanças temporais no roteiro. Vocês podem fazer isso por meio de rubricas.

4 Planejem o espaço no qual as cenas serão ambientadas e indiquem-no na introdução de cada cena. Façam uma breve descrição de como imaginam que será esse cenário.

5 Escrevam a sequência das cenas do roteiro.

- Copiem e preencham, no caderno, o quadro a seguir. Descrevam todas as cenas, por exemplo: chegada do protagonista ao prédio; encontro do protagonista com o morador no elevador; entrada no apartamento errado; etc.

CENA	DESCRIÇÃO
1	
2	
3	

6 Agora, é hora de produzir a primeira versão do texto. Criem as falas, indicando as personagens e o que cada uma diz. Usem o discurso direto e uma variedade linguística adequada à época e à caracterização das personagens. Além disso, escrevam rubricas para orientar a entonação de algumas falas e a expressão corporal dos atores.

7 À medida que forem escrevendo, leiam o texto em voz alta para ver como ele "soa", ou seja, se tem ritmo e fluência, visto que ele será encenado e gravado.

Avaliação e reescrita do texto

1 Para avaliar a produção do grupo, respondam às questões do quadro abaixo.

ELEMENTOS DO ROTEIRO DE TV
O texto foi adaptado de acordo com o conto escolhido pelo grupo?
As personagens foram caracterizadas adequadamente?
Há rubricas suficientes indicando os acontecimentos, os elementos do cenário, a entonação, a expressividade esperada e os gestos das personagens?
As falas das personagens explicitam, ao público, o enredo da peça?
A sequência das cenas está coerente com o desenvolvimento da história?

2 Depois de fazer as alterações que julgarem necessárias, o texto de vocês será avaliado ainda por outro grupo. Após receberem os apontamentos dos colegas, escrevam a versão final do texto.

Circulação

1 No dia marcado pelo professor, levem o texto para a sala de aula e se organizem para encenar e gravar o vídeo. Para isso, sigam estas orientações:

- Disponibilizem o roteiro para que todos os grupos possam lê-lo.
- Organizem uma votação para eleger quais roteiros serão encenados e gravados.
- Escolham alguns estudantes para atuar, sob a direção do grupo autor do trabalho.
- Os outros estudantes podem colaborar com a produção do cenário, do figurino e com a edição e montagem do vídeo.

MÚLTIPLAS LINGUAGENS

1. Assistam a uma cena de uma série ou minissérie televisiva e observem a linguagem corporal (os gestos, a postura) dos atores. Elas contribuem para a compreensão geral da cena?

2. Observem, também, o timbre, o tom de voz, as pausas e as hesitações. A entonação, as variedades e os registros linguísticos estão de acordo com o contexto?

Ao encenar o roteiro de minissérie produzido por vocês, fiquem atentos às rubricas indicativas da linguagem corporal e à forma de se expressar, de modo a transmitir os sentidos do conto que foi adaptado.

2 Com o vídeo pronto, organizem-se para exibi-lo para os estudantes do 8º ano.

3 Ao final, é importante que a turma se reúna para avaliar a atividade. Discutam se as indicações do roteiro ajudaram na produção do vídeo e o que poderia ser aprimorado em uma próxima vez. Conversem sobre como foi exibir o resultado desse trabalho para os estudantes do 8º ano.

CAPÍTULO 2
PARA A TELONA

O QUE VEM A SEGUIR

Você vai ler um trecho do roteiro do filme *Meu tio matou um cara*, uma comédia romântica escrita por Jorge Furtado e lançada em 2004. Os detalhes do acontecimento que dá título ao filme (o assassinato) não convencem o protagonista Duca, um adolescente inteligente que ajuda a desvendar o que ocorreu de fato. Dois amigos participam com ele da investigação, Isa e Kid, e os três formam também um triângulo amoroso. Uma das cenas a seguir aborda essa situação de conflito amoroso. Antes da leitura, imagine em que ambiente os três adolescentes mais convivem.

TEXTO

Meu tio matou um cara

Cena

Sala de aula, interior, dia

Duca senta em seu lugar, atrás de Isa. Kid está ao lado dela.

Duca (em off) — O problema é que eu sou completamente apaixonado pela Isa. E é claro que ela é completamente apaixonada pelo Kid. E é claro que eu não posso contar nada disso para ninguém.

Isa se vira para falar com Duca.

Isa — Você podia ter ligado, eu fui dormir tarde. A gente ficou vendo um filme no sessenta e um.

▼ Duca e seu tio Éder.

178

Duca — Que filme era?

Isa — Não sei o nome, a gente não viu o começo. Era com o Andy Garcia e aquele outro cara que fez *Tootsie*.

Duca — O Dustin Hoffman.

Isa — Isso.

Duca — É um que cai um avião, ele salva todo mundo e depois perde um sapato?

Isa — Esse. Bem legal, né?

Duca fica observando Isa.

▲ Isa e Duca.

Cena

Quarto de Duca, interior, dia

Duca, no computador, olha a programação da TV.

Duca (em off) — *Herói por acidente*. Eu já vi esse filme. É a história de um cara que se acha muito esperto, mas faz tudo errado. No fim acaba tudo bem. O cara não era tão esperto, mas tinha muita sorte. Começou à meia-noite e trinta. Terminou depois das duas... Estranho a Isa se lembrar da cena do sapato, que é bem no início. Ela disse que eles tinham perdido o início.

Cena

Galeria, exterior, dia

Duca e Kid olham as vitrines de uma loja de discos. Kid traz três cachorros pela coleira.

Duca (em off) — E eles sempre põem o nome do filme de vez em quando, no meio. Se eles viram o filme, deviam saber o nome.

Kid — Duca, segura aqui, cara...

Duca segura os cães, Kid entra na loja. Duca fica na galeria, um pouco constrangido, segurando os cachorros. Kid volta.

Kid — Aquele duplo eu já vi por 22 no centro. Aqui está 35.

Duca — Quanto você ganha para passear com os cachorros?

Kid — Vinte reais.

Duca — Que merreca.

Kid — É melhor que limpar piscina, né?

Duca — Que horas você saiu da Isa ontem?

Kid — Tarde, depois das duas eu acho. A gente ficou ouvindo um disco que eu gravei.

Duca fica em silêncio, observa Kid pelo reflexo da vitrine.

Duca (em off) — Este é outro problema das histórias que não aconteceram, todo mundo que faz parte da história tem que combinar direito o que não aconteceu.

[...]

Cena

Sala de aula

Ouve-se a voz da professora ao fundo. Duca observa Kid e Isa.

Duca (em off) — A Isa tá muito a fim do Kid. Se ela for na festa da 203, é certo que eles vão ficar. E eu não quero estar lá para ver isso.

Duca observa Ana Paula, uma bonitinha, que está escrevendo no quadro-negro, resolvendo um problema de Matemática. [...]

Jorge Furtado. *Meu tio matou um cara e outras histórias*. Porto Alegre: L&PM, 2007. p. 118-120 e 176-177.

TEXTO EM ESTUDO

PARA ENTENDER O TEXTO

1. A hipótese que você levantou antes da leitura se confirmou? Comente.

2. Releia esta fala de Isa.

   > **Isa** — Você podia ter ligado, eu fui dormir tarde. A gente ficou vendo um filme no sessenta e um.

   Observe que a conversa iniciada por Isa tem como foco o fato de Duca não ter telefonado e, consequentemente, não ter contado algo a ela. Duca, contudo, desvia a conversa para o filme.
   a) De acordo com a leitura do texto, qual é a intenção de Duca ao fazer isso?
   b) A resposta de Isa pode ser considerada verdadeira? Explique.

3. A primeira cena que você leu termina com uma pergunta de Isa.

   > **Isa** — Esse. Bem legal, né?

   - Não há, na cena, uma resposta de Duca. Isso cria uma inconsistência? Explique sua resposta.

▲ Foto do ator Lázaro Ramos, que interpreta tio Éder no filme de Jorge Furtado, 2004.

ANOTE AÍ!

Os **cortes** e os **efeitos de transição** entre as cenas são recursos que permitem ao roteirista deixar falas ou pensamentos em suspenso e até mesmo deslocar a ação no tempo e no espaço com grande dinamismo.

4. Duca examinou a programação da TV relativa ao dia em que Isa disse ter ficado vendo um filme.
   - O que, de fato, Duca queria saber? Ele fica satisfeito com sua constatação? Comente sua resposta.

5. Na terceira cena, Kid e Duca conversam em frente a uma loja de discos. Esse fato é relevante para a ação? Que função ele tem na narrativa?

6. A versão de Kid na terceira cena contraria a versão de Isa? Explique.

O CONTEXTO DE PRODUÇÃO

7. Quem são os primeiros leitores dos roteiros de cinema? O que esses leitores procuram no texto?

8. Que elementos presentes no texto permitem imaginar o público do filme?

Acesse o recurso digital e compare um roteiro de cinema com uma cena. Quais semelhanças e diferenças há entre o que foi escrito pelo roteirista e a versão final que chegou às telas?

ANOTE AÍ!

O **roteiro** pode apresentar-se de duas formas, de acordo com o leitor a que se destina. O **roteiro literário** destina-se ao leitor que deseja apreciar a história; por isso, contém apenas os diálogos e as rubricas necessárias para a compreensão de cada cena. Já o **roteiro técnico** contém, além dos diálogos, orientações técnicas relativas a cenário, iluminação e interpretação e destina-se às pessoas envolvidas na produção ou na direção de uma novela, um filme ou um programa de TV.

A LINGUAGEM DO TEXTO

9. Em geral, as falas em *off* revelam o pensamento de uma personagem. A terceira cena do trecho lido começa com uma fala em *off* de Duca.

> **Duca (em *off*)** — E eles sempre põem o nome do filme de vez em quando, no meio.

- Considerando que a cena começa com o trecho acima, qual é a função da conjunção *e*? Que efeito de sentido essa construção produz no texto?

10. Releia o trecho a seguir.

> **Kid** — Duca, segura aqui, cara...
> *Duca segura os cães, Kid entra na loja. Duca fica na galeria, um pouco constrangido, segurando os cachorros. Kid volta.*

a) Que palavra Kid utiliza no trecho para se referir a Duca? O que a utilização dessa palavra revela sobre o registro de fala entre os adolescentes?
b) O texto da rubrica apresenta o mesmo registro?

COMPARAÇÃO ENTRE OS TEXTOS

11. O cenário é essencial em uma minissérie e em um filme. Nos textos lidos nesta unidade, as tramas se passam em quais cenários? Onde o cenário costuma ser mais elaborado: na televisão ou no cinema? Comente.

12. Observe a identificação da cena nos dois textos lidos nesta unidade.

> I. **Cena 57**
> RIOZÃO / EXTERIOR / PÔR DO SOL
>
> II. **Cena:** Galeria, exterior, dia

a) Quais informações são apresentadas nas identificações da cena dos textos?
b) Levante hipóteses sobre a razão pela qual é importante que um diretor de televisão ou de cinema saiba o local e o horário de gravação de uma cena.

13. Nos roteiros de TV e cinema, é habitual o uso de rubricas para esclarecer fatos, marcar o tempo, indicar os gestos das personagens, etc. Nos dois roteiros, esses recursos são utilizados da mesma forma? Explique.

14. Quais podem ser as diferenças entre a adaptação de um mesmo roteiro para a televisão ou para o cinema por equipes distintas?

CIDADANIA GLOBAL

ADOLESCÊNCIA E TRABALHO

No roteiro do filme *Meu tio matou um cara*, Kid executa um trabalho ocasional. Aparentemente, ele o faz por iniciativa própria, a fim de cobrir uma despesa opcional sem precisar recorrer aos adultos responsáveis por ele. Por outro lado, há adolescentes direcionados ao trabalho, muitas vezes informal e diário, por conta de uma renda familiar insuficiente.

1. Além da atividade praticada por Kid, que outros trabalhos podem ser executados por adolescentes?
2. De acordo com a lei, um adolescente pode trabalhar? O que você sabe a respeito?

CÂMERA: UM FILTRO PARA O OLHAR

Nos produtos audiovisuais, a câmera condiciona o olhar do espectador e pode ser considerada um autêntico elemento da narrativa. Veja estes exemplos:

- Ao focalizar uma personagem de cima para baixo, é possível sugerir sua menor importância na vastidão de uma paisagem ou em meio à multidão, acentuando o drama que ela vive ou a sensação de desamparo que sente.
- Ao focalizar uma personagem de baixo para cima, é possível valorizar sua estatura, seu poder ou outro atributo que a torna respeitada, temida ou admirada.

Acesse o recurso digital sobre adolescentes no mercado de trabalho e responda: Você trabalha ou conhece algum adolescente que trabalha? É um trabalho ocasional, informal ou de outro tipo? Comente.

LÍNGUA EM ESTUDO

CONCORDÂNCIA NOMINAL

1. Leia mais um trecho do roteiro do filme *Meu tio matou um cara*.

> **Duca (em off)** — Se eu conheço a minha mãe, agora ela vai entrar, vai me olhar com uma cara de preocupada misturada com uma cara de "fique calmo, seu tio é da família mas é só seu tio, e no fim vai dar tudo certo". Bom, não é uma cara fácil de fazer ou de imaginar, mas ela faz direitinho.

Jorge Furtado. *Meu tio matou um cara e outras histórias.* Porto Alegre: L&PM, 2007. p. 99.

a) Reescreva o trecho como se Duca estivesse falando do pai, e não da mãe. Faça as alterações necessárias no trecho de acordo com o novo contexto.

b) Com a substituição do substantivo *mãe* por *pai*, o que foi necessário alterar em outras palavras? De que classes morfológicas elas são?

ANOTE AÍ!

Segundo a **regra geral de concordância nominal**, artigos, numerais, pronomes e adjetivos devem ter o mesmo número e o mesmo gênero que o substantivo ao qual se referem. Por exemplo: *Os adolescentes gaúchos* assistiram ao filme.

Além dessa regra geral, existem casos especiais de concordância. Veja.

REGRAS ESPECÍFICAS

1. **Concordância do adjetivo com o substantivo**. O adjetivo concorda em gênero e número com o substantivo mais próximo ou com o conjunto dos substantivos aos quais se refere.

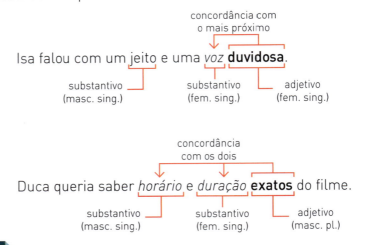

ANOTE AÍ!

O **adjetivo anteposto** a dois ou mais substantivos, ou seja, aquele que vem antes do substantivo, geralmente concorda com o substantivo mais próximo.

O **adjetivo posposto** a dois ou mais substantivos concorda com o mais próximo ou vai para o plural.

O **adjetivo** que se refere a **substantivos de gêneros diferentes** geralmente faz a concordância no masculino plural.

182

2. As palavras *bastante*, *meio*, *muito* e *mesmo*.

Os *divulgadores* **mesmos** cuidaram da arrumação do local.
— substantivo (masc. pl.) / adjetivo (masc. pl.)

Quando empregados como advérbio, esses termos são invariáveis.

Voltou **meio** *desapontada* com a festa.
— advérbio / adjetivo (fem. sing.)

Mesmo as *brincadeiras* não animavam a festa.
— advérbio / substantivo (fem. pl.)

3. As palavras *obrigado* e *obrigada*. Concordam em gênero e número com o autor do agradecimento.

— **Obrigada**! — disse *ela*.

4. As expressões "é bom", "é necessário", "é proibido", "é preciso". Se o sujeito apresentar um determinante, o sujeito concorda com o predicativo. Caso contrário, não se faz concordância.

É **proibida** *a* permanência nas rampas de acesso.
É **necessário** cautela ao dirigir.

5. **A palavra *menos*.** Essa palavra nunca varia.

Os adoçantes dietéticos prometem **menos** calorias.

6. **Os termos *anexo* e *incluso*.** Concordam em gênero e número com o substantivo a que se referem.

Envio **anexa** a *declaração* solicitada.
— adjetivo (fem. sing.) / substantivo (fem. sing.)

Foram **inclusos** os *memorandos* na ata da reunião.
— adjetivo (masc. pl.) / substantivo (masc. pl.)

7. **A palavra *quite*.** Varia de acordo com o número do substantivo.

Não havia mais dúvidas entre eles: os *sócios* estavam **quites**.
— substantivo (masc. pl.) / adjetivo (masc. pl.)

CAMISETAS AMARELAS E BERMUDAS AZUL-MARINHO

Não se trata de uma questão de moda, mas sim de usar corretamente os nomes das cores associados aos termos a que se referem.

O adjetivo que indica cor concorda em gênero e número com o substantivo a que se refere. Exemplo: *folhas verdes*.

No entanto, se a palavra usada como adjetivo for originalmente um substantivo, ficará invariável. Exemplos: *bonés cinza, blusas vinho, calças rosa* (equivalem a cor de cinza, cor de vinho, cor-de-rosa).

Nos adjetivos compostos, apenas o último elemento varia. Exemplos: *garrafa azul-escura, meias castanho--claras*.

Atenção: *calças rosa-escuro*.

Os adjetivos *azul-celeste* e *azul--marinho* não variam.

183

ATIVIDADES

Acompanhamento da aprendizagem

Retomar e compreender

1. Leia o texto a seguir.

> Além da participação dos blocos de rua, a prefeitura produz uma programação com 16 artistas e bandas locais, que irão animar o público com marchinhas, frevo, axé, forró, pagode, sertanejo e até *reggae*.
>
> Carnaval 2015: Blocos de rua e bandas locais são atrações deste ano. Prefeitura de Boa Vista, 22 jan. 2015. Disponível em: http://www.boavista.rr.gov.br/noticias/2015/01/carnaval-2015-blocos-de-rua-e-bandas-locais-sao-atracoes-deste-ano. Acesso em: 27 fev. 2023.

   a) A que substantivo(s) se refere o numeral *16*?
   b) A que substantivo(s) se refere o adjetivo *locais*?
   c) Se a palavra *local* fosse substituída pela palavra *estrangeiro*, como o período poderia ser escrito? Registre o novo período no caderno.

2. Leia a tira a seguir.

Dik Browne. *O melhor de Hagar, o Horrível*. Porto Alegre: L&PM, 1997. p. 55.

   a) O corretor foi sincero quando afirmou só dizer a verdade? Por quê?
   b) Se o corretor tivesse dito aos possíveis compradores do imóvel o estado real do porão, que efeito poderia ter produzido neles?
   c) O predicativo *úmido* concorda com o sujeito *porão*. Podemos afirmar que *meio* concorda com *úmido*? Explique.
   d) Em "Este porão está meio úmido", como seria a frase do corretor se o sujeito fosse *área*?

Aplicar

3. Leia a tira abaixo.

Bob Thaves. Frank e Ernest. *O Estado de S. Paulo*, p. D6, 29 dez. 2007.

   a) O dono não reproduz fielmente para o cão o texto do aviso. Por quê?
   b) Que verbo está subentendido na oração "Proibido a entrada de cães"?
   c) Reescreva essa frase de acordo com a norma-padrão.

A LÍNGUA NA REAL

A CONCORDÂNCIA NOMINAL E A EXPRESSIVIDADE

1. Leia o trecho de um poema.

Ispinho e fulô

É nascê, vivê e morrê
Nossa herança naturá
Todos têm que obedecê
Sem tê a quem se quexá,
[...]

Até a propa criança
Tão nova e tão atraente
Conduzindo a mesma herança
Sai do seu berço inocente,
[...]

Fora da infança querida
No seu uso de razão
Vê muntas fulô caída
Machucada pelo chão,
Pois vê neste mundo ingrato
Injustiça, assassinato
E uns aos outros presseguindo
E assim nós vamo penando
Vendo os ispinho omentando
E as fulô diminuindo.
[...]

Patativa do Assaré. *Ispinho e fulô*. São Paulo: Hedra, 2005. p. 25-26.

a) Que ideia a respeito da vida está presente na primeira estrofe do poema?

b) A escrita do poema é marcada por traços da oralidade. Observe os substantivos do título. Como eles são grafados no poema? Como esses substantivos aparecem registrados no dicionário?

c) Além das peculiaridades ortográficas, como é realizada a concordância nominal nos dois últimos versos? Copie no caderno outros dois versos em que se realiza a concordância da mesma maneira.

d) Segundo a norma-padrão, a concordância nominal se dá em gênero e em número. Nos casos analisados no item *c*, qual desses dois tipos de concordância (em gênero ou em número) recebe tratamento diferente da norma?

2. Em 2014, na cidade de São Paulo, aconteceu uma Copa do Mundo informal que reuniu 16 "seleções" formadas por 200 refugiados de vários países. O trecho a seguir, extraído de um notícia sobre o evento, é parte do hino dessa Copa.

> "Eu e você, vamos viver em paz / briga e guerra, vamos deixar para trás / refugiados, nós somos capaz / discriminação, não pode mais", diz um trecho da música [...].

Adriana Farias. 'Seleções' de 16 países disputam em São Paulo a Copa dos Refugiados. Cotidiano, *Folha de S.Paulo*, 4 ago. 2014. Disponível em: http://feeds.folha.uol.com.br/fsp/cotidiano/179039-selecoes-de-16-paises-disputam-em-sao-paulo-a-copa-dos-refugiados.shtml. Acesso em: 27 fev. 2023.

- Nesse trecho, ocorre um uso que, de acordo com a norma-padrão, se caracteriza como um problema de concordância nominal. Identifique-o. Do ponto de vista expressivo, o que justifica essa ocorrência?

3. De uma faixa exibida por jogadores de futebol foi extraído o seguinte texto: "Somos preto, somos branco. Somos um só". Os adjetivos, no singular, contribuem para sugerir uma ideia importante veiculada na faixa. Que ideia é essa?

ANOTE AÍ!

O não uso da norma-padrão, no que diz respeito à **concordância nominal**, pode ser um **recurso expressivo** para caracterizar o grupo social ao qual pertence o eu poético, o narrador ou as personagens de um texto, além de também poder criar efeitos poéticos.

ESCRITA EM PAUTA

ONDE E AONDE; SE NÃO E SENÃO

1. Leia a tira abaixo.

Bill Watterson. *Calvin. O Estado de S. Paulo*, 18 out. 2016. Caderno 2, p. 35.

a) A mãe entrega a Calvin a "declaração de emancipação" do menino, assinada por ela. O que é essa declaração? Consulte um dicionário, se necessário.

b) Que consequência a declaração traz para a vida doméstica de Calvin?

c) O menino entende essa consequência como algo positivo ou negativo? Explique sua resposta.

d) Releia:

> Está no chão, bem **onde** você o deixou!

- Que palavra ou expressão poderia substituir o termo destacado?

2. Leia a tira.

Charles Schulz. *Snoopy*. Acervo do autor.

a) Linus convida Snoopy para brincar de bola com ele. Como o leitor percebe que o cachorro não está disposto a esse tipo de brincadeira?

b) Releia o balão do quarto quadrinho. Como o verbo *ir*, aí empregado, é classificado quanto à transitividade?

c) De que modo essa classificação do item *b* ajuda a entender a ideia de deslocamento que está implícita nesse verbo?

ANOTE AÍ!

Onde substitui um adjunto adverbial de lugar e indica um espaço físico.

Aonde indica direção ou deslocamento (pode ser substituído por "para onde") e é empregado exclusivamente com verbos de movimento.

3. Os fragmentos a seguir são de textos do contista, poeta e dramaturgo brasileiro Artur Azevedo. Leia-os e, no caderno, proponha substituições para os termos *se não* e *senão*, preservando o sentido das frases.

   a) "— Ah! está ausente? É pena, porque não gosto de fazer retratos **senão** diante dos respectivos modelos. Enfim, como não há remédio..." (*Piedade filial*)

   b) "— Epaminondas, é preciso mentir; **senão**, tua mãe mata-se!" (*Epaminondas*)

   c) "— Muito obrigado, mas não venho aqui fazer outra coisa **senão** passear. Há sete anos que me meti na fazenda de meu pai; era tempo de espairecer." (*História vulgar*)

   d) "— Deixe-me chorar, mamãe. Que seria de mim, **se não** fossem estas lágrimas?" (*A Almanjarra*)

   e) "— Rico, eu?!...
   — Naturalmente. **Se não** fosses rico, tua mulher não poderia andar coberta de brilhantes!" (*Morta que mata*)

   f) "— Ora, mamãe, **se não** houver outro remédio que hei de eu fazer, **senão** casar-me com o Comendador?" (*A Almanjarra*)

> **ANOTE AÍ!**
>
> A expressão **se não** é construída pela conjunção subordinativa condicional **se** (= **caso**) seguida do advérbio de negação **não**.
>
> A palavra **senão** pode ser uma conjunção coordenativa (alternativa ou adversativa) ou uma preposição. No primeiro caso, tem o significado de **ou**, **do contrário** (alternativa) ou de **mas**, **porém** (adversativa); no segundo caso, tem o significado de **a não ser**, **exceto**.

4. Reescreva no caderno as frases a seguir, completando-as com a expressão *se não* ou a palavra *senão*.

   a) O rapaz não faz nada ★ ver televisão.
   b) Você tem de tomar banho rápido, ★ é desperdício.
   c) Se o clima estiver bom vou à praia. ★, vou ficar em casa.
   d) Eu chegaria no horário, ★ fosse a greve de ônibus.
   e) ★ trabalhar no sábado, perderá o emprego.
   f) Fale baixo ★ o bebê acorda.
   g) ★ for para Paris agora, perderá uma grande oportunidade.
   h) Leve um agasalho, ★ ficará com frio.

> **PARA EXPLORAR**
>
> *Os títeres de porrete e outras peças*, de Federico García Lorca. São Paulo: SM, 2007.
>
> Nesta obra, há três peças de teatro escritas por um dos mais importantes autores espanhóis do século XX. Os enredos são bem diversos. Na primeira, ocorre uma assembleia de bichos para julgar a crueldade dos humanos. Na segunda, uma carvoeira toma lições de matemática, porém o que deseja mesmo é namorar. Já na peça-título, uma jovem é obrigada pelo pai a se casar com um rapaz violento.

ETC. E TAL

A origem da palavra *teatro*

No Ocidente, a palavra *teatro* significa tanto o "lugar onde são apresentadas as peças" (um tipo de edifício, portanto) quanto a "arte de representar". Essa palavra, originária do termo grego *thea*, significa, literalmente, "lugar onde se olha". Ela era empregada para se referir a um culto religioso em homenagem ao deus Dionísio na Grécia Antiga, no século VI a.C. Nesses festivais, as peças eram apresentadas ao ar livre, aproveitando-se as colinas de pedra como arquibancadas. Sua acústica era tão perfeita que o espectador da última fileira ouvia com nitidez.

É desse período ainda o símbolo do teatro: as máscaras da tragédia e da comédia.

Gustavo Pedrosa/ID/BR

AGORA É COM VOCÊ!

DRAMATIZAÇÃO

Proposta

Acesse o recurso digital e saiba mais sobre os elementos da dramatização. Além do enredo em si, composto de situação inicial, conflito e desfecho, que outros elementos são citados? Explique brevemente cada um deles.

Na dramatização, os participantes encenam cenas vinculadas a uma situação definida previamente. A dramatização pode se dar de forma livre, com falas improvisadas, ou estruturada, partindo de um roteiro escrito. Apesar de poder ter cenário e figurino, tais elementos não são essenciais, de forma que a situação encenada pode ser construída apenas pelas falas e pelos gestos das personagens.

Agora, você e os colegas vão se reunir em grupos de três ou quatro integrantes para realizar uma dramatização a ser apresentada para a turma.

GÊNERO	PÚBLICO	OBJETIVO	CIRCULAÇÃO
Dramatização	Colegas e professores	Realizar uma dramatização em grupo para os colegas da turma	Sala de aula

Planejamento e elaboração de texto

1 Com seu grupo, escolha uma das seguintes situações que pareça mais interessante para fazer uma dramatização:

OPÇÃO	SITUAÇÃO
1	Dentro de um elevador parado repentinamente por falta de energia elétrica, as pessoas conversam sobre a situação, até que o elevador volta a funcionar.
2	Em um parque de diversões, as pessoas esperam na fila para entrar em uma atração e fazem comentários sobre suas expectativas, a demora, as pessoas que tentam furar a fila, etc.
3	Na saída de um festival de música, pessoas do público trocam impressões sobre as bandas que acabaram de tocar.

2 Discutam sobre a situação escolhida. Ela é formal ou informal? A que grupo social ou faixa etária pertencem as personagens envolvidas?

3 Criem as personagens que cada estudante vai representar na dramatização. Definam as características de cada uma, considerando os seguintes aspectos:

- Quais são suas características psicológicas? Ela é alegre, curiosa, ansiosa?
- Como ela se expressa? Lembrem-se de que a mesma pessoa se expressa de maneiras diferentes, de acordo com a situação (variedade situacional).
- Como ela se veste? Vocês podem acrescentar detalhes, como uma peça de roupa, óculos ou peruca, mesmo que não componham um figurino completo.

4 Na dramatização geralmente não há a figura do narrador. São as ações e as falas das personagens que conduzem o desenvolvimento da história. Por isso, é importante que vocês elaborem um roteiro indicando como a situação vai se desenrolar. Para isso, pensem nos seguintes aspectos da história:

- Como será a situação inicial?
- Qual será o conflito? Como ele será resolvido?
- Como será o desfecho?

5 Definam a ordem em que cada personagem vai falar. É importante que as falas estejam, de alguma forma, relacionadas ao que foi dito anteriormente. Todos os participantes devem ter, no mínimo, duas ou três falas.

MÚLTIPLAS LINGUAGENS

1. Assistam a uma cena de dramatização em algum canal de vídeo na internet e observem o tom de voz, as pausas e as hesitações. O texto parece decorado ou improvisado?

2. Observem, também, os gestos dos atores. Eles estão adequados ao perfil das personagens e à situação dramatizada?

Ao planejar a dramatização, construam a linguagem corporal de suas personagens, pensando como elas se movimentam em cena e se têm alguma marca peculiar em seus gestos. Além disso, ensaiem as falas considerando aspectos linguísticos, como entonação e registro de linguagem.

6 Ensaiem a dramatização com a orientação do professor, estabelecendo um tempo-limite para a cena se desenrolar. Depois de vários ensaios, quando já estiverem bem seguros, gravem a dramatização para avaliar o desempenho do grupo antes da apresentação.

Avaliação

1 Assistam às gravações do último ensaio dos grupos. Escolham um dos grupos para avaliar a gravação. Copiem o quadro abaixo no caderno e completem-no com as observações de vocês sobre a atuação do outro grupo.

ELEMENTOS DA DRAMATIZAÇÃO
A situação proposta foi bem explorada na dramatização?
A fala das personagens estava coerente com a situação apresentada?
As expressões faciais e corporais dos colegas enfatizaram as características das personagens?
Houve progressão no diálogo? As falas das personagens foram redundantes (as personagens diziam as mesmas coisas de formas diferentes)?
O vocabulário e as expressões utilizadas refletiram a idade, o grupo social e outras características das personagens?

2 Troquem as avaliações e discutam o que ainda pode ser melhorado.

3 Realizem um ensaio, observando os pontos que precisam ser aperfeiçoados.

Circulação

1 No dia marcado pelo professor, todos devem estar bem preparados e familiarizados com o roteiro. Assistam com respeito às apresentações dos colegas.

2 O professor sorteará a ordem de apresentação dos grupos. Lembrem-se de que a dramatização é uma realização coletiva. Todos devem colaborar.

3 Analisem a apresentação dos grupos, observando:

- Os participantes interagiram de modo adequado?
- Os estudantes conseguiram ouvir o que os colegas diziam?
- O que poderia ser aperfeiçoado em uma próxima vez?

ATIVIDADES INTEGRADAS

Leia as cenas iniciais do roteiro do filme *O ano em que meus pais saíram de férias*, escrito por Cao Hamburger em parceria com Cláudio Galperin, Bráulio Mantovani e Anna Muylaert.

O ano em que meus pais saíram de férias
Roteiro

EXT. TÚNEL DE ESTÁDIO DE FUTEBOL – DIA (*FLASHBACK* – 1969)

MÃO DE HOMEM ADULTO segura MÃO DE CRIANÇA: pai e filho de mãos dadas enquanto caminham pelo túnel que dá acesso às arquibancadas do estádio.

Burburinho de VOZES.

TORCEDORES passam a caminho das arquibancadas. Todos vestidos com a camisa do uniforme do time do Santos.

Aos poucos, revelam-se os "donos" das mãos:

MAURO – menino branco e franzino, de 10, 11 anos – olha para seu pai, DANIEL – 30 e poucos anos – enquanto andam em direção à saída no túnel, na contraluz.

▲ Cena do filme *O ano em que meus pais saíram de férias*, dirigido por Cao Hamburguer. Brasil, 2006.

INT. SALA DE JANTAR, CASA DE MAURO / ARQUIVO – JOGO
MONTAGEM ALTERNA:
ARQUIVO – SANTOS VERSUS VASCO DA GAMA (MARACANÃ, 1969)
O ESTÁDIO DO MARACANÃ está lotado.
Closes de CHUTEIRAS disputando jogadas e dos torcedores.
PELÉ entra na grande área e é derrubado. O JUIZ marca pênalti. Euforia da torcida.

MAURO (V.O.)
O maior jogador de todos os tempos pode estar prestes a marcar seu milésimo gol.
Os jogadores do Santos se dirigem para o meio de campo.

NA MESA DE JANTAR –
A MÃO de MAURO reproduz a cena que acontece no estádio, num jogo de futebol de botão.
NO MARACANÃ –
Pelé apanha a bola e a posiciona na marca do pênalti. Mauro narra as ações do jogo com grande emoção.
NA MESA DE JANTAR –
    MAURO (V.O.)
  Pelé vai bater o pênalti!

Mauro coloca o botão de Pelé na posição para bater o pênalti.
NO MARACANÃ –
O juiz apita. Pelé corre, dá sua famosa paradinha, e chuta para dentro do gol.
MAURO (V.O.)
  É goooooooooool!

NA MESA DE JANTAR –
Forte RUÍDO do telefone batendo no gancho distrai Mauro. Ele vacila no controle da PALHETA quando dispara o botão de Pelé em direção à bola.
A pequena BOLINHA DE PLÁSTICO passa por cima do gol.
MÍRIAM (30) – a mãe de Mauro – com cara de preocupada, junto ao telefone, fala em tom bem sério com o filho.

---

close (redução de *close-up*): plano em que a câmera fica bem próxima do objeto, que ocupa quase toda a cena.

palheta: disco com o qual, no futebol de botão, se move o botão que corresponde a um jogador.

V.O.: abreviação, em inglês, de *voice over* ("voz sobreposta").

Acompanhamento da aprendizagem

                    MÍRIAM
        Vamos ter que viajar...
                    MAURO
        Agora?
                    MÍRIAM
        Agora.
                    MAURO
        Mas e o papai?
                    MÍRIAM
        Para variar está sempre atrasado.

Míriam está apreensiva: ouve um SOM DE CARRO. Vai até a – JANELA – Míriam espia pela janela e vê –

JANELA – P.V. DE MÍRIAM
Um FUSCA AZUL estaciona diante da casa.
JUNTO À JANELA –
Míriam suspira aliviada.

> **P.V.:** abreviação da expressão "ponto de vista", plano em que a câmera fica situada na mesma altura do olho do ator e que, portanto, representa a forma como o ator enxerga o ambiente.

Cláudio Galperin, Cao Hamburger, Bráulio Mantovani, Anna Muylaert. *O ano em que meus pais saíram de férias*. São Paulo: Imprensa Oficial, 2008. p. 25-28.

Analisar e verificar

1. Descreva, no caderno, as cenas apresentadas nesse trecho do roteiro. Em que informações do texto você se baseou para descrevê-las?

2. Como se relacionam a cena de Mauro com seu pai no estádio do Maracanã e a cena do menino em casa, jogando futebol de botão?

3. Releia:

> MAURO – menino branco e franzino, de 10, 11 anos – olha para seu pai, DANIEL – 30 e poucos anos – enquanto **andam** em direção à saída no túnel, na contraluz.

a) Reescreva o trecho substituindo Mauro por uma personagem feminina, realizando a concordância de gênero quando pertinente.

b) Agora, reescreva o trecho como se apenas Daniel fosse em direção à saída, flexionando o verbo em destaque de acordo com a nova situação.

Criar

4. O filme *O ano em que meus pais saíram de férias* inspira-se em vivências de Cao Hamburger, quando garoto, na época dos "anos de chumbo" da ditadura militar brasileira. Depois de ler o boxe ao lado sobre o assunto, discuta com os colegas a possível relação entre o título do filme, a apreensão da mãe de Mauro ao esperar pelo marido e a inesperada viagem.

5. Após analisar roteiros para a televisão e para o cinema, converse com os colegas sobre a questão: De que forma a transposição da linguagem escrita para a audiovisual colabora para a construção de sentido do texto?

ANOS DE CHUMBO

A expressão "anos de chumbo" costuma se referir ao período de 1968 a 1974, considerados os anos mais repressivos da ditadura militar no Brasil. Tal período tem seu início marcado pelo decreto do AI-5 – o mais duro dos atos institucionais até então –, que estabelecia no país, entre outras coisas, o fechamento do Congresso Nacional e das Assembleias Legislativas estaduais, a censura prévia de músicas, filmes, programas de TV e imprensa, além de suspensão de direitos e perseguição política de indivíduos considerados opositores ao regime.

191

CIDADANIA GLOBAL
UNIDADE 5

Retomando o tema

Nesta unidade, você e seus colegas puderam refletir sobre aspectos relativos ao trabalho, especialmente na juventude. Agora, reúna-se com mais dois colegas para responder às questões a seguir e continuar essa reflexão.

1. Em sua opinião, é possível potencializar as contribuições ou evitar os prejuízos que o trabalho pode ter na formação do adolescente? Como?
2. O cenário que você imaginou pode ser conquistado individualmente ou precisa de uma luta coletiva?
3. Em sua opinião, o estudo é importante na vida profissional? Você considera viável trabalhar e estudar ao mesmo tempo?

Geração da mudança

Com base no que foi discutido, a turma vai se organizar em grupos para buscar informações sobre um mecanismo legal que pretende fomentar as vantagens que o trabalho pode trazer para a vida de um jovem: o Programa de Aprendizagem. De acordo com esse programa, após os 14 anos, um adolescente pode atuar no mercado de trabalho apenas em condições especiais e como Menor Aprendiz, enquanto um jovem maior de 18 anos pode se tornar Jovem Aprendiz.

- Façam um levantamento de dados básicos sobre esse programa. Para isso, os grupos devem consultar *sites* confiáveis, notícias e artigos a respeito do tema. Na data combinada, as informações encontradas devem ser compartilhadas com a turma e os itens mais relevantes, anotados no caderno.

- Após a etapa de compartilhamento, aproveitem as anotações para criar um Guia Básico, no formato de perguntas e respostas, sobre o Programa de Aprendizagem. O guia deve ser colocado à disposição da comunidade escolar, seja por meio de divulgação digital (no *site* ou *blog* da escola), seja por meio de uma versão impressa entregue à biblioteca ou ao grêmio estudantil.

Autoavaliação

ARTIGO DE OPINIÃO E LEI

UNIDADE 6

PRIMEIRAS IDEIAS

1. Com qual objetivo alguém lê um artigo de opinião?
2. Para você, por que é importante conhecer as leis que regem o país? Você respeita as leis da comunidade em que vive?
3. Levante uma hipótese sobre o que significa estudar a regência de um verbo.
4. Qual é a diferença entre as frases: "Dê-me o caderno." e "Me dê o caderno."? No contexto em que você vive, qual das construções é mais comumente empregada?

Conhecimentos prévios

Nesta unidade, eu vou...

CAPÍTULO 1 — Argumentos que geram reflexão

- Ler e interpretar artigo de opinião e compreender sua estrutura.
- Refletir sobre ter responsabilidade ao disseminar conteúdos na internet.
- Entender a estrutura de um infográfico sobre *fake news* e interpretar os dados nele contidos.
- Assimilar os usos da regência verbal e da regência nominal.
- Planejar e produzir um artigo de opinião e organizar a publicação dos textos no *blog* da turma.

CAPÍTULO 2 — Palavras que viram lei

- Ler e interpretar trechos de uma lei e compreender a estrutura do texto normativo.
- Refletir sobre a regulamentação de conteúdos publicados na internet.
- Assimilar as regras de colocação pronominal.
- Analisar o emprego da crase.
- Compreender a estrutura e a função de um júri; participar de um júri simulado.
- Pesquisar métodos confiáveis para identificar notícias falsas; elaborar um guia de como identificar notícias falsas.

INVESTIGAR

- Analisar informações e posicionar-se de forma autônoma e responsável diante de questões polêmicas.

CIDADANIA GLOBAL

- Refletir sobre como a presença de informações falsas no ambiente escolar pode interferir na promoção de sociedades pacíficas e inclusivas.
- Selecionar situações e criar representações a fim de explicitar como informações falsas podem distorcer e comprometer a credibilidade de pessoas e instituições.

LEITURA DA IMAGEM

1. Que espaço está retratado na fotografia?
2. Há dois grupos de pessoas nesse espaço: um ao fundo da imagem e outro à frente. O que cada um desses grupos está fazendo?
3. O Marco Civil da Internet é uma lei que regulamenta direitos e deveres no uso da internet no Brasil, promovendo, por exemplo, a confidencialidade dos dados pessoais dos usuários. Com base nisso, qual você acha que é o objetivo do cartaz com os dizeres "Marco Civil da Internet: Democracia sim! Corporações não!"?

CIDADANIA GLOBAL

A divulgação de notícias falsas, embora já existisse em mídias como a TV, o jornal e o rádio, cresceu substancialmente com o advento da internet. A fim de assegurar o acesso público a informações confiáveis e proteger liberdades fundamentais, diversas instituições e organizações brasileiras têm se mobilizado para solucionar o problema.

- De que maneira a situação representada na imagem se relaciona com a construção de uma sociedade mais justa, com instituições eficazes, responsáveis e inclusivas?

 Acesse o recurso digital e responda: Quais são as principais diretrizes que o Marco Civil da Internet promoveu no tratamento de informações e dados em meio digitais? Qual é a importância dessa regulamentação para a vida em sociedade?

Sessão de votação sobre o Marco Civil da Internet, ocorrida na Câmara dos Deputados. Brasília (DF), foto de 2014.

195

CAPÍTULO 1
ARGUMENTOS QUE GERAM REFLEXÃO

O QUE VEM A SEGUIR

O artigo de opinião a seguir foi publicado em fevereiro de 2022, no jornal digital *Nexo*. Escrito pela jornalista Januária Cristina Alves, o texto aborda um tema bem contemporâneo: o fenômeno das *fake news* e a importância de se tratar desse assunto no contexto escolar. Leia o título do texto e levante hipóteses: Quem são os "nativos digitais"? De acordo com a situação de uso, qual é o significado da expressão "alvos fáceis"?

TEXTO

Januária Cristina Alves

Os nativos digitais são alvos fáceis para as *fake news*

17 de fev. de 2022

Parece que nascer com o dedinho que desliza fácil no *tablet* ou no celular não garante que se tenha condições críticas de circular com segurança no universo *on-line*

Quando falo sobre *fake news* para crianças bem pequenas, costumo contar duas histórias emblemáticas e bastante conhecidas. Gosto de começar por um dos contos de fadas mais famosos de todos os tempos: "João e Maria", dos Irmãos Grimm. De maneira bastante sintética essa é a história de dois irmãos que foram abandonados na floresta por seu pai e sua madrasta porque ambos não conseguiam alimentá-los. Na noite anterior ao abandono, as crianças ouvem a conversa dos pais, e João, muito inteligentemente, resolve levar diversas pedrinhas no bolso para marcar o caminho e, assim, conseguir voltar para casa. E são essas pedrinhas que, de fato, os ajudam a encontrar o caminho de retorno algumas vezes (mas, infelizmente, são levados à floresta novamente), inclusive no final da história, que, como todo bom conto de fadas, termina com o reencontro com o pai querido e todos felizes para sempre.

A segunda história é a fábula "O pastor e o lobo", na qual um jovem pastor, entediado porque está sempre sozinho com as ovelhas, resolve gritar por socorro para o pessoal das redondezas dizendo que o lobo estava vindo. Grita "Lobo, Lobo!" tantas vezes que, quando, de fato, um lobo de verdade aproxima-se das ovelhas, é incapaz de impedir que as bichinhas acabem na barriga do bicho, tendo, ao final de tudo, de ouvir do sábio da aldeia a moral da história: "Na boca do mentiroso, o certo é o duvidoso". "E essa história entrou por uma porta e saiu

 Continua

por outra e quem quiser que conte outra!", encerro eu. Só que não. O que a minha experiência tem mostrado é que elas são apenas o começo de um trabalho que tem se revelado muito interessante com crianças, pais e educadores no que se refere à Alfabetização Midiática.

Histórias como essas abrem portas importantes para que as crianças façam uma associação quase que direta com o universo *on-line* que, para o bem e para o mal, conhecem tão bem. Não é difícil para elas, já aos cinco, seis anos de idade, relacionarem a floresta imensa, escura, cheia de caminhos e atalhos desconhecidos, à internet. O nosso pastor entediado de cara é relacionado àquela pessoa que espalha *fake news*. Animadas, muitas crianças chegam a afirmar que a internet pode ser "a terra das *fake news*" – tal como Peter Pan tem a sua Terra do Nunca –, e, a partir daí, entram, por meio desse universo mágico, em um ponto fulcral da questão que mais tem preocupado o mundo nesse momento: as crianças têm sido um alvo fácil e constante da desinformação e, mais especificamente, das *fake news*. São vítimas, por exemplo, das teorias conspiratórias como as que afirmam que as vacinas causam doenças graves [...]. O que fazer para protegê-las desse fenômeno tão nocivo?

Essa questão tem preocupado não apenas pais e educadores, mas também os estudiosos e pesquisadores da Alfabetização Midiática e Informacional. Uma reportagem da prestigiada revista *Scientific American* ouviu diversos professores e pesquisadores de Educação Midiática e todos constataram que o problema cresceu de forma preocupante nas duas últimas décadas. Eles relatam que precisaram, por exemplo, trabalhar com estudantes que negam a existência do Holocausto e da epidemia de covid-19. E o que é mais assustador é que tal fato está ocorrendo entre crianças e jovens que possuem acesso à internet garantido e que estão habituadas a navegar nas redes sociais. Ou seja, os chamados "nativos digitais".

Pois é. Parece que nascer com o dedinho que desliza fácil no tablet ou no celular, ou ter as informações do mundo inteiro a um clique de distância não garante que se tenha condições críticas de circular com segurança no universo *on-line*. Alan Rusbridger, jornalista, professor e diretor do Instituto Reuters para o Estudo do Jornalismo comenta esse fato: "Eu me choco agora até quando encontro estudantes brilhantes, pergunto suas fontes de informação e eles respondem: Facebook. Eu insisto: Sim, mas de onde vem antes do Facebook? Eles olham pra você com estranheza, sem entender. É muito importante sensibilizar os jovens para a existência de fontes confiáveis e não confiáveis. Que eles precisam questioná-las e não devem compartilhar a menos que saibam serem notícias verdadeiras. As pessoas têm toda a responsabilidade, como os jornalistas, em relação à informação. Daí a (importância da) alfabetização sobre mídia".

fulcral: que é o ponto fundamental, ideia ou elemento básico.

Holocausto: nome que se dá para o genocídio cometido pelos nazistas ao longo da Segunda Guerra Mundial (1939-1945) e que vitimou aproximadamente seis milhões de pessoas.

Continua

As pesquisas indicam que, de fato, as crianças são alvos fáceis para as notícias falsas. Segundo um estudo de 2021 no jornal acadêmico *British Journal of Developmental Psychology*, 14 anos é a idade em que, normalmente, as crianças começam a acreditar nas teorias conspiratórias. Muitos adolescentes também têm dificuldade em avaliar a credibilidade das informações *on-line*. Em um estudo de 2016 envolvendo quase 8.000 estudantes dos EUA, pesquisadores da Universidade de Stanford descobriram que menos de 20% dos estudantes do ensino médio questionaram seriamente alegações falsas nas mídias sociais, como um *post* no Facebook sobre radiação nuclear em uma determinada área no Japão. De posse dessas informações, o que os diversos pesquisadores do mundo inteiro – e aqui destaco especialmente os esforços de todos os que compõem a Mil Alliance, Aliança Global para Parcerias em Alfabetização Midiática e Informacional da <u>Unesco</u>, composta por mais de 700 organizações, governos e indivíduos nos cinco continentes, da qual tenho o privilégio de fazer parte – querem saber é o que fazer para preparar as novas gerações para saberem diferenciar uma <u>ilação</u> de um fato comprovado, uma opinião de uma informação. Na reportagem da *Scientific American* os entrevistados são unânimes em afirmar que a Educação Midiática é, com certeza, um dos caminhos mais eficientes: "Uma ferramenta que as escolas podem usar para lidar com esse problema é chamada de Alfabetização Midiática. A ideia é ensinar as crianças a avaliar e pensar criticamente sobre as mensagens que recebem e a reconhecer falsidades disfarçadas de verdade. Para crianças cujos pais podem acreditar em teorias conspiratórias ou outras mentiras alimentadas pela desinformação, a escola é o único lugar onde podem aprender habilidades para avaliar tais alegações objetivamente", enfatiza a matéria.

Porém, como os entrevistados destacam, as investigações sobre os efeitos da Educação Midiática ainda são incipientes. Há muito o que se pesquisar para entender não apenas se checar fatos ou produzir conteúdos para as mídias sociais na escola funciona para a formação de cidadãos mais participativos e conscientes no universo digital, mas, sobretudo, se estamos formando crianças e jovens capazes de aprender a equilibrar o que David Buckingham, professor emérito da Loughborough University e do Kings College de Londres, chama de "ceticismo necessário", como a crença nos fatos verificáveis. Peter Adams, vice-presidente sênior de educação do News Literacy Project nos Estados Unidos, chama atenção para essa delicada e complexa questão: "Achamos que algumas abordagens para a alfabetização midiática não só não funcionam, mas podem realmente sair pela culatra, aumentando o cinismo dos alunos ou exacerbando mal-entendidos sobre o modo como a mídia jornalística funciona". Penso que a saída continua sendo apostar na educação, sem dúvida. Mas ela precisa estar estruturada a partir de elementos construtores da capacidade leitora das crianças e jovens. Afinal, estamos falando de leitura de mundo. E não se aprende a ler a não ser lendo desde cedo, e com método. A Educação Midiática precisa, também, ser entendida como um bem público e, portanto, deve ser uma política pública, para além de constar apenas em um campo, em uma única área de estudos. Só assim, encontrando João e o pastor entediado com constância e, sobretudo, com um genuíno prazer em entender que o mundo é complexo [...], é que teremos crianças e jovens curiosos, investigativos e desconfiados, na justa medida. Um trabalho que, ao que tudo indica, está só começando.

Januária Cristina Alves é mestre em comunicação social pela ECA/USP (Escola de Comunicações e Artes da Universidade de São Paulo), jornalista, educomunicadora, autora de mais de 50 livros infantojuvenis, duas vezes vencedora do Prêmio Jabuti de Literatura Brasileira, coautora do livro Como não ser enganado pelas fake news *(editora Moderna) e autora de* #XôFakeNews – Uma história de verdades e mentiras. *É membro da Associação Brasileira de Pesquisadores e Profissionais em Educomunicação – ABPEducom e da Mil Alliance, a Aliança Global para Parcerias em Alfabetização Midiática e Informacional da Unesco.*

<u>ilação</u>: aquilo que se deduz ou se conclui.

<u>Unesco</u>: Organização das Nações Unidas para a Educação, a Ciência e a Cultura.

Januária Cristina Alves. Os nativos digitais são alvos fáceis para as *fake news. Nexo*, 17 fev. 2022. Disponível em: https://www.nexojornal.com.br/colunistas/2022/Os-nativos-digitais-s%C3%A3o-alvos-f%C3%A1ceis-para-as-fake-news. Acesso em: 17 fev. 2023.

TEXTO EM ESTUDO

PARA ENTENDER O TEXTO

1. As hipóteses levantadas por você sobre as expressões "nativos digitais" e "alvos fáceis" se confirmaram após a leitura do artigo? Comente com os colegas.

2. O título do texto apresenta a expressão em língua inglesa *fake news*. O texto não traz sua definição, mas é possível inferir seu significado: "notícias falsas". O que se pode supor sobre a autora não ter apresentado essa definição?

3. Copie no caderno a estratégia usada pela autora para iniciar seu texto.

I. Define um conceito.

II. Conta histórias que contextualizam o tema.

III. Lança uma pergunta ao leitor, gerando reflexão sobre um problema.

4. No artigo de opinião, a articulista apresenta seu ponto de vista sobre o tema, expressando sua tese (ideia central a ser defendida).

a) Qual é a tese defendida no artigo lido?

b) Como a autora conecta as duas histórias do início do texto ao tema dele?

c) Qual é sua opinião sobre o modo como a articulista inicia o texto? Justifique.

5. No terceiro parágrafo, o problema tratado no artigo de opinião é apresentado de forma explícita: a articulista afirma que as crianças são alvos fáceis e constantes de desinformação e notícias falsas.

a) Ao apresentar o problema, a articulista faz uma pergunta. Qual é ela? Que efeito de sentido é criado por ela ao se dirigir dessa forma ao interlocutor?

b) Analisando o problema identificado, você o considera relevante? Justifique.

6. No quarto e quinto parágrafos, a articulista usa argumentos para defender sua tese.

a) Um desses argumentos é a utilização de um exemplo. Qual é ele?

b) O outro argumento apresenta a voz de uma pessoa, constituindo-se em um argumento de autoridade. Como essa voz aparece inserida no texto? Sobre o que a fala trata?

c) Ao indicar o nome do jornalista responsável pela fala e seus cargos, qual é o efeito de sentido produzido?

7. No sexto parágrafo, a autora apresenta novas informações a respeito do tema.

a) Que dado é mostrado a fim de reforçar a tese defendida?

b) Em relação à objetividade, esse argumento se diferencia dos apresentados nos parágrafos anteriores. Que diferença é essa?

c) Quais informações sobre a fonte dos dados foram apresentadas? Qual é a relevância em fornecer essas informações?

ANOTE AÍ!

O **artigo de opinião** é um texto argumentativo no qual um autor, geralmente um especialista no assunto a ser tratado, defende seu ponto de vista sobre um tema de relevância social para o debate público. Na **introdução**, o **articulista** (nome dado a quem escreve o artigo de opinião) contextualiza o assunto que será abordado e apresenta sua posição a respeito do tema formulando uma **tese**, que será defendida ao longo do artigo por meio de **argumentos**.

PARA EXPLORAR

Especialistas debatem as *fake news* nas redes sociais

Em um dos episódios do programa de entrevistas *Diálogo Brasil*, da TV Brasil, Rafiza Varão, professora de Comunicação da Universidade de Brasília (UnB), e Paulo Rená, professor de Direito que ajudou a formular o Marco Civil da Internet, foram convidados para discutir o fenômeno das *fake news*. Assista ao debate e analise os argumentos utilizados pelos participantes.

Disponível em: https://www.youtube.com/watch?v=mdtQEN_V9nA. Acesso em: 17 fev. 2023.

8. Muitos pesquisadores tentam entender como preparar crianças e adolescentes para diferenciar uma opinião de uma informação.
    - No sexto parágrafo, é apresentada uma explicação acerca de uma organização da qual a articulista faz parte. Por que essa informação é relevante para o leitor? Qual efeito de sentido esse tipo de informação promove?

9. A articulista conclui o texto discutindo alguns aspectos sobre o tema.
    a) De acordo com ela, como as investigações relacionadas aos efeitos da educação midiática são caracterizadas?
    b) A autora faz uso da fala de um especialista a fim de indicar um problema que pode ocorrer ao se trabalhar inadequadamente a educação midiática. Qual é esse problema?
    c) Com base no problema indicado pelo especialista, a articulista propõe uma forma de contorná-lo. Que forma é essa?
    d) A articulista encerra o texto retomando a introdução. Qual afirmação conecta a proposta no fim do artigo ao que é apresentado no início dele?

10. Analisando os argumentos apresentados ao longo do artigo de opinião, você concorda com a proposta defendida pela articulista? Comente.

ANOTE AÍ!

No **desenvolvimento**, o articulista apresenta argumentos consistentes para convencer o leitor de seu ponto de vista. Há **diferentes estratégias para construir a argumentação**, como mostrar relações de causa e consequência entre os fatos, apresentar argumentos de autoridade, resultados de pesquisa, dados estatísticos, entre outras. A escolha dos argumentos depende da tese e da estratégia argumentativa. Na **conclusão**, o articulista encerra seu raciocínio resumindo o que foi apresentado para comprovar a tese defendida.

O CONTEXTO DE PRODUÇÃO

11. O artigo de opinião foi publicado no jornal digital *Nexo*. Leia, a seguir, um trecho de um texto retirado do *site* desse jornal.

> O *Nexo* é um jornal digital, lançado em novembro de 2015, com o objetivo de trazer contexto às notícias e ampliar o acesso a dados e estatísticas. Sempre de forma inovadora e a partir de conteúdos amplos e instigantes, sua produção editorial privilegia o rigor e a qualidade da informação.
>
> Sobre o *Nexo*. *Nexo*. Disponível em: https://www.nexojornal.com.br/sobre/Sobre-o-Nexo. Acesso em: 17 fev. 2023.

   a) Baseando-se no trecho lido, quais são os objetivos do jornal *Nexo*?
   b) Algum dos objetivos se aproxima do conteúdo do artigo lido? Justifique.

12. No artigo de opinião, é comum haver informações sobre o autor.
    a) Saber mais sobre o autor do texto é relevante para o leitor? Por quê?
    b) Qual é a relação entre a profissão da autora e o tema discutido no artigo?

ANOTE AÍ!

O artigo de opinião geralmente é acompanhado por informações sobre a atuação e/ou a formação do **articulista**, de modo a **legitimar sua argumentação** e seu ponto de vista. Nos textos, os articulistas costumam tratar de uma questão polêmica e relevante para a sociedade. Geralmente, o **público leitor** está, de alguma forma, inteirado desses assuntos.

13. **SABER SER** A disseminação de notícias falsas gera desorientação, além de incertezas e dúvidas. Diante desse fenômeno, é preciso repensar as responsabilidades de cada setor social. Com base nessas informações, responda:

a) Você confere a autoria e a veracidade de um conteúdo antes de compartilhá-lo?

b) O que você acha que os governos e as instituições podem fazer para conscientizar a comunidade sobre a checagem de informações na internet?

A LINGUAGEM DO TEXTO

14. Releia o trecho a seguir, retirado do último parágrafo do artigo de opinião.

> A Educação Midiática precisa, também, ser entendida como um bem público e, **portanto**, deve ser uma política pública [...].

- Qual é a função do termo destacado? Qual conjunção poderia substituí-lo?

ANOTE AÍ!

As **conjunções** colaboram com a **coesão textual** ao articular partes de um texto, contribuindo para o desenvolvimento da argumentação.

15. Releia este trecho retirado do artigo de opinião:

> "E essa história entrou por uma porta e saiu por outra e quem quiser que conte outra!", encerro eu. Só que não. O que a minha experiência tem mostrado é que elas são apenas o começo de um trabalho que tem se revelado muito interessante [...].

- De acordo com o contexto, qual é o sentido da expressão "só que não"?

16. Cite dois trechos do texto em que é usada a linguagem conotativa e analise o sentido das expressões. Que efeito o uso dessa linguagem provoca no leitor?

17. Recorde o seguinte trecho.

> [...] as crianças têm sido um alvo fácil e constante da desinformação [...]. O que fazer para protegê-las desse fenômeno **tão nocivo**?

a) Suprimindo a expressão em destaque, o trecho ainda faria sentido? Explique.

b) Qual é a intenção da articulista ao empregar essa expressão?

18. Releia este outro trecho do artigo de opinião.

> Penso que a saída continua sendo apostar na educação, sem dúvida.

a) Qual expressão reforça o posicionamento da articulista?

b) Qual é a relação entre essa expressão e o fato de estar no parágrafo final?

ANOTE AÍ!

Os **artigos de opinião** são escritos, de maneira geral, em **registro formal**, embora o articulista possa usar termos mais coloquiais ou de sentido conotativo, de acordo com sua **intenção comunicativa**. É comum ainda o uso de **modalizadores**, ou seja, de palavras e expressões que marcam a posição do autor em relação ao que é expresso.

UMA COISA PUXA OUTRA

Como identificar *fake news*?

O artigo de opinião que você leu trata do fenômeno das *fake news*. Você consegue reconhecer uma notícia falsa? As pessoas próximas a você sabem fazer essa identificação? Leia os infográficos sobre o assunto e observe como o aspecto visual é importante para a organização das informações em um infográfico. Na página em que esses textos foram publicados, há outros conteúdos. Acesse-os e acompanhe esse tipo de canal de divulgação e debate de ideias.

Infográfico I

FUNÇÕES DO SENADO FEDERAL

O Senado Federal tem a função típica de legislar. Essa função "diz respeito à edição de atos normativos cujo fundamento decorre diretamente da Constituição Federal, e que podem instituir direitos ou criar obrigações". Além disso, o Senado Federal tem a função de fiscalizar: "Por um princípio republicano, os cidadãos — diretamente ou por meio de seus representantes eleitos — podem fiscalizar o governo, verificando a adequada aplicação dos recursos públicos e o respeito às normas".

Senado Federal. Disponível em: https://www.senado.leg.br/senado/hotsites/entendaatleg/. Acesso em: 20 fev. 2023.

Arquivo/Agência Senado

COMO NÃO CAIR NOS BOATOS DE INTERNET

A notícia parece bizarra ou absurda? Então há uma boa chance de que não seja verdadeira.

Use o bom senso, seja um pouco cético em relação ao que lê

Não caia no alarmismo

BOMBA! Notícias em tom alarmista não costumam ser verdadeiras!

Há páginas especializadas em inventar e divulgar boatos. É preciso evitá-las.

Confira a fonte da notícia. A fonte tem credibilidade? É reconhecida?

Veja se não é notícia velha

Às vezes o título é distorcido só para chamar a atenção. Quando você vai ler, não é nada daquilo.

Leia a notícia completa

Algumas notícias são verdadeiras, mas estão desatualizadas

Senado Federal. Disponível em: https://www.facebook.com/SenadoFederal/photos/a.176982505650946/1960092584006587/?type=3&theater. Acesso em: 20 fev. 2023.

Infográfico II

Senado Federal. Disponível em: https://www.facebook.com/SenadoFederal/photos/a.17698250 5650946/2428743847141456/?type=3&theater. Acesso em: 20 fev. 2023.

1. Leia o boxe sobre as funções do Senado Federal e responda às questões.
   a) Você conhecia as funções do Senado Federal? Comente com os colegas.
   b) Qual é o interesse dessa instituição ao publicar esses infográficos?
   c) Onde foram publicados esses infográficos? Relacione o local de publicação com o tema apresentado neles.

2. Observe o infográfico I e responda às questões.
   a) Quantas dicas são dadas para o leitor identificar boatos na internet?
   b) Como é possível identificar cada dica? Responda de acordo com as características visuais do infográfico.
   c) Observe os demais elementos visuais do infográfico. Eles remetem a quê?

3. Responda, a seguir, às questões sobre o infográfico II.
   a) O infográfico II explica com detalhes as dicas apresentadas no infográfico I. Explique essa afirmação.
   b) Quais são os elementos visuais utilizados nesse infográfico?
   c) Por que a notícia do infográfico II pode ser considerada absurda?

4. Por que o Senado Federal escolheu o infográfico para se comunicar com o leitor?

5. Das dicas apresentadas nos infográficos I e II para a verificação de notícias falsas, qual delas você utiliza em seu dia a dia? Comente.

203

LÍNGUA EM ESTUDO

REGÊNCIA VERBAL E REGÊNCIA NOMINAL

1. Releia a parte inicial do artigo de opinião e responda às questões.

> **Quando falo sobre *fake news* para crianças bem pequenas**, costumo contar duas histórias emblemáticas e bastante conhecidas. Gosto de começar por um dos contos de fadas mais famosos de todos os tempos: "João e Maria", dos Irmãos Grimm.

a) Qual é o assunto tratado nesse trecho do artigo de opinião?
b) Identifique o sujeito e o verbo presentes na oração destacada no trecho.
c) O termo "sobre *fake news*" está ligado ao verbo de forma direta ou indireta?
d) Se a oração destacada fosse reescrita da seguinte forma: "Quando falo nas *fake news* para crianças bem pequenas", teríamos alteração de sentido? Explique sua resposta.

Os termos de uma oração relacionam-se entre si: alguns precisam ser complementados, outros são o complemento daqueles. Trata-se de uma relação de interdependência, em que uns termos se subordinam a outros: o termo que exige complemento é chamado de **regente** e aquele que o complementa é denominado **regido**. Veja os exemplos.

Devemos refletir sobre o fenômeno das notícias falsas.
    termo regente   termo regido

O leitor precisa de atenção na checagem de dados de notícias.
       termo regente   termo regido

ANOTE AÍ!

Regência verbal é a relação entre um verbo e os termos que ele rege.
Regência nominal é a relação entre um nome (substantivo, adjetivo ou advérbio) e os termos que ele rege.

REGÊNCIA VERBAL

Nem todos os verbos precisam de complemento; há aqueles que o dispensam. São os verbos **intransitivos**. Exemplo: O jornalista *chegou*.

No caso dos verbos que exigem complemento, este pode se ligar a eles diretamente (*Consertei* **o computador**.) ou indiretamente, por meio de preposição (O jovem *precisou* **de ajuda**.). São, respectivamente, os verbos **transitivos diretos** e **transitivos indiretos**.

ANOTE AÍ!

Estudar a **regência verbal** é verificar se o verbo exige ou não **complemento**.
- Caso exija complemento, é necessário observar se o termo regido se liga ao verbo direta ou indiretamente (ou seja, se é transitivo direto ou transitivo indireto).
- Caso seja transitivo indireto, é importante verificar por meio de qual ou de quais preposições o verbo se liga a seu complemento (o objeto indireto).

RELACIONANDO

Textos do gênero artigo de opinião são, em geral, escritos no registro formal da língua. Dessa maneira, é fundamental que o produtor do texto esteja atento às regras relacionadas às regências verbal e nominal para escrever um texto alinhado à norma-padrão.

Veja alguns casos de regência verbal.

agradecer	verbo transitivo direto e indireto	Ele queria *agradecer* a gentileza *à* moça.
chegar / ir	verbo intransitivo (*chegar*) verbo intransitivo e pronominal (*ir*)	A jornalista *chegou*. / Ele *se foi*.
	verbos transitivos indiretos (*chegar* = atingir/alcançar; *ir* = comparecer)	Aluna *chegou ao* pódio na competição. Ele *foi à* aula.
esquecer	verbo transitivo direto	Ele *esquecia* tudo quando estava nas redes sociais.
	verbo transitivo indireto, quando pronominal	Ele *se esquecia de* tudo quando a namorada aparecia.
gostar	verbo transitivo indireto	*Gosto de* falar com você.
lembrar	verbo transitivo direto	A professora *lembrou* os pontos importantes.
	verbo transitivo indireto, quando pronominal	A professora *lembrou-se dos* pontos importantes.
obedecer	verbo transitivo indireto	O cão não *obedecia ao* dono.
responder	verbo transitivo indireto	Ela *respondeu às* perguntas do estudante.

Alguns verbos têm diferentes sentidos, conforme a regência.

	TRANSITIVO DIRETO	TRANSITIVO INDIRETO
agradar	acariciar, fazer carinho: A mãe *agradou* o bebê.	satisfazer: O palestrante *agradou ao* público.
aspirar	inalar, sorver: O paciente *aspirou* o medicamento receitado.	desejar, pretender: Os escritores *aspiram ao* prêmio.
assistir	ajudar, prestar assistência: O pedestre *assistiu* o motorista após a colisão.	ver, presenciar: Os críticos de arte *assistiram aos* filmes.
implicar	ter como consequência: A falta de pagamento *implica* o corte de luz.	chatear, provocar: A garota *implicava com* o irmão.

REGÊNCIA NOMINAL

As preposições também estabelecem a relação de regência entre alguns nomes e seus complementos. Veja estes casos de regência nominal.

acessível a	A informatização deve ser *acessível a* todos.
acostumado a, com	Ela é *acostumada a* acordar cedo. / Ela está *acostumada com* o animal.
admiração por	A mãe passou a ter *admiração pela* filha.
capacidade de, para	Eles não tiveram a *capacidade de/para* dialogar.
compatível com	Aquela atitude não era *compatível com* o amor.
generoso com	O pai foi *generoso com* a filha?
habituado a	A mãe estava *habituada a* resolver os assuntos da filha.
idêntico a	Os estudantes fizeram desenhos *idênticos aos* originais.
impróprio para	A água do lago estava *imprópria para* nadar.
intolerante para com, a	O pai foi *intolerante para com* a menina. / Sua pele é *intolerante ao* sol.
próximo a, de	O endereço procurado fica *próximo à/da* lanchonete.
responsável por	A mãe sentia-se *responsável pelos* problemas da menina.

205

ATIVIDADES

Retomar e compreender

1. Leia o trecho a seguir, retirado de uma notícia.

Brasileiro esquece tudo a cada 4 dias, e anotações são sua memória

Imagine se você tivesse, de um momento para o outro, todas as suas lembranças apagadas da memória. E, pior, se isso se repetisse a cada quatro dias. Essa é a vida de um morador de Lins, interior de São Paulo, que tem sua memória "apagada" nesse curto espaço de tempo. Otávio Aparecido Costa Sanches, 54, recorre a centenas de anotações em agendas para não se esquecer de momentos vividos e pessoas importantes. Isso por possuir uma lesão no cérebro causada por uma possível intoxicação por inseticida. [...]

UOL, 17 jul. 2014. Disponível em: https://noticias.uol.com.br/saude/ultimas-noticias/redacao/2014/07/17/em-lins-sp-homem-esquece-tudo-a-cada-4-dias-e-anotacoes-sao-sua-memoria.htm.
Acesso em: 20 fev. 2023.

a) Qual é o assunto tratado na notícia?
b) Qual verbo no título faz referência direta ao assunto da notícia?
c) Esse verbo é classificado como transitivo direto ou transitivo indireto? Explique.
d) O mesmo verbo é apresentado no trecho com uma regência diferente. Essa regência está de acordo com a norma-padrão? Explique.

2. Leia o trecho a seguir, retirado de um artigo de opinião.

A importância nutricional do feijão com arroz

A melhor dieta em termos de prevenir mortalidade é aquela em que a base da alimentação é feita a partir de carboidratos complexos como os presentes na brasileiríssima dupla

Foi com grande preocupação que li que se espera uma queda de 7,4% na produção brasileira de feijão em 2021 em comparação com 2020 [...]. Essa diminuição se adiciona a uma tendência de várias décadas de declínio no interesse de agricultores pela produção de feijão. Dados da Conab (Companhia Nacional de Abastecimento) indicam que a área de plantio de feijão no Brasil caiu de 5,7 milhões para 2,9 milhões de hectares entre 1981 e 2021.

Alicia Kowaltowski. A importância nutricional do feijão com arroz. Nexo, 17 nov. 2021. Disponível em: https://www.nexojornal.com.br/colunistas/2021/A-import%C3%A2ncia-nutricional-do-feij%C3%A3o-com-arroz.
Acesso em: 20 fev. 2023.

a) Na linha fina, a que se refere a expressão "brasileiríssima dupla"?
b) Que relação existe entre essa expressão e o assunto tratado no artigo?
c) No trecho "presentes na brasileiríssima dupla", há um termo regente e um termo regido. Indique quais são esses termos e a preposição que os une.

3. No caderno, copie as frases e complete-as, quando necessário, com as preposições adequadas. Depois, explique o significado do verbo *bater* em cada frase.

a) Estão batendo ★ porta. Veja quem é.
b) Por favor, não bata ★ porta ao sair: não suporto barulho.
c) A escola bateu ★ mais um recorde em atletismo.
d) O raio de Sol batia ★ água e brilhava.

Aplicar

4. Copie e complete, no caderno, as frases a seguir com artigos e/ou preposições, considerando a regência correta dos verbos.

a) A criança aspirou ★ veneno e foi levada ★ pronto-socorro.

b) Ele assistiu ★ jogo da Copa do Mundo no estádio.

c) Todos aspiram ★ uma vaga naquela empresa.

d) O bombeiro assistiu ★ idoso até a chegada da ambulância.

e) Todos vão ★ cinema para assistir ★ estreia do filme.

f) Esta aula visa ★ discussão sobre os efeitos das *fake news*.

g) Peço que seus pais visem ★ autorização para o passeio.

5. Leia um trecho de um artigo de opinião publicado na *Gazeta do Povo*.

Direito de saber

A designação de um agrotóxico como "defensivo agrícola" é parte de uma empreitada que dissocia a ética da ciência para atender interesses empresariais

A designação de um agrotóxico como "defensivo agrícola" é parte desta empreitada, insinuando que este proteja os cultivos, independentemente de seus efeitos sobre a saúde humana e de animais. Esta não é uma questão puramente semântica e sim de essência; em função dela a indústria insiste na divulgação de seus produtos com a suavização da terminologia, tornando-a mais palatável ao grande público e mais conveniente no atendimento aos seus interesses.

[...]

Embora muitas tecnologias tenham sido implementadas para o controle de doenças e proteção contra algumas espécies de pragas, deixamos bastante a desejar em programas de requalificação para o trabalho, o que traz para as comunidades rurais um risco pouco avaliado quando usam extensivamente substâncias químicas perigosas. A isso acrescentamos a **falta** de saneamento básico, dificuldades nos transportes, contaminação de lençol freático e, principalmente, **acesso** inadequado ao sistema educacional – que traria a melhoria da habilidade de interpretação de uma situação potencialmente capaz de trazer dano à vida, ou **capacidade** de leitura correta de instruções de uso e ações de socorro porventura indispensáveis.

▲ Pulverização de inseticida em plantação de feijão em Guaíra (SP).

Wanda Camargo. Direito de saber. *Gazeta do Povo*, 21 jul. 2018. Disponível em: https://www.gazetadopovo.com.br/opiniao/artigos/direito-de-saber-el1jyf9zg3b8w2672z9nj31jr. Acesso em: 20 fev. 2023.

a) Qual é a tese defendida pela autora do artigo de opinião?

b) Qual é a classe gramatical das palavras em destaque no texto?

c) Que preposições ligam esses nomes a seus complementos?

d) No excerto "seus efeitos sobre a saúde humana e de animais", há um caso de regência nominal ou verbal? Justifique sua resposta.

e) Agora, reescreva esse trecho no caderno substituindo a palavra *efeitos* por *prejuízos*.

f) Na nova versão, você utilizou a mesma preposição para ligar as palavras? Justifique sua resposta.

207

A LÍNGUA NA REAL

REGÊNCIA VERBAL: NORMA E VARIAÇÕES

1. Leia o trecho a seguir, retirado de uma reportagem.

Trabalhe no que você gosta... e seja mais feliz e bem-sucedido

Você gosta do que faz? De verdade? Seus olhos brilham quando você chega em casa e vai contar para a família como foi seu dia, os projetos que realizou, as metas que atingiu? Se este não é o seu caso, saiba que você não é o único. São poucas as pessoas que encontram realmente paixão naquilo que fazem, mas são justamente elas exemplos de profissionais bem-sucedidos, tanto no campo pessoal quanto no profissional. [...]

A possibilidade de fazer o que se gosta e unir prazer ao trabalho diário pode trazer, além de muita felicidade, entusiasmo e qualidade de vida, ganhos expressivos também financeiramente. [...]

O fato é que esse conceito de trabalhar fazendo o que gosta é relativamente novo. Até meados da década de [19]80, o trabalho era visto como uma forma de ganhar dinheiro — e só. "As pessoas escolhiam que carreira seguir pensando nas possibilidades de ganhar mais, sem saber que na verdade o dinheiro é só uma consequência de um trabalho bem feito, principalmente quando é feito com prazer", analisa a psicóloga Rosângela Casseano. Somente nos últimos anos as pessoas começaram a ter uma preocupação maior com as suas carreiras e verdadeiros interesses profissionais, o que levou a uma procura por testes vocacionais e terapeutas que trabalhem com orientação profissional. "Hoje já existe uma infinidade de serviços para orientar os recém-formados e quem quiser informações sobre carreiras e profissões: são *sites*, universidades, pesquisas e estudos, terapeutas. Você tem menos chances de errar e fazer aquilo que não gosta", diz Rosângela.

Empregos.com.br, 27 out. 2015. Disponível em: https://carreiras.empregos.com.br/seu-emprego/trabalhe-no-que-voce-gosta-e-seja-mais-feliz-e-bem-sucedido/. Acesso em: 20 fev. 2023.

a) Qual é o assunto principal dessa reportagem?

b) Qual é a consequência de desenvolver atividades que sejam prazerosas?

2. Consulte os quadros de regências da página 205 e responda às perguntas.

a) Como o verbo *gostar* é classificado quanto à transitividade?

b) Dê um exemplo de frase em que o verbo *gostar* segue essa regência.

c) Qual é a preposição que une o verbo ao termo regido?

3. Releia a primeira frase da reportagem.

> Você gosta do que faz?

a) Qual é a regência do verbo *gostar* na frase?

b) Agora, releia a última fala da psicóloga Rosângela Casseano.

> "Hoje já existe uma infinidade de serviços para orientar os recém-formados e quem quiser informações sobre carreiras e profissões: são *sites*, universidades, pesquisas e estudos, terapeutas. Você tem menos chances de errar e fazer aquilo que não gosta."

- Considerando que se trata de uma citação da fala da psicóloga, reflita sobre a regência do verbo *gostar* nessa frase e, em seguida, converse com os colegas e o professor.

4. Em quais frases a seguir o verbo *gostar* foi usado com a regência correspondente à norma-padrão da língua?

   I. A menina que eu gosto acabou de entrar na classe.
   II. Não pratique os esportes que você não gosta.
   III. Pratique os esportes de que você realmente gosta.
   IV. Todos gostaram dos resultados obtidos nos jogos.
   V. Ouça essa música, pois você vai gostar.
   VI. Você gosta de ir ao cinema?

5. Leia o trecho a seguir, retirado de uma notícia.

   > Começa a ser apresentada na próxima quarta-feira (15) a peça "Esparrela". O monólogo será encenado pelo ator Espedito di Montebranco. [...]
   >
   > Pernambucano de Bodocó, mas campo-grandense de coração desde os 4 anos, o ator se apaixonou pela peça assim que a viu. O monólogo é de autoria do dramaturgo paraibano Fernando Teixeira. Para Montebranco, o carinho pela obra surgiu durante uma apresentação na época encenado por Teixeira. "Eu o encontrei em 2009, durante uma turnê nacional que acompanhei como iluminador em 13 estados brasileiros. Assisti o espetáculo, me encantei e depois de um tempo consegui trazê-lo para o Festival Nacional de Teatro de Campo Grande." [...]

   Adriel Mattos. Refletindo sobre vida e liberdade, peça estreia no dia 15 na Capital. *Correio B*, 11/01/2020. Disponível em: https://correiodoestado.com.br/correio-b/refletindo-sobre-vida-e-liberdade-peca-estreia-no-dia-15-na-capital/366119. Acesso em: 20 fev. 2023.

   a) Que assunto é tratado nesse trecho da notícia?
   b) Qual é o sentido do verbo *assistir* na fala do ator Espedito di Montebranco?
   c) No sentido usado pelo ator, a regência verbal está de acordo com a norma-padrão? Por quê?
   d) A manutenção dessa regência na transcrição da fala na reportagem produz qual efeito?

6. O trecho a seguir faz parte de uma cantiga de roda conhecida em muitas regiões brasileiras. Justifique o uso de uma regência que está em desacordo com a norma-padrão da língua portuguesa.

   Fui no Itororó

   Fui no Itororó
   beber água e não achei.
   Achei bela morena,
   que no Itororó deixei.
   Aproveita minha gente
   Que uma noite não é nada
   Se não dormir agora
   Dormirá de madrugada

   Domínio público.

   ANOTE AÍ!

   Em **registros informais**, falados ou escritos, a **regência verbal** nem sempre está de acordo com a **norma-padrão** da língua portuguesa. Por exemplo, verbos transitivos indiretos podem ser empregados como transitivos diretos.

   Em determinadas situações, optar por uma regência própria do **registro informal** pode ser uma **estratégia** para aproximar o texto de seu público-alvo.

AGORA É COM VOCÊ!

ESCRITA DE ARTIGO DE OPINIÃO

Proposta

No artigo "Os nativos digitais são alvos fáceis para as *fake news*", Januária Cristina Alves apresenta seu ponto de vista sobre a importância da educação midiática para que crianças e adolescentes possam refletir sobre o tema. Agora é sua vez de pensar a respeito desse assunto.

Você vai escrever um artigo de opinião sobre caminhos possíveis para combater a divulgação de *fake news.* Para produzi-lo, organize com os colegas e o professor uma roda de conversa na sala de aula a respeito da importância dos esforços para combater as notícias falsas e sobre as possíveis soluções para esse problema. Com o intuito de ampliar esse debate e para que toda a comunidade escolar possa conhecer o que vocês produziram, os textos poderão ser compartilhados no *blog* da turma.

GÊNERO	PÚBLICO	OBJETIVO	CIRCULAÇÃO
Artigo de opinião	Colegas, professores, comunidade escolar em geral	Opinar sobre a importância do combate às *fake news*	*Blog* da turma

Planejamento e elaboração do texto

1 Depois da discussão com a turma, peça ajuda ao professor para encontrar fontes de consulta confiáveis sobre o assunto. Busque artigos e reportagens publicados em jornais, revistas e *sites* a respeito das *fake news* e analise os dados encontrados. Essa tarefa vai auxiliar no aprofundamento do tema e também permitirá a você selecionar dados e citações que podem ser úteis na construção dos argumentos de seu texto.

2 Com a busca terminada, defina seu ponto de vista a respeito do tema proposto e elabore a tese que você vai defender em seu texto.

3 Verifique suas anotações a fim de selecionar argumentos consistentes para defender seu ponto de vista. Você pode utilizar diferentes tipos de argumento, como dados numéricos, exemplos relevantes, argumentos de autoridade, resultados de levantamentos de informações, etc. Outro recurso pertinente na argumentação é construir a refutação antecipada a argumentos que sustentem um ponto de vista contrário ao que você defende. Lembre-se de organizá-los de maneira lógica e clara para o leitor.

4 Agora é o momento de planejar a introdução do artigo de opinião. Nessa parte do texto, além de apresentar sua tese, é importante resumir a questão do combate às *fake news*. Para pensar na melhor estratégia para apresentar o assunto, leve em consideração a possibilidade de os leitores do *blog* desconhecerem informações sobre o tema.

5 Exponha, nos parágrafos seguintes, os argumentos levantados para defender sua tese e dar sustentação a ela.

6 Definidos a tese e os argumentos, pense em como você pretende encerrar o raciocínio desenvolvido ao longo do artigo. Você pode concluir o texto com uma citação, uma reflexão ou uma frase de efeito.

7 Ao escrever seu texto, fique atento ao registro de linguagem utilizado, porque, por meio dele, você pode se aproximar do leitor, tanto pela escolha do vocabulário como pelo uso de um registro menos ou mais formal. Além disso, a linguagem contribui para a construção da credibilidade do artigo de opinião.

LINGUAGEM DO SEU TEXTO

1. No artigo de opinião "Os nativos digitais são alvos fáceis para as *fake news*", você analisou algumas relações de regência verbal. Você se lembra delas?

2. Releia esta passagem do artigo: "E são essas pedrinhas que, de fato, os ajudam a encontrar o caminho de retorno algumas vezes (mas, infelizmente, são levados à floresta novamente) [...]". Quais expressões marcam a posição da articulista em relação ao conteúdo expresso?

3. No mesmo trecho, observe o uso da conjunção *mas?* Que ideia ela expressa?

Ao escrever seu texto, preste atenção na escolha das preposições, verificando se elas expressam efetivamente as conexões entre as ideias. Procure também ficar atento ao uso de modalizadores, que revelam uma avaliação ou posição do enunciador em relação ao que enuncia, e à seleção das conjunções, pois elas são fundamentais para a coesão textual.

8 Por último, dê um título ao texto. Ele deve atrair o leitor e dar uma ideia da questão que será abordada no artigo de opinião.

Avaliação e reescrita do texto

1 Ao finalizar a escrita, releia seu texto e faça os ajustes necessários para adequar a linguagem ao público-alvo e à norma-padrão. Se for preciso, troque palavras ou trechos que não sejam acessíveis ou interessantes ao público e altere passagens do texto que possam estar confusas ou ambíguas.

2 Em seguida, avalie a produção considerando os critérios abaixo.

ELEMENTOS DO ARTIGO DE OPINIÃO
O artigo apresenta o tema ao leitor de modo contextualizado?
A introdução contextualiza o assunto e evidencia a tese defendida no artigo de opinião?
O desenvolvimento emprega argumentos coerentes e consistentes?
Os argumentos estão organizados de maneira clara e coerente?
A conclusão retoma a tese inicial?
O título situa o leitor em relação ao tema e desperta o interesse para a leitura do texto?
O registro de linguagem utilizado está de acordo com o gênero artigo de opinião e com o público leitor?

3 Terminada essa avaliação, reescreva seu artigo de opinião, fazendo as alterações necessárias. Fique atento a qualquer alteração na tese, pois ela poderá causar impactos em todo o texto.

Circulação

1 Em um dia combinado com o professor, digite a versão final do seu artigo de opinião para que, depois, ele seja publicado no *blog* da turma.

2 Não deixe de ler e comentar os textos dos colegas para conhecer outros posicionamentos a respeito do tema. Leia também os comentários feitos a respeito de seu artigo de opinião e reflita sobre eles.

CAPÍTULO 2
PALAVRAS QUE VIRAM LEI

O QUE VEM A SEGUIR

Você vai ler agora trechos da Lei n. 12.965/14, conhecida como Marco Civil da Internet, que estabelece os direitos e os deveres de usuários e de provedores de internet no Brasil. Observe a forma como esse texto é organizado: Ele é semelhante a outro com que você já teve contato? Quais direitos você imagina que essa lei garante aos usuários?

TEXTO

Presidência da República
Secretaria-Geral
Subchefia para Assuntos Jurídicos
LEI Nº 12.965, DE 23 DE ABRIL DE 2014.

Estabelece princípios, garantias, direitos e deveres para o uso da Internet no Brasil.

A **PRESIDENTA DA REPÚBLICA** Faço saber que o Congresso Nacional decreta e eu sanciono a seguinte Lei:

CAPÍTULO I
DISPOSIÇÕES PRELIMINARES

Art. 1º Esta Lei estabelece princípios, garantias, direitos e deveres para o uso da internet no Brasil e determina as diretrizes para atuação da União, dos Estados, do Distrito Federal e dos Municípios em relação à matéria.

Art. 2º A disciplina do uso da internet no Brasil tem como fundamento o respeito à liberdade de expressão, bem como:
  I – o reconhecimento da escala mundial da rede;
  II – os direitos humanos, o desenvolvimento da personalidade e o exercício da cidadania em meios digitais;
  III – a pluralidade e a diversidade;
  IV – a abertura e a colaboração;
  V – a livre iniciativa, a livre concorrência e a defesa do consumidor; e
  VI – a finalidade social da rede.
[...]

Art. 4º A disciplina do uso da internet no Brasil tem por objetivos a promoção:
  I – do direito de acesso à internet a todos;
  II – do acesso à informação, ao conhecimento e à participação na vida cultural e na condução dos assuntos públicos;
  III – da inovação e do fomento à ampla difusão de novas tecnologias e modelos de uso e acesso; e
  IV – da adesão a padrões tecnológicos abertos que permitam a comunicação, a acessibilidade e a interoperabilidade entre aplicações e bases de dados.
[...]

Continua

CAPÍTULO II
DOS DIREITOS E GARANTIAS DOS USUÁRIOS

[...]

Art. 8º A garantia do direito à privacidade e à liberdade de expressão nas comunicações é condição para o pleno exercício do direito de acesso à internet.

Parágrafo único. São nulas de pleno direito as cláusulas contratuais que violem o disposto no *caput*, tais como aquelas que:

I – impliquem ofensa à inviolabilidade e ao sigilo das comunicações privadas, pela internet; ou

II – em contrato de adesão, não ofereçam como alternativa ao contratante a adoção do foro brasileiro para solução de controvérsias decorrentes de serviços prestados no Brasil.

CAPÍTULO III
DA PROVISÃO DE CONEXÃO E DE APLICAÇÕES DE INTERNET

[...]

Seção III
Da Responsabilidade por Danos Decorrentes de Conteúdo Gerado por Terceiros

Art. 18. O provedor de conexão à internet não será responsabilizado civilmente por danos decorrentes de conteúdo gerado por terceiros.

Art. 19. Com o intuito de assegurar a liberdade de expressão e impedir a censura, o provedor de aplicações de internet somente poderá ser responsabilizado civilmente por danos decorrentes de conteúdo gerado por terceiros se, após ordem judicial específica, não tomar as providências para, no âmbito e nos limites técnicos do seu serviço e dentro do prazo assinalado, tornar indisponível o conteúdo apontado como infringente, ressalvas as disposições legais em contrário.

§ 1º A ordem judicial de que trata o *caput* deverá conter, sob pena de nulidade, identificação clara e específica do conteúdo apontando como infringente, que permita a localização inequívoca do material.

§ 2º A aplicação do disposto neste artigo para infrações a direitos de autor ou a direitos conexos depende de previsão legal específica, que deverá respeitar a liberdade de expressão e demais garantias previstas no art. 5º da Constituição Federal.

§ 3º As causas que versem sobre ressarcimento por danos decorrentes de conteúdos disponibilizados na internet relacionados à honra, à reputação ou a direitos de personalidade, bem como sobre a indisponibilização desses conteúdos por provedores de aplicações de internet, poderão ser apresentadas perante os juizados especiais.

§ 4º O juiz, inclusive no procedimento no § 3º, poderá antecipar, total ou parcialmente, os efeitos da tutela pretendida no pedido inicial, existindo prova inequívoca do fato e considerado o interesse da coletividade na disponibilização do conteúdo na internet, desde que presentes os requisitos de verossimilhança da alegação do autor e de fundado receio de dano irreparável ou de difícil reparação.

[...]

Art. 32. Esta Lei entra em vigor após decorridos 60 (sessenta) dias de sua publicação oficial.

Brasília, 23 de abril de 2014; 193º da Independência e 126º da República.

DILMA ROUSSEFF
José Eduardo Cardozo
Miriam Belchior
Paulo Bernardo Silva
Clélio Campolina Diniz

Lei n. 12.965, de 23 de abril de 2014. Disponível em: http://www.planalto.gov.br/ccivil_03/
_ato2011-2014/2014/lei/l12965.htm. Acesso em: 20 fev. 2023.

TEXTO EM ESTUDO

PARA ENTENDER O TEXTO

1. As hipóteses sobre os direitos dos usuários de internet, levantadas no boxe *O que vem a seguir,* se confirmaram após a leitura da lei? Comente com os colegas.

2. Releia o trecho inicial do Marco Civil da Internet:

> ### LEI Nº 12.965, DE 23 DE ABRIL DE 2014.
>
> Estabelece princípios, garantias, direitos e deveres para o uso da Internet no Brasil.
>
> A **PRESIDENTA DA REPÚBLICA** Faço saber que o Congresso Nacional decreta e eu sanciono a seguinte Lei:

a) O que essa lei estabelece?

b) Quem decretou essa lei?

c) Qual foi a responsabilidade da presidenta da República em relação a essa lei?

3. Agora, leia um trecho da Lei n. 8.069/90, também conhecida como Estatuto da Criança e do Adolescente.

> ### LEI Nº 8.069, DE 13 DE JULHO DE 1990.
>
> Dispõe sobre o Estatuto da Criança e do Adolescente e dá outras providências.
>
> O **PRESIDENTE DA REPÚBLICA** Faço saber que o Congresso Nacional decreta e eu sanciono a seguinte Lei:

Lei n. 8.069, de 13 de julho de 1990. Disponível em: http://www.planalto.gov.br/ccivil_03/LEIS/L8069.htm. Acesso em: 20 fev. 2023.

a) Você conhece esse estatuto? Sabe do que ele trata?

b) Quando o Estatuto da Criança e do Adolescente foi sancionado?

c) O que essa lei determina?

d) Quem foi o responsável por aprová-la?

4. Compare os trechos apresentados nas atividades **2** e **3**.

a) O que a primeira linha informa ao leitor?

b) Qual é a função dos trechos em vermelho?

c) O que caracteriza a linguagem dos trechos em vermelho?

d) A frase que aparece após o trecho em vermelho tem uma estrutura convencionada? Comente.

ANOTE AÍ!

O texto de uma lei apresenta estrutura fixa. A primeira parte desse texto é chamada de **preliminar** e compreende os seguintes itens:

- **Epígrafe:** indica o tipo de composição (lei, emenda constitucional, etc.), o número que ela recebe e a data em que foi sancionada.
- **Ementa ou rubrica:** apresenta, de forma resumida e clara, o conteúdo da lei.
- **Preâmbulo:** indica a autoridade, o órgão ou a instituição que reconhece essa lei, ou seja, que a decreta e que a sanciona.

PARA EXPLORAR

Como são feitas as leis?

A TV Câmara produziu um vídeo para explicar como é o processo de tramitação de uma lei. O vídeo aborda desde a criação de um projeto e a análise nas comissões até a aprovação da Presidência.

Disponível em: https://www.youtube.com/watch?v=WLgbAeFOZzk. Acesso em: 20 fev. 2023.

O Senado Federal produziu uma cartilha também para explicar como as leis são criadas. Nela, há ainda a explicação de conceitos relacionados ao processo legislativo.

Disponível em: https://www12.senado.leg.br/jovemsenador/home/arquivos/como-sao-feitas-as-leis. Acesso em: 20 fev. 2023.

5. Releia o artigo 1º do Marco Civil da Internet e observe que, além de reforçar o objetivo dessa lei, ele determina como algumas instituições devem agir em relação a ela.
   a) Que instituições são essas?
   b) Nesse artigo, qual é o sentido da palavra *matéria*?

ANOTE AÍ!

Além da parte preliminar, o texto de uma lei é composto da **parte normativa**, que é dividida em: capítulos, seções e subseções. O **artigo** é a subseção básica da lei e é indicado pela abreviação *Art.* seguida de numeral ordinal (até o 9º) ou cardinal (do 10 em diante). O artigo organiza-se em:
- **Parágrafo:** desdobramento da norma do artigo, complementando-a ou apontando uma exceção. É indicado pelo símbolo § seguido de um numeral ordinal ou cardinal (como no artigo). Quando é único, indica-se "parágrafo único".
- **Inciso:** desdobramento do artigo ou do parágrafo. Indicado por algarismo romano.
- **Alínea:** desdobramento do artigo, inciso ou parágrafo. Indicada por letra.
- **Item:** desdobramento da alínea. Indicado por numeral cardinal.

6. Releia os artigos 2º e 4º.
   a) Qual é o tema de cada um desses artigos?
   b) Observe que esses artigos são subdivididos em incisos (indicados por algarismos romanos). Qual é a função dos incisos?

7. O Capítulo II do Marco Civil da Internet, também conhecido como Constituição da Internet, trata dos direitos e das garantias dos usuários. Releia o trecho referente a esse capítulo e explique qual é a principal garantia estabelecida por ele.

8. Agora, releia o trecho do Capítulo III.
   a) Explique com suas palavras o assunto sobre o qual discorre a Seção III do Capítulo III.
   b) O artigo 19 é dividido em quatro parágrafos, indicados com números ordinais e com o símbolo **§** (que se lê "parágrafo"). No caderno, copie e relacione os parágrafos às afirmações sobre cada um deles.

   §1º   I. Define quais causas serão julgadas por juizados especiais.
   §2º   II. Estabelece como deve ser a ordem judicial para remoção do conteúdo considerado ilegal ou desrespeitoso.
   §3º   III. Destaca que a aplicação do art. 19 depende de uma regulamentação específica, que deverá respeitar a Constituição.
   §4º   IV. Esclarece as responsabilidades dos juízes diante de pedidos para remoção de conteúdo.

▲ Sessão de debates sobre o Marco Civil da Internet na Câmara dos Deputados, Brasília (DF). Foto de 2013.

9. Releia a parte final da lei e responda às questões.
   a) Quando a lei entrou em vigor?
   b) Quais são os acontecimentos importantes da história do Brasil citados na parte final da lei?

ANOTE AÍ!

A **parte final** do texto de uma lei determina sua implementação. Nela, há a **assinatura** das autoridades competentes e a **localização** no tempo e no espaço, além da referência a dois acontecimentos da história do Brasil.

O CONTEXTO DE PRODUÇÃO

10. Quando o Marco Civil da Internet foi sancionado? A quem essa lei se destina?

11. Leia um trecho de uma notícia sobre a recepção do Marco Civil da Internet.

> O Marco Civil da Internet [...] recebeu muitos elogios de especialistas e ativistas da área durante o Fórum de Internet de Estocolmo, nesta terça (27) e quarta (28).
>
> Eileen Donahoe, da Human Rights Watch, por exemplo, disse que a legislação é um "ótimo modelo para o resto do mundo" e que os brasileiros eram os "verdadeiros heróis do ano". [...]
>
> Entre os ativistas brasileiros presentes na plateia, porém, a lei ainda inspira cautela.
>
> "Internacionalmente, nós [brasileiros] promovemos uma política pioneira com relação à internet, mas, internamente, ainda temos muitos problemas para resolver, e o acesso é um dos mais graves", diz Laura Tresca, da Article 19, que defende a liberdade de expressão.
>
> "O texto fala que o acesso à internet é fundamental para a promoção da cidadania, e não podemos permitir que se torne letra morta", continua. [...]

Gabriela Manzini. Projeto do Marco Civil é elogiado por estrangeiros; brasileiros têm cautela. *Folha de S.Paulo*, 28 maio 2014. Disponível em: https://m.folha.uol.com.br/tec/2014/05/1461190-marco-civil-faz-sucesso-entre-gringos-mas-brasileiros-mantem-cautela.shtml. Acesso em: 20 fev. 2023.

a) Qual é a divergência entre a recepção do Marco Civil da Internet no Brasil e a forma como ele foi recebido em outros países?

b) Em sua opinião, o que a sociedade pode fazer para que essa lei não se torne "letra morta", como afirma Laura Tresca?

> **ANOTE AÍ!**
>
> Toda **lei** é publicada na íntegra no *Diário Oficial*, um **jornal oficial** que divulga leis e atos dos poderes Legislativo, Judiciário e Executivo. Contudo, é comum que os cidadãos se informem sobre as mudanças na legislação por meio da leitura de notícias e reportagens.

12. Busque, em canais e plataformas digitais, informações sobre o processo de tramitação de alguma lei que lhe interesse. Converse com os colegas e o professor sobre a importância dessa lei e sobre o trâmite dela.

A LINGUAGEM DO TEXTO

13. Em textos jurídicos, são comuns o uso de palavras e expressões em latim e o emprego de jargões técnicos, ou seja, de expressões e construções linguísticas características de determinado grupo social.

a) Transcreva no caderno um trecho em que aparece a palavra latina *caput* e explique seu sentido de acordo com o contexto em que foi utilizada.

b) Em sua opinião, o uso dessa linguagem torna o texto mais acessível para um leitor não especialista? Explique sua resposta com argumentos.

14. A linguagem jurídica é marcada por generalizações e pela impessoalidade.

a) Localize no texto um pronome indefinido que indique generalização.

b) Por que esse pronome foi empregado nesse contexto?

c) Qual é o único trecho da lei em que foi empregada a primeira pessoa?

15. Releia o trecho abaixo, retirado da seção III do Marco Civil da Internet.

> § 1º A ordem judicial de que trata o *caput* deverá conter, sob pena de nulidade, identificação clara e específica do conteúdo apontando como infringente, que permita a localização inequívoca do material.
>
> § 2º A aplicação do disposto neste artigo para infrações a direitos de autor ou a direitos conexos depende de previsão legal específica, que deverá respeitar a liberdade de expressão e demais garantias previstas no art. 5º da Constituição Federal.

   a) Identifique uma forma verbal que indica obrigatoriedade.
   b) Essa forma verbal está flexionada em que tempo, modo, número e pessoa?
   c) Qual é a relação entre o sentido desse verbo e o objetivo geral de uma lei?

16. Avalie as afirmações sobre os artigos 18 e 19 e copie no caderno aquelas que estiverem corretas, justificando sua resposta.
   I. O artigo 18 expressa uma obrigação do provedor de conexão.
   II. O artigo 18 expressa uma não responsabilidade do provedor de conexão.
   III. O artigo 19 expressa uma responsabilidade do provedor de conexão.
   IV. O artigo 19 expressa uma liberdade do provedor de conexão.

ANOTE AÍ!

A **linguagem impessoal** e **generalista**, própria ao objetivo da lei, destaca o que se deve fazer (**prescrição**) e o que não se deve fazer (**interdição**). Desse modo, expressa **obrigatoriedade**. Para a prescrição, usam-se verbos como *dever* e locuções estruturadas com o verbo *ter*. Para a interdição, usa-se o verbo *dever* precedido do advérbio *não*.

COMPARAÇÃO ENTRE OS TEXTOS

17. Nesta unidade, você estudou um artigo de opinião (capítulo 1) e uma lei (capítulo 2). Responda, a seguir, às questões sobre eles.
   a) Quem são os autores desses textos? Qual é o público-alvo de cada um?
   b) Qual é a finalidade do artigo de opinião "Os nativos digitais são alvos fáceis para as *fake news*" e da lei "Marco Civil da Internet"?
   c) Como o artigo de opinião e a lei são estruturados?
   d) O que caracteriza a linguagem do artigo de opinião e a da lei?

18. Os dois textos relacionam-se a questões da cultura digital.
   a) Qual é a contribuição do artigo de opinião para a discussão a respeito da circulação de informações na internet?
   b) Como o Marco Civil da Internet regulamenta as ações dos usuários na internet?

Acesse o recurso digital e responda: O direito à liberdade de expressão é absoluto, isto é, não há limites para a manifestação de ideias? O que você e seus colegas podem fazer para impedir a divulgação de conteúdos ofensivos e ilegais na internet?

CIDADANIA GLOBAL

LIBERDADE DE EXPRESSÃO E REGULAMENTAÇÃO

Uma das garantias do Marco Civil da Internet é o direito à liberdade de expressão, mas isso não significa que qualquer conteúdo pode ser divulgado nas redes.

1. Em sua opinião, a divulgação de conteúdos na internet deve ser regulamentada por meio de uma lei específica?
2. Para você, é importante haver instituições eficazes na garantia de compartilhamento seguro de informações e que também exijam responsabilidade de seus usuários?

LÍNGUA EM ESTUDO

COLOCAÇÃO PRONOMINAL

1. Leia a seguir o artigo 20, Seção III, do Marco Civil da Internet.

> Art. 20. Sempre que tiver informações de contato do usuário diretamente responsável pelo conteúdo a que se refere o art. 19, caberá ao provedor de aplicações de internet comunicar-**lhe** os motivos e informações relativos à indisponibilização de conteúdo, com informações que permitam o contraditório e a ampla defesa em juízo, salvo expressa previsão legal ou expressa determinação judicial fundamentada em contrário.

Lei n. 12.965, de 23 de abril de 2014. Disponível em: http://www.planalto.gov.br/ccivil_03/_ato2011-2014/2014/lei/l12965.htm. Acesso em: 20 fev. 2023.

a) O artigo dispõe sobre qual responsabilidade?

b) Que termo o pronome pessoal oblíquo em destaque retoma?

c) Nesse período, o pronome oblíquo identificado exerce que função sintática?

Observe que, nesse trecho, o pronome *lhe* foi colocado depois do verbo. A colocação dos pronomes na frase segue determinadas regras, das quais trataremos a seguir. Antes, porém, recorde a classificação dos pronomes pessoais.

	PRONOMES PESSOAIS RETOS	PRONOMES PESSOAIS OBLÍQUOS	
		Tônicos	Átonos
1ª pessoa do singular	eu	mim, comigo	me
2ª pessoa do singular	tu	ti, contigo	te
3ª pessoa do singular	ele, ela	si, consigo	o, a, se, lhe
1ª pessoa do plural	nós	conosco	nos
2ª pessoa do plural	vós	convosco	vos
3ª pessoa do plural	eles, elas	si, consigo	os, as, se, lhes

Os pronomes pessoais do caso **reto** exercem na oração a função de sujeito ou de predicativo do sujeito. Os pronomes pessoais **oblíquos** cumprem o papel de objeto direto, objeto indireto ou complemento nominal. Os pronomes pessoais oblíquos podem ser **tônicos** ou **átonos**, conforme a tonicidade de sua pronúncia.

RELACIONANDO

Gêneros legais e normativos, como leis, estatutos, códigos e regimentos, são escritos em registro formal. Assim, a colocação pronominal nesses textos deve estar de acordo com a norma-padrão.

ANOTE AÍ!

A expressão **colocação pronominal** se refere às três posições que os pronomes **pessoais oblíquos átonos** podem ocupar, em uma frase, em relação ao verbo.

- Na **ênclise**, o pronome aparece depois do verbo. Exemplo: O jovem desviou-*se* da lei.
- Na **próclise**, o pronome vem antes do verbo. Exemplo: O jovem não *se* conformou com a sentença expressa pelo juiz.
- Na **mesóclise**, o pronome fica intercalado no verbo. Exemplo: Recuperar-*se*-ia o mais rápido possível das ofensas sofridas via internet.

A norma-padrão tem regras para a posição dos pronomes, como não iniciar um período com pronome oblíquo. Nesses casos, recomenda-se a **ênclise**. Exemplo: Ocupava-*se* dia e noite com os estudos para entrar na faculdade.

A **ênclise** também é recomendada quando a oração está na ordem direta: sujeito + verbo + complementos. Observe.

Quando o verbo está no infinitivo, é sempre correto utilizar a **ênclise**, mesmo com palavras que atraiam o pronome. Exemplo: Ele viu o advogado, mas não quis incomodá-*lo*.

A **próclise** ocorre quando, antes do verbo, existem certas palavras ou expressões que atraem o pronome para a posição proclítica. Veja o quadro.

PALAVRAS QUE ATRAEM O PRONOME PARA ANTES DO VERBO	EXEMPLOS
Palavras de sentido negativo (*não*, *nunca*, *jamais*, etc.) não seguidas de vírgula	Ele *não* se importava com os assuntos jurídicos. *Nunca* lhe havia acontecido um caso assim.
Advérbios	*Hoje* a vi.
Pronomes interrogativos	*Quem* lhe surgiu foi um velho cliente.
Pronomes relativos	A história *que* me contaram foi emocionante.
Conjunções subordinativas	*À medida que* se aproximava o dia marcado, mais tenso ficava com o tribunal do júri.

A **mesóclise**, hoje usada apenas em situações que exigem registro muito formal, ocorre quando o verbo inicia a oração e está no futuro do presente ou do pretérito. Exemplo: Celebrar-*se*-ão cinquenta anos do escritório.

Observações
- No português do Brasil, prefere-se a colocação do pronome antes do verbo, mesmo quando não existem as condições de próclise obrigatória.
- No uso do português brasileiro coloquial, é comum o pronome aparecer no início da frase. Veja.

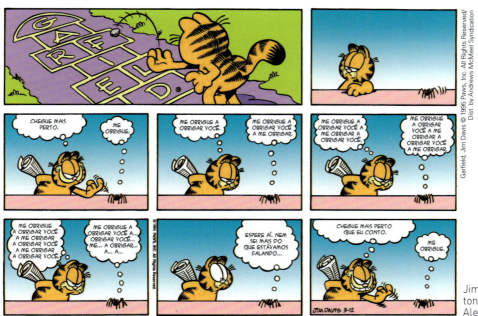

Jim Davis. *Garfield*: toneladas de diversão. Porto Alegre: L&PM, 2006. p. 41.

ATIVIDADES

Acompanhamento da aprendizagem

Retomar e compreender

1. Leia esta tira:

Fernando Gonsales. Níquel Náusea. *Folha de S.Paulo*, São Paulo, 2001.

a) Por que Níquel Náusea parece irritado, enfadado, quando supõe que o alienígena pedirá a ele que o leve ao seu líder?

b) O pedido feito pelo alienígena quebra a expectativa do leitor? Por quê?

c) Qual regra justifica o uso da ênclise nesses quadrinhos?

2. Leia a primeira estrofe da letra de uma canção.

Devolva-me

Rasgue as minhas cartas
E não me procure mais
Assim será melhor
Meu bem!
O retrato que eu te dei
Se ainda tens
Não sei!
Mas se tiver

Devolva-me!
Deixe-me sozinho
Porque assim
Eu viverei em paz
Quero que sejas bem feliz
Junto do seu novo rapaz...

[...]

Renato Barros e Lílian Knapp. Devolva-me. Intérprete: Adriana Calcanhotto. Em: Adriana Calcanhotto. *Público*. BMG Brasil, 2000. 1 CD. Faixa 5. ©1966 by EMI Songs do Brasil Edições Musicais Ltda.

a) Qual parece ser o sentimento do eu poético em relação a seu interlocutor?

b) Observe a colocação pronominal e copie no caderno os casos de ênclise ou próclise.

c) A colocação pronominal torna o registro mais formal ou mais informal? Justifique sua resposta explicando a colocação de cada pronome.

Aplicar

3. Reescreva no caderno as frases a seguir, substituindo as expressões destacadas por pronomes oblíquos. Siga a norma-padrão da língua portuguesa.

a) As propagandas podem ser confiáveis ou não, por isso devemos ler **as propagandas** com espírito crítico.

b) Propagandas: nunca leia **as propagandas** sem tentar perceber que intenção elas têm.

c) O senso crítico vai proteger **você** de algum engano.

d) Quem havia comprado aquele presente **para a menina**?

A LÍNGUA NA REAL

AS REGÊNCIAS VERBAL E NOMINAL NA FALA

1. Leia este trecho de notícia e responda às questões.

> [...] Primeiro mesatenista brasileiro a chegar nas quartas de final das Olimpíadas, o carioca Hugo Calderano, 25, não resistiu ao alemão Dimitrij Ovtcharov, 32, e foi eliminado do torneio de simples na manhã desta quarta-feira (28). [...].
>
> O carioca vive ótima fase e, em entrevista após a partida, afirmou que o sonho pela medalha ainda **está vivo**.
>
> "Tenho **certeza que** vou continuar evoluindo e voltar aos Jogos ainda melhor", falou Calderano. "Eu tenho muitos anos pela frente, outras Olimpíadas também, e vou **dar o meu máximo** sempre."

Carlos Petrocilo. Hugo Calderano dá adeus aos Jogos, mas diz que voltará melhor em 2024. *Folha de S.Paulo*, São Paulo, 28 jul. 2021. Folha mais Tóquio 2020, p. 4.

a) Qual fato justifica a afirmação de que o atleta vive uma ótima fase?

b) O que significa a expressão "dar o meu máximo", nesse contexto?

c) Na fala do atleta, há uso do termo *certeza*, substantivo que exige a preposição *de*. Esse uso ocorre? Explique.

d) No caderno, substitua as expressões destacadas por outras mais formais, de sentido equivalente. Ajuste as frases para adequá-las à norma-padrão.

e) A fala do mesatenista está adequada à situação comunicativa? Por quê?

2. Leia o trecho de uma notícia sobre ecoturismo e responda às questões.

> ### Exuberante, Botucatu quer ser estância turística
>
> [...]
>
> A riqueza natural local explica o interesse que a cidade vem despertando em turistas. A região de Botucatu possui 80 cachoeiras, Mata Atlântica, cerrado, diversas trilhas e a Cuesta, uma formação de relevo que pode chegar a até mil metros de altura. [...]
>
> "A região que estamos hoje não era conhecida pelo ecoturismo. Não tinha nada. O voo livre foi uma das primeiras engrenagens para o turismo ecológico de Botucatu. As pessoas iam para ver os voos e acabavam descobrindo as trilhas, os *rallies* e o mirante para assistir o sol nascer atrás da Cuesta", conta Edson Caetano, proprietário da escola de voo livre [...]

Alexandre Putti. Exuberante, Botucatu quer ser estância turística. *Folha de S.Paulo*, São Paulo, 30 set. 2021. Turismo, p. C8.

a) Que assunto é tratado nesse trecho da notícia?

b) Copie a frase que menciona as atividades realizadas pelos turistas.

c) Identifique nessa frase uma regência que é bastante usada na fala informal.

d) Como seria essa regência, se estivesse de acordo com a norma-padrão?

e) Qual é a relação entre essa regência e o contexto em que é usada?

NÃO REFORCE PRECONCEITOS

É comum, no uso cotidiano da língua, os falantes não usarem construções que sigam as regras de regência da norma-padrão. Muitas vezes, em determinados contextos sociais, esses usos são desvalorizados, o que gera preconceito linguístico. Não reforce esse preconceito e procure compreender essas variações da língua, bem como o valor social dado ao domínio da norma-padrão.

ANOTE AÍ!

A **regência verbal** e a **regência nominal** nem sempre são seguidas na **fala** em **situações informais**. A situação oral informal é mais espontânea e menos ligada a regras gramaticais. Já em uma situação **oral** mais **formal**, costuma-se seguir as regências verbal e nominal conforme a **norma-padrão**.

221

ESCRITA EM PAUTA

USOS DA CRASE

PARA EXPLORAR

Manual de redação e crase

No *site* do *Manual de redação do jornal O Estado de S. Paulo*, você encontra uma página exclusiva sobre o uso da crase, com uma lista das regras práticas e exemplos. Há ainda dicas de quando não se usa o acento grave. Acesse o *site* e consulte-o sempre que tiver dúvidas.

Disponível em: https://www.estadao.com.br/manualredacao/crase. Acesso em: 20 fev. 2023.

1. Leia abaixo o trecho de uma reportagem.

> **PROMESSAS ESCOLARES**
>
> *O início do ano letivo é uma boa oportunidade para a família estimular nos filhos o hábito de estudar*
>
> **Preparando a volta ao colégio**
>
> - Não se deve dizer à criança que ela estará "livre" depois de estudar, pois ela fará as tarefas com pressa [...].
> - Fique atento aos prazos de trabalhos e às datas de provas. Não assuma as responsabilidades de seu filho, mas acompanhe-o e mostre que confia nele. [...]
>
> Revista *Época*, São Paulo, Globo, 14 fev. 2005.

a) Na expressão "volta ao colégio", o substantivo *volta* é o termo regente. Qual é o termo regido por ele? Que preposição liga esses dois termos?

b) Reescreva no caderno o subtítulo "Preparando a volta ao colégio", substituindo *colégio* por *escola* e, depois, por *aulas*. Que outras mudanças foram feitas na frase?

c) Na expressão "dizer à criança", que preposição é exigida pelo verbo *dizer*? O substantivo *criança* está acompanhado de qual artigo?

ANOTE AÍ!

Quando a preposição *a* exigida pelo termo regente se junta ao artigo masculino *o(s)* do termo regido, forma-se a combinação *ao(s)*: preposição *a* + artigo *o(s)*.

Se a preposição *a* do termo regente se juntar ao artigo feminino *a(s)* do termo regido, ocorrerá uma fusão da preposição com o artigo.

Crase é o nome dado à fusão das duas vogais idênticas (*a* + *a*). Na escrita, a crase é indicada pelo acento grave: *à(s)*.

Também ocorre crase quando a preposição se funde à vogal inicial *a* dos pronomes *aquele(s)*, *aquela(s)* e *aquilo*. Exemplo: Voltamos *àqueles* velhos tempos.

2. Reescreva no caderno as frases a seguir, substituindo os termos destacados pelas expressões entre parênteses. Faça as adaptações necessárias.

a) Os estudantes escreveram ao **diretor**. (diretora)

b) Os diretores se queixaram ao **prefeito**. (autoridades)

c) Fomos ao **pátio**. (quadra)

d) A turma chegou ao **quarto andar**. (área de recreação)

e) Iremos ao **colégio** assim que eu terminar minha tarefa. (praça)

f) Diga aos **senhores** que estou em casa agora. (senhoras)

g) Refiro-me ao **trabalho** que entregamos na semana passada. (pesquisa)

3. Para ocorrer crase, é preciso que haja duas vogais *a*. Pensando nisso, copie as frases no caderno e acentue apenas os casos em que ocorre crase.
   a) Raquel foi a Espanha.
   b) Agora ela pretende ir a Portugal.
   c) Vou a Fortaleza e a Bahia.
   d) Tomou o avião e voltou a França.

ANOTE AÍ!

Os **nomes de lugares geográficos** podem causar dúvidas, pois alguns admitem artigo, outros não. Para verificar se o nome admite artigo ou não, podemos testá-lo com um termo cuja regência exija a preposição **de**. Exemplos:
Vim *da* Itália. ⟶ Vou *à* Itália.   Vim *de* Manaus. ⟶ Vou *a* Manaus.

4. Agora leia este trecho de uma reportagem.

   Quem cedo madruga...
   Expõe-se menos à luz à noite. A produção da melatonina, hormônio que induz ao sono, é estimulada pela escuridão.

   Adriana Küchler. *Revista da Folha*, 6 jan. 2008.

   a) Explique a ocorrência de crase em "Expõe-se menos à luz [...]".
   b) A expressão *à noite* também apresenta crase. De que forma essa expressão é formada?

ANOTE AÍ!

O *a* que antecede **locuções formadas por palavras femininas** também recebe acento grave. Exemplos: *à espera de*, *à custa de*, *à direita*, *à frente*, *à noite*, *às ordens*, *à sombra*, etc.
Também se acentua o *a* das **expressões que indicam hora**. Exemplos: *à meia-noite*, *às duas horas da manhã*, etc.

5. Copie as frases no caderno, preenchendo as lacunas com *a(s)* ou *à(s)*.
   a) Os assuntos serão tratados das 14h30 ★ 18h.
   b) ★ vezes, eu vou ao cinema ★ segundas-feiras.
   c) O médico estará de férias de 22 de julho ★ 22 de agosto.
   d) Ele trabalha no hospital do centro ★ noite.
   e) Você chegará ao seu destino se virar ★ direita.
   f) O restaurante fecha ★ meia-noite.

ETC. E TAL

A crase vai ao restaurante

Na maioria das expressões usadas nos cardápios dos restaurantes, ao se especificar o tipo de prato, está implícita a expressão "à moda de". Quando isso ocorre, o uso da crase é obrigatório.

Dessa forma, as expressões "arroz à grega" (arroz à moda da Grécia), "churrasco à gaúcha" (churrasco à moda dos gaúchos) e "espaguete à bolonhesa" (espaguete à moda de Bologna) devem ser escritas empregando-se a crase. Isso explica a ocorrência de crase antes de um substantivo masculino, por exemplo, "bacalhau à Zé do Pipo" (bacalhau à moda de Zé do Pipo).

223

AGORA É COM VOCÊ!

JÚRI SIMULADO

Proposta

Você e os colegas vão participar de um júri simulado que vai julgar o seguinte caso hipotético: uma empresa compartilhou em sua rede social um conteúdo sobre uma figura pública. Essa pessoa considerou o conteúdo divulgado ofensivo e decidiu processar a empresa. No júri simulado, vocês vão responder à pergunta: "Essa empresa deve ser responsabilizada por esse ato ou deve ser considerada inocente?".

Para participar de forma consistente desta atividade, vocês terão de se organizar para assumir papéis de juiz, jurados, advogados de defesa da empresa, promotores e testemunhas, e colocar em prática o que aprenderam sobre argumentação e o que compreenderam do Marco Civil da Internet.

GÊNERO	PÚBLICO	OBJETIVO	CIRCULAÇÃO
Júri simulado	Colegas, professores	Argumentar em defesa de uma empresa envolvida em um caso polêmico ou contra ela	Escola, sala de aula

Planejamento e elaboração

Acesse o recurso digital e responda: Além das funções apresentadas nessa seção, quais outras podem fazer parte de um júri popular?

1 Antes do júri, construam, de forma coletiva, um texto com todos os detalhes do caso: quem é a figura pública; qual é o conteúdo divulgado sobre ela; o que levou a empresa a fazer a divulgação; que tipo de indenização a pessoa está pleiteando; etc. Caprichem na formulação desse texto, pois ele vai ajudar na construção dos argumentos de defesa e de acusação.

2 Com a ajuda do professor, organizem-se para compor o júri. Fiquem atentos às funções que vocês podem desempenhar:
- **Juiz**: dirige e coordena as intervenções e o andamento do júri.
- **Jurados**: ouvem, analisam e declaram se o réu é inocente ou culpado.
- **Advogados de defesa**: argumentam para defender o réu das acusações.
- **Promotores**: argumentam para convencer os jurados de que o réu é culpado.
- **Testemunhas**: dão depoimentos para o júri a favor do réu ou contra ele.

3 Independentemente das funções, estudem o tema para levantar argumentos favoráveis e contrários à empresa. Posicionem-se de forma respeitosa e pertinente à situação comunicativa.

4 Em seguida, os grupos de acusação e os de defesa devem organizar suas estratégias argumentativas.
- Coletem dados, exemplos e informações relacionados à "regulamentação da internet" e às "responsabilidades no meio digital". Utilizem-nos para formular, pelo menos, dois argumentos que sustentem a posição de vocês.
- Imaginem os argumentos do outro grupo e como refutá-los. Para isso, é fundamental conhecer dados, informações e exemplos que o lado oposto possa utilizar.
- Planejem perguntas para o outro grupo, considerando as principais fragilidades do adversário. Listem os pontos fortes da linha argumentativa do grupo de vocês para comentá-los na simulação do júri.

5 Com a argumentação planejada, as testemunhas devem combinar seus depoimentos com os advogados e os promotores. Então, todos os grupos podem treinar a exposição de seus argumentos e depoimentos.

6 Durante a simulação, certifiquem-se de que as falas estejam adequadas às regras da norma-padrão e à formalidade esperadas para essa situação de comunicação. Além disso, para marcar sua defesa ou acusação e dialogar com a tese do outro de modo claro e educado, utilizem palavras ou expressões como: *concordo*, *discordo*, *considero parcialmente a questão levantada*, *na perspectiva da defesa/acusação*, entre outras.

MÚLTIPLAS LINGUAGENS

1. Assistam a um júri filmado (pode ser um vídeo na internet) e prestem atenção à entonação de voz dos advogados e dos promotores. De que maneira essas alterações se relacionam com o que está sendo dito?

2. Observem ainda a postura e os gestos corporais dos membros do júri. O que essa linguagem gestual revela?

Durante o júri simulado, fiquem atentos à postura corporal e utilizem gestos de modo estratégico, procurando chamar a atenção dos jurados. Lembrem-se de que pausas significativas, ritmo e mudanças no tom de voz contribuem para a recepção dos discursos.

Circulação

1 No dia previamente agendado, a turma deve estar preparada para a simulação do júri e a sala deve estar organizada como um tribunal.

2 Primeiro, o juiz deve fazer uma introdução, expondo o caso de modo objetivo.

3 Depois, os promotores fazem seu discurso de abertura, seguidos pelos advogados de defesa. É o momento de cada um apresentar de modo consistente sua tese sobre o caso, procurando convencer os jurados.

4 Em seguida, são chamadas as testemunhas, que devem apresentar o que foi previamente combinado com os advogados e os promotores.

5 Terminado o tempo das discussões e das argumentações dos dois lados (réplica e tréplica), os jurados devem se reunir para decidir sobre a sentença. Então, o juiz, como porta-voz dos jurados, comunica o que foi decidido.

Avaliação

1 Avaliem o júri simulado com base nas questões propostas a seguir.

ELEMENTOS DO JÚRI SIMULADO
O juiz mediou o júri de forma adequada?
Promotores e advogados souberam argumentar e contra-argumentar com propriedade e de modo consistente e coerente?
As testemunhas apresentaram depoimentos que colaboraram com o júri?
Em sua opinião, os jurados tomaram uma decisão acertada? Justifique.

2 Ao final da avaliação, promovam uma roda de conversa sobre a participação no júri simulado. Lembrem-se de expor os pontos positivos e os pontos negativos, a fim de aperfeiçoar a atividade em uma próxima vez.

INVESTIGAR

Verdadeiro ou falso? Vamos checar!

Para começar

Nesta seção, você e os colegas vão realizar uma pesquisa-ação sobre como identificar notícias falsas na internet. Trata-se de um tipo de pesquisa que visa à mobilização do público em relação a um tema. Para isso, vocês vão criar um guia de como identificar notícias falsas para divulgá-lo à comunidade escolar nas redes sociais.

O PROBLEMA	A INVESTIGAÇÃO	MATERIAL
Como identificar notícias falsas na internet?	**Procedimento:** pesquisa-ação **Instrumentos de coleta:** análise de mídias sociais, busca de dados na internet	• caneta • caderno para anotações • dispositivos e computador com acesso à internet • programa de edição de texto • projetor

Procedimentos

Parte I – Planejamento

1 Organizem-se em grupos de cinco estudantes. Antes de pesquisar como identificar notícias falsas, compartilhem o que sabem tendo em vista estas questões:
- Quais redes sociais vocês costumam usar no dia a dia? Por quê?
- O que acessam nessas redes? O que chama sua atenção em uma publicação?
- Ao ler uma notícia na internet, vocês procuram saber se é verdadeira? Como?
- Vocês compartilham notícias nas redes sociais assim que as recebem de alguém?
- Vocês acreditam que há muitas notícias falsas circulando na internet? Por quê?
- Por que vocês acham que alguns *sites* criam e veiculam notícias falsas?
- É importante saber identificar notícias falsas? Por quê?

Parte II – Coleta de dados

1 No laboratório de informática, procurem notícias em *sites* ou redes sociais.
- Observem as publicações e pensem sobre a divulgação dos conteúdos nessas páginas. Analisem o número de curtidas, compartilhamentos e comentários desses conteúdos, pois isso reflete o alcance que eles têm.
- Cada grupo deve selecionar uma notícia. É interessante que o assunto dela seja polêmico, divida opiniões e cause discussões entre grupos diversos. Vocês podem escolher notícias sobre o mesmo tema, mas de fontes diferentes; isso possibilita verificar que um fato pode ser noticiado de maneiras variadas.
- Analisem como a notícia foi divulgada e que recursos foram usados para chamar a atenção do leitor.

2 Em seguida, pesquisem métodos confiáveis para identificar notícias falsas.

3 Então, reúnam-se com a turma para compartilhar os resultados da pesquisa.

4 Trabalhem juntos para organizar e sintetizar as informações em quadros, que ajudarão na análise das notícias e na elaboração do guia.

226

Parte III – Organização e análise dos dados

1. Na sala de informática, reorganizem-se nos grupos de trabalho e acessem a notícia que vocês escolheram.

2. Com base nos esquemas e nas anotações que vocês fizeram sobre como identificar notícias falsas, analisem o material que selecionaram. Descubram se a notícia é falsa, verdadeira ou se, pelo menos, contém elementos passíveis de desconfiança e que, portanto, necessitam de mais pesquisa.

3. Analisem a cobertura dos fatos da notícia selecionada por diferentes veículos da imprensa. Comentem a diferença de abordagem em cada veículo.

4. Finalizada essa etapa de pesquisa, conversem sobre os métodos utilizados na análise e sobre o resultado a que vocês chegaram.

Parte IV – Elaboração do guia

1. Cada grupo deve comunicar o resultado da análise para a turma, apresentando a notícia selecionada e comentando se os quadros que vocês organizaram auxiliaram nessa atividade.

2. Em seguida, organizem-se para rever esses quadros e elaborar, coletivamente, um guia com informações sobre como identificar notícias falsas.

3. Ao redigirem o guia, enriqueçam-no com citações e paráfrases de especialistas sobre o assunto. Lembrem-se de que ele deve ser organizado de forma clara e acessível, de modo a democratizar o acesso à informação.

4. Quando estiver pronto, compartilhem o guia no *blog* ou *site* da escola e nas redes sociais. Ele também pode ter uma versão impressa para circular pela escola e pelo bairro.

Questões para discussão

1. De qual etapa da atividade você mais gostou e de qual menos gostou? Por quê?
2. Sua turma encontrou mais notícias verdadeiras ou mais notícias falsas?
3. O que você achou de aprender mais sobre como analisar se uma notícia é verdadeira ou falsa? Comente.
4. É importante informar às pessoas como identificar notícias falsas na internet? Justifique sua resposta.

Comunicação dos resultados

Apresentação do guia e roda de conversa

Preparem uma apresentação para a comunidade escolar a fim de divulgar o guia e debater a questão das notícias falsas. Para auxiliá-los nessa exposição oral, resumam os tópicos mais importantes em alguns *slides,* que serão exibidos para o público. Em seguida, ensaiem o tom de voz e os gestos que poderão ser utilizados na apresentação.

No dia da apresentação, mostrem o guia criado por vocês e promovam uma roda de conversa sobre os prejuízos da divulgação de notícias falsas e as atitudes que podem ser tomadas para evitar que isso ocorra.

ATIVIDADES INTEGRADAS

Leia, a seguir, um artigo de opinião sobre a desinformação na internet, publicado no jornal *O Estado de S. Paulo*. Em seguida, responda às questões.

A abordagem europeia contra a desinformação

*JOÃO GOMES CRAVINHO, O Estado de S. Paulo

22 Junho 2018 | 03h00

O Dicionário Oxford escolheu *post-truth*, pós-verdade, como palavra internacional do ano de 2016, refletindo o que chamou de 12 meses "politicamente altamente inflamados". Esse foi o ano da eleição de Donald Trump para presidente dos Estados Unidos e também do Brexit, ou seja, da decisão do eleitorado britânico, em referendo, de se retirar da União Europeia. Infelizmente, desde então a fiabilidade da informação e sobretudo a informação politicamente relevante, que circula nas plataformas digitais, apenas pioraram.

A internet ampliou enormemente o volume, a variedade e a forma de produção de notícias e mudou as formas como os cidadãos acessam e se envolvem com as notícias. As novas tecnologias podem ser usadas, especialmente por meio das mídias sociais, para disseminar a desinformação em escala e com rapidez e precisão de alvos sem precedentes, criando esferas de informação personalizadas e tornando-se poderosas câmaras de eco.

Campanhas de desinformação *on-line* em massa estão sendo utilizadas por agentes políticos nacionais e internacionais para semear a discórdia e a desconfiança, criando tensões sociais com graves consequências potenciais para a nossa segurança. Além disso, as campanhas de desinformação por países terceiros fazem agora parte das chamadas ameaças híbridas à segurança interna, pondo em causa processos eleitorais e o debate cívico, em particular em combinação com *ciberataques*.

Esse fenômeno prejudica a confiança nas instituições e nas mídias digitais e tradicionais e danifica as nossas democracias ao toldar a capacidade dos cidadãos de tomarem decisões informadas. Esse aumento da desinformação e a gravidade da ameaça provocaram uma crescente conscientização das nossas instituições e da sociedade civil, tanto nos Estados-membros da União Europeia (UE) como em nível internacional.

[...]

O desafio atual é como chegar a medidas eficazes para combater as notícias falsas e a desinformação sem prejudicar a liberdade de expressão, um direito fundamental e um pilar essencial da democracia. Precisamos encontrar um equilíbrio entre, por um lado, a liberdade de expressão – que inclui a liberdade de dizer heterodoxias ou disparates, pois nada seria menos democrático que a instituição de um policiamento da "verdade" – e, por outro lado, a defesa contra os ataques à democracia por meio das novas tecnologias.

Assim, na UE lançamos um processo de discussão com plataformas *on-line* sobre como lidar com conteúdo ilegal de maneira justa e eficaz. Além disso, criamos um grupo de especialistas de alto nível e fizemos uma consulta pública com o objetivo de começar a traçar o nosso caminho de combate a essa doença contemporânea.

[...]

↳ **Continua**

> Dada a complexidade do assunto e o ritmo acelerado da evolução do ambiente digital, consideramos que qualquer resposta política deve ser abrangente. Por isso avaliamos continuamente o fenômeno da desinformação e ajustamos os objetivos das políticas à luz da sua evolução. Todas essas são questões difíceis e há claras vantagens e desvantagens em muitas das formas propostas de enfrentá-las. Não temos as respostas finais. No entanto, estou convencido de que é pelo diálogo permanente e inclusivo que todos nós, juntos, encontraremos as soluções mais adequadas.
>
> Olhamos para o Brasil, uma democracia rica e intensa, com preocupações semelhantes às nossas e com um processo eleitoral em curso, como um parceiro fundamental nesse novo mundo pleno de desafios novos e complexos.
>
> *EMBAIXADOR DA UNIÃO EUROPEIA NO BRASIL

João Gomes Cravinho. A abordagem europeia contra a desinformação. Disponível em: https://opiniao.estadao.com.br/noticias/geral,a-abordagem-europeia-contra-a-desinformacao,70002360836. Acesso em: 20 fev. 2023.

Analisar e verificar

1. Analise a introdução desse artigo de opinião.
   a) Qual foi a estratégia utilizada pelo articulista para introduzir seu texto?
   b) No primeiro parágrafo, há uma palavra que marca uma posição do autor sobre os fatos apresentados. Que palavra é essa?

2. Observe como o articulista desenvolve o texto.
   a) Qual é a tese defendida? Em qual parágrafo essa posição fica mais evidenciada?
   b) No segundo parágrafo, qual é o sentido da construção da metáfora *"câmaras de eco"*?
   c) De acordo com o artigo de opinião, por que as campanhas de desinformação prejudicam a democracia?
   d) Em que pessoa do discurso o texto foi escrito? O que explica essa construção?

3. Que estratégia foi empregada pelo autor para concluir seu artigo de opinião?

4. Analise as expressões a seguir, retiradas do artigo de opinião. Elas estão adequadas à norma-padrão? Justifique a construção dessas expressões, utilizando o que você aprendeu sobre crase e regência nesta unidade.
   a) "ameaças híbridas à segurança interna"
   b) "chegar a medidas eficazes"
   c) "ataques à democracia"

Criar

5. Nesta unidade, você refletiu sobre temas relacionados ao ambiente virtual e à importância da análise e do compartilhamento de informações confiáveis. No artigo de opinião "A abordagem europeia contra a desinformação", o autor João Gomes Cravinho afirma estar "convencido de que é pelo diálogo permanente e inclusivo que todos nós, juntos, encontraremos as soluções mais adequadas" a questões relativas à desinformação. Considerando essa afirmação, converse com os colegas sobre a importância do diálogo para desenvolver e solucionar a problemática apontada na unidade.

CIDADANIA GLOBAL
UNIDADE 6

Retomando o tema

Nesta unidade, você e seus colegas puderam refletir sobre como informações falsas ou apresentadas de forma parcial podem gerar conflitos e comprometer a promoção de sociedades pacíficas e inclusivas, além de distorcer a credibilidade de pessoas e instituições. Agora, reflitam sobre esse tema no contexto escolar.

1. Já houve divulgação de *fake news* relacionada à escola onde você estuda ou aos estudantes? Comente.
2. Quais foram os meios de propagação dessa notícia falsa (redes sociais, aplicativos de mensagens)? E quais eram as características da notícia (formato, etc.)?
3. De que modo o caso foi solucionado e a notícia foi esclarecida?
4. Como evitar a propagação de informações falsas no ambiente escolar?

Geração da mudança

Para ampliar o assunto, você e os colegas vão se organizar em grupos e elaborar uma dramatização em formato de esquete, partindo de uma notícia falsa que tenha circulado na escola ou afetado o ambiente escolar. Sigam as etapas:

- Criem um roteiro para ser encenado, verifiquem a sequência das ações e, se necessário, façam ajustes.
- Realizem o ensaio do esquete, observando o volume de voz empregado, a entonação e a articulação adequada das palavras.
- Organizem a apresentação dos esquetes para a própria turma e para outras turmas do colégio. Ao final das dramatizações, proponham a seguinte questão para debater com o público: Quais são as possibilidades de mudança na comunidade escolar para evitar a propagação de *fake news* na escola?
- Durante a reflexão coletiva, busquem encontrar possibilidades para tornar a comunidade escolar mais apta a diferenciar informações falsas de notícias confiáveis, contribuindo, assim, para o desenvolvimento de uma sociedade mais pacífica, inclusiva e com instituições eficazes, responsáveis e transparentes em todos os níveis.

Autoavaliação

RESENHA CRÍTICA

UNIDADE 7

PRIMEIRAS IDEIAS

1. Você costuma se orientar pela opinião de conhecidos ou de críticos (de jornais, revistas e *blogs*) para escolher livros, filmes ou peças de teatro? Comente.
2. Em sua opinião, um estudioso das artes pode ajudar um leigo a observar aspectos de uma obra artística que, normalmente, não chamariam sua atenção?
3. O que há em comum nas palavras *livro*, *livraria* e *livreiro*?
4. Qual é a diferença de grafia e de sentido das palavras *social* e *antissocial*?

Conhecimentos prévios

Nesta unidade, eu vou...

CAPÍTULO 1 — Palavras do crítico

- Ler e interpretar a resenha crítica de um livro.
- Aprimorar a habilidade de interagir com cooperação e empatia para lidar com a diversidade de comportamentos sociais.
- Conhecer a estrutura das palavras.
- Compreender a formação de palavras e a criação de sentidos.
- Planejar e elaborar uma resenha crítica de acordo com as características desse gênero.

CAPÍTULO 2 — Formando opinião

- Ler e interpretar a resenha crítica de um filme.
- Refletir sobre os efeitos positivos da inclusão para a sociedade como um todo.
- Conhecer a estrutura das palavras.
- Compreender os sufixos de grau e os efeitos de sentido produzidos por seu uso.
- Analisar a grafia de alguns sufixos e de palavras cognatas.
- Desenvolver habilidades para produzir uma resenha audiovisual.

CIDADANIA GLOBAL

- Identificar situações que discriminam e excluem pessoas com deficiência e refletir sobre formas de promover sua inclusão.
- Produzir uma audiodescrição.

231

LEITURA DA IMAGEM

1. Por que a esteira retratada na imagem foi instalada nesse local? Que barreira ela procura evitar?
2. Qual é a importância da instalação desse equipamento para a vida das pessoas que o utilizam?
3. Você já teve acesso a recursos como o apresentado na imagem ou já presenciou seu uso por pessoas com deficiência? Compartilhe com os colegas.

CIDADANIA GLOBAL — 10 REDUÇÃO DAS DESIGUALDADES

Na imagem, você pôde observar a presença de um equipamento e um serviço que proporcionam algumas funcionalidades para pessoas com deficiência. Esse tipo de recurso é conhecido como **tecnologia assistiva** e tem a finalidade de promover autonomia, qualidade de vida e, principalmente, a inclusão das pessoas com deficiência em espaços públicos e/ou privados.

1. Que outros exemplos de tecnologia assistiva para pessoas com deficiência você conhece?
2. A Convenção Internacional sobre os Direitos das Pessoas com Deficiência (2006) destaca que a deficiência ocorre na interação entre as pessoas e os obstáculos presentes em um local. Nesse sentido, as tecnologias assistivas interferem em qual dos dois elementos dessa interação? Explique.

 Acesse o recurso digital para ver uma atividade profissional exercida por uma pessoa com deficiência visual. No desempenho da função, que adaptações foram necessárias para substituir o sentido da visão? Você tinha conhecimento da possibilidade dessa atuação da maneira como foi mostrada?

Jovem em uma cadeira de rodas usada para realizar um percurso na areia de uma praia em Huntington Beach (Califórnia, Estados Unidos). Foto de 2021.

CAPÍTULO 1

PALAVRAS DO CRÍTICO

O QUE VEM A SEGUIR

Quando um livro é lançado, publicam-se, na imprensa, avaliações sobre ele. A seguir, você vai ler uma resenha crítica que circulou no caderno cultural de um jornal diário. Antes disso, observe o título e responda: O adjetivo utilizado no título da resenha antecipa qual avaliação sobre a obra?

TEXTO

[+] crítica

Quiroga escreve para crianças de forma inusitada

A ficção infantojuvenil costuma ser avaliada com certa condescendência, mais comprometida com a formação do cidadão que com a do leitor.

Não é difícil perceber os resultados desse paternalismo: histórias politicamente corretas, com temas que tentam aproximar a literatura da "realidade cotidiana" ou despertar a consciência para a diversidade social, étnica e religiosa do mundo, frequentemente ganham elogios e adoções em escolas na mesma medida em que sua estética insossa é ignorada.

Diante de um cenário assim, é promissor o lançamento de uma coletânea como *Contos da selva* (1918), do uruguaio Horacio Quiroga (1878-1937). Anunciado como infantojuvenil, mas talvez mais próximo das narrativas para crianças, o livro chama atenção por abdicar de um caráter utilitário, que emprestaria às suas histórias uma pregação ecológica ou um sentido moral.

Quiroga obtém esse resultado, quase sempre, experimentando com as convenções da fábula e do causo. No primeiro caso, em textos como "O papagaio pelado", cujo protagonista se vinga de uma onça que o atacou indicando seu paradeiro a um caçador, tem-se os bichos que falam e agem como humanos, mas não há lição edificante no desfecho. No segundo, a verossimilhança e coerência narrativa do causo são abandonadas em textos como "As meias dos flamingos", talvez a mais inusitada de todas, em que pássaros

entram fantasiados num baile de cobras e passam o resto da vida pagando pelo erro.

Resta saber se ambas as soluções, cuja originalidade é louvável, mas externa à fruição estética das histórias, são suficientes para garantir o valor literário de *Contos da selva*. A resposta é difícil, até porque há contos que fogem à regra aqui descrita, como "A abelhinha malandra", fábula tradicional e previsível, ou "A tartaruga gigante", sem a densidade que transforma o relato em literatura.

Por outro lado, há qualidades inegáveis na prosa de Quiroga: o classicismo elegante, que ficaria bem num texto contemporâneo, e a generosidade descritiva, que torna acessível o mundo então pouco explorado de bichos e plantas das províncias argentinas — lugares onde o autor viveu muitos anos.

Somada a isso, a capacidade de comover em construções simples como "A gama cega", sobre um veado salvo por um caçador, ou "História de dois filhotes de quati e de dois filhotes de homem", que mostra uma convivência terna entre as espécies, dão ao livro um balanço positivo. Não para transformá-lo num clássico, mas o bastante para ser lido com interesse quase um século depois de sua publicação.

MICHEL LAUB é autor dos romances *Longe da água* e *O segundo tempo*.

▶ CONTOS DA SELVA

Autor: Horacio Quiroga	**Quanto:** R$ 29 (128 págs.)
Tradução: Wilson Alves-Bezerra	**Avaliação:** bom
Editora: Iluminuras	

Michel Laub. *Folha de S.Paulo*, São Paulo, E5, 19 jan. 2008.

---

classicismo: caráter daquilo que é simples, sóbrio, clássico.

condescendência: benevolência, tolerância.

convenção: conjunto de técnicas habitualmente utilizadas.

edificante: construtivo, exemplar, moralizador.

estética: conjunto de princípios que estruturam uma obra de acordo com um ideal de beleza.

fruição estética: aproveitamento de algo belo com prazer.

paternalismo: tendência para a proteção, para a tolerância.

TEXTO EM ESTUDO

PARA ENTENDER O TEXTO

1. Após a leitura, sua hipótese sobre o título se confirmou? Explique.

2. Responda às perguntas do quadro sobre a resenha.

Qual é a obra resenhada?	
Quem é o autor dessa obra?	
A que público a resenha se destina?	
Quem é o autor dessa resenha?	

3. Para o resenhista do texto, a ficção infantojuvenil tem sido avaliada por um único ângulo.
   a) Qual é o principal critério atual usado para avaliar a ficção infantojuvenil?
   b) Segundo esse critério, como seria um bom livro infantojuvenil?
   c) O autor da resenha considera esse um bom critério? Por quê?

4. A obra resenhada pode ser considerada um exemplo do que comumente se avalia como boa ficção infantojuvenil? Explique sua resposta.

5. Além de comentar o tipo de conteúdo geralmente presente na ficção infantojuvenil, o autor da resenha também avalia a estética que predomina nesses livros. Qual é a opinião dele sobre isso?

6. No quarto parágrafo, o resenhista afirma que o escritor obtém certo resultado "experimentando com as convenções da fábula e do causo".
   a) O que é convencional no gênero fábula? E no gênero causo?
   b) Se um autor faz "experimentos" com essas convenções, o que, na prática, ele deve estar fazendo?

7. No quinto parágrafo, o autor afirma que as soluções são originais, mas que essa originalidade é "externa à fruição estética das histórias". Qual das alternativas a seguir explica o que se deve entender por isso?
   I. Que os contos (apesar do conteúdo surpreendente) não foram escritos de modo a chamar a atenção pela beleza de sua forma.
   II. Que as criações originais que o contista pensou para as histórias tiveram de ser explicadas fora do texto.

8. O autor da resenha afirma que o livro não tem qualidades para ser considerado um clássico. Que livros clássicos para o público infantojuvenil você conhece?

9. Escolha a declaração que reflete a avaliação do resenhista sobre a obra.
   I. Não recomenda a obra, apontando exclusivamente seus pontos fracos.
   II. Recomenda a obra, apontando apenas seus pontos fortes.
   III. Recomenda a obra, apontando seus pontos fortes e fracos.

10. **SABER SER** A resenha menciona um conto que mostra a convivência terna entre as espécies. Fora das fábulas, porém, a convivência real entre as pessoas pode passar por momentos de tensão.
    - Em sua opinião, é mais fácil lidar com um comportamento que nos incomoda quando estamos conscientes das razões pelas quais alguém o manifesta?

HORACIO QUIROGA

O escritor uruguaio Horacio Quiroga (1878-1937) é um dos autores mais representativos da literatura latino-americana.

Seu livro mais famoso é *Contos de amor, de loucura e de morte* (1917).

Quiroga viveu durante algum tempo no território de Misiones, nas selvas argentinas, cuja natureza ele descreve em *Contos da selva* (1918), seu único livro infantojuvenil.

▲ Horacio Quiroga. Foto de 1897.

ESTRUTURA DOS TEXTOS ARGUMENTATIVOS

11. Na resenha lida, o livro é avaliado como bom. Suponha que você lesse outra resenha em que o mesmo livro fosse avaliado como ruim. Nesse caso, você teria de decidir em qual das resenhas confiar. Em que você se basearia para tomar essa decisão?

12. O leitor de resenha espera informações sobre o produto cultural resenhado. Que parágrafos da resenha não tratam diretamente de *Contos da selva*? Você acha que esses parágrafos poderiam ser eliminados? Explique.

ANOTE AÍ!

A **resenha crítica** é um gênero argumentativo publicado em jornais, revistas ou *sites* e apresenta ao leitor **informações técnicas** e uma **avaliação crítica** sobre um produto cultural: livro, filme, *show*, etc. As resenhas críticas trazem à tona o fio condutor de uma obra e se organizam segundo uma estrutura comum a outros gêneros argumentativos.

13. Do terceiro parágrafo da resenha em diante, são apresentados os argumentos: aspectos positivos e negativos da obra. Construa, no caderno, quadros como estes e complete-os com informações do texto.

Aspectos positivos		
Parágrafo	Aspecto	Conto em que pode ser comprovado

Aspectos negativos		
Parágrafo	Aspecto	Conto em que pode ser comprovado

14. O autor da resenha poderia ter posto em dúvida o valor literário do livro sem citar os contos "A abelhinha malandra" e "A tartaruga gigante". Por que, provavelmente, esses textos foram citados?

15. O autor da resenha emprega argumentos para justificar ora uma avaliação favorável, ora uma avaliação desfavorável à obra. Para você, isso gera incoerência no texto? Justifique.

16. Na resenha, há um balanço dos pontos fortes e fracos. Qual é a conclusão?

17. Observe parte da resenha com as informações técnicas e a avaliação final do livro. A qualificação "bom" é coerente com o conteúdo da resenha? Por quê?

> ▶ **CONTOS DA SELVA**
>
> **Autor:** Horacio Quiroga **Quanto:** R$ 29 (128 págs.)
> **Tradução:** Wilson Alves-Bezerra **Avaliação:** bom
> **Editora:** Iluminuras

ANOTE AÍ!

A finalidade da **argumentação**, nas resenhas críticas, é justificar a avaliação que se faz do produto cultural analisado, quer seja uma avaliação positiva, quer seja negativa.

Algumas vezes, o resenhista costuma apresentar sua **avaliação final** sobre a obra apenas reafirmando o que foi apresentado, outras, acrescentando algum elemento novo.

PARA EXPLORAR

Revista *Emília*
No *site* dessa revista, você encontra resenhas de livros infantis e infantojuvenis. Leia algumas delas e observe como é a estrutura desses textos argumentativos. Vale a pena acessar também a área de entrevistas da publicação.

Disponível em: https://emilia.org.br/revista-emilia/. Acesso em: 7 mar. 2023.

O CONTEXTO DE PRODUÇÃO

18. Releia o final da resenha.

  a) Que informação é apresentada sobre o resenhista?

  b) Que importância essa informação pode ter para o leitor?

19. Releia o título da resenha.

  a) Apesar de *Contos da selva* ser anunciado como infantojuvenil, a que público ele se destina, segundo a resenha?

  b) A resenha foi publicada no caderno de entretenimento e cultura de um jornal destinado a leitores adultos. Entre esses leitores, que grupos podem ter interesse em ler a resenha?

  c) O vocabulário da resenha revela que ela é direcionada a um leitor adulto. Copie no caderno palavras e expressões que comprovam essa afirmação.

  d) Crie outro título para essa resenha crítica do livro *Contos da selva*, em que os itens a seguir fiquem claros para o leitor do jornal.

  - A obra resenhada é o livro *Contos da selva*.
  - Ela se destina a crianças.
  - Sua principal qualidade é fugir ao padrão da maioria dos livros infantojuvenis, pois não se preocupa em conscientizar o leitor sobre diferentes questões: sociais, étnicas, religiosas e ecológicas.

20. Em que publicações, além do jornal impresso, você poderia encontrar uma resenha como a escrita por Michel Laub?

21. O último parágrafo diz que alguns contos do livro são capazes de comover.

  a) Que sentimentos o autor traz à lembrança do leitor ao falar do veado salvo por um caçador e da convivência terna entre espécies diferentes?

  b) O que o autor da resenha pode ter pretendido ao apresentar por último o argumento que poderia comover o leitor?

▲ Capa do livro *Contos da selva*, de Horacio Quiroga (São Paulo: Iluminuras, 2007).

A LINGUAGEM DO TEXTO

22. Examine os trechos a seguir, nos quais se manifestam opiniões.

> I. Não é difícil perceber os resultados desse paternalismo [...]

> II. [...] há qualidades inegáveis na prosa de Quiroga [...]

  a) Esses pontos de vista são do autor da resenha e não foram apresentados como pessoais. Que recursos linguísticos permitiram obter esse efeito?

  b) Qual é a importância, para o valor argumentativo de uma resenha crítica, de impessoalizar o discurso?

23. No quinto parágrafo, o resenhista apresenta pontos fracos da obra. Como você caracterizaria a linguagem empregada pelo crítico nessa passagem?

ANOTE AÍ!

O recurso de **impessoalizar** a linguagem é uma estratégia discursiva (e argumentativa), podendo ser utilizado em situações em que é importante evidenciar um efeito de sentido de distanciamento.

24. Examine as passagens transcritas: "**costuma** ser avaliada"; "**frequentemente** ganham"; "obtém esse resultado, **quase sempre**, experimentando"; "**talvez** a mais inusitada de todas". Que efeito os recursos linguísticos destacados criam?

25. O resenhista emprega termos técnicos ligados aos estudos literários.

- Mencione esses termos. De que modo o uso deles contribui para uma análise mais precisa da obra? Esse vocabulário afasta da resenha o público imaginado para ela?

> **ANOTE AÍ!**
>
> Nas resenhas críticas sobre livros, peças teatrais, etc., são utilizados **termos técnicos** dessas áreas justamente porque os produtores das resenhas costumam ser especializados nas áreas em questão.

26. Releia o trecho a seguir, retirado do quinto parágrafo da resenha.

> Resta saber se ambas as soluções, cuja **originalidade é louvável**, mas externa à fruição estética das histórias, são suficientes para garantir o valor literário de *Contos da selva*.

a) A oração em destaque corresponde à estrutura sujeito-verbo de ligação-predicativo. Copie esses termos no caderno, identificando-os.

b) Na oração em destaque, que classe de palavra é responsável pelo julgamento feito no trecho?

c) Reescreva a oração, substituindo o verbo de ligação *ser* por outros verbos: *estar*, *ficar*, *parecer* e *permanecer*.

d) Compare o sentido do uso do verbo de ligação escolhido pelo resenhista com os verbos que você utilizou no item *c*. Quais são as variações de sentido do uso de cada verbo?

27. A resenha lida apresenta informações bem articuladas. Isso foi garantido com o uso de expressões que retomam ideias. Observe o quadro a seguir. Depois, copie-o no caderno e complete-o com as informações solicitadas, evidenciando a coesão.

Parágrafo	Expressão que remete ao parágrafo anterior	Ideia a que a expressão remete
2º	"desse paternalismo"	
3º	"um cenário assim"	
4º	"No primeiro caso" e "No segundo"	
5º	"ambas as soluções"	

> **ANOTE AÍ!**
>
> Há **coerência** quando, em uma situação de comunicação, um texto tem sentido para os usuários de determinada língua. Assim, os textos não são emaranhados de frases isoladas. Pode-se dizer, ainda, que um texto é **coeso** quando há elementos linguísticos que asseguram a ligação entre suas partes. São considerados **elementos de coesão**: pronomes, numerais, substantivos, conjunções, etc.

UMA COISA PUXA OUTRA

Um conto de Horacio Quiroga

Conheça um pouco da escrita de Horacio Quiroga. Neste trecho de um conto, os flamingos são descobertos pelas cobras após entrarem fantasiados na festa delas.

As meias dos flamingos

[...]

As cobras-coral, sobretudo, estavam muito inquietas. Não afastavam a vista das meias, e se abaixavam também, tratando de tocar com a língua as patas dos flamingos, porque a língua das cobras é como a mão das pessoas. Mas os flamingos dançavam e dançavam sem parar, apesar de estarem cansadíssimos e não aguentarem mais.

As cobras-coral, que perceberam isso, pediram logo às pererecas suas lanterninhas, que eram vagalumes, e esperaram todas juntas que os flamingos caíssem exaustos.

De fato, alguns minutos depois, um flamingo, que já não aguentava, tropeçou no cigarro de um jacaré, cambaleou e caiu. Em seguida, as cobras-coral correram com suas lanterninhas e iluminaram bem as patas do flamingo. Viram do que eram feitas aquelas meias e lançaram um assobio que foi ouvido da outra margem do rio Paraná.

— Não são meias! — gritaram as cobras. — Sabemos o que é! Fomos enganadas! Os flamingos mataram nossas irmãs e calçaram suas peles como meias. As meias deles são de cobra-coral!

Ao ouvir isso, os flamingos, cheios de medo porque tinham sido descobertos, quiseram voar; mas estavam tão cansados que não conseguiram levantar uma só pata. Então as cobras-coral atiraram-se sobre eles e, enroscando-se em suas patas, rasgaram a mordiscões as meias. Arrancaram as meias aos pedaços, enfurecidas, e mordiam também as patas para que eles morressem.

Os flamingos, loucos de dor, saltavam de um lado para o outro, sem que as cobras-coral se desenroscassem de suas patas. Até que no fim, vendo que já não tinham mais nenhum pedaço de meia, as cobras os libertaram, cansadas e arrumando os véus de sua roupa de festa.

Além disso, as cobras-coral tinham certeza de que os flamingos iam morrer, porque a metade, pelo menos, das cobras-coral que os tinham mordido eram venenosas.

Mas os flamingos não morreram. Isso já faz muitíssimo tempo. Até agora os flamingos ainda passam quase todo o dia com suas patas vermelhas metidas na água, tentando diminuir o ardor que sentem nelas. [...]

Esta é a história dos flamingos, que antes tinham patas brancas e agora têm patas vermelhas. Todos os peixes sabem o porquê e caçoam deles. Mas os flamingos, enquanto se curam na água, não perdem a ocasião de se vingar, comendo cada peixinho que se aproxima muito para caçar deles.

Horacio Quiroga. As meias dos flamingos. *Contos da selva*. Tradução de Wilson Alves-Bezerra. São Paulo: Iluminuras, 2013. *E-book*.

1. Quais características da obra infantojuvenil de Quiroga, citadas na resenha crítica lida neste capítulo, você consegue identificar no trecho acima?

2. Com base nessa passagem, você concorda com as ideias apresentadas na resenha?

LÍNGUA EM ESTUDO

ESTRUTURA DAS PALAVRAS: RADICAL E AFIXOS

1. Leia a tira.

Ziraldo. O Menino Maluquinho. *Jornal do Brasil*, Rio de Janeiro, 1993.

a) Por que o Menino Maluquinho diz que usou o bom senso ao responder às questões da prova?

b) Se ele aplicasse nos dois casos a seguir a mesma lógica usada na criação de *Francília*, que palavras formaria? E qual é o nome real dessas capitais?

- Capital do Líbano.
- Capital de Angola.

c) Que critério o Menino Maluquinho usou para formar a palavra *Francília*?

O raciocínio do Menino Maluquinho não é válido para a formação de nome de capital de país, mas poderia valer para a formação de outras palavras.

Pense na palavra *francês*, por exemplo. O mesmo final *-ês* se encontra em muitas outras palavras, como *português*, *chinês*, *holandês*, *inglês*, etc., todas com o sentido de procedência, de origem.

A primeira parte da palavra *francês* também aparece em outras palavras, como **franc**esa, **franc**esismo, a**franc**esado, **franc**ófono, etc.

Na palavra *francês*, temos, então, dois elementos com significado:

- *franc-* = França
- *-ês* = terminação que tem o sentido de procedência, lugar de origem

Não podemos dividir esses elementos (*franc-* e *-ês*) em outros que ainda tenham algum significado. Eles são as menores partes significativas da palavra *francês*.

> **ANOTE AÍ!**
> A menor unidade com significado em uma palavra é chamada de **morfema**.

Os morfemas contribuem para formar muitas palavras. A palavra *francesas*, por exemplo, tem quatro morfemas: *franc-es-a-s*.

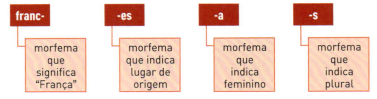

Um mesmo morfema pode aparecer em outras palavras. Veja:

FRANCESAS	
francês	portugu**esas**
francófono	escoc**esas**

Um número relativamente pequeno de morfemas forma uma enorme variedade de palavras.

RADICAL

As palavras *francês*, *francesa*, *afrancesar* e *francófono* são formadas por diferentes morfemas, porém um deles se repete em todas e é responsável pelo parentesco de sentido entre elas: *franc-*. Esse tipo de morfema, que aproxima por semelhança palavras da mesma família, chama-se **radical**.

Observe o radical nestes outros conjuntos de palavras:

LIVRO	CLASSE	MORAL
livraria	**class**ico	**moral**ismo
livreiro	**class**icismo	**moral**izar
livreto	re**class**ificar	a**moral**

> **ANOTE AÍ!**
> **Radical** é um morfema lexical que aproxima, por semelhança, palavras da mesma família e lhes atribui uma base comum de sentido. Palavras de mesmo radical chamam-se **cognatas**.

AFIXOS: PREFIXOS E SUFIXOS

Existe um tipo de morfema que, quando se junta a um radical, pode formar novas palavras. Trata-se dos **afixos**.

Quando o afixo aparece antes do radical, chama-se **prefixo**; quando vem depois do radical, chama-se **sufixo**.

livr**aria** — sufixo   **a**moral — prefixo   **des**morali**zar** — prefixo, sufixo

Alterando um sufixo, podemos mudar a classe gramatical de uma palavra. Veja um exemplo no quadro.

	RADICAL	SUFIXO	CLASSE GRAMATICAL
pastagem	past-	-agem	substantivo
pastar	past-	-ar	verbo

> **ANOTE AÍ!**
> **Afixos** são morfemas derivacionais que modificam de modo preciso o sentido do radical a que se agregam, formando, assim, novas palavras.
> - **Prefixo:** afixo que vem antes do radical e altera o sentido de uma palavra. Exemplos: braço – **ante**braço; adolescente – **pré**-adolescente.
> - **Sufixo:** afixo que vem depois do radical, transformando-o substancialmente. Exemplos: perigo – perig**oso**; publicar – public**ação**.

INFLUÊNCIA DO LATIM

Alguns radicais de palavras do português podem ser reconhecidos no espanhol, no italiano e no francês, porque as quatro línguas têm a mesma origem: o latim.
- *livro*, *flor*: português
- *libro*, *flor*: espanhol
- *livre*, *fleur*: francês
- *libro*, *fiore*: italiano

INFLUÊNCIA DA LÍNGUA TUPI

O português também tem radicais vindos do tupi. Observe estes exemplos:
- *ita* ("pedra"): itaberaba ("pedra brilhante"), itaúna ("pedra preta"), itaim ("pedrinha")
- *pira* ("peixe"): piracema ("saída dos peixes"), piracicaba ("aonde os peixes chegam"), piranha ("peixe com dentes")

ATIVIDADES

Acompanhamento da aprendizagem

Retomar e compreender

1. Observe as capas das obras apresentadas ao lado, identificando o título de cada uma.

   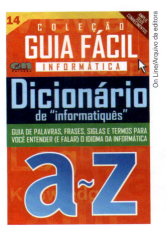
   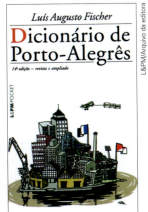

   a) De que assunto cada obra trata?
   b) Duas palavras dos títulos não estão dicionarizadas. Quais são? Como é possível compreendê-las?
   c) Pelo mesmo critério de formação dessas palavras, como se poderia denominar a língua falada por economistas? E pelos pedagogos?

2. Leia a tira.

   Fernando Gonsales. Níquel Náusea. *Folha de S.Paulo*, nov. 2003.

   a) Qual é o sentido expresso pelo ditado popular "Se a vida lhe oferecer um limão, faça uma limonada"?
   b) No terceiro quadrinho, há uma nova versão para o ditado. Qual é o sentido de *limonada* nesse quadrinho? É o mesmo que a palavra tem no primeiro?
   c) No caderno, forme dois grupos de palavras segundo o sentido do sufixo *-ada*.

   | cocada | unhada | laranjada | pedrada | punhalada | goiabada |

   d) Que critério você usou para formar os dois grupos?
   e) Nas palavras a seguir, o sufixo *-ada* tem significado diferente do que tem nas palavras da questão anterior. Qual é ele?

   | boiada | criançada | papelada | mulherada |

Aplicar

3. Use afixos e, com cada adjetivo, forme um substantivo e um verbo.

Adjetivo	Substantivo	Verbo
pobre		
pálido		
macio		

   - Que tipos de afixo foram usados para formar os substantivos? E os verbos?

242

A LÍNGUA NA REAL

A FORMAÇÃO DE PALAVRAS E OS NOVOS SENTIDOS

1. Leia este trecho de uma coluna de jornal.

> A autoestima precisa estar sustentada em si próprio, se ela depender, por exemplo, de uma relação amorosa ou um cargo na empresa, no momento em que a pessoa perde uma dessas coisas há muito sofrimento. Se num relacionamento o meu parceiro decide romper comigo, ele não está retirando o meu amor, minha autoestima ou meus sonhos, e o mesmo vale para o inverso. Posso ficar triste por um tempo e posso ganhar ao saber que ele não me amava, que essa relação não daria certo e que posso viver aberta para outro relacionamento. [...]

Heloisa Capelas. Cinco passos para recuperar a autoestima. *Diário da Manhã*, 20 mar. 2015. Disponível em: https://www.dm.com.br/opiniao/2015/03/cinco-passos-para-recuperar-a-autoestima/. Acesso em: 8 mar. 2023.

a) Sabendo que *estima* significa "sentimento de carinho ou de apreço por alguém", o que quer dizer *autoestima*?

b) Qual é o sentido do radical *auto* nessa palavra?

2. Que morfemas formam a palavra *automóvel*? Qual é o sentido deles?

3. Qual é o significado de *auto* nas palavras *autoestrada*, *autopeças* e *autoescola*?

4. Leia este trecho de notícia.

> **Senado aprova projeto que obriga teles a comunicar fim de desconto**
>
> Senado aprovou nesta terça (24) projeto de lei que obriga as operadoras telefônicas a informarem previamente os clientes sobre o fim de descontos aplicados nos preços dos serviços de telecomunicações. A medida também atinge as empresas de TV por assinatura e banda larga.
>
> Todas as empresas terão 30 dias para comunicar antecipadamente os clientes sobre o fim dos descontos. A mudança vale para prestadoras de serviços públicos ou privados.
>
> [...]

Gabriela Guerreiro. *Folha de S.Paulo*, 24 mar. 2015. Disponível em: http://www1.folha.uol.com.br/mercado/2015/03/1607391-senado-aprova-projeto-de-que-obriga-teles-a-comunicar-fim-de-desconto.shtml. Acesso em: 8 mar. 2023.

a) Que palavra do título foi utilizada para se referir às operadoras de telefonia?

b) O elemento *tele* é um radical grego. O que ele significa?

c) Nesse contexto, *tele* é a redução de qual palavra?

ANOTE AÍ!

Em qualquer língua, é comum que algumas palavras e expressões deixem de ser usadas e outras sejam criadas. **Novas palavras** surgem por diferentes razões. Uma delas é a invenção de objetos, aparelhos, instrumentos e tecnologias que precisam ser nomeados. Em português, um dos processos de formação é a **redução** ou **abreviação** de uma palavra até o limite em que se pode compreendê-la. Algumas vezes se mantém apenas o radical (ou um dos radicais) da palavra. Exemplo: *micro*, em lugar de *microcomputador*.

Outro processo é aquele em que um **radical perde seu sentido original**, assume o significado de uma das palavras das quais faz parte e, com esse novo sentido, entra na formação de outras palavras. Exemplos: *auto* com sentido original de "por si mesmo" em *autoestima*, e *auto* com sentido de "automóvel" em *autoescola*.

243

AGORA É COM VOCÊ!

ESCRITA DE RESENHA CRÍTICA

Proposta

Depois de ler e analisar uma resenha crítica, é o momento de praticar a escrita desse gênero. Você vai escrever a resenha de algum livro que tenha lido recentemente ou que tenha marcado sua infância. As resenhas produzidas pela turma serão divulgadas no mural ou no jornal da escola. Desse modo, a comunidade poderá ler esses textos e, possivelmente, interessar-se em ler os livros resenhados pela turma.

GÊNERO	PÚBLICO	OBJETIVO	CIRCULAÇÃO
Resenha crítica	Estudantes, professores e leitores do jornal da escola	Elaborar resenha crítica de livro	Mural ou jornal da escola

Planejamento e elaboração do texto

1 As imagens a seguir mostram as capas de livros que muitas crianças e adolescentes já leram. Elas podem ajudar você a pensar em um livro para resenhar.

   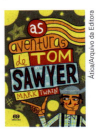

2 Releia o livro escolhido e faça um estudo direcionado dele, prestando atenção nos seguintes aspectos:
- Qual é o enredo da obra?
- O que foi bem conduzido?
- O que não foi bem realizado?
- Quais características podem ser destacadas (enredo, construção do protagonista ou do antagonista, estilo do autor, ilustrações, etc.)?

3 Anote no caderno as informações, listadas a seguir, sobre o livro resenhado. Elas devem ficar explícitas em um espaço separado no final da resenha.
- Nome do livro
- Autor
- Editora
- Data da última edição
- Número de páginas
- Avaliação

4 Copie no caderno o quadro a seguir e complete-o com informações que devem constar no texto de sua resenha crítica.

Tema do livro e público a que se destina	
Resumo da história ou, no caso de um livro de contos, comentário sobre alguns deles	
Sua opinião sobre o livro	
Características do livro que comprovam sua opinião sobre ele	

5 Em uma resenha, é importante planejar a argumentação. Para isso, você pode utilizar quatro argumentos que levem à conclusão. Reproduza o esquema a seguir, preenchendo-o com seus argumentos e uma conclusão. Insira um trecho da obra que comprove cada item. Faça paráfrases ou citações.

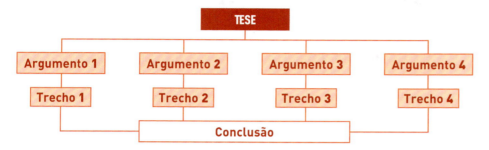

6 Use o registro adequado ao público-alvo. Empregue também recursos linguísticos, como o verbo na terceira pessoa do singular, para que suas impressões tenham caráter impessoal.

7 No título, antecipe o conteúdo da resenha e dê indicação da opinião defendida.

LINGUAGEM DO SEU TEXTO

1. No quinto parágrafo da resenha lida no capítulo, diante de um questionamento feito pelo resenhista, ele apresenta uma oração com a estrutura sujeito-verbo de ligação-predicativo: "originalidade é louvável". No mesmo parágrafo, ele responde à questão com uma oração de estrutura semelhante. Qual é ela?

2. Qual é o verbo de ligação utilizado nessa oração? Que modificações haveria no efeito de sentido produzido se ele fosse substituído por outro, como *estar*, *ficar*, *parecer* ou *permanecer*?

Ao escrever sua resenha crítica, atente-se à norma-padrão e utilize períodos simples e compostos, observando os diferentes efeitos de sentido produzidos pelos verbos de ligação e optando pelo mais adequado ao que pretende expor e comentar.

Avaliação e reescrita do texto

1 Junte-se a um colega e troque seu texto com o dele.

2 Em uma folha avulsa, avalie o texto do colega respondendo às questões a seguir. Faça um comentário geral, sugerindo mudanças na resenha.

ELEMENTOS DA RESENHA CRÍTICA
A resenha cria condições de adesão (ou de rejeição) do leitor diante da obra resenhada?
Foram apresentados argumentos para fundamentar o ponto de vista?
O resenhista procurou impessoalizar suas impressões?
O título antecipa o conteúdo da resenha?

3 Entregue sua avaliação ao colega. Leia a avaliação do seu texto feita por ele e faça as modificações pertinentes.

Circulação

1 Digitalize a versão final de seu texto.

2 Com a turma e a ajuda do professor, publique-o no mural ou no jornal da escola para que um maior número de pessoas tenha acesso às resenhas.

CAPÍTULO 2
FORMANDO OPINIÃO

O QUE VEM A SEGUIR

A resenha crítica a seguir avalia o filme brasileiro *Hoje eu quero voltar sozinho* (2014), dirigido por Daniel Ribeiro. O texto foi publicado no *AdoroCinema*, *site* voltado ao universo da sétima arte, na época da estreia da obra no cinema. Antes da leitura, observe as fotos que acompanham a resenha. Com base nelas, qual pode ser a história narrada no filme? Confira a resposta lendo o texto.

TEXTO

3,5 — Bom

Hoje eu quero voltar sozinho
Romance de formação
por *Bruno Carmelo*

Em *Hoje eu quero voltar sozinho*, o diretor e roteirista Daniel Ribeiro desenvolve uma ideia interessante, aplicando a uma história universal (a descoberta do primeiro amor) características particulares: a homossexualidade e a deficiência física. Este já era o caso do curta-metragem *Eu não quero voltar sozinho*, também de Ribeiro, no qual os mesmos personagens enfrentavam o medo do primeiro beijo. No longa, o debate se amplia para o amor em geral e para as perspectivas de independência do adolescente em crise.

Ironicamente, o duplo tabu do protagonista (*gay* e cego) funciona como astuciosa ferramenta narrativa: Leonardo (Ghilherme Lobo) não é visto como arquétipo social, como "o garoto cego" ou "o garoto *gay*". Ele não é um símbolo único de uma dessas duas comunidades. As dificuldades enfrentadas por Leo são usadas como metáforas para os conflitos de qualquer jovem, que também pode se sentir diferente por ser ruivo, obeso, órfão, disléxico ou simplesmente tímido, ruim em esportes etc. Este é um dos grandes méritos do filme: tratar as particularidades do protagonista como trataria as especificidades físicas e de temperamento de qualquer adolescente.

▲ Cena do filme brasileiro *Hoje eu quero voltar sozinho*. Direção de Daniel Ribeiro, 2014.

Sem pretensões militantes (com exceção da cena final), o roteiro evita instrumentalizar as particularidades de Leonardo. Quando vemos o dia a dia do personagem, ele já está devidamente inserido na sociedade, estudando em uma escola para adolescentes sem deficiência, indo e voltando para casa com a amiga Giovana (Tess Amorim). Não existe o baque da chegada do garoto cego à escola, nem a descoberta do próprio Leonardo de seu desejo por homens. O roteiro de Ribeiro ultrapassa os típicos relatos cinematográficos de autodescoberta para saltar ao próximo passo: a autoafirmação.

↳ Continua

▲ Cena em que Gabriel (na direção) e Leonardo passeiam de bicicleta pelas ruas da cidade.

Hoje eu quero voltar sozinho trabalha os conflitos da trama de maneira leve, terna. Os momentos pontuais de *bullying* praticados por um grupo de colegas não deixam grandes marcas em Leonardo; as brigas com os pais se dissipam em minutos; as disputas com Giovana apresentam uma evidente perspectiva de reconciliação. O universo não é hostil às minorias, pelo contrário: o garoto Gabriel (Fabio Audi), paixão de Leonardo, aparece logo na primeira cena, senta-se convenientemente atrás dele, e, quando Gi perde seu grande amor, um aluno novo entra pela porta da sala de aula e sorri para ela. Este roteiro é romântico, até ingênuo, em sua preocupação zelosa e paterna de garantir a todo personagem sua devida cota de amor.

Tamanho afeto é transmitido igualmente à estética do filme. A fotografia é doce e homogênea (usando o desfoque da imagem para representar a falta de visão de Leonardo), o som direto evita ruídos em quartos e salas de aula, a trilha é singela, nunca ostensiva. Por isso, tudo é excessivamente acadêmico: uma pessoa sempre espera a outra concluir sua frase para começar a falar, as cenas iniciam quando um personagem está prestes a dizer alguma frase. Os enquadramentos seguem a lógica de plano e contraplano. Nenhuma cena pretende se destacar ou chocar – aliás, fica o aviso para aqueles que se sentiram ofendidos com o beijo *gay* da novela: dificilmente vão encontrar cena mais natural do que o primeiro selinho entre dois garotos.

Talvez espectadores mais engajados na representação das minorias fiquem pouco satisfeitos com essa visão romântica do funcionamento social. Estamos em um imaginário branco, urbano, de classe média alta, no qual adolescentes em crise não pensam em fugir de casa ou se vingar dos pais, apenas fazer uma viagem de intercâmbio – financiada pelos próprios pais. [...]. Mas não seria justo exigir de *Hoje eu quero voltar sozinho* algo que ele não pretende mostrar. Este não é um filme sociológico ou psicológico, e sim um retrato intimista de tendência universal.

Por fim, o tom deste romance de formação é de ternura e cumplicidade. Muitos romances *gays* são pejorativamente chamados de "delicados", mas aqui o termo se aplica sem conotações negativas. O filme é certamente simples em suas pretensões artísticas, mas consegue fazer um belo tratado de afetos, sejam eles entre dois garotos, entre um amigo e sua amiga ou entre os pais e os filhos. Cenas como a conversa de Leonardo com sua avó (Selma Egrei, excelente) a respeito de relacionamentos mostram o talento do diretor para retratar um amor natural e otimista.

Bruno Carmelo. *AdoroCinema*. Disponível em: http://www.adorocinema.com/filmes/filme-224664/criticas-adorocinema/. Acesso em: 8 mar. 2023.

---

arquétipo: tipo, modelo.

imaginário: conjunto de elementos que compõem a visão compartilhada por um grupo de pessoas; o que pertence ao domínio da imaginação.

romance de formação: romance que mostra o desenvolvimento (psicológico, político, etc.) do protagonista.

tabu: aquilo que é objeto de certo temor ou de uma proibição.

PALAVRAS RELACIONADAS AO CINEMA

Nesse texto, há várias palavras do vocabulário técnico relativo ao cinema. Veja seus significados:

Curta-metragem: filme com duração de até 30 minutos.

Desfoque: técnica que consiste em desfocar o primeiro ou o segundo plano da cena, tirando-o de evidência.

Enquadramento: delimitação do campo visual, que é determinada pela câmera. O elemento capturado é denominado *plano*.

Longa-metragem: filme com duração mínima de 70 minutos.

Som direto: som captado e gravado em sincronia com as imagens.

TEXTO EM ESTUDO

PARA ENTENDER O TEXTO

1. Após a leitura do texto, como você resumiria a história narrada no filme *Hoje eu quero voltar sozinho*? Você havia imaginado essa história com base nas fotos?

2. Bruno Carmelo afirma que *Hoje eu quero voltar sozinho* "não é um filme sociológico ou psicológico, e sim um retrato intimista de tendência universal". Por que o filme tende ao universal, segundo a resenha crítica?

3. Segundo a resenha, o filme não usa as particularidades de Leonardo como pretexto para a história.
    a) Essa declaração esclarece uma passagem do texto. Cite-a.
    b) Qual justificativa é fornecida ao leitor para que compreenda essa passagem?

4. O autor da resenha afirma que o roteiro é romântico, até ingênuo.
    a) Em que ele se baseia para fazer essa avaliação?
    b) Pode-se identificar nessa declaração a intenção de ressaltar para o leitor algo negativo sobre o filme? Explique.

5. Quanto aos aspectos técnicos da produção, responda:
    a) Que aspectos do quadro a seguir o autor da resenha cita?

figurino	trilha sonora	fotografia	locação
som	interpretação dos atores	enquadramento	

Acesse o recurso digital e reflita: Por que é importante que haja diversidade de personagens em produções culturais, como os filmes?

   b) Além dos elementos apontados anteriormente, que outro aspecto técnico da produção é explorado na resenha?

6. Com base na avaliação presente na resenha, identifique qual é a relação entre a estética do filme (constituída por aspectos técnicos) e o enredo.

O CONTEXTO DE PRODUÇÃO

7. Nas resenhas de filmes, quando há referência a uma personagem, é comum que o nome do ator que a interpreta seja indicado entre parênteses. Em que medida essa informação é importante para o leitor?

8. Você deve ter observado que a resenha apresenta alguns episódios da narrativa sem dar detalhes de tudo o que é mencionado.
    a) Cite uma passagem que revela uma preocupação maior em omitir fatos.
    b) Essa decisão revela que cuidado em relação ao leitor?

9. Uma resenha pressupõe uma interação entre o produtor do texto e o leitor (e potencial espectador do filme). Transcreva no caderno duas passagens do texto lido em que a presença dessa interação fica mais evidente.

A LINGUAGEM DO TEXTO

10. Em uma resenha, determinados elementos podem revelar ao leitor a opinião expressa sobre o filme, sem que o leitor precise ler o texto todo.
    a) Quais são, geralmente, esses elementos?
    b) Esses elementos adiantam para o leitor a opinião do autor sobre o filme?

> **PARA EXPLORAR**
>
> *Eu não quero voltar sozinho*. Direção: Daniel Ribeiro. Brasil, 2010 (17 min).
>
> Protagonizado pelos mesmos atores de *Hoje eu quero voltar sozinho*, foi esse curta que deu origem ao filme. O curta foi exibido em festivais nacionais e internacionais, recebendo mais de oitenta prêmios.

COMPARAÇÃO ENTRE OS TEXTOS

11. O quadro a seguir resume alguns aspectos analisados pelos produtores das resenhas lidas nesta unidade. Que palavras podem substituir os símbolos presentes na primeira linha do quadro, de modo a caracterizar esses critérios?

	Critérios ★	Critérios ★
Resenha do livro	As histórias são inusitadas e não têm o objetivo de apresentar lições de moral, dar exemplos do politicamente correto.	Generosidade descritiva.
Resenha do filme	As particularidades do protagonista representam as dificuldades gerais dos adolescentes. Os problemas enfrentados não são tratados como grandes dramas.	Fotografia, som e trilha contribuem para a sensação de leveza.

12. A resenha do capítulo 1 analisou um livro de contos e, para isso, utilizou termos do campo literário. Em relação à resenha lida neste capítulo, você constatou algo nesse sentido? Justifique sua resposta.

13. Examine as passagens a seguir, que evidenciam julgamentos do autor da resenha do filme.
- "Daniel Ribeiro desenvolve uma ideia interessante"
- "trabalha os conflitos da trama de maneira leve, terna"
- "Este roteiro é romântico, até ingênuo, em sua preocupação zelosa e paterna de garantir a todo personagem sua devida cota de amor."
- "A fotografia é doce e homogênea"
- "a trilha é singela, nunca ostensiva"
- "tudo é excessivamente acadêmico"
- "dificilmente vão encontrar cena mais natural"
- "aqui o termo [delicado] se aplica sem conotações negativas"
- "O filme é certamente simples em suas pretensões artísticas, mas consegue fazer um belo tratado de afetos"

a) Que classe de palavras costuma ser utilizada para expressar julgamentos?
b) Nos trechos apresentados, o que as palavras dessa classe revelam sobre o posicionamento do resenhista em relação ao filme?
c) O autor da primeira resenha lida na unidade também utilizou esse recurso?

14. As resenhas críticas costumam apresentar análises que podem comprovar a impressão do leitor a respeito da obra em foco ou ir de encontro a ela. Você considera que a presença de termos técnicos é um fator importante para que o leitor possa avaliar a obra? Explique sua resposta fundamentando seu posicionamento sobre o assunto.

CIDADANIA GLOBAL

BENEFÍCIOS DA INCLUSÃO

A personagem Leonardo apresenta o cotidiano de um jovem cego incluído em uma escola onde predominam jovens que enxergam. Fora da ficção, o tema da inclusão também está bastante presente e em discussão na atualidade.

1. Em sua opinião, quais benefícios a inclusão traz às pessoas com deficiência? E para as pessoas sem deficiência? Discuta com os colegas.
2. Para você, qual é o papel dos diferentes agentes da comunidade escolar (como diretores, coordenadores, funcionários, professores e estudantes) na promoção de uma escola inclusiva?

Acesse o recurso digital e responda: O que é capacitismo? Por que devemos combatê-lo?

LÍNGUA EM ESTUDO

ESTRUTURA DAS PALAVRAS: DESINÊNCIA, VOGAL TEMÁTICA, CONSOANTE E VOGAL DE LIGAÇÃO

1. Releia estas passagens da resenha.

> I. Por fim, o tom deste **romance** de formação é de ternura e cumplicidade. Muitos **romances** *gays* são pejorativamente chamados de "delicados", mas aqui o termo se aplica sem conotações negativas.

> II. Este é um dos grandes méritos do filme: **tratar** as particularidades do protagonista como **trataria** as especificidades físicas e de temperamento de qualquer adolescente.

a) Os substantivos destacados em I opõem-se de acordo com um critério. Que critério é esse e o que marca, em cada substantivo, essa oposição?
b) Em II, o primeiro verbo destacado apresenta uma marca de infinitivo. Qual?
c) Em II, *trataria* está no futuro do pretérito. O que marca esse tempo?
d) Como seria esse verbo se ele estivesse no presente?
e) Se o verbo *tratar* fosse substituído por *encarar*, como ficaria o novo verbo no contexto apresentado no trecho II?

Você já estudou dois tipos de morfema: o radical e os afixos (prefixos e sufixos). Agora, vai conhecer outros: as desinências nominais e verbais e as vogais temáticas.

DESINÊNCIA NOMINAL

Observe: *romance/romances, delicado/delicados*.

Nos substantivos e nos adjetivos, o -s final indica plural (com exceções), em oposição à ausência de -s, que indica singular. Denominamos morfema a menor unidade de sentido em uma palavra. Assim, conclui-se que o -s final é um morfema desinencial que indica flexão de número (plural).

Agora, veja: *menino/menina, delicado/delicada*.

A presença de -o indica que a palavra é do gênero masculino, enquanto -a indica que ela é do gênero feminino. Trata-se, então, de morfemas desinenciais que indicam gênero (masculino/feminino). Veja os esquemas:

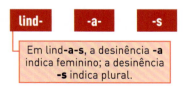

Em lind-**a**-**s**, a desinência **-a** indica feminino; a desinência **-s** indica plural.

Em menin-**o**, a desinência **-o** indica masculino.

ANOTE AÍ!

Os morfemas que indicam a **flexão** das palavras em número (singular/plural), gênero (masculino/feminino) e pessoa (primeira, segunda, terceira), etc. são chamados **desinências**.

As desinências que aparecem em nomes (substantivos, adjetivos, pronomes, artigos e numerais) são as **desinências nominais**. Elas podem indicar flexão de **número** ou de **gênero**.

RELACIONANDO

A frase "um belo tratado de afetos, sejam eles entre dois **garotos**, entre um **amigo** e sua **amiga** ou entre os pais e os **filhos**" (da resenha do filme *Hoje eu quero voltar sozinho*) permite uma observação: as desinências nominais são usadas na indicação de gênero: amig**o** – amig**a** (como ocorreria também em garot**o**s – garot**a**s; filh**o**s – filh**a**s).

O texto mostra, ainda, outro mecanismo responsável por indicar o gênero: o elemento determinante (**o** jovem – **a** jovem; **um** adolescente – **uma** adolescente; **esse** colega – **essa** colega).

250

VOGAL TEMÁTICA

Em *caderno*, *chuva* e *poeta*, *-o* e *-a* finais não indicam flexão no masculino ou no feminino. Logo, são vogais temáticas, isto é, vogais que se juntam ao radical (*cadern-*, *chuv-*, *poet-*), formando o tema. A terminação vocálica é importante para que desinências e sufixos possam ser acrescentados.

A vogal *-e* também pode fazer o papel de vogal temática. Exemplos: *peixe*, *leite*, etc.

Observação: nomes terminados em vogal tônica (*fé*, *guaraná*, *abacaxi*) ou em consoante (*capaz*, *vulgar*, *real*) não apresentam vogal temática.

Existem, ainda, vogais temáticas após o radical dos verbos. Elas são três e indicam a conjugação dos verbos: **a** (primeira conjugação): *amar*, *nadar*, *confiar*, etc.; **e** (segunda conjugação): *comer*, *beber*, *remoer*, etc.; **i** (terceira conjugação): *subir*, *fugir*, *fluir*, etc.

> **ANOTE AÍ!**
>
> **Vogal temática** é o morfema que se junta ao radical, formando o tema.

DESINÊNCIA VERBAL

Nos verbos, as flexões são indicadas pelas desinências verbais, que se juntam ao radical por meio da vogal temática. Veja os exemplos.

> **ANOTE AÍ!**
>
> As **desinências verbais** marcam as flexões dos verbos. Elas se ligam ao radical por meio da **vogal temática** (*a*, *e* ou *i*). As desinências verbais que informam tempo e modo são chamadas de **modo-temporais**; as que indicam número e pessoa são denominadas **número-pessoais**.

CONSOANTE E VOGAL DE LIGAÇÃO

Em algumas palavras, a consoante intercalada entre o radical e o sufixo facilita a pronúncia, mas não tem significado. Por isso não é um morfema, mas uma consoante de ligação. Exemplos: *chaleira*, *cafezal*, *nudismo*, etc. As vogais também podem desempenhar esse papel: *facilidade*, *parisiense*, etc.

> **ANOTE AÍ!**
>
> Em algumas palavras, as **consoantes** e as **vogais de ligação** são empregadas entre o radical e o sufixo por razões de **eufonia** (som agradável ao ouvido) ou de **articulação** (facilitar a pronúncia).

ATIVIDADES

Acompanhamento da aprendizagem

Retomar e compreender

1. Leia o trecho a seguir.

   > No fim do século VIII, a técnica chinesa de fabricação de papel e de encadernação chega a Bagdá. A paixão por livros multiplica as bibliotecas e estimula o ofício de historiador.

   Revista *Biblioteca Entrelivros*, ano I, n. 3, p. 16.

   a) Observe no trecho as formas verbais *chega*, *multiplica* e *estimula*. Em que pessoa, número, tempo e modo elas estão flexionadas? Por que elas estão flexionadas nesse tempo e modo, já que o trecho trata de fatos passados?

   b) Essas formas não apresentam desinência modo-temporal nem número-pessoal. Que desinência apresentariam se estivessem conjugadas no mesmo tempo e no mesmo modo, porém na primeira pessoa do plural?

   c) Que desinência apresentariam se estivessem conjugadas na mesma pessoa e no mesmo número, porém no pretérito imperfeito do indicativo?

   d) Quais morfemas compõem as formas verbais *chega*, *multiplica* e *estimula*?

2. Leia o poema a seguir.

   Poeminho do contra

   Todos esses que aí estão
   Atravancando o meu caminho,
   Eles passarão...
   Eu passarinho!

   Mario Quintana. Em: Tania Franco Carvalhal (org.).
   Mario Quintana: poesia completa. Rio de Janeiro:
   Nova Aguilar, 2005. p. 972.

   a) Com base na leitura do poema, qual é o sentimento do eu poético pelas pessoas que atravancam seu caminho?

   b) Explique o que o eu poético prevê para quem atravanca seu caminho.

   c) A que classe gramatical pertence a palavra *passarão* no terceiro verso?

   d) Classifique os morfemas que compõem a palavra *passarão*.

   e) A palavra *passarão* também poderia ser entendida com outro sentido e, nesse caso, pertenceria a outra classe gramatical. Qual é esse outro sentido?

   f) Que morfemas formam a palavra *passarão* quando entendida com esse sentido?

   g) Suponha a existência do verbo *ser* nos dois últimos versos (Eles são um passarão / Eu sou um passarinho). Em que posição o eu poético se colocaria em relação às pessoas que atravancam seu caminho?

Aplicar

3. Releia o segundo verso do poema de Mario Quintana e imagine esta situação: um estudante classificou a palavra *caminho*, nesse verso, como substantivo, dividiu-a nos morfemas *caminh-* e *-o* e classificou o morfema *-o* como desinência nominal de gênero. O professor avaliou como incorreta a classificação do morfema.

   a) Que explicação pode ser dada a esse estudante?

   b) Como se classifica o morfema *-o*, nesse caso?

   c) Em "Eu caminho todos os dias.", a que classe pertence a palavra *caminho*?

   d) Nesse caso, o morfema *-o* é uma vogal temática ou desinência verbal?

252

A LÍNGUA NA REAL

OS SUFIXOS DE GRAU E OS NOVOS SENTIDOS

1. Leia a tira.

Jim Davis. *Garfield de bom humor*. Porto Alegre: L&PM, 2006. v. 6. p. 41.

a) No primeiro quadrinho, Jon pede a Garfield que faça uma gracinha. Se Garfield fosse um gato obediente, o que ele faria, por exemplo?

b) Qual parece ser o sentimento de Garfield em relação ao dono no segundo quadrinho? Que elementos permitem essa conclusão?

c) Qual é o sentido do aumentativo *amigão* na fala do segundo quadrinho?

d) Explique a ironia presente na fala do último quadrinho.

2. Leia um trecho de um texto publicado em uma plataforma *on-line* voltada a escritores e outros produtores de conteúdo.

> **Minha avó**
>
> Fui uma criança de uma avó só. A avó por parte de mãe. De cabelinho branco e vestidinhos fofos. Das orações. Da fé. A avó da casa cheia de comida e com chocolates e balas escondidos em algum lugar misterioso. Do presente guardado no banheiro. A avó que não falava mal de ninguém. [...]

Amanda Albuquerque. Minha avó. 26 jul. 2016. Disponível em: https://medium.com/@amandamedeiros/fui-uma-crian%C3%A7a-de-uma-av%C3%B3-s%C3%B3-175daa90ce5b. Acesso em: 8 mar. 2023.

a) Identifique as palavras que apresentam sufixo próprio de diminutivo.

b) Nessas palavras, o sufixo não exprime tamanho. O que ele indica?

3. Leia o título a seguir, sobre o Boa Esporte Clube de Minas Gerais, que, para treinar domínio de bola, usava uma minibola (56 cm de circunferência e 317 g).

> **Boa Esporte está jogando um bolão – e também uma bolinha – no Mineiro**

Globoplay, 14 fev. 2014. Disponível em: https://globoplay.globo.com/v/3148300/programa/. Acesso em: 8 mar. 2023.

- Os sufixos *-ão* e *-inha* indicam a dimensão da bola? Explique.

ANOTE AÍ!

Os **sufixos** que indicam **aumentativo** e **diminutivo** podem exprimir afetividade, enternecimento (*gracinha*, *fofinho*, etc.) ou ter uma carga negativa ("Cuidado comigo, amigão", etc.).

Em palavras como *portão*, *sacolão* (hortifrúti), *selinho*, *calcinha*, a noção de tamanho se perdeu. Nesses casos, o sufixo indicativo de grau aumentativo ou diminutivo deixa de indicar dimensão.

ESCRITA EM PAUTA

GRAFIA DE ALGUNS SUFIXOS E DE PALAVRAS COGNATAS

1. Leia a tira.

Fernando Gonsales. Níquel Náusea. *Folha de S.Paulo*, 1999.

a) Por que o cão escovando os dentes é confundido com um cão raivoso?

b) Existe um motivo real para confundir um cão escovando os dentes com um cão raivoso? Qual é o elemento que torna a tira engraçada?

c) Escreva pelo menos três palavras com o mesmo radical do adjetivo *raivoso*.

d) Além do radical, que outro morfema compõe *raivoso*?

e) Com esse morfema, forme adjetivos a partir de *cheiro*, *ânsia* e *mentira*.

f) Escreva no feminino plural os adjetivos que você formou anteriormente.

> **ANOTE AÍ!**
>
> Um **sufixo** tem sempre a mesma grafia, independentemente da palavra em que apareça, ainda que sejam acrescentadas a ele desinências de gênero e número.
> Exemplos: afetu**oso**/afetu**osa**/afetu**osos**/afetu**osas**, vaid**oso**/vaid**osa**/vaid**osos**/vaid**osas**.

2. Leia agora um trecho de uma curiosidade.

Quem venceria um duelo entre um tigre e um leão?

Enquanto o leão é mais calmo e concentrado, o tigre é geralmente nervoso e apreensivo. Essa diferença sugere que o tigre teria menos capacidade de analisar friamente o rival, aumentando sua desvantagem. Ao final desse grande duelo, o vencedor provavelmente seria o leão.

Leão, considerado o rei da selva.

Yuri Vasconcelos. *Mundo Estranho*, 4 jul. 2018. Disponível em: https://super.abril.com.br/mundo-estranho/quem-venceria-um-duelo-entre-um-tigre-e-um-leao/. Acesso em: 8 mar. 2023.

a) O verbo *analisar* é formado a partir de qual substantivo?

b) Que terminação foi acrescentada a esse substantivo para formar o verbo?

c) Com a terminação de *analisar*, forme verbos a partir destes substantivos:

pesquisa	aviso	paralisia	parafuso
pausa	dispensa	uso	recusa

254

3. O verbo *fiscalizar* é formado pelo acréscimo de um sufixo a um substantivo.
   a) Qual é o substantivo que dá origem a esse verbo?
   b) Qual é o sufixo do verbo *fiscalizar*?
   c) Com o mesmo sufixo de *fiscalizar*, forme verbos a partir destas palavras:

hospital	estilo	alfabeto	útil
álcool	canal	memória	agonia

4. Reflita e explique por que *analisar* é grafado com *s* e *fiscalizar* é escrito com *z*.

5. Para cada palavra a seguir, forme duas palavras derivadas: uma com o sufixo *-inho(a)* e outra com o sufixo *-ão(-ona)*.
   a) atraso
   b) casa
   c) lousa
   d) português
   e) lápis
   f) raiz
   g) camisa
   h) cartaz
   i) capuz

6. Por que algumas das palavras que você formou na atividade anterior são escritas com a letra *s* e outras com a letra *z*?

ANOTE AÍ!

A **grafia** das palavras formadas pelo acréscimo de um sufixo depende da grafia da palavra primitiva. Exemplos:

xadre**z** + -inho = xadre**z**inho
pire**s** + -inho = pire**s**inho
jui**z** + -inho = jui**z**inho
ca**s**a + -inha = ca**s**inha
ironia + -i**z**ar = ironi**z**ar
álcool + -i**z**ar = alcooli**z**ar
ótimo + -i**z**ar = otimi**z**ar
atra**s**o + -ar = atra**s**ar
sinal + i**z**ar = sinali**z**ar

7. No caderno, copie e complete as frases a seguir com a palavra derivada do substantivo que está entre parênteses.
   a) Minha filha nasceu na Inglaterra. Logo, ela é ★. (inglês)
   b) Com tudo mudando tão rápido, é importante se ★. (atual)
   c) Vou ★ a turma sobre a importância da vacinação. (aviso)
   d) Não se pode ★ os impactos da mudança climática. (mínimo)
   e) O canal 13 vai ★ a final da Liga Mundial de Vôlei. (televisão)
   f) A ★ de Santos foi retratada com a faixa da ordem de Santa Isabel. (marquês)

ETC. E TAL

Qual é a origem da gíria *galera*?

Segundo o dicionário *Aurélio*, essa gíria teria se originado da palavra *galeria*, em sua acepção teatral (localidade de ingresso mais barato, situada na parte mais alta do teatro). Assim, *galera* se referia ao conjunto de pessoas que ocupava a galeria.

O dicionário *Houaiss*, por outro lado, apresenta uma origem distinta para a palavra. *Galère*, em francês, designava o grupo de pessoas que remavam nas galeras (tipo de embarcação de guerra).

Apenas no século XVIII, a palavra *galera* passou a se referir a um grupo de pessoas com interesses e afinidades em comum, tendo, portanto, um tipo de relacionamento.

AGORA É COM VOCÊ!

ELABORAÇÃO DE RESENHA EM VÍDEO

Proposta

Acesse o recurso digital e responda: Quais cuidados são importantes ao produzir uma resenha em vídeo?

Neste capítulo, você leu uma resenha crítica do *site AdoroCinema*. Atualmente, na internet, também há resenhas em vídeo, nas quais especialistas ou leigos fazem avaliações de filmes, seriados de TV e até de jogos de *videogame*. Que tal experimentar ser um resenhista virtual?

Para isso, reúna-se com três colegas. Vocês deverão escolher um filme que será o foco da avaliação da resenha em vídeo. O objetivo é oferecer informações e avaliações que possam auxiliar o público a decidir ver o filme.

GÊNERO	PÚBLICO	OBJETIVO	CIRCULAÇÃO
Resenha crítica audiovisual	Público da internet em geral	Divulgar e avaliar um filme	Vídeo em plataforma na internet

Planejamento e elaboração

1 Decidam qual filme será avaliado pelo grupo. Pensem em alguns critérios na hora dessa seleção:
- Ano de lançamento do filme.
- Nacionalidade do filme.
- Gênero (aventura, terror, comédia, etc.).
- Classificação indicativa (não deve ultrapassar 14 anos).

2 Selecionado o filme, todos devem vê-lo e fazer anotações sobre os aspectos técnicos da produção (como trilha sonora, cenário e figurino) e registrar as primeiras impressões a respeito das personagens, enredo, tema, etc.

3 Discutam quais foram os aspectos positivos e negativos do filme e procurem destacar cenas marcantes que podem ser comentadas na resenha crítica.

4 Na sequência, copiem e preencham no caderno o quadro a seguir.

FICHA TÉCNICA	
Título (incluindo o original, se o filme for estrangeiro)	
Direção	
País de origem e ano de lançamento	
Duração	
Classificação etária	

5 Antes de elaborar a resenha, pensem em possíveis comparações entre o filme selecionado e algum outro do mesmo diretor ou do mesmo gênero.

6 Depois de coletar essas informações, organizem um roteiro para gravação da resenha. Espera-se que ele contemple, pelo menos, os seguintes itens:
- **Saudação aos espectadores:** geralmente, as resenhas em vídeo apresentam registro informal, como se fossem uma conversa com o público.
- **Apresentação:** não é preciso que todos os integrantes do grupo apareçam no vídeo, mas quem aparecer precisa se apresentar.

- **Resenha crítica:** momento de apresentar e avaliar a obra cinematográfica.
- **Despedida:** situação de encerramento do vídeo, com uma saudação final.

7 Antes de gravar a resenha em vídeo, elaborem um esquema que sirva de apoio à apresentação. Para tanto, sigam a estrutura dos textos argumentativos:

- Formulem a tese do texto: Qual é a opinião geral sobre o filme assistido?
- Façam um resumo da obra e incluam os dados da ficha técnica.
- Definam três argumentos que vão sustentar a opinião de vocês. Lembrem-se de enumerar também os pontos negativos.
- Selecionem trechos do filme que comprovem os argumentos do grupo. Vocês podem reproduzir falas de personagens (citações) ou descrever cenas, apresentando o que acontece em determinadas situações (paráfrases).
- Concluam com uma frase de efeito e de modo coerente com o restante do texto.

8 Usem adjetivos precisos, pois eles contribuem para a sustentação do ponto de vista de vocês. Caso façam comparações, mencionem todas as informações necessárias para que o espectador entenda de que obras vocês estão falando.

9 Com o roteiro pronto, façam ensaios antes de gravar, procurando cronometrar o tempo de fala de cada um. O vídeo não deve passar de dez minutos.

MÚLTIPLAS LINGUAGENS

1. Assistam a alguns vídeos de *youtubers* que resenham filmes, seriados de TV ou jogos de *videogame* em seus canais. Como é a postura corporal deles? Eles gesticulam enquanto falam? Como são a modulação e a entonação da voz e o ritmo de fala e respiração dos apresentadores desses canais?

Ao gravar o vídeo, procurem fazer uso dos mesmos elementos que observaram, buscando torná-lo interessante para quem o vê.

10 Iniciem a gravação, que pode ser feita com a câmera do celular. Depois, assistam ao vídeo para ver se não faltou algo. Se for preciso, gravem novamente.

11 Editem o material usando um programa de edição de vídeo. Se possível, insiram trilha sonora, textos escritos e cenas do *trailer* ou de trechos selecionados.

Avaliação

1 Cada grupo vai apresentar sua resenha audiovisual à turma, que vai avaliá-la de acordo com as perguntas a seguir.

ELEMENTOS DA RESENHA CRÍTICA
As informações básicas do filme foram mencionadas no início do vídeo?
A linguagem empregada está adequada ao público do vídeo?
Há argumentos para defender a opinião expressa?
Há um resumo do enredo ou comentários sobre o produto resenhado?

Circulação

1 Com a ajuda do professor, façam *upload* do vídeo no *site* da escola ou em uma rede social. Escrevam uma descrição quando postá-lo. Depois, é só acompanhar os comentários!

ATIVIDADES INTEGRADAS

Leia uma resenha crítica sobre um documentário dirigido por Eduardo Coutinho.

8 de junho de 2015 | Cinema & TV | Texto: Bárbara Camirim

RESENHA: ÚLTIMAS CONVERSAS

A primeira sequência do filme *Últimas conversas* (2015), dirigido por Eduardo Coutinho, é o próprio documentarista, sentado na cadeira destinada a seus entrevistados, conversando com sua equipe sobre o que o incomodava no material que estavam captando. O trecho em que ele se queixa do resultado das entrevistas e reclama de que os adolescentes já vêm programados e não são verdadeiros em suas respostas só entrou na montagem final devido à morte inesperada do realizador, antes que o filme estivesse pronto.

Eduardo Coutinho foi um dos mais renomados documentaristas brasileiros e, nesse último filme, entrevistou estudantes do último ano de escolas públicas do Rio de Janeiro, tentando descobrir o que se passa na cabeça dessas pessoas, prestes a entrar na vida adulta. Por decisão de sua montadora Jordana Berg e de seu produtor, João Moreira Salles, responsáveis pelo filme depois do falecimento de Coutinho, o próprio diretor acabou virando personagem também, deixando mais claro do que nunca o processo de realização.

▲ Capa do DVD do filme *Últimas conversas*, de Eduardo Coutinho.

Essa decisão é compreensível, devido às circunstâncias em que o filme foi terminado, mas, apesar disso, o que permanece de mais interessante na obra continuam sendo os adolescentes, que, ao contrário do que aquela sequência inicial dá a entender, têm muito o que oferecer em suas entrevistas.

Poucas vezes se pode ver um filme tratar de tantos temas diferentes com naturalidade. *Últimas conversas* fala de racismo, cotas, homossexualidade, prostituição, (muitos) pais ausentes, abuso sexual, *bullying* e religião, sem soar didático ou artificial. Esses temas estão ali porque são parte da vida, porque surgem nas conversas conduzidas por Coutinho. Não há uma tentativa de dissertar sobre eles e chegar a conclusões, apenas de perceber como eles permeiam a vida dos estudantes entrevistados.

Se tem uma coisa que esse filme destrói é o mito de que adolescentes são todos iguais. Mesmo que tenhamos acesso apenas às entrevistas de cerca de dez estudantes, podemos perceber ali pessoas completamente diferentes, com pensamentos por vezes até opostos. Uma menina bate no peito para falar que vai usar sim as cotas para entrar na faculdade, porque lá só tem branco e é o direito dela. Uma outra, logo em seguida, diz que é contra as medidas afirmativas e que não fará uso delas. Não cabe ao filme julgar quem está certa, e sim mostrar que esses dois pensamentos podem existir ali, no mesmo lugar. Uma menina, depois de um depoimento emocionado falando sobre sua história de vida, fala com os olhos brilhando sobre o namorado, enquanto outra elabora que o amor é uma invenção, que ela não acredita. Uma menina fala com um sorriso no rosto sobre a própria mãe e sua companheira, a qual se recusa a chamar de "tia", enquanto a outra quase chora deixando transparecer que sente falta do carinho materno. São tantas vivências diferentes que fica até sem [sentido] querer colocar todos esses jovens no mesmo saco.

Um dos grandes méritos do filme, aliás, são os jovens que foram escolhidos para estar em frente às câmeras. São estudantes de escola pública, em sua maioria meninas, em sua

↳ Continua

- **Resenha crítica:** momento de apresentar e avaliar a obra cinematográfica.
- **Despedida:** situação de encerramento do vídeo, com uma saudação final.

7 Antes de gravar a resenha em vídeo, elaborem um esquema que sirva de apoio à apresentação. Para tanto, sigam a estrutura dos textos argumentativos:

- Formulem a tese do texto: Qual é a opinião geral sobre o filme assistido?
- Façam um resumo da obra e incluam os dados da ficha técnica.
- Definam três argumentos que vão sustentar a opinião de vocês. Lembrem-se de enumerar também os pontos negativos.
- Selecionem trechos do filme que comprovem os argumentos do grupo. Vocês podem reproduzir falas de personagens (citações) ou descrever cenas, apresentando o que acontece em determinadas situações (paráfrases).
- Concluam com uma frase de efeito e de modo coerente com o restante do texto.

8 Usem adjetivos precisos, pois eles contribuem para a sustentação do ponto de vista de vocês. Caso façam comparações, mencionem todas as informações necessárias para que o espectador entenda de que obras vocês estão falando.

9 Com o roteiro pronto, façam ensaios antes de gravar, procurando cronometrar o tempo de fala de cada um. O vídeo não deve passar de dez minutos.

MÚLTIPLAS LINGUAGENS

1. Assistam a alguns vídeos de *youtubers* que resenham filmes, seriados de TV ou jogos de *videogame* em seus canais. Como é a postura corporal deles? Eles gesticulam enquanto falam? Como são a modulação e a entonação da voz e o ritmo de fala e respiração dos apresentadores desses canais?

Ao gravar o vídeo, procurem fazer uso dos mesmos elementos que observaram, buscando torná-lo interessante para quem o vê.

10 Iniciem a gravação, que pode ser feita com a câmera do celular. Depois, assistam ao vídeo para ver se não faltou algo. Se for preciso, gravem novamente.

11 Editem o material usando um programa de edição de vídeo. Se possível, insiram trilha sonora, textos escritos e cenas do *trailer* ou de trechos selecionados.

Avaliação

1 Cada grupo vai apresentar sua resenha audiovisual à turma, que vai avaliá-la de acordo com as perguntas a seguir.

ELEMENTOS DA RESENHA CRÍTICA
As informações básicas do filme foram mencionadas no início do vídeo?
A linguagem empregada está adequada ao público do vídeo?
Há argumentos para defender a opinião expressa?
Há um resumo do enredo ou comentários sobre o produto resenhado?

Circulação

1 Com a ajuda do professor, façam *upload* do vídeo no *site* da escola ou em uma rede social. Escrevam uma descrição quando postá-lo. Depois, é só acompanhar os comentários!

ATIVIDADES INTEGRADAS

Leia uma resenha crítica sobre um documentário dirigido por Eduardo Coutinho.

8 de junho de 2015 | Cinema & TV | Texto: Bárbara Camirim

RESENHA: ÚLTIMAS CONVERSAS

A primeira sequência do filme *Últimas conversas* (2015), dirigido por Eduardo Coutinho, é o próprio documentarista, sentado na cadeira destinada a seus entrevistados, conversando com sua equipe sobre o que o incomodava no material que estavam captando. O trecho em que ele se queixa do resultado das entrevistas e reclama de que os adolescentes já vêm programados e não são verdadeiros em suas respostas só entrou na montagem final devido à morte inesperada do realizador, antes que o filme estivesse pronto.

▲ Capa do DVD do filme *Últimas conversas*, de Eduardo Coutinho.

Eduardo Coutinho foi um dos mais renomados documentaristas brasileiros e, nesse último filme, entrevistou estudantes do último ano de escolas públicas do Rio de Janeiro, tentando descobrir o que se passa na cabeça dessas pessoas, prestes a entrar na vida adulta. Por decisão de sua montadora Jordana Berg e de seu produtor, João Moreira Salles, responsáveis pelo filme depois do falecimento de Coutinho, o próprio diretor acabou virando personagem também, deixando mais claro do que nunca o processo de realização.

Essa decisão é compreensível, devido às circunstâncias em que o filme foi terminado, mas, apesar disso, o que permanece de mais interessante na obra continuam sendo os adolescentes, que, ao contrário do que aquela sequência inicial dá a entender, têm muito o que oferecer em suas entrevistas.

Poucas vezes se pode ver um filme tratar de tantos temas diferentes com naturalidade. *Últimas conversas* fala de racismo, cotas, homossexualidade, prostituição, (muitos) pais ausentes, abuso sexual, *bullying* e religião, sem soar didático ou artificial. Esses temas estão ali porque são parte da vida, porque surgem nas conversas conduzidas por Coutinho. Não há uma tentativa de dissertar sobre eles e chegar a conclusões, apenas de perceber como eles permeiam a vida dos estudantes entrevistados.

Se tem uma coisa que esse filme destrói é o mito de que adolescentes são todos iguais. Mesmo que tenhamos acesso apenas às entrevistas de cerca de dez estudantes, podemos perceber ali pessoas completamente diferentes, com pensamentos por vezes até opostos. Uma menina bate no peito para falar que vai usar sim as cotas para entrar na faculdade, porque lá só tem branco e é o direito dela. Uma outra, logo em seguida, diz que é contra as medidas afirmativas e que não fará uso delas. Não cabe ao filme julgar quem está certa, e sim mostrar que esses dois pensamentos podem existir ali, no mesmo lugar. Uma menina, depois de um depoimento emocionado falando sobre sua história de vida, fala com os olhos brilhando sobre o namorado, enquanto outra elabora que o amor é uma invenção, que ela não acredita. Uma menina fala com um sorriso no rosto sobre a própria mãe e sua companheira, a qual se recusa a chamar de "tia", enquanto a outra quase chora deixando transparecer que sente falta do carinho materno. São tantas vivências diferentes que fica até sem [sentido] querer colocar todos esses jovens no mesmo saco.

Um dos grandes méritos do filme, aliás, são os jovens que foram escolhidos para estar em frente às câmeras. São estudantes de escola pública, em sua maioria meninas, em sua

Continua

maioria negras. Quantas vezes essas pessoas têm a oportunidade de contar suas histórias, sonhos e aflições nas telas do cinema? É claro que há a mediação do diretor — muito afastado desse universo — e de sua equipe, mas, mesmo assim, é um feito raro no cinema.

Se por um lado, a experiência de Eduardo Coutinho atrás das câmeras traz uma grande habilidade de extrair falas interessantes dos entrevistados, por outro, a grande diferença entre ele e os adolescentes (de idade, geração, classe social, vivência) nos deixa com vontade de — sem descartar o filme que já foi feito — assistir a um novo, com as mesmas pessoas, falando agora por elas mesmas ou com uma mediação mais próxima da realidade retratada.

Últimas conversas é definitivamente um filme que vale a pena a ida ao cinema e que, mesmo depois que o filme acaba, faz com que a gente continue pensando na nossa própria vida e na de todos os envolvidos na obra.

Bárbara Camirim. Resenha: *Últimas conversas*. *Capitolina*, 8 jun. 2015.

Analisar e verificar

1. Com que intenção a autora da resenha descreve a primeira sequência do documentário logo no início do texto?

2. A resenha trata do filme *Últimas conversas*, dirigido por Eduardo Coutinho. Esse documentário trata do quê?

3. Quem são as pessoas que o protagonizaram? Por que elas são importantes para a produção de um filme como esse?

4. De acordo com a autora da resenha, apesar de o diretor ter se tornado também uma personagem do filme, ele não é o destaque da produção cinematográfica. Explique essa afirmação.

5. Como o documentário *Últimas conversas* rompe com o mito de que todos os adolescentes são iguais?

6. De que forma a experiência de Eduardo Coutinho como cineasta contribui para a qualidade dos depoimentos apresentados no filme?

7. Explique quais são, segundo a resenha, os pontos positivos do documentário *Últimas conversas*.

8. No trecho, foram empregadas as palavras *entrevista* e *entrevistados*. Identifique o radical e os sufixos (se apresentarem) de cada uma.

Criar

9. Segundo a autora da resenha, mulheres negras e de escola pública não costumam ter a oportunidade de contar suas histórias nas telas do cinema. Em sua opinião, quais são as contribuições de incluir em documentários pontos de vista de pessoas geralmente excluídas desse contexto? Justifique sua resposta, posicionando-se de forma sustentada.

10. Imagine que você fosse entrevistado para a produção do documentário e questionado sobre um destes temas: racismo, cotas ou *bullying*. Escolha um deles e, no caderno, escreva um parágrafo sobre sua posição a respeito do tema. Lembre-se de construir um texto coeso e coerente.

EDUARDO COUTINHO

O cineasta Eduardo Coutinho (1933-2014) é considerado um dos maiores documentaristas do Brasil. Suas produções cinematográficas são marcadas por privilegiar pessoas comuns. Entre suas obras destacam-se *Santo forte* (1999), *Edifício Master* (2002), *Jogo de cena* (2007) e *As canções* (2011). Coutinho morreu em 2014, antes de concluir seu último documentário, *Últimas conversas*.

▲ Cineasta Eduardo Coutinho, em 2011.

CIDADANIA GLOBAL
UNIDADE 7

10 REDUÇÃO DAS DESIGUALDADES

Retomando o tema

Nesta unidade, você e os colegas puderam analisar obstáculos de origem arquitetônica e atitudinal que as pessoas com deficiência podem encontrar. Verificaram também que as tecnologias assistivas podem eliminar barreiras ou oferecer adaptações para as pessoas que delas precisem. Agora, reflita:

1. Que obstáculos você acha que uma pessoa cega ou com baixa visão encontra para compreender produtos audiovisuais como filmes e peças de teatro?
2. Você conhece tecnologias assistivas que podem apoiá-las nessas ações? Quais?

Geração da mudança

Agora, você e os colegas vão conhecer e desenvolver uma **audiodescrição**, recurso de acessibilidade que permite à pessoa cega construir mentalmente a imagem daquilo que não é visto. Esse recurso traduz – em palavras – informações compreendidas visualmente, como a apreciação de um quadro.

Para isso, primeiro vocês vão assistir a uma animação indicada pelo professor. Depois, vão criar uma audiodescrição para as resenhas em vídeo produzidas na seção *Agora é com você!* do capítulo 2. Sigam estas orientações:

- Analisem o vídeo e produzam um roteiro. A fala do audiodescritor deve ocupar os silêncios entre as falas do apresentador e as falas das personagens. Assim, marquem em que minuto e segundo do som original a audiodescrição entrará.
- Atentem-se, ao audiodescrever pessoas, para: gênero, faixa etária, etnia e cor da pele, cabelos, altura e estrutura corporal, olhos, nariz, boca, vestimenta, etc. Identifiquem, ao audiodescrever cenas: quem age, onde esse sujeito está e qual é o momento do dia.
- Assinalem os efeitos especiais e as mudanças de tempo e cenário, assim como o enquadramento, se ele for significativo.
- Ensaiem e gravem. Leiam o título e os créditos que aparecerem escritos. Depois, adicionem o áudio ao vídeo usando programas gratuitos disponíveis na internet.

Ao final, disponibilizem o vídeo com a audiodescrição no *site* da escola ou em uma rede social para que fique acessível a todas as pessoas.

Autoavaliação

ANÚNCIO PUBLICITÁRIO E ANÚNCIO DE PROPAGANDA

UNIDADE 8

PRIMEIRAS IDEIAS

1. Você acredita que a finalidade de um anúncio publicitário é a mesma de um anúncio de propaganda? Explique.
2. Você acha que um anúncio com imagem tem o mesmo impacto de um anúncio que apresenta apenas a linguagem verbal? Por quê?
3. Com base na estrutura das palavras *infeliz* e *felizmente*, explique a diferença entre elas.
4. Que palavras você utilizaria para reproduzir o som de uma buzina, o do latido de um cachorro e o da chuva? Onde essas palavras costumam aparecer?

Conhecimentos prévios

Nesta unidade, eu vou...

CAPÍTULO 1 — A alma do negócio

- Ler um anúncio publicitário e analisar suas principais características.
- Refletir sobre a importância da autogestão para atingir objetivos.
- Compreender a derivação e a composição como processos de formação de palavras na língua portuguesa.
- Produzir um anúncio publicitário, de acordo com o gênero e o público-alvo; relacionar imagem e texto verbal no anúncio.

CAPÍTULO 2 — A propagação de uma ideia

- Ler um anúncio de propaganda; compreender as estratégias e os elementos argumentativos do gênero; comparar o gênero anúncio de propaganda com o gênero anúncio publicitário; compreender uma campanha de propaganda.
- Compreender a onomatopeia, a abreviação e a sigla como processos de formação de palavras.
- Analisar o uso de aspas em textos de diferentes gêneros; sistematizar as ocorrências do uso das aspas em língua portuguesa.
- Planejar, produzir e avaliar uma campanha de propaganda em cartaz, *banner* e vídeo; apresentar e defender oralmente a campanha produzida.

CIDADANIA GLOBAL

- Refletir sobre a importância do acesso ao esporte para a saúde e o bem-estar.
- Identificar problemas e propor soluções para ampliar o acesso ao esporte no bairro ou na cidade onde moram.

261

Alberto Rocha/Folhapress

LEITURA DA IMAGEM

1. Em que tipo de atividade física a estrutura retratada na imagem é utilizada? O que você conhece sobre essa modalidade esportiva?

2. Essa estrutura foi construída em um espaço público voltado à prática de atividades físicas. Por que é importante a existência desses locais?

3. Além da modalidade representada na imagem, que outros esportes radicais podem ser oferecidos em um centro de práticas esportivas como o retratado?

CIDADANIA GLOBAL

Cabe ao poder público oferecer espaços gratuitos adequados à prática de atividades físicas, como o retratado na imagem.

- Existem espaços públicos destinados à prática de atividades físicas perto de onde você mora? Se sim, você os utiliza? Caso não existam, que tipo de espaço você gostaria que houvesse?

 Acesse o recurso digital e analise as informações apresentadas. De acordo com os gráficos, aspectos como gênero, idade, escolaridade e renda influenciam na prática de atividades físicas? O que esses dados nos mostram sobre a sociedade em que vivemos?

Estrutura para a prática de atividades físicas no Centro de Esportes Radicais em São Paulo (SP). Foto de 2016.

CAPÍTULO 1
A ALMA DO NEGÓCIO

O QUE VEM A SEGUIR

Para que um produto, um serviço ou uma marca se tornem conhecidos e desejados, é preciso que eles sejam divulgados em diferentes meios de comunicação: rádio, televisão, cinema, revistas, jornais, *outdoors*, internet, etc. Um gênero eficiente para isso é o anúncio publicitário. O anúncio reproduzido a seguir foi criado para uma empresa de materiais esportivos. Em sua opinião, o que está sendo divulgado nele?

TEXTO

Coleção Verão 2016.
O esporte além do esporte.

Anúncio publicitário criado pela agência Casasanto para divulgar os produtos da *Nike Store*.

TEXTO EM ESTUDO

PARA ENTENDER O TEXTO

1. O que você pensou sobre a divulgação desse anúncio publicitário foi confirmado após a leitura dele? Converse com os colegas.

2. O objetivo do anúncio é influenciar o consumidor a aderir à marca e comprar os produtos apresentados. Identifique e explique o argumento utilizado para isso nesse anúncio.

3. Como os produtos da marca são retratados no anúncio? Como o leitor sabe que se trata do anúncio de uma empresa de artigos esportivos?

4. Esse anúncio recorre tanto à linguagem verbal quanto à não verbal. A qual delas é dado maior destaque?

5. Analise a palavra *topo* escrita no meio do anúncio.
   a) Como ela está disposta? Qual é a intenção do anunciante ao dispô-la assim?
   b) Como o rapaz jogando bola interage com essa palavra?

6. Observe de novo a fotografia no centro do cartaz.
   a) Indique quais recursos visuais foram utilizados para transmitir ao leitor a ideia de movimento.
   b) Por que a empresa de artigos esportivos preferiu utilizar uma imagem que transmite movimento ao invés de expressar algo estático?

7. Além da fotografia, o anúncio apresenta outros três elementos: texto verbal principal, logotipo e *slogan*. Identifique cada um deles.

> **ANOTE AÍ!**
>
> Geralmente, um **anúncio de publicidade** é composto de quatro elementos: **imagem** (fotografias, ilustrações, etc.), **texto verbal principal**, **assinatura** ou **logotipo** e *slogan* da marca. Contudo, essa não é uma estrutura rígida. Há anúncios sem imagem, apenas com o *slogan*. Outros apresentam só o logotipo. Essas variações relacionam-se com a **estratégia de comunicação** escolhida pelo anunciante.

8. Explique o *slogan* "O esporte além do esporte".

9. Associe a modalidade esportiva retratada ao texto verbal principal do anúncio.

10. Com base nas informações do anúncio, a que público ele é dirigido?

11. Considerando o conteúdo do anúncio, você acha que ele consegue atingir pessoas que não praticam esportes, estimulando-as a adquirir esse hábito? Justifique.

> **ANOTE AÍ!**
>
> Uma **campanha publicitária** é dirigida a determinado grupo de **pessoas com perfil semelhante**, ou seja, que compartilham aspectos em comum: faixa etária, gênero, renda, profissão, entre outros. Esse segmento é chamado de **público-alvo**. A escolha dos **meios de comunicação** (*site*, televisão, revista, jornal, *outdoor*, etc.) e do **veículo** (*blog* de moda, jornal de economia, revista científica, etc.) relaciona-se com o público-alvo. Por exemplo, se a mensagem de um produto for dirigida a jovens, a campanha pode circular em revistas voltadas a esse público. Os publicitários também pensam na circulação dos veículos de comunicação na hora de planejar suas **estratégias persuasivas**.

A DEUSA NICE

O nome da marca *Nike* faz referência à deusa da mitologia grega Nice. Deusa da vitória, seu templo situa-se na entrada do Partenon, em Atenas, na Grécia, um dos locais mais visitados do mundo por sua importância histórica. O símbolo da *Nike* é uma referência à asa da deusa.

▲ Nice de Samotrácia. Museu do Louvre, Paris, França.

265

12. **SABER SER** O anúncio estudado defende que, para chegar ao topo, é preciso começar de baixo. Essa ideia pode se estender a diversos campos da nossa vida pessoal e, também, da profissional.

    a) Qual é a relação entre a ideia de partir de baixo e chegar ao topo e os caminhos que uma pessoa precisa trilhar para alcançar seus objetivos? Explique seu posicionamento respeitando os direitos humanos.

    b) Que características uma pessoa precisa desenvolver para chegar ao topo começando de baixo?

O CONTEXTO DE PRODUÇÃO

13. Por ser estático, o anúncio da empresa de artigos esportivos provavelmente foi publicado em algum meio de comunicação impresso ou digital. Tendo isso e também o público-alvo em mente, responda às questões a seguir.

    a) Para atingir um público mais jovem, você acha que o anúncio pode ter sido publicado em um jornal impresso ou na internet? Por quê?

    b) Se o objetivo do anunciante fosse atingir pessoas de determinada região, seria interessante divulgar o anúncio em um *busdoor* (publicidade que circula na parte de trás dos ônibus)?

    c) Caso o anúncio fosse veiculado na televisão, que recurso poderia ser utilizado para dar a ideia de movimento à imagem? Esse recurso poderia trazer mais resultados sobre o estímulo à prática de esportes?

14. Ver um anúncio publicado é tão comum que, raramente, pensamos no processo que se desenrolou até que ele ficasse pronto. Organize as etapas abaixo em uma sequência lógica para o processo de produção de um anúncio.

    I. Os profissionais de criação produzem o anúncio de acordo com as solicitações feitas pelos responsáveis por pensar as estratégias de divulgação.

    II. O anúncio é publicado, de acordo com a aprovação do anunciante.

    III. O anunciante encomenda a uma agência de publicidade o anúncio do produto ou serviço que pretende divulgar.

    IV. A pessoa responsável entra em contato com o veículo escolhido para negociar as condições de publicação do anúncio: valores, tamanho, página, período e meio de publicação, etc.

    V. Os profissionais de publicidade fazem reuniões para discutir a melhor estratégia para divulgar o produto.

    VI. O anunciante aprova (ou não) o anúncio.

15. Para que uma agência de publicidade desenvolva um anúncio que atenda às expectativas do anunciante, é importante que ela saiba exatamente o que se espera com tal comunicação: qual é o produto, qual é a mensagem que se pretende transmitir, quem é o público-alvo, etc.

    a) Considerando o anúncio estudado, em sua opinião, quais teriam sido as orientações do anunciante para a equipe que o criou?

    b) Para você, se esse anúncio publicitário tivesse somente a imagem de um tênis vinculado à mensagem transmitida por ele, teria o mesmo impacto? Justifique sua resposta.

    c) Busque na internet dois anúncios antigos. Analise a estrutura, o texto escrito (tanto o principal quanto outros existentes) e a imagem dessas peças publicitárias. Depois, estabeleça comparações entre cada uma delas com o anúncio estudado neste capítulo, observando os mesmos elementos citados.

16. Confira um trecho de reportagem.

Interação que vale ouro

A grande festa dos Jogos Olímpicos acontece dentro das arenas e demais locais de competição. Mas a emoção do evento também pode ser sentida pelo público em vários pontos do Rio de Janeiro [em 2016] com as ativações realizadas pelos patrocinadores. Com a celebração do esporte como pano de fundo, as marcas desenvolveram ações para apresentar produtos e serviços, gerar experiências e levar entretenimento aos frequentadores. [...]

No caso da Nike o objetivo das ativações é inspirar as pessoas a praticarem esporte, terem uma vida mais ativa, quebrarem seus limites no esporte e fazerem desta a temporada mais ativa de todos os tempos. [...]

Fernando Murad e Teresa Levin. Interação que vale ouro. *Meio & Mensagem*, 17 ago. 2016. Disponível em: https://olimpiadas.meioemensagem.com.br/sem-categoria/interacao-que-vale-ouro.html. Acesso em: 22 fev. 2023.

▲ *Nike* exibe os produtos usados pelos atletas, Rio de Janeiro. Foto de 2016.

a) Em sua opinião, o que leva uma empresa a patrocinar um evento esportivo como as olimpíadas?

b) O anúncio estudado foi publicado em 2016. Compare a mensagem transmitida por ele com as ações da marca nas olimpíadas realizadas naquele ano.

ANOTE AÍ!

Chamamos de **briefing** o documento com todas as **informações** e **orientações** necessárias para a elaboração de um trabalho ou a criação de uma campanha publicitária. Essas diretrizes também podem ser apresentadas em uma reunião, conhecida como **reunião de briefing**.

Outro momento importante para a criação de um anúncio publicitário é o **brainstorming**, uma técnica de discussão em que os profissionais se reúnem para levantar o maior número possível de **ideias em torno de um tema**, a fim de encontrar o caminho mais adequado ao objetivo de divulgar um produto ou serviço para vendê-lo.

A LINGUAGEM DO TEXTO

17. Volte ao início do capítulo e releia o texto escrito do anúncio. O registro utilizado é mais formal ou informal? Justifique sua resposta.

18. O que se entende pela expressão "não tem dessas"?

19. Que sentidos pode ter a expressão "começar de baixo" no anúncio?

20. Em sua opinião, qual foi a intenção dos publicitários ao associar palavras de sentidos opostos, como *topo* e *baixo*?

ANOTE AÍ!

No gênero anúncio publicitário, a **sonoridade** e a **pluralidade de significados** de uma **palavra**, **expressão** ou **frase** são bastante exploradas para a construção de sentidos. Outra característica da linguagem publicitária é o **diálogo** entre os **textos verbais** e os **não verbais**, que confere a eles novos sentidos. Pode-se usar, por exemplo, um conjunto de recursos gráficos para organizar as palavras no espaço, como acontece com a palavra *topo* no anúncio lido.

PARA EXPLORAR

Para ficar na cabeça

Certas peças publicitárias, sobretudo de rádio e televisão, trazem uma trilha sonora de fácil memorização associada aos produtos ou serviços: os *jingles*. Confira alguns dos *jingles* históricos famosos que ficaram marcados na memória do consumidor brasileiro.

Disponível em: https://exame.com/marketing/8-jingles-inesqueciveis/. Acesso em: 22 fev. 2023.

UMA COISA PUXA OUTRA

O esporte além do esporte

Quando falamos em esporte, muitas vezes nos vêm à cabeça modalidades como futebol, vôlei, basquete, etc. Mas essa atividade pode abranger práticas menos conhecidas. Mais do que uma atividade física, o esporte é uma manifestação cultural. Nesta seção, você vai conhecer um pouco dos Jogos Mundiais dos Povos Indígenas.

1. Observe atentamente a imagem a seguir e responda às questões.

Mulheres indígenas do povo Gavião durante uma disputa no quinto dia dos Jogos Mundiais dos Povos Indígenas, em Palmas (TO). Foto de 2015.

- O que você vê nessa imagem? Descreva-a.

2. Pode-se dizer que as mulheres da fotografia formam uma equipe? Por quê?
3. Como você imagina que seja a modalidade esportiva retratada na foto?
4. Compare as vestimentas das mulheres indígenas com a do jovem do anúncio anterior.
5. Leia o trecho da reportagem a seguir.

> **Jogos Mundiais Indígenas não são as "Olimpíadas" dos povos tradicionais; conheça a competição**
>
> As provas esportivas e a presença de atletas de várias nacionalidades são as poucas coisas que aproximam os Jogos Olímpicos, como acontecem de quatro em quatro anos em sua era moderna, e a primeira edição dos Jogos Mundiais dos Povos Indígenas (JMPI), marcada para acontecer entre os dias 20 e 31 de outubro, em Palmas (TO). Deixando de lado os pódios e os quadros de medalhas, os Jogos dos povos tradicionais surgem como um evento esportivo-cultural, apontando para o congraçamento das etnias desde o lema adotado – "o importante não é ganhar, e sim celebrar" [...].
>
> Nathália Mendes. *Portal EBC*, 16 out. 2015. Disponível em: https://memoria.ebc.com.br/esportes/2015/10/jogos-mundiais-indigenas-nao-sao-olimpiadas-dos-povos-tradicionais-conheca#:~:text=N%C3%A3o%20%C3%A9%20uma%20competi%C3%A7%C3%A3o%20entre,frente%20da%20organiza%C3%A7%C3%A3o%20dos%20jogos. Acesso em: 22 fev. 2023.

a) Em que os Jogos Mundiais dos Povos Indígenas diferem das olimpíadas tradicionais?
b) Explique o lema desses jogos.

6. Conheça as modalidades de integração praticadas nas disputas dos Jogos Mundiais dos Povos Indígenas.

Explicação de diferentes modalidades praticadas.

Jogos Mundiais dos Povos Indígenas. Ministério do Esporte.

a) Em sua opinião, por que esses jogos dos povos indígenas recebem o nome de "jogos de integração"?

b) Entre as modalidades citadas, você sabe quais possuem correspondência com as olimpíadas tradicionais?

c) Qual modalidade é retratada na fotografia das mulheres indígenas?

d) Em relação a essa modalidade, o que mais chamou sua atenção?

e) Na sua opinião, considerando o peso da tora, o que a prática da corrida de tora por mulheres pode revelar a respeito do modo como elas são vistas por alguns povos indígenas?

f) Qual das modalidades é também uma brincadeira infantil tradicional?

g) Quanto à corrida de fundo, o texto chama a atenção para uma peculiaridade relativa ao material esportivo dos atletas. Qual é ela?

7. Em certa edição dos Jogos Mundiais dos Povos Indígenas, em uma disputa da corrida de tora entre os povos Pareci e Xerente, os Xerente venceram com facilidade e, após cruzar a linha de chegada, voltaram para ajudar os Pareci a completar a prova. O que esse comportamento revela sobre o espírito do evento?

LÍNGUA EM ESTUDO

PROCESSOS DE FORMAÇÃO DE PALAVRAS: DERIVAÇÃO E COMPOSIÇÃO

DERIVAÇÃO

1. Leia esta tira.

Bill Watterson. Calvin. *O Estado de S. Paulo*, p. 35, 6 maio 2017.

a) Qual é o significado da palavra *vegetariano*?

b) O que significa a palavra *sobremesiano*? Como Calvin a criou?

Todas as línguas vivem em processo de transformação, por isso muitas palavras deixam de ser usadas e outras surgem conforme as necessidades sociais. Na língua portuguesa, as palavras são formadas, principalmente, por dois processos: **derivação** ou **composição**. Na tira do Calvin, *sobremesiano* é um neologismo criado pela personagem seguindo a mesma lógica de formação da palavra *vegetariano*. Esse processo é chamado de **derivação**, pois acrescentou-se o sufixo *-iano* à palavra primitiva *sobremesa*.

Derivação sufixal

Esse tipo de derivação foi usado por Calvin ao criar o neologismo. Desse modo, acrescenta-se o elemento sufixo a uma palavra primitiva. Observe:

jornal (palavra primitiva) + eiro (sufixo) = jornaleiro

chuva (palavra primitiva) + oso (sufixo) = chuvoso

Derivação prefixal

Aqui, acrescenta-se o elemento prefixo a uma palavra primitiva. Veja:

a (prefixo) + versão (palavra primitiva) = aversão

des (prefixo) + fazer (palavra primitiva) = desfazer

Derivação parassintética

Já na derivação parassintética, acrescentam-se, ao mesmo tempo, um sufixo e um prefixo a uma palavra primitiva. Veja os exemplos:

des (prefixo) + alma (palavra primitiva) + ado (sufixo) = desalmado

re (prefixo) + pátria (palavra primitiva) + r (sufixo) = repatriar

---

ALGUNS SUFIXOS E PREFIXOS

Sufixos mais comuns da língua portuguesa: *-ar*, *-anda*, *-ice*, *-eiro*, *-ite*, *-ismo*, *-ista*, *-udo*, *-íssimo*, *-oso*, entre outros.

Prefixos mais comuns da língua portuguesa: *a-*, *des-*, *im-*, *in-*, *anti-*, *ante-*, *super-*, *semi-*, *sobre-*, entre outros.

Derivação imprópria

Esse tipo de derivação ocorre quando uma palavra muda de classe gramatical sem alterar sua forma e, geralmente, por meio da substantivação de outras classes de palavras. Veja o exemplo:

Nossa amiga estava infeliz.
adjetivo

O infeliz não queria viajar nas férias.
substantivo

Derivação regressiva

Esse tipo de derivação consiste na redução da palavra derivante, isto é, a palavra que se forma é menor que a original. Observe:

ajudar ⟶ (a) ajuda

ensinar ⟶ (o) ensino

alcançar ⟶ (o) alcance

> **ANOTE AÍ!**
>
> **Derivação** é o processo de formação de palavras que ocorre a partir de uma palavra primitiva. Em língua portuguesa, há cinco tipos de derivação: **sufixal**, **prefixal**, **parassintética**, **imprópria** e **regressiva**.

COMPOSIÇÃO

2. Leia este poema em prosa, de Mario Quintana.

Objetos perdidos

Os guarda-chuvas perdidos... onde vão parar os guarda-chuvas perdidos? E os botões que se desprenderam? E as pastas de papéis, os estojos de pince-nez, as maletas esquecidas nas gares, as dentaduras postiças, os pacotes de compras, os lenços com pequenas economias, onde vão parar todos esses objetos heteróclitos e tristes? Não sabes? Vão parar nos anéis de Saturno, são eles que formam, eternamente girando, os estranhos anéis desse planeta misterioso e amigo.

Mario Quintana. Objetos perdidos. Em: *Os melhores poemas de Mario Quintana*. Seleção de Fausto Cunha. São Paulo: Global, 2005. *E-book*.

a) Na opinião do eu poético, onde vão parar os objetos perdidos?

b) Além de *guarda-chuva*, que outras palavras são formadas a partir de *guardar*?

A palavra *guarda-chuva* é formada pelo verbo *guardar* e pelo substantivo *chuva*, unidos por hífen, em processo de **composição**. Há dois tipos de composição. Veja:

- **Justaposição:** duas ou mais palavras se juntam sem sofrer alteração.

guarda + chuva = guarda-chuva

passa + tempo = passatempo

- **Aglutinação:** duas ou mais palavras se juntam, sofrendo alteração.

plano + alto = planalto

em + boa + hora = embora

> **ANOTE AÍ!**
>
> No processo de **composição**, há a união de duas ou mais palavras. A composição pode se dar por **justaposição** ou por **aglutinação**.

ATIVIDADES

Retomar e compreender

1. Leia a tira.

Jim Davis. *Garfield*. Acervo do autor.

a) Pode-se dizer que Garfield gostou do visual de Jon? Por quê?

b) Qual expressão presente na tira é formada por composição? Quais palavras compõem essa expressão? Classifique o tipo de composição.

c) Agora, localize na tira uma palavra formada por derivação e classifique-a.

2. Leia a seguir o trecho desta matéria jornalística: "Uso de protetor solar é essencial mesmo em dias nublados".

> Bonés, guarda-sóis e roupas que cubram grande parte da pele também são eficazes na proteção, já que estabelecem uma barreira mecânica contra os raios ultravioleta emitidos pelo sol.
>
> *Jornal da USP*, 24 jan. 2022. Disponível em: https://jornal.usp.br/atualidades/uso-de-protetor-solar-e-essencial-mesmo-em-dias-nublados/. Acesso em: 22 fev. 2023.

- Indique uma palavra composta por justaposição e as partes que a compõem.

3. Leia este texto:

> É bom que se diga que ser Lobisomem não é uma escolha, é uma sina. Um destino ruim, um fardo. Tem de ser o oitavo filho [...] de uma família que já tenha sete meninas. Quando esse menino completa treze anos, numa terça ou numa sexta-feira, ele sai de noite em busca de um lugar onde um jumento tenha se lambuzado, se sujado. Então, tira sua roupa, faz sete nós em toda ela e se esfrega naquele chão. Assim, torna-se Lobisomem.
>
> [...] E aí sua má sina começa: as orelhas crescem e caem sobre os ombros, como se fossem asas pontudas, o rosto ganha feições de lobo. Há quem diga que ele se transforma em metade homem, metade cachorro, ou ainda em um cachorrão, quase do tamanho de um bezerro. E tem quem garanta que ele é um cachorro com focinho e cara peluda da cintura para cima e, da cintura para baixo, um porco, com rabo enrolado, focinho e tudo o mais.
>
> Januária Cristina Alves. *A loira do banheiro e outras assombrações do folclore brasileiro*. São Paulo: FTD, 2017. p. 22-23.

a) Por qual processo se dá a formação da palavra *Lobisomem*?

b) Considerando o texto lido e o processo de formação da palavra *Lobisomem*, crie outros possíveis nomes para essa personagem.

Acompanhamento da aprendizagem

4. Observe os nomes de filmes a seguir.

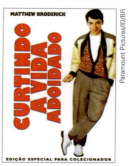
▲ Capa do DVD *Curtindo a vida adoidado* (EUA, 1986, 102 min), de John Hughes.

▲ Capa do DVD *Jogador nº 1* (EUA, 2018, 140 min), de Steven Spielberg.

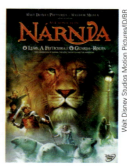
▲ Capa do DVD *As crônicas de Nárnia: o Leão, a Feiticeira e o Guarda-roupa* (EUA, 2005, 140 min), de Andrew Adamson.

a) Em qual título de filme há palavras formadas por derivação sufixal? Escreva essas palavras no caderno.

b) Que palavras primitivas deram origem às palavras indicadas no item *a*?

c) Encontre, nos títulos, uma palavra formada por derivação parassintética e transcreva-a no caderno.

d) Que palavra primitiva deu origem à palavra que você indicou no item *c*?

e) Em um dos títulos, há uma palavra formada por composição. Qual é ela?

f) Por qual tipo de composição a palavra que você escreveu no item *e* é formada: justaposição ou aglutinação? Explique sua resposta.

Aplicar

5. Agora, leia a sinopse do filme *Curtindo a vida adoidado*.

> No último semestre do **curso** do colégio, Ferris Bueller (Matthew Broderick) sente um incontrolável desejo de matar a aula e planeja um grande programa na cidade com sua namorada (Mia Sara), seu melhor amigo (Alan Ruck) e uma Ferrari. Só que para poder realizar seu desejo ele precisa escapar do diretor do colégio (Jeffrey Jones) e de sua irmã (Jennifer Grey).

Adoro Cinema. Disponível em: https://www.adorocinema.com/filmes/filme-46543/. Acesso em: 22 fev. 2023.

▲ Cena do filme *Curtindo a vida adoidado*.

a) Com base na sinopse e na cena apresentada do filme, responda: Qual é o significado da palavra *adoidado*, no título?

b) A palavra em destaque na sinopse é formada por qual processo? Que palavra primitiva deu origem a ela?

c) Releia a frase a seguir.

> [...] Ferris Bueller (Matthew Broderick) sente um **incontrolável** desejo de matar a aula [...]

- Forme uma frase sobre o protagonista do filme em que a palavra em destaque sofra derivação imprópria.

273

A LÍNGUA NA REAL

OS ESTRANGEIRISMOS NA LÍNGUA PORTUGUESA

1. Leia o trecho da letra de música a seguir, composta por Carlos Silva.

   Estrangeirismo

   Outro dia me convidaram para irmos ao Mc Donald's comermos *cheese burger*.
   O salão estava lotado e fizemos os pedidos através de um tal de *drive thru*.
   Os colegas percebendo a minha irritação disseram: se tu tiver com pressa eles têm um sistema de *delivery*, maravilhoso.
   Desacostumado com este linguajar chamei os cabras: vamos s'imbora.
   Seguimos pela avenida Henrique Schaumann, onde pude observar um *outdoor*, estava escrito: China in Box, e uma seta indicativa *parking*, nós não paramos por lá não.
   Seguimos mais adiante avistamos um restaurante bonito e luxuoso e na porta de entrada uma luz neon piscando escrita *open*. [...]

   Carlos Silva. Estrangeirismo. Em: *Retratando*. 2003.

   a) A que o eu poético não estava acostumado?
   b) Identifique as palavras ou expressões estrangeiras na letra da canção.
   c) Em seu dia a dia, você se depara com muitas palavras estrangeiras? Quais são as palavras ou expressões em inglês mais usadas em seu cotidiano?
   d) Em sua opinião, qual é o papel dos empréstimos na construção da nossa língua?

2. Leia um trecho da crônica "Transbording", de Luis Fernando Verissimo.

   [...] — Isto é o que nós chamamos de entrance.
   — Entrance?
   — Ou front door. Porta da frente. [...]
   — Aqui temos o living room [...]. Por aqui, a gourmet kitchen.
   — Kitchen é...?
   — Cozinha, mas nós não gostamos do termo. Isto aqui é interessante: é o que chamamos de coffee corner, onde a família pode tomar seu breakfast de manhã. A gourmet kitchen vem com todos os appliances, e o prédio tem uma smart laundry comunitária.
   — O que é smart laundry?
   — Não tenho a menor ideia, mas é o que está escrito no flyer. [...]

   Luis Fernando Verissimo. Transbording. *O Globo*, Rio de Janeiro, 21 maio 2015.

   a) Que situação é descrita na crônica?
   b) Nesse contexto, as palavras estrangeiras são empregadas com naturalidade ou atrapalham a comunicação?
   c) Por que você acha que essas palavras foram utilizadas?

   ANOTE AÍ!

   O léxico de uma língua se amplia com os **empréstimos** de outras línguas. Nossa língua, surgida no século XII, tem incorporado empréstimos devido ao contato com outros povos. As palavras *algodão* e *açúcar* são herança **árabe**, da época dos mouros na península Ibérica na Idade Média. Dos **indígenas** vieram palavras como *abacaxi*, *pipoca* e *buriti*. De herança **africana**, há *quitute* e *moqueca*. Hoje, são muitos os empréstimos do **inglês**, como *show* e *web*.

3. Leia as manchetes a seguir e, depois responda às questões.

"Um blogue é um compromisso" onde consistência é a palavra-chave

Disponível em: https://www.noticiasaominuto.com/lifestyle/1053245/um-blogue-e-um-compromisso-onde-consistencia-e-a-palavra-chave. Acesso em: 22 fev. 2023.

'Vovós fashion': idosas superestilosas viralizam em blog

Disponível em: https://www.correio24horas.com.br/noticia/nid/vovos-fashion-idosas-superestilosas-viralizam-em-blog/. Acesso em: 22 fev. 2023.

Estudantes alagoanos usam palma e juá para desenvolver xampu natural

Disponível em: https://www.gazetaweb.com/noticias/interior/estudantes-alagoanos-usam-palma-e-jua-para-desenvolver-xampu-natural/. Acesso em: 22 fev. 2023.

Linha de shampoo e condicionador apoia campanha de mulheres vítimas de violência

Disponível em: http://www.acritica.net/editorias/entretenimento/linha-de-shampoo-e-condicionador-apoia-campanha-de-mulheres-vitimas-de/312633/. Acesso em: 22 fev. 2023.

Grupo de 20 pessoas denuncia golpe de bufê em Olinda

Disponível em: https://jconline.ne10.uol.com.br/canal/cidades/policia/noticia/2018/07/23/grupo-de-20-pessoas-denuncia-golpe-de-bufe-em-olinda-347970.php. Acesso em: 22 fev. 2023.

Organizadora de buffet foge com pagamento de clientes no Rio, diz polícia

Disponível em: https://g1.globo.com/rj/rio-de-janeiro/noticia/clientes-acusam-organizadora-de-buffets-de-fugir-com-pagamentos-no-rio.ghtml. Acesso em: 22 fev. 2023.

Novo vírus cibernético é usado para cometer crime em diversos sítios virtuais

Disponível em: https://midiatico.com.br/tecnologia/07/2018/novo-virus-cibernetico-e-usado-para-cometer-crime-em-diversos-sitios-virtuais/. Acesso em: 22 fev. 2023.

Prefeitura lança novo Site institucional

Disponível em: https://serragrande.pb.gov.br/informa.php?id=4. Acesso em: 22 fev. 2023.

a) Nas manchetes apresentadas, alguns estrangeirismos foram escritos conservando-se a forma original, enquanto outros foram aportuguesados, ou seja, adquiriram características da língua portuguesa. Copie o quadro a seguir no caderno e indique os estrangeirismos presentes nas manchetes lidas, distinguindo aqueles nos quais a forma gráfica original foi conservada daqueles que foram aportuguesados.

Forma original conservada	Forma aportuguesada

b) O que a resposta dada ao item *a* revela sobre a escrita de estrangeirismos no Brasil?

c) A escrita de algum dos estrangeirismos que foram aportuguesados lhe causou estranhamento? Justifique sua resposta.

CULTURA E LÍNGUA

A língua inglesa é uma das mais influentes na atualidade, o que pode ser notado pelo número de falantes dessa língua no mundo e pela quantidade de produtos e serviços que apresentam marcas e informações em inglês. Parte da disseminação dessa língua pelo mundo se dá pela influência das culturas estadunidense e inglesa, responsáveis por apresentar ao mundo artistas, bandas, filmes e livros que se tornaram grandes fenômenos de público e venda. Mais exemplos de estrangeirismos emprestados da língua inglesa são: *designer*, *jeans*, *popstar*, *ticket*, *pink*, etc.

275

AGORA É COM VOCÊ!

ELABORAÇÃO DE ANÚNCIO PUBLICITÁRIO

Proposta

Você aprendeu que o objetivo do anúncio publicitário é convencer o leitor (consumidor potencial) a adquirir um produto ou um serviço que lhe é apresentado. Imagine que você trabalhe em uma agência de publicidade que tem a missão de divulgar um aplicativo para celular desenvolvido por certa empresa para auxiliar as pessoas na prática de atividades físicas.

Em dupla com um colega, criem um anúncio publicitário para esse fim e elaborem um cartaz e um arquivo digital dele para apresentar à turma.

GÊNERO	PÚBLICO	OBJETIVO	CIRCULAÇÃO
Anúncio publicitário	Colegas de turma e professor	Divulgar um aplicativo que auxilie na prática de atividades físicas	Mural (ou outro espaço) da escola e internet

Planejamento e elaboração

Acesse o recurso digital e responda: Você imaginava que a produção de uma campanha publicitária teria tantas etapas e tantos profissionais envolvidos? Se você fizesse parte da produção de uma campanha, que atividade gostaria de desempenhar? Por quê?

1. O primeiro passo é definir as características e as funcionalidades do aplicativo que será divulgado.
    - Qual é o nome dele?
    - Quais são seus diferenciais?
    - Em que tipo de sistema operacional ele funciona?
    - Ele é específico para uma atividade física ou engloba várias delas?
    - Como ele ajuda na prática de atividades físicas: registra os batimentos cardíacos, os passos dados, as calorias queimadas, etc.?

2. Definam quem será o público-alvo dessa campanha: faixa etária, gênero, poder aquisitivo, estilo de vida, etc.

3. Decidam qual mensagem o anúncio utilizará para divulgar o aplicativo.

4. Levantem o maior número de ideias, pensando na linguagem, nas imagens que podem se associar ao produto e nos veículos de comunicação em que ele pode ser divulgado, considerando sempre o público-alvo.

5. Selecionem as ideias que lhes parecerem mais interessantes e comecem a elaborar o anúncio. Para isso, sigam estas etapas:
    - Pensem nos principais elementos que compõem o anúncio: o texto verbal e os recursos visuais.
    - Atentem para a importância do argumento criado e adotem um texto direto e conciso. Se possível, joguem com as palavras ou explorem os vários sentidos e a sonoridade delas.
    - A imagem deve ser atrativa para funcionar como elemento persuasivo, ou seja, deve despertar no leitor a vontade de comprar o produto. Vocês podem desenhar ou utilizar uma imagem já existente, seja foto, seja ilustração, desde que remeta à mensagem do anúncio e ao produto.
    - Criem o *slogan* do produto divulgado. Lembrem-se de que ele deve ser curto e também de fácil memorização.

6 Antes de produzir o cartaz com a versão final, preparem um rascunho do anúncio. Durante a produção desse rascunho, atentem para os itens a seguir.

- Distribuam em uma folha avulsa os textos e as imagens. Lembrem-se de que a diagramação dos elementos na página ajuda a criar camadas de sentido.
- Observem o tamanho de todos os elementos. Os textos estão legíveis? As imagens estão com uma boa visualização?

LINGUAGEM DO SEU TEXTO

1. Identifiquem, no anúncio publicitário que vocês viram no início deste capítulo, uma palavra em língua inglesa cujo significado, em português, é *loja*.

2. Considerando o contexto do anúncio publicitário e seu provável público-alvo, respondam: Por que foi utilizada uma palavra em inglês em vez de seu equivalente em português?

Verifiquem se convém fazer uso de estrangeirismos no anúncio publicitário criado por vocês, levando em conta o contexto e o provável público-alvo. Se decidirem empregar algum estrangeirismo, certifiquem-se de que a grafia esteja correta, seja no idioma original, seja na forma aportuguesada.

Avaliação

1 Para que a dupla consiga uma avaliação mais abrangente do anúncio produzido, é interessante que seus integrantes respondam às questões listadas a seguir individualmente, a fim de comparar suas impressões com as do colega.

ELEMENTOS DO ANÚNCIO PUBLICITÁRIO
A mensagem do anúncio está explícita?
O anúncio apresenta uma mensagem atraente, que chama a atenção do leitor?
A imagem dialoga com o texto escrito e reforça a ideia a ser transmitida?
O registro utilizado é adequado ao público-alvo?
O anúncio traz um *slogan*?
O anúncio desperta o desejo de obter o aplicativo?
De algum modo, o anúncio é enganoso ou abusivo?

2 No momento de comparar suas respostas com as do colega, procurem discutir o que pode ser melhorado na versão final do anúncio, que será digitada para compor o arquivo digital a ser divulgado.

Circulação

1 Escolham, com o auxílio do professor, um local para expor os cartazes com os anúncios de toda a turma. Eles devem ficar visíveis a todos os colegas.

2 Na ordem previamente combinada, cada dupla deve se posicionar ao lado de seu cartaz e explicar todo o processo de criação do anúncio, como se estivesse diante do cliente que o encomendou.

3 Ao final de cada apresentação, todos podem opinar, com base no anúncio produzido, se utilizariam ou não o aplicativo.

4 Por fim, os cartazes, além de ser apresentados na escola, poderão ser veiculados em outras mídias, como um *blog* da turma ou o *site* da escola.

OS LIMITES DA PUBLICIDADE

Ao criar um anúncio publicitário, é preciso ter em mente que ele não pode ser enganoso nem abusivo. A publicidade enganosa é aquela que induz o consumidor a uma avaliação errada a respeito do produto ou do serviço oferecido. A publicidade abusiva explora o medo ou a superstição, incita à violência ou desrespeita determinados valores, levando o consumidor a se comportar de forma prejudicial ou perigosa à sua saúde ou segurança.

A proibição de anúncios publicitários enganosos ou abusivos é lei e consta no Código de Defesa do Consumidor.

277

CAPÍTULO 2
A PROPAGAÇÃO DE UMA IDEIA

O QUE VEM A SEGUIR

A propaganda é a criação e a propagação de mensagens ideológicas, religiosas ou políticas. O termo vem do latim *propagare*, que tem o sentido de "aquilo que precisa ser espalhado". Assim como a publicidade, a propaganda é veiculada em diferentes suportes. O anúncio de propaganda que você lerá a seguir foi divulgado pelo Serviço Social do Comércio (Sesc), instituição que oferece à população uma grande diversidade de eventos culturais e atividades esportivas gratuitas ou a preços acessíveis. Em sua opinião, qual parece ser a mensagem principal desse anúncio, observando apenas a fotografia presente nele? Em seguida, leia também os textos que o compõem.

TEXTO

Anúncio de propaganda criado pela agência Binder para promover a campanha da Semana Move Brasil, divulgada pelo Sesc, em 2015.

Uma campanha para deixar o Brasil mais ativo. movebrasil.org.br

OS PRIMÓRDIOS DA PROPAGANDA

Na Roma Antiga, Tito Lívio (59 a.C.-17 d.C.), com sua obra *Ab urbe condita libri* (*História de Roma desde a sua fundação*), faz uma nítida propaganda estatal pró-Roma ao contar a história da República romana e os feitos de seus governantes.

O termo *propaganda*, porém, tem origem só no século XVII, quando o papa Gregório XV cria a Sagrada Congregação Católica Romana para a Propagação da Fé (*Sacra Congregatio Christiano Nomini Propaganda*, nome depois simplificado para *Propaganda Fide*, Propagação da Fé), departamento encarregado da expansão do catolicismo nos territórios missionários.

A propaganda foi utilizada como ferramenta de manipulação da opinião pública na Primeira e na Segunda Guerra Mundial e também durante a Guerra Fria.

TEXTO EM ESTUDO

PARA ENTENDER O TEXTO

1. Sua hipótese sobre a mensagem do anúncio de propaganda foi confirmada?

2. Explique a mensagem transmitida por esse anúncio.

3. Observe as cores predominantes no anúncio. Os tons presentes na fotografia despertam que tipo de impressão no leitor?

4. Que sentido se constrói na relação entre o texto verbal e a fotografia?

5. A imagem associada à mensagem "Pratique esporte" pode ser considerada previsível? Por quê?

6. Como você interpretaria a analogia, feita no anúncio, entre a casa e o corpo humano? Uma casa abandonada pode ser associada a que estilo de vida?

7. Analise o texto verbal do anúncio. O verbo *estragar* costuma ser associado ao corpo humano? Por que você acha que o anunciante optou por empregá-lo?

8. No capítulo 1, você observou que, em geral, um anúncio publicitário apresenta, além de imagem, textos escritos: texto verbal principal, logotipo e *slogan*. No anúncio de propaganda, essa estrutura costuma ser a mesma.

   a) Identifique esses textos escritos no anúncio da campanha Move Brasil.

   b) Como o cenário em que a casa se encontra contribui para a compreensão do texto verbal principal do anúncio?

   c) De acordo com as respostas às perguntas anteriores, é possível afirmar que a ideia apresentada no anúncio é compreendida por uma combinação das linguagens verbal e não verbal? Justifique sua resposta.

9. Releia o *slogan*. Sem o contexto, é correto dizer que "deixar o Brasil mais ativo" significa propor às pessoas que pratiquem mais esporte? Por quê?

10. Veja a seguir o que é o Move Brasil.

> O Move Brasil é uma campanha aberta e permanente para aumentar o número de brasileiros praticantes de esportes e atividades físicas. [...].
>
> O objetivo do projeto é expandir, facilitar e democratizar a oferta de esporte aos brasileiros de todas as idades e demonstrar como o ato de se exercitar pode despertar prazer, melhorar a qualidade de vida, e ainda promover a interação e o desenvolvimento social.
>
> A iniciativa é resultado da colaboração de instituições, empresas e pessoas. Além disso, a campanha é composta por uma rede de Movedores [...], que são parceiros engajados com a causa e interessados em difundir a mensagem.

Semana Move Brasil. *Revista Educação Física*, ano XIII, n. 54, p. 16, dez. 2014. Disponível em: https://issuu.com/confef/docs/revista_confef_54. Acesso em: 22 fev. 2023.

- Copie no caderno o objetivo priorizado no anúncio de propaganda.

I. Expandir, facilitar e democratizar a oferta de esportes aos brasileiros.

II. Demonstrar como o ato de se exercitar pode despertar prazer.

III. Demonstrar como o ato de se exercitar pode melhorar a qualidade de vida.

IV. Demonstrar como o ato de se exercitar pode promover a interação e o desenvolvimento social.

ANÚNCIO EM MOVIMENTO

11. Campanhas publicitárias ou de propaganda costumam ser compostas de mais de uma peça. Na campanha Move Brasil, há cartazes, como o que você analisou anteriormente, e peças audiovisuais. As cenas que compõem o vídeo da campanha estão disponibilizadas a seguir, na mesma ordem em que aparecem nele. Uma diferença importante é o fato de, no vídeo, as cenas estarem acompanhadas por uma trilha sonora. Observe as imagens e, depois, responda às questões.

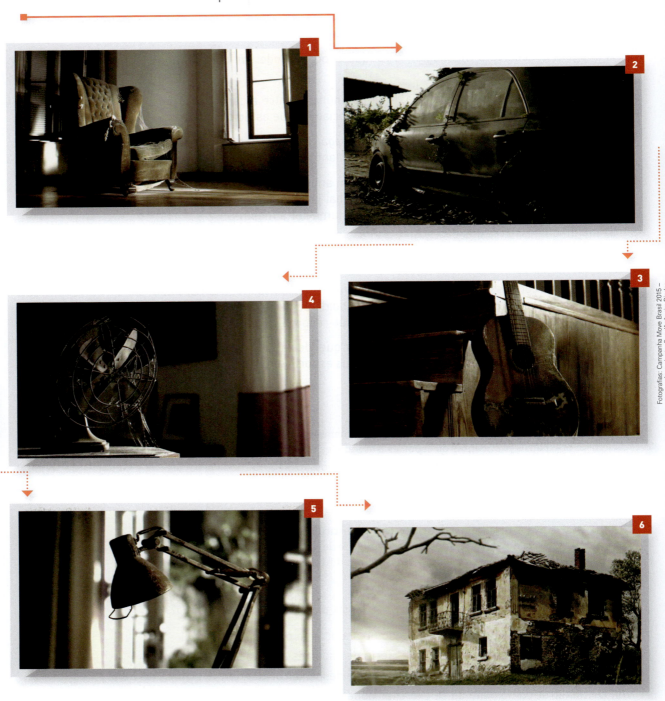

Tudo o que você abandona um dia estraga.

a) A ideia apresentada no anúncio impresso permanece na propaganda em formato audiovisual? Justifique sua resposta.

b) A imagem da casa, que se destaca no cartaz, é a sexta a aparecer no vídeo. Que relação ela estabelece com as imagens anteriores?

c) Na atividade **6**, você interpretou a analogia, presente no cartaz, entre a casa e o corpo humano. Em sua opinião, essa analogia é mantida no formato audiovisual? O que os objetos representariam nessa comparação?

12. Todas as imagens dispostas na atividade **11** são acompanhadas, no vídeo, por uma trilha sonora composta de uma música instrumental e de sons que representam o ambiente, principalmente o som do vento.

a) Em sua opinião, que analogia é possível fazer entre a ideia apresentada no anúncio, que enfatiza as consequências do abandono, e o som de vento escolhido para compor a trilha sonora do vídeo?

b) O texto verbal aparece uma vez na última cena da série de imagens. Para você, que impressão a propaganda pretende causar no espectador com a escolha da ordem das cenas, da trilha sonora e do momento no qual o texto verbal aparece?

c) Em sua opinião, de que maneira as escolhas mencionadas no item anterior colaboram para o convencimento do espectador?

CONQUISTA EM AÇÃO

13. Você já estudou outros gêneros textuais que têm por objetivo conquistar a adesão do leitor, fazendo com que ele mude de opinião sobre determinado assunto ou assuma uma posição diante de certa situação.

a) Quais gêneros textuais têm essa função?

b) Qual é o principal recurso desses gêneros para atingir seu objetivo?

14. Como os demais gêneros argumentativos, o anúncio de propaganda tem como objetivo principal conseguir a adesão do leitor a uma ideia.

a) De que modo os anúncios de propaganda da campanha Move Brasil procuram convencer o interlocutor a praticar esportes?

b) Esse modo se assemelha ao que seria utilizado em gêneros argumentativos (carta do leitor, artigo de opinião, etc.), caso eles abordassem o mesmo assunto? Explique sua resposta.

15. A propaganda visa também provocar uma ação do interlocutor, não apenas sua concordância com o que é posto.

a) Comente essa afirmação com base no anúncio estudado. Dê exemplos.

b) De acordo com essa afirmação, pode-se dizer que a propaganda tem como prioridade convencer o leitor? Por quê?

c) Você acredita que o anúncio estudado trabalha mais com a emoção do leitor? Justifique sua resposta.

> **ANOTE AÍ!**
>
> Os **textos argumentativos** caracterizam-se pela **defesa de uma ideia**, um **ponto de vista**, uma **opinião** sobre determinado assunto. O objetivo desses textos, portanto, é **convencer o interlocutor** sobre seu ponto de vista. Para isso, são apresentados argumentos. O raciocínio lógico e a exposição de razões e fatos contribuem para sustentar a posição. A argumentação em anúncios costuma ficar implícita nos recursos linguísticos e multissemióticos que compõem esse gênero.

281

O CONTEXTO DE PRODUÇÃO

16. O anúncio de propaganda que você analisou neste capítulo não é comercial, ou seja, não se destina a vender um produto ou serviço. Transcreva o texto verbal que deixa claro o objetivo da campanha Move Brasil.

17. Qual é o provável público-alvo desse anúncio de propaganda?

18. Se esse anúncio fosse veiculado em um *site* especializado em esporte, ele alcançaria esse público-alvo? Por quê?

ANOTE AÍ!

A publicidade e a propaganda utilizam estratégias para atingir o objetivo pretendido: conquistar o público-alvo. O tipo de estratégia depende do contexto do anúncio, o que envolve essa finalidade de conquistar o público-alvo. Há duas categorias principais: as **estratégias de convencimento**, que são caracterizadas pela **razão** e pela **objetividade**; e as **estratégias de persuasão**, que apelam à **emoção** e à **sensibilidade** do público. O primeiro tipo apela à consciência do interlocutor; o segundo busca motivá-lo.

A LINGUAGEM DO TEXTO

19. Releia, na imagem, o texto verbal principal do anúncio de propaganda da campanha Move Brasil.

a) Qual é a palavra que está em destaque nesse texto? Que tipo de destaque foi utilizado?

b) De que maneira a campanha utiliza essa palavra para persuadir as pessoas a terem uma vida ativa?

c) De acordo com o texto verbal, o anúncio dialoga explicitamente com o leitor? Justifique sua resposta com elementos desse texto.

20. Leia, a seguir, a transcrição completa da locução que é apresentada no vídeo da campanha Move Brasil.

> Tudo o que você abandona um dia estraga.
> **Jogue. Corra. Pedale. Nade.** Pratique esporte.
> Semana Move Brasil, de 19 a 27 de setembro.
> Uma ação do Sesc para deixar o Brasil mais ativo.

PARA EXPLORAR

A propaganda em formato audiovisual da Semana Move Brasil de 2015 está disponível no canal da agência Binder, contratada pelo Sesc para planejar e executar toda a campanha.

Disponível em: https://www.youtube.com/watch?v=rAzjsowE3l0. Acesso em: 22 fev. 2023.

a) No anúncio em formato de cartaz, o verbo *abandonar* assume destaque. Na locução do vídeo, outros verbos são citados. Quais?

b) Em que modo está a maioria dos verbos presentes na transcrição?

c) Qual é a relação entre a utilização desse modo verbal e o fato de o vídeo fazer parte de uma campanha de propaganda?

d) Que frase, presente também no cartaz, resume o trecho destacado?

e) As cenas disponibilizadas na atividade **11** correspondem a uma parte da propaganda em vídeo, que se relaciona à frase principal da campanha: "Tudo o que você abandona um dia estraga". Em sua opinião, que imagens poderiam acompanhar o trecho em destaque na transcrição da locução?

f) Ao analisar o anúncio, você observou as cores predominantes nele e a impressão de abandono que podem despertar no leitor. Em sua opinião, para acompanhar esse trecho em destaque na transcrição, que cores poderiam ser utilizadas nas cenas da propaganda, de modo a ampliar os efeitos de sentido?

282

COMPARAÇÃO ENTRE OS TEXTOS

21. Retome a análise das imagens apresentadas no cartaz da campanha Move Brasil, exposto no início deste capítulo, e do anúncio da loja de artigos esportivos, visto no capítulo 1, para responder às questões a seguir.

a) Qual é o papel de cada uma das imagens nesses anúncios?

b) Sem ler os textos verbais, qual dos anúncios o leitor associa imediatamente à prática de atividade física?

22. Agora, retome os textos verbais apresentados nesses mesmos dois anúncios estudados na unidade. Em relação ao registro de linguagem, em que eles se assemelham?

23. Ambos os anúncios possuem textos curtos e impactantes. Em sua opinião, que anúncio traz um texto verbal mais direto?

24. Tanto a campanha Move Brasil (composta de anúncios em formato de cartaz e em formato audiovisual) quanto o anúncio publicitário da loja de objetos esportivos estimulam, implícita ou explicitamente, determinada atitude relacionada à prática de esportes. Descreva como isso se dá em cada um deles.

25. Nesta unidade, você estudou dois gêneros: o anúncio publicitário e o anúncio de propaganda. Ambos mesclam a linguagem verbal e a linguagem não verbal com o propósito de persuadir o interlocutor. Em resumo, a finalidade da publicidade é influenciar o consumidor, levando-o a comprar determinado produto ou serviço. Já o objetivo da propaganda é convencer o cidadão a aceitar uma ideia e adotar um comportamento. Em sua opinião, como cada anúncio estudado nesta unidade cumpre essa função? Justifique sua resposta.

26. Na atividade **15**, você compreendeu que a propaganda visa provocar a ação do interlocutor e, para isso, muitas vezes faz uso da emoção. Para você, o anúncio publicitário da loja de artigos esportivos, lido no capítulo 1, procura influenciar o leitor por meio da emoção?

27. Qual dos dois anúncios mais mobilizou você? Justifique sua resposta.

28. Há outros gêneros publicitários que podem divulgar ideias e produtos. Cite um e comente as características dele.

CIDADANIA GLOBAL

ESPORTE PARA TODOS

A prática de atividade física é essencial para a saúde e para o bem-estar humanos. No entanto, se o sedentarismo é uma realidade em nosso país, também é fato que muitas crianças e adolescentes não praticam atividades esportivas mais pela falta de oportunidade do que pela falta de vontade.

1. O acesso ao esporte é um direito a ser garantido a todo cidadão brasileiro. Mas, segundo dados do Censo Escolar da Educação Básica (2020), 47% das escolas do Ensino Fundamental e do Ensino Médio não dispõem de nenhuma instalação para prática esportiva. Diante desse cenário, você acredita que todos têm igual acesso à prática de atividade física?

2. Acesse o recurso digital e responda: As pessoas com deficiência também têm o direito de praticar esportes. Você conhece algum dos esportes praticados pelas pessoas com deficiência retratadas nas imagens? Para você, qual é a importância do esporte na vida dessas pessoas?

3. Em sua opinião, o que pode ser feito para que mais pessoas com deficiência tenham acesso à prática de esportes?

PARA EXPLORAR

Likes e mais *likes*

Uma das propagandas mais vistas no *YouTube* foi criada por brasileiros. Intitulado "Dove Retratos da Real Beleza", o vídeo mostra que as mulheres são mais bonitas do que pensam e que costumam acentuar seus defeitos em vez de dar ênfase às suas qualidades.

Disponível em: https://www.youtube.com/watch?v=ABups4euCW4. Acesso em: 22 fev. 2023.

LÍNGUA EM ESTUDO

PROCESSOS DE FORMAÇÃO DE PALAVRAS: ONOMATOPEIA, ABREVIAÇÃO E SIGLA

ONOMATOPEIA

1. Leia esta tira.

Charles Schulz. *Snoopy 5*: posso fazer uma pergunta, professora?. Tradução: Cássia Zanon. Porto Alegre: L&PM Editores, 2014. p. 94.

a) Que palavra representa o som da batida de Marcie na mesa da colega?

b) O que significa a palavra *beep*? Por que ela foi dita repetidamente após a batida?

c) Essa tira foi traduzida do inglês para o português, mas foram mantidas as onomatopeias da língua original. Se você fosse traduzi-las, quais utilizaria?

Na tira, você viu que as palavras *bump* e *beep* foram utilizadas de modo repetido para representar sons. São as chamadas **onomatopeias**.

> **ANOTE AÍ!**
>
> As **onomatopeias** são palavras imitativas que buscam reproduzir, de forma aproximada, um **som** ou **ruído**: de um objeto, de um ser vivo, de um fenômeno natural, entre outros. Veja os exemplos: *tique-taque* (som de relógio) e *miau* (som de miado de gato).

ABREVIAÇÃO

2. Agora, leia este texto.

> **Quem somos**
>
> A Companhia do Metropolitano de São Paulo – Metrô foi constituída no dia 24 de abril de 1968. É controlada pelo Governo do Estado de São Paulo sob gestão da Secretaria de Estado dos Transportes Metropolitanos (STM). É responsável pela operação e expansão de rede metroviária e pelo planejamento de transporte metropolitano de passageiros da Região Metropolitana de São Paulo.

Secretaria de Estado dos Transportes Metropolitanos. Disponível em: https://www.metro.sp.gov.br/metro/institucional/quem-somos/index.aspx. Acesso em: 22 fev. 2023.

- Observe a palavra *Metrô* no início do texto e responda:

a) De qual palavra ela foi derivada?

b) A palavra *Metrô* passou pelo processo de abreviação. Qual é a vantagem de usarmos abreviações na comunicação do dia a dia?

> **ANOTE AÍ!**
>
> A **abreviação** é um dos processos de redução em que grafamos algumas **sílabas** de palavras. Veja os exemplos: *pneumático – pneu*; *motocicleta – moto*; *fotografia – foto*; *telefone – fone*.

RELACIONANDO

No universo da publicidade e no da propaganda é muito comum o uso de onomatopeias e abreviações, uma vez que os textos desses gêneros devem ser expressivos e, ao mesmo tempo, concisos. Você conhece outros gêneros que utilizam esses processos de formação de palavras?

SIGLA

3. Leia o texto a seguir, que introduz uma entrevista com os artistas Fábio Moon e Gabriel Bá para o jornal *Correio Braziliense*.

> Os irmãos Fábio Moon e Gabriel Bá já sabiam na adolescência que queriam viver de fazer quadrinhos. No Brasil, a tarefa de se sustentar com HQs não é das mais fáceis (na verdade impossível, dizem eles e outros tantos artistas). Para alcançar o objetivo, eles romperam fronteiras e construíram uma carreira internacional capaz de não só os sustentar, mas também de transformá-los em um dos principais nomes do quadrinho brasileiro. [...]

Alexandre de Paula. Irmãos Fábio Moon e Gabriel Bá adaptam obras literárias para HQ. *Correio Braziliense*, 22 ago. 2016. Disponível em: https://www.correiobraziliense.com.br/app/noticia/diversao-e-arte/2016/08/22/interna_diversao_arte,545276/irmaos-fabio-moon-e-gabriel-ba-adaptam-obras-literarias-para-hq.shtml. Acesso em: 22 fev. 2023.

▲ Irmãos Fábio Moon e Gabriel Bá. Foto de 2013.

a) O que significa HQ?
b) Caso não conheça a sigla, o leitor do texto consegue supor seu significado pelo contexto da notícia?

No texto apresentado, o repórter utilizou HQ para se referir ao gênero histórias em quadrinhos. O resultado desse processo de utilizar somente as iniciais de longos títulos é chamado de **sigla**. É muito comum esse tipo de redução em nomes de universidades, partidos políticos, instituições internacionais, etc.

> **ANOTE AÍ!**
>
> A **sigla** é uma palavra formada pelas **iniciais** de um longo título.
>
> Em relação à grafia, usam-se todas as **letras em maiúsculas** se a sigla tiver até três letras ou se tiver mais letras e sua leitura for soletrada: OAB (Ordem dos Advogados do Brasil), BNDES (Banco Nacional de Desenvolvimento Econômico e Social). Mas, se a sigla tiver mais de três letras e for pronunciada como uma palavra única, apenas a **primeira letra** é grafada em **maiúscula**: Detran (Departamento Estadual de Trânsito), Embrapa (Empresa Brasileira de Pesquisa Agropecuária).

OUTROS PROCESSOS DE FORMAÇÃO DE PALAVRAS

Abreviatura

Diferentemente da abreviação, as **abreviaturas** são reduções de palavras ou locuções na língua escrita por meio de letras ou sílabas seguidas de ponto-final abreviativo. Exemplos:

av. → avenida   subst. → substantivo   dr. → doutor

Hibridismo

O **hibridismo** é um processo de formação de palavras com elementos de línguas diferentes. Existem, na língua portuguesa, muitas palavras que foram criadas por esse processo e já se consolidaram no nosso idioma. Veja os exemplos a seguir, observando a origem de cada elemento das palavras.

socio + logia
latim + grego

bi + cicl + eta
latim + grego + francês
(ciclo) (-ette)

ATIVIDADES

Acompanhamento da aprendizagem

Retomar e compreender

1. Leia a tira e responda às questões.

Mauricio de Sousa. *Revista Cebolinha*, n. 59. Rio de Janeiro: Globo, 1991.

a) Localize as onomatopeias na tira e identifique o som que elas reproduzem.

b) O que confere humor à tira?

2. Leia o trecho do artigo a seguir.

> Quase todo mundo conhece a expressão "mimimi" da linguagem informal. Levei um tempo sem me interessar por seu uso, mas ela passou a ser tão presente em nosso cotidiano que decidi investigar.
>
> Minha curiosidade: de onde ela surgiu. Eu me espantei ao saber que ela surgiu do personagem Chaves, de um seriado antigo que terminou em 1980 e exaustivamente reprisado, cultuado até hoje. Chaves, um moleque órfão, sempre que contrariado, emitia esse som "mimimi" para indicar seu choro.
>
> [...]
>
> Rosely Sayão. Lidando com o "mimimi", enfrentar as adversidades da vida fortalece. *Folha de S.Paulo*, 29 nov. 2016. Disponível em: http://www1.folha.uol.com.br/colunas/roselysayao/2016/11/1836479-lidando-com-o-mimimi-enfrentar-as-adversidades-da-vida-fortalece.shtml. Acesso em: 22 fev. 2023.

a) Ao saber a origem de "mimimi", é possível classificá-la como onomatopeia?

b) Relacione essa expressão com a onomatopeia do último quadrinho da atividade **1**.

Aplicar

3. Leia este trecho de reportagem.

> **Mulheres e carros: quando elas melhoraram o automóvel que eles guiam**
>
> *Apesar do machismo que permeia o mercado automotivo, mulheres foram responsáveis por implementar inovações indispensáveis no carro que você dirige*
>
> Aquela história de que menina brinca de boneca e menino brinca de carrinho é tão arcaica como dar partida num automóvel com manivela. Mas fato é que as mulheres são protagonistas no mercado automotivo desde seu surgimento. [...].
>
> *Autopapo*. Disponível em: https://autopapo.uol.com.br/noticia/mulheres-e-carros/. Acesso em: 17 mar. 2023.

a) No título, há um equívoco sobre quem dirige. Identifique-o e reescreva o título corrigindo-o.

b) Sabendo que *automóvel* é uma palavra formada pelo processo de hibridismo, indique quais são as palavras utilizadas para formá-la.

c) Em sua opinião, que sentido tem a palavra *automóvel* originalmente?

286

A LÍNGUA NA REAL

PROCESSOS DE FORMAÇÃO DE PALAVRAS E EFEITOS HUMORÍSTICOS

1. Leia a tira e responda às questões a seguir.

Charles Schulz. *Snoopy*: primeiro de abril. São Paulo: Cosac Naify, 2010. p. 15.

a) Em que consiste o humor da tira?
b) O processo de formação de palavras utilizado por Lucy existe? Se sim, qual é?
c) Reescreva a fala do terceiro quadrinho, mantendo semelhança de sentido.

2. Leia um trecho do livro *O dariz*, de Olivier Douzou.

> Guando agordei esta banhã esdava gombletamente endupido. Zaí bra domar ar. Engontrei um bodão gue bensava zer um dariz e falou:
> — Dambém esdou endupido.
> Falei:
> — Se esdamos endupidos zó há uma goisa a fazer: engontrar um lenço e assoar.
> E foi assim gue a hisdória cobeçou.

Olivier Douzou. *O dariz*. Tradução: Paulo Neves. São Paulo: Cosac Naify, 2009.

a) O que o autor alterou em algumas palavras do texto? Que efeito isso provoca?
b) A grafia desses termos seguiu um processo de formação de palavras?

3. Leia o trecho da reportagem a seguir.

> ### Aos 80 anos, Ziraldo reúne em livro super-heróis com problemas humanos
>
> No desenho *O superasilo*, desenvolvido por Ziraldo [...], os famosos heróis dos quadrinhos americanos – Super-Homem, Batman, Fantasma, Capitão América e Tarzan – repousam enrugados e grisalhos em sua velhice, ancorados por bengalas, penicos e dentaduras. [...]
>
> De volta a *O superasilo*, a obra faz parte da compilação *Os Zeróis*, recém-lançada pela Globo Livros. [...] Os personagens, contudo, apesar de inspirados nos americanos, deixam de lado a invencibilidade, o vigor e a virilidade para aparecerem em situações não muito confortáveis, mostrando-se humanos demais, risíveis e falíveis, cheios de dúvidas e defeitos.

Correio Braziliense. Disponível em: https://www.correiobraziliense.com.br/app/noticia/diversao-e-arte/2012/11/16/interna_diversao_arte,334012/aos-80-anos-ziraldo-reune-em-livro-super-herois-com-problemas-humanos.shtml. Acesso em: 22 fev. 2023.

a) Que processo de formação origina a palavra *superasilo*?
b) Justifique o título *Os Zeróis*, considerando as informações da reportagem.
c) Comente o processo de formação do neologismo *Zeróis*.

ANOTE AÍ!

A fim de alcançar determinados **efeitos humorísticos**, muitos autores utilizam-se da grafia e dos processos de formação de palavras disponíveis no português para **criar novas palavras**.

ESCRITA EM PAUTA

O USO DE ASPAS

1. Leia este trecho de texto publicado no caderno de turismo de um jornal.

Cidades mineiras ficam ainda mais charmosas com o "friozim"

Não vai dar para esquiar, montar boneco de neve ou viver algum clichê de inverno retratado em filmes norte-americanos? Então, que tal pegar o carro, o ônibus ou o avião e seguir para Minas Gerais para curtir as férias de julho em meio às montanhas? Das românticas cidades a fontes de águas termais, o estado é repleto de tradicionais destinos para quem gostar de curtir, no bom mineirês, um "friozim".

Gustavo Perucci. *Correio Braziliense*, 26 jul. 2016. Disponível em: https://www.correiobraziliense.com.br/app/noticia/turismo/2016/07/26/interna_turismo,541139/cidades-mineiras-ficam-ainda-mais-charmosas-com-o-friozinho-deste-inve.shtml. Acesso em: 22 fev. 2023.

a) Em suas duas ocorrências, a palavra "friozim" é grafada entre aspas. Por que você acha que o autor do texto utilizou esse recurso?

b) Seguindo o mesmo raciocínio, "mineirês" poderia ser grafado entre aspas?

As aspas são um sinal de pontuação usado em diferentes contextos. No texto anterior, ele serve para destacar um neologismo, mas também pode identificar outras palavras, como arcaísmos ou gírias. Veja este exemplo:

Jogador da base do Inter confessa ser "gato" e rescinde contrato

O Inter perdeu uma das maiores promessas da base. O meia Fernando Baiano rescindiu o seu contrato. O motivo, porém, não é nada comum e é conhecido por "gato" — na gíria do futebol, quem adultera a idade. O jogador assumiu que utilizava os registros do irmão: Fernando da Conceição Amorim, 19 anos.

GZH Colorado. Disponível em: https://gauchazh.clicrbs.com.br/esportes/inter/noticia/2014/11/Jogador-da-base-do-Inter-confessa-ser-gato-e-rescinde-contrato-4646011.html. Acesso em: 22 fev. 2023.

De modo geral, as aspas também são utilizadas para indicar:

- **Citação direta** e **diálogos**, marcando a alteração de interlocutor (nesse caso, podem ser substituídas pelo travessão). Veja uma citação:

Em Monte Verde, distrito de Camanducaia (MG), as reservas estão praticamente esgotadas para o primeiro fim de semana da nova estação. [...] "Apesar da crise, estamos com uma boa expectativa para a temporada", diz o presidente do Conselho Municipal de Turismo, Gustavo Arrais. "Julho é o mês mais forte para nós e o número de visitantes costuma ser 70% maior", relata.

Daniela Ayres. Chegada do inverno "aquece" o mercado de turismo no sul de Minas. *G1*, 26 jun. 2015. Disponível em: http://g1.globo.com/mg/sul-de-minas/noticia/2015/06/chegada-do-inverno-aquece-o-mercado-de-turismo-no-sul-de-minas.html. Acesso em: 22 fev. 2023.

- Destaque de **título de uma obra**.

A partir deste sábado (1), o Instituto Tomie Ohtake recebe a exposição "O céu ainda é azul, você sabe...", que pretende mostrar o que define a carreira de Yoko Ono.

Instituto Tomie Ohtake recebe exposição sobre Yoko Ono. *G1*, 1º abr. 2017. Disponível em: https://g1.globo.com/sao-paulo/noticia/instituto-tomie-ohtake-recebe-exposicao-sobre-yoko-ono.ghtml. Acesso em: 22 fev. 2023.

PARA EXPLORAR

Instituto Tomie Ohtake

Inaugurado em 2001, o Instituto foi projetado para receber exposições de artes plásticas. Além das exibições, há cursos e debates no local, que fica na zona oeste da cidade de São Paulo. Visite o *site* e conheça mais sobre o Instituto.

Disponível em: https://www.institutotomieohtake.org.br/. Acesso em: 22 fev. 2023.

- **Caráter irônico** de uma palavra ou expressão.

> João era um menino muito "responsável". Tudo o que acontecia de ruim na vila onde morava era responsabilidade dele. Quando chega a notícia de que sete gigantes, cada um com uma particularidade [...], rondam o local, ele parte numa corajosa missão de combate, na companhia de uma simpática vaca.
>
> Sam Swope. *João e os sete gigantes mortais*. Tradução: Maria Guimarães. São Paulo: Cosac Naify, 2008. (quarta capa).

Associamos o adjetivo *responsável* a alguém que tem responsabilidade. No texto anterior, no entanto, ele foi empregado com sentido contrário, negando a responsabilidade sugerida pelo sentido do vocábulo usado. O esclarecimento se dá na sequência, na frase que sucede a palavra entre aspas.

2. Agora leia este trecho de notícia e justifique, no caderno, o uso das aspas.

> **Passados 30 anos da primeira vitória, nome de Senna reaparece com força em Mônaco**
>
> É difícil desvincular o nome de Ayrton Senna do GP de Mônaco, o maior vencedor da corrida, que não conta com nenhum sucessor à altura no momento. [...]
>
> Assistir hoje ao GP de Mônaco de 1987 é um exercício de nostalgia. [...] Das seis vitórias do brasileiro no principado, esta é uma das mais "tranquilas". [...]
>
> Vitória "tranquila", entre aspas, claro: numa época de marchas trocadas a mão, em alavancas de câmbio não sequenciais, carros mais imprevisíveis e com ainda mais muros para se bater em Monte Carlo, esse não era o melhor adjetivo para se qualificar um triunfo no circuito.
>
> Daniel Médici. *Folha de S.Paulo*, 26 maio 2017. Disponível em: http://grid.blogfolha.uol.com.br/2017/05/26/passados-30-anos-da-primeira-vitoria-nome-de-senna-reaparece-com-forca-em-monaco/. Acesso em: 22 fev. 2023.

3. Leia a tira a seguir.

Cibele Santos. *Conspiração*. Acervo da autora.

- Por que as aspas foram utilizadas na palavra *acidentalmente*?

ETC. E TAL

Pode um museu conservar uma língua?

Há quem diga que sim. Há quem diga que não. Mas será mesmo que a função do museu é conservar? A palavra *museu* tem origem no grego *mouseion*, cujo significado é "templo ou morada das musas, as que inspiram a criação artística". Assim, o museu seria um local que abriga itens de valor cultural e histórico. E a língua, por acaso, não é um imenso patrimônio de um povo?

AGORA É COM VOCÊ!

ELABORAÇÃO DE CAMPANHA DE PROPAGANDA

PROCESSO DE CRIAÇÃO DE UMA CAMPANHA

Apesar de, muitas vezes, *publicidade* e *propaganda* serem palavras utilizadas como sinônimos, ao longo dos capítulos, você pôde notar as particularidades de um anúncio publicitário e de um anúncio de propaganda. Agora, você vai conhecer como se estruturam as agências que produzem esses anúncios e, principalmente, como é o processo criativo de uma campanha.

Em uma agência de publicidade e propaganda, todos os departamentos trabalham em parceria para a formulação de um anúncio que visa atender um cliente. Os principais departamentos de uma agência são: Atendimento, Pesquisa, Planejamento, Criação, Produção e Mídia.

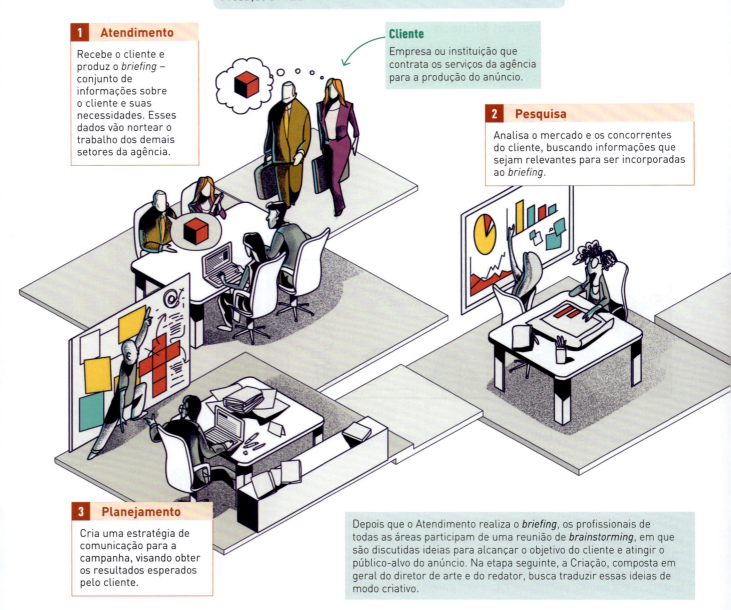

1 Atendimento
Recebe o cliente e produz o *briefing* – conjunto de informações sobre o cliente e suas necessidades. Esses dados vão nortear o trabalho dos demais setores da agência.

Cliente
Empresa ou instituição que contrata os serviços da agência para a produção do anúncio.

2 Pesquisa
Analisa o mercado e os concorrentes do cliente, buscando informações que sejam relevantes para ser incorporadas ao *briefing*.

3 Planejamento
Cria uma estratégia de comunicação para a campanha, visando obter os resultados esperados pelo cliente.

Depois que o Atendimento realiza o *briefing*, os profissionais de todas as áreas participam de uma reunião de *brainstorming*, em que são discutidas ideias para alcançar o objetivo do cliente e atingir o público-alvo do anúncio. Na etapa seguinte, a Criação, composta em geral do diretor de arte e do redator, busca traduzir essas ideias de modo criativo.

4 Criação

Cria o conteúdo e o visual do anúncio de acordo com as diretrizes estabelecidas na reunião de *brainstorming*. Podem ser criadas peças para televisão, mídias impressas, mídias digitais, materiais promocionais, *banners*, panfletos e cartazes.

Tipografia

A aparência das letras que vão compor o anúncio confere forma ao texto, dando "corpo" à mensagem. De acordo com a escolha tipográfica, é possível expressar seriedade, elegância, objetividade, entre outros aspectos.

Cores

A escolha das cores pode criar uma atmosfera para a mensagem, causando diferentes sentimentos no público: alegria, frieza, desejo, confiança, entre outros.

Imagens

As imagens (ilustrações, fotografias, grafismos), tão frequentes nos anúncios, transmitem ideias e sensações, dando sentido à mensagem sem o uso de palavras.

Redator

Profissional que cria um texto impactante e de rápida compreensão para despertar o interesse e a curiosidade do público-alvo e envolvê-lo emocionalmente.

Diretor de arte

Profissional que define o visual da campanha, constituído pelas fontes tipográficas, cores, imagens e pela composição do anúncio.

5 Produção

Viabiliza a produção dos anúncios e de todos os materiais da campanha, definindo os fornecedores e supervisionando os serviços prestados por terceiros.

6 Mídia

Planeja e elabora as estratégias de divulgação da campanha: escolhe os horários em que serão divulgados os comerciais de televisão, define os veículos de comunicação em que serão divulgados os anúncios, bem como os locais em que serão afixados cartazes e *outdoors*, etc.

Para validar a campanha, os profissionais de publicidade e propaganda apresentam o trabalho final ao cliente, explicando o conceito da campanha – do visual das peças à escolha dos canais de divulgação. As informações dadas pelo cliente e as apuradas pelos profissionais envolvidos sustentam a defesa da campanha.

Fontes de pesquisa:
- Ellen Lupton; Jennifer C. Phillips. *Novos fundamentos do design*. 2. ed. São Paulo: Cosac Naify, 2015.
- Ellen Lupton. *Pensar com tipos*. São Paulo: Cosac Naify, 2006.

Ilustrações: Pingado Sociedade Ilustrativa/ID/BR

Proposta

Você viu quais são as etapas de produção de uma campanha em uma agência. Agora é sua vez de produzir uma campanha para mobilizar a comunidade escolar a participar de uma corrida beneficente cujo objetivo é promover melhorias na escola. A turma será dividida em três grupos e cada um ficará responsável por uma peça da campanha.

GÊNERO	PÚBLICO	OBJETIVO	CIRCULAÇÃO
Peças de uma campanha de propaganda	Comunidade escolar	Divulgar uma corrida beneficente para promover melhorias na escola	Locais de destaque da escola e internet

Planejamento e elaboração

Acessem o recurso digital antes de planejar as peças de campanha de vocês. Com base nele, que tipografia e cores poderiam ser incorporadas na campanha, considerando o efeito que se deseja criar no público? De que modo esses recursos podem sensibilizá-lo?

1 Antes de começar a pensar nas peças da campanha, é preciso definir como será o evento beneficente divulgado por ela.
- Onde e quando será realizada a corrida?
- Quem poderá participar dela?
- Como e até quando será feita a inscrição?
- Qual será a taxa de inscrição? Os participantes terão de doar material escolar, material de construção ou será feito outro modelo de inscrição?

2 Pensem no público-alvo: nas características, nos gostos, nas necessidades e práticas dele, etc. Registrem todas as informações no caderno.

3 Definam coletivamente a mensagem que pretendem divulgar. Lembrem-se de que vocês precisarão de um bom argumento.
- Que recursos vão utilizar para sensibilizar os leitores?
- Vão abordar, prioritariamente, as melhorias de que a escola precisa e como cada um pode ajudar participando da corrida ou vão listar os benefícios desse exercício físico para o bem-estar individual?

4 Levantem possíveis ideias para a campanha. Pensem na linguagem adequada para o público-alvo, listem imagens, jogos de ideias, associações de universos distintos (como o que você estudou no anúncio da Move Brasil). Anotem tudo no caderno, para não perder nenhuma sugestão.

5 Após esse exercício de *brainstorming*, elejam coletivamente a melhor ideia e comecem a dar forma a ela. Lembrem-se de que a mesma ideia será trabalhada em anúncios de formatos diferentes, que precisam estar articulados.
- Escolham as imagens: vocês podem usar fotografias já existentes, tirar fotos novas, produzidas especialmente para esse fim, apropriar-se de ilustrações, fazer colagens, etc.
- Comecem a pensar também na propaganda em vídeo que produzirão. Ela deverá dialogar com o cartaz e o *banner*, que apresentam imagens estáticas.
- Ao selecionar ou produzir imagens, verifiquem se as cores estão em sintonia com a mensagem que querem transmitir ao público-alvo.
- Redijam o texto verbal principal que acompanhará a imagem. Ele fará um contraponto com ela ou vai simplesmente reforçá-la? Ele se dirigirá explicitamente ao leitor, com verbos no imperativo, ou terá uma abordagem mais sutil?
- Além do título, criem um *slogan* que dialogue com o conteúdo dos anúncios e um logotipo para a corrida.

6 Definidos todos esses elementos, é hora de montar o cartaz, o *banner* e o vídeo da campanha. Organizem-se em três grandes grupos. Cada grupo será responsável por uma das peças de propaganda, com o auxílio do professor. Na produção, considerem os seguintes aspectos:

- Embora produzidos por grupos diferentes, os anúncios devem manter uma unidade e, em conjunto, chamar a atenção dos leitores.

- No caso do cartaz e do *banner*, certifiquem-se de que o texto escrito esteja legível, e a imagem, visível. Lembrem-se de que a disposição dos elementos e a escolha de fontes também contribuem para uma comunicação assertiva.

- Atentem para a composição entre imagem e texto verbal. Ela produz efeitos de sentido na leitura das informações? No caso do vídeo, considerem igualmente a trilha sonora e a edição das imagens.

7 Antes de seguir para a etapa de avaliação e possível refação das peças, os grupos deverão se reunir e apresentá-las uns aos outros, para garantir a identidade entre elas, tornando a campanha coerente e eficaz.

Avaliação

MÚLTIPLAS LINGUAGENS

1. Observe novamente o anúncio do início do capítulo 2. Em sua opinião, como ele consegue construir efeitos de sentido de impacto com pouco texto verbal?

2. Assista ao vídeo da campanha Move Brasil, indicado no boxe *Para explorar* da subseção *A linguagem do texto*, do capítulo 2. A ordem em que as imagens são apresentadas contribui para o impacto causado pela mensagem principal?

Nas três peças de propaganda que serão produzidas, a comunicação entre linguagem verbal e linguagem não verbal deve provocar o impacto desejado.

1 Individualmente, cada integrante do grupo deve copiar o quadro a seguir no caderno e responder às questões com base na peça que seu grupo produziu.

ELEMENTOS DA CAMPANHA DE PROPAGANDA
A campanha apresenta uma mensagem principal atraente?
As linguagens verbal e não verbal estão articuladas com intenção persuasiva?
A campanha está adequada ao público-alvo?
As peças elaboradas articulam-se uma à outra, compondo a campanha?

2 Depois de avaliar o anúncio produzido pelo seu grupo, reúna-se novamente com os colegas e comparem suas respostas, debatendo os pontos de discordância. Façam as alterações necessárias para aperfeiçoar o anúncio.

Circulação

1 Antes de publicar os anúncios de propaganda elaborados, cada grupo deve apresentar sua peça para a turma e para o professor, fazendo uma defesa da contribuição dela para a campanha como um todo.

2 Em seguida, cópias do cartaz devem ser afixadas em locais de destaque na escola, de acordo com a orientação do professor.

3 O *banner* e o vídeo devem ser publicados no *site* e na rede social da escola ou dos estudantes, com a aprovação dos responsáveis.

293

ATIVIDADES INTEGRADAS

Observe atentamente o anúncio a seguir, criado para divulgar uma biblioteca musical *on-line*. Depois, responda às questões.

* 1 minuto de esteira = 10 calorias e 1 música = 3,5 minutos em média.
** Para assinantes UOL a versão Premium é grátis por 60 dias. Para os demais usuários a versão Premium é grátis por 30 dias. Após o período de degustação, a versão Premium custará R$ 14,90/mês.

Anúncio promovido pelo UOL (Universo *On-line*) Música.

> **Acompanhamento da aprendizagem**

Analisar e verificar

1. Esse é um anúncio publicitário ou um anúncio de propaganda? Justifique.

2. Relacione a linguagem verbal à linguagem não verbal no anúncio. Como elas dialogam? A imagem reforça o texto verbal ou o contradiz?

3. O anúncio foi publicado na revista de entretenimento *Rolling Stone*, que tem a música como carro-chefe, mas que também aborda temas como comportamento, moda, tecnologia e crítica sociopolítica.

    a) Qual é o público-alvo do anúncio?

    b) Levando em conta o serviço anunciado, você acha que veiculá-lo nessa revista foi uma escolha coerente? Quais outros veículos seriam adequados à publicação dele? Justifique sua resposta.

4. O anúncio dialoga explicitamente com o leitor. Que marcas evidenciam essa interação?

5. No canto superior direito do anúncio, há uma proposta feita ao leitor, que utiliza três verbos no modo imperativo: *acesse*, *experimente* e *ouça*. Em relação a isso, responda:

    a) O que o anúncio sugere ao leitor com o emprego desse modo verbal na proposta?

    b) Em sua opinião, o prazo dado (60 dias) e a informação de que esse período é "grátis" tornam a proposta menos ou mais convidativa? Por quê?

    c) Em seu modo de entender, com que intenção é oferecido um período de "degustação do serviço" anunciado?

6. Em dois momentos, o anúncio traz um asterisco e, em letras miúdas, esclarece as informações apresentadas. Caso o leitor não leia os dados acrescentados no rodapé do anúncio, ele pode entender a mensagem de uma forma equivocada? Explique.

7. A argumentação desenvolvida no anúncio publicitário analisado sustenta-se principalmente em números. Em sua opinião, esses dados numéricos apresentados têm força para convencer o leitor?

8. A palavra *premium* significa "prêmio", em português. Por que você acha que os produtores do anúncio optaram pela versão em inglês?

9. Explique o processo de formação da palavra *off-line*.

10. O anúncio traz também uma sigla. Qual é ela?

Criar

11. O anúncio do UOL Música Deezer não possui *slogan*. Crie um *slogan* para ele.

12. O público-alvo desse anúncio são pessoas que gostam de música e que praticam atividade física. E se esse público-alvo fosse alterado? Por exemplo, se, em vez de esportistas, o anúncio se direcionasse a pessoas que gastam muitas horas no deslocamento de casa para o trabalho e vice-versa? Reescreva o texto verbal adaptando-o a esse novo público, mantendo o destaque para a quantidade de músicas disponível na plataforma. Por fim, selecione uma imagem que chame a atenção desse público.

13. Com base nas questões discutidas nesta unidade, converse com a turma a respeito da importância da ética na criação dos anúncios de publicidade e anúncios de propaganda.

CIDADANIA GLOBAL
UNIDADE 8

3 SAÚDE E BEM-ESTAR

Retomando o tema

Nesta unidade, você e os colegas estudaram a importância da prática de esportes para a saúde e o bem-estar. Viram também os desafios para garantir o acesso de todas as pessoas a essas práticas. Em trios, vocês vão refletir sobre como isso se dá no bairro ou na cidade onde moram.

1. Como são as instalações para práticas esportivas nas diferentes escolas do bairro ou da cidade em que vocês moram? Há quadras esportivas em todas elas?
2. Como é a realidade da inclusão de pessoas com deficiência no esporte na cidade ou no bairro em que você mora? Há profissionais capacitados e espaços adequados para a prática de esportes por pessoas com deficiência?
3. Como seria possível melhorar as situações levantadas por vocês? Que órgãos do poder público, organizações da sociedade civil ou instituições privadas poderiam ser acionados para resolver os problemas?

Geração da mudança

A fim de promover uma mudança no bairro ou na cidade, após a observação dos problemas locais, ainda em trios, sigam estes passos:

- Escolham um entre os problemas identificados por vocês e escrevam uma carta aberta ao órgão do poder público, à organização da sociedade civil ou instituição privada que tem competência para resolver ou auxiliar na resolução do problema.
- Ao escrever a carta, contemplem os itens: cidade e data; cumprimento à pessoa da instituição que lerá a carta; apresentação do contexto em que a carta está sendo escrita e de vocês, os estudantes autores da carta; apresentação do problema com argumentação sobre a importância de resolver o problema, relacionando-o à busca pela saúde e bem-estar; sugestão de ação para resolução do problema; agradecimento pela atenção e comunicação de expectativa de resposta quanto à proposta; despedida e assinatura.
- Revisem a primeira versão da carta e façam as correções necessárias.
- Busquem informações sobre possibilidades de envio físico (correios) ou digital (*e-mail*) da carta. Em seguida, imprimam a carta, afixem-na no mural da escola ou a publiquem no *site* da escola.

Autoavaliação

Estela Carregalo/ID/BR

296

INTERAÇÃO

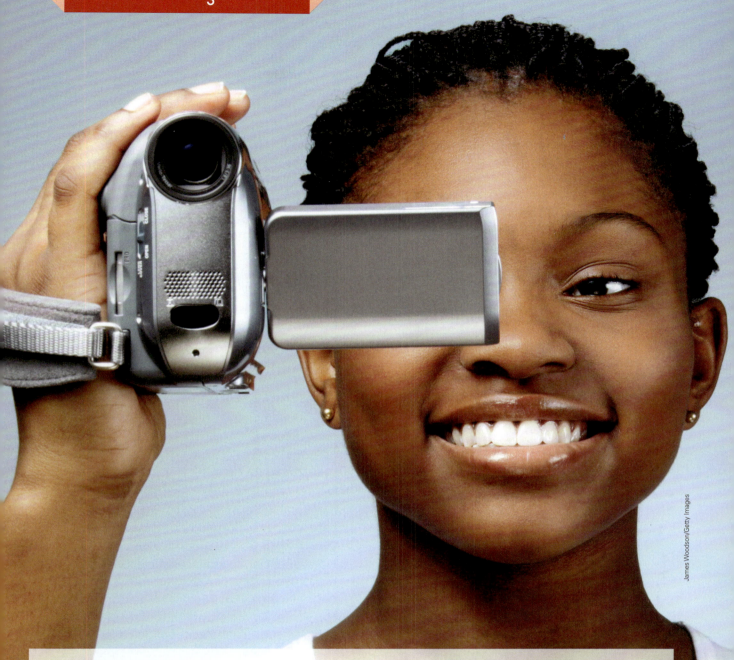

CANAL DE **VÍDEOS**

Os canais de vídeos tornaram-se uma forma acessível de disseminação de conteúdo, reunindo tutoriais, entrevistas, paródias, esquetes de humor, resenhas críticas, etc. Nesta seção, vocês vão planejar, produzir, editar e publicar uma série de vídeos em um canal inteiramente criado por vocês.

As primeiras décadas do século XXI assistiram a grandes modificações no modo de produzir, disponibilizar e acessar conteúdos. Se antes o fluxo de comunicação ocorria de poucos para muitos – como era o caso da TV, do rádio e da mídia impressa com seus espectadores, ouvintes e leitores –, o que temos hoje com a internet e as diversas mídias digitais é uma rede de comunicação de muitos para muitos, em que todos podem, em alguma medida, assumir o papel de produtores e divulgadores de conteúdo.

Em decorrência desse processo, o grande volume de informação disponível, com frequência, não significa informação de qualidade e confiável. Por isso, a facilidade em disponibilizar e propagar informações aumenta a necessidade de produzir e disseminar conteúdo de modo crítico, ético e responsável. Considerados esses critérios, os vídeos podem ser uma poderosa ferramenta de divulgação de conhecimentos e de criação de uma relação empática com o público-alvo.

Neste projeto, vocês vão planejar, produzir, editar, disponibilizar e divulgar uma série de vídeos autorais. O que vocês têm a dizer? A quem vocês querem dar voz? Que impacto desejam causar na sociedade? Responder a essas perguntas será uma etapa fundamental no processo de construção do canal de vídeos que será criado por vocês.

Objetivos

- Criar um canal de vídeos a ser divulgado para a comunidade escolar.
- Conhecer e analisar alguns dos principais formatos de vídeos e de canais de vídeos existentes na internet.
- Refletir sobre os critérios éticos, técnicos e estéticos a ser levados em conta durante a produção de vídeos para um canal.
- Definir uma linha editorial para o canal de vídeos e planejar uma série de vídeos ao longo do semestre.
- Planejar, produzir, editar, disponibilizar e divulgar, nas datas programadas, os vídeos criados pela turma.

Planejamento

Organização da turma

- Na Parte I, vocês vão trabalhar, alternadamente, em grupos e com toda a turma, para conhecer formatos de vídeos e de canais de vídeos.
- Na sequência, deverão refletir sobre critérios a ser considerados durante a produção de um canal de vídeos.
- Na Parte III, coletivamente, vocês vão definir e criar a linha editorial do canal de vídeos de vocês.
- Depois, novamente organizados em grupos, cuidarão do planejamento e da produção dos vídeos que devem alimentar o canal, seguindo um cronograma definido com o professor.
  - Por fim, divulgarão o canal de vídeos para toda a comunidade escolar e, coletivamente, avaliarão o processo de criação do canal.

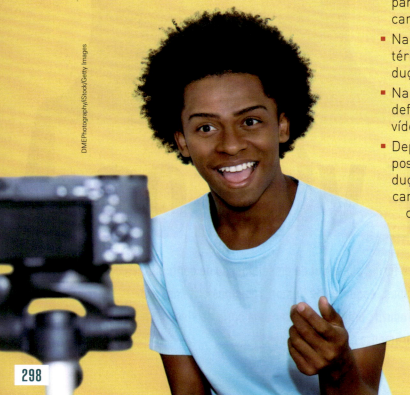

Procedimentos

Parte I – Análise de canais de vídeos

1 Antes de dar início a qualquer produção, é bom analisar trabalhos semelhantes ao que se pretende elaborar para saber os caminhos válidos a seguir. Não poderia ser diferente com a criação de um canal de vídeos. Por isso, combinem com o professor um dia para conversar sobre as expectativas a respeito da produção do canal da turma. Durante essa discussão, escolham alguns canais já existentes para analisar, de preferência aqueles que apresentam conteúdo semelhante ao que vocês pretendem divulgar.

2 Para escolher os canais que serão analisados, organizem-se em grupos. É interessante que, na turma, existam no mínimo três e no máximo cinco grupos. Cada grupo deve analisar de um a dois canais de vídeos.

3 Parte importante da análise de canais de vídeos é compreender como eles foram produzidos, qual é o principal conteúdo ou a intenção deles e qual público pretendem alcançar. Essa é uma missão que os grupos levarão para casa. As questões a seguir podem auxiliá-los.

- Qual é o título do canal e qual é a relação dele com o conteúdo dos vídeos?

- O título chama a atenção e instiga as pessoas a se interessar pelas informações do canal?

- Qual é a principal finalidade dos vídeos do canal: Entreter/divertir? Informar/fazer refletir? Ensinar a fazer algo?

- Que elementos presentes no canal de vídeos selecionado permitem identificar sua finalidade?

- Qual é a relevância dos assuntos tratados no canal a ponto de torná-lo interessante para quem assiste a ele?

- Quantos inscritos o canal tem?

- O canal é apresentado por alguém? Se sim, por quem? Que características essa pessoa apresenta nos vídeos?

- Quantas pessoas, em média, aparecem nos vídeos do canal?

- Os vídeos apresentam um título que mostre objetivamente o que será apresentado?

- Qual é, em média, a duração de cada vídeo? Vocês consideram essa média boa ou ruim?

- Qual é, em geral, o cenário dos vídeos? Que objetos são apresentados neles?

- De que forma o cenário está relacionado com o conteúdo de cada vídeo?

- Como é a qualidade das imagens e do áudio dos vídeos? Há muitos ruídos durante a exibição dos conteúdos?

- Aparentemente, há um roteiro rígido sendo seguido ou maior liberdade para improvisar durante a gravação? De que forma isso fica evidente?

- São utilizados recursos especiais na edição dos vídeos, como efeitos visuais ou sonoros, cortes, legendas, vinhetas, músicas, etc.?

- Que informações aparecem nos créditos dos vídeos? Há muitas pessoas que colaboram para a criação e o desenvolvimento do canal?

- Qual é a média de visualizações por vídeo que o canal apresenta?

4 Em outra data, combinada entre a turma e o professor, compartilhem com os colegas o resultado da análise que vocês fizeram sobre os canais escolhidos. Aproveitem para comparar os resultados e listar alguns dos principais formatos de vídeos e canais existentes.

5 Por fim, consolidem a formação dos grupos, que deve continuar a mesma até o fim do projeto.

299

Parte II – Análise de critérios na produção de vídeos

1. Com base no que foi observado nos canais analisados, discutam os critérios que vocês consideram relevantes para a produção dos vídeos. A escolha desses critérios está relacionada à intenção do canal de vocês para com o público. Vejam algumas sugestões de itens para discutir.

   - **Critérios éticos**: não divulgar informações inverídicas, ofensivas ou difamatórias. Isso é importante, pois todas as pessoas merecem ser respeitadas e ter sua dignidade assegurada. Para conseguir isso, é necessário sempre checar as informações que se deseja divulgar.
   - **Critérios técnicos**: zelar pela qualidade do áudio e da imagem, fazendo estudos prévios de luz e de som, a fim de que as pessoas possam ver e ouvir muito bem os conteúdos. Para que isso aconteça, é preciso usar corretamente os programas de edição e filmar em um local adequado, livre de barulhos e com uma boa luminosidade.
   - **Critérios estéticos**: recorrer a elementos que criem uma identidade para o canal, como nome, vinheta, bordões, etc. Esses recursos chamam a atenção e costumam ficar na lembrança das pessoas. Por isso, precisam ser chamativos, envolventes e fáceis de memorizar.

2. Após o debate, listem os critérios considerados mais importantes para a produção dos vídeos e que merecem a atenção de vocês ao produzir o canal.

Parte III – Definição da linha editorial

1. Até esta etapa, vocês já refletiram sobre aspectos muito importantes e que os ajudaram a decidir que critérios guiarão a criação do canal de vídeos da turma. Com esses critérios em mente e com as inspirações que surgiram durante a análise dos vídeos de outros canais, é chegado o momento de definir a linha editorial do canal de vocês.

   > É a linha editorial que indica os temas que serão tratados no canal e os valores que devem influenciar na elaboração dos vídeos. Em outras palavras, é com base na linha editorial que vocês vão definir os assuntos que ganharão maior atenção e a maneira como eles serão apresentados ao público.

2. Como o canal vai ser de toda a turma, é importante que os assuntos sejam da escolha da maioria. Algumas sugestões são: *games*, culinária, vida de adolescente, curiosidades, meio ambiente, livros e filmes, música, entre outras.

3. Se necessário, façam uma votação para escolher o tema. Não deixem de considerar que um só assunto pode se expandir para vários outros. Ao escolher falar sobre livros e filmes, por exemplo, vocês podem elaborar um vídeo sobre *games* que viraram filmes. É, inclusive, muito importante que o assunto definido permita abordar temas variados, para que o canal possa ser alimentado constantemente.

YanLev/Shutterstock.com/ID/BR

Parte IV – Planejamento e produção dos vídeos

1 A turma deve ser novamente organizada em grupos. Levando em conta o tempo disponível para a produção e a divulgação de cada vídeo, criem um cronograma prevendo as datas de cada etapa.

2 Cada grupo deverá produzir um vídeo para ser postado no canal da turma. Assim, com base nas definições anteriores, façam um planejamento geral do conteúdo que será exposto. Lembrem-se de que o conteúdo definido precisa estar de acordo com o assunto escolhido anteriormente e a linha editorial do canal.

3 O tema escolhido por vocês tem várias abordagens possíveis, vários pontos de vista e formas de ser tratado ou discutido. Nesse caso, é importante definir um caminho e buscar informações sobre o assunto para elaborar o roteiro do vídeo.

4 Organizem, passo a passo, o que vocês desejam apresentar e listem todos os recursos necessários para produzir o vídeo.

> Para a elaboração do vídeo destinado ao canal, procurem formular um **roteiro técnico**, ou seja, um roteiro que, além dos diálogos, contenha orientações técnicas relativas ao cenário, à iluminação, aos elementos sonoros, etc. Nesse momento, não se preocupem com o formato do roteiro. O importante é que todos da equipe estejam cientes do que devem fazer no momento da filmagem.

5 Definam os membros do grupo que serão responsáveis por desempenhar cada uma das funções previstas na produção: apresentador, roteirista, produtor, técnico de áudio, figurinista, diretor, etc.

6 Caso planejem utilizar imagens e depoimentos de pessoas, elaborem um termo de consentimento a ser assinado por elas.

7 Distribuam as tarefas e façam reuniões semanais para atualizar o *status* do cronograma de produção, trocar informações e rever o planejamento, se necessário.

8 Antes de começar a gravar, é preciso combinar as datas e os horários de filmagem e verificar se todos os equipamentos estão disponíveis e se o cenário e o figurino estão prontos. Ainda mais importante é verificar se os colegas que participarão dos vídeos ensaiaram o roteiro, prestando atenção na entonação de voz, na postura, na respiração, na linguagem empregada, etc.

9 Na sequência, os vídeos serão gravados. Antes que isso aconteça, é importante que os grupos comentem uns com os outros suas propostas para os vídeos, a fim de evitar repetição de conteúdos.

10 É recomendável que cada grupo defina o dia de gravação e o local onde farão o vídeo, evitando barulhos externos para que a atividade seja bem-sucedida. Continuem compartilhando essas informações com os outros grupos.

11 Definam de que maneira farão a gravação: com a filmadora ou com o celular. Após a filmagem, vocês deverão baixar o vídeo no computador para editá-lo e, em seguida, compartilhar no canal.

12 Após todos realizarem as gravações, é importante assistir aos vídeos para a análise das produções e para que a edição comece a ser pensada.

13 Caso considerem interessante, reúnam os grupos para realizar essa análise e, com a ajuda do professor, façam a edição do vídeo, pensando em informações que ainda podem ser incluídas, como: vinheta, título do vídeo, efeitos sonoros e visuais, etc.

> Atualmente, há diversos **editores de vídeo** disponíveis, e muitos deles são bem mais simples do que a grande maioria imagina. É claro que alguns também apresentam funções profissionais e complexas, mas o importante é focar no que vocês conseguem fazer no momento. Com uma busca rápida na internet, vocês encontrarão *softwares* de edição de vídeos gratuitos, de bom desempenho e de fácil manejo!

Compartilhamento

1. Quando os vídeos estiverem prontos, é hora de publicá-los. Com a ajuda do professor, definam em qual plataforma de vídeo vocês abrirão um canal.
2. Escolham um nome para o canal e uma imagem que representará o trabalho de vocês. Essa imagem pode ser colocada no papel de parede ou no perfil do canal.
3. Editem a página do canal de vocês tendo em mente, principalmente, a necessidade de deixar as informações mais importantes acessíveis ao público. Junto de cada vídeo publicado, por exemplo, é importante haver uma descrição do conteúdo que será exibido. Se possível, exponham o projeto que levou a turma a lançar o canal.
4. Publiquem os vídeos e, coletivamente, definam uma estratégia de divulgação do canal. Vocês podem começar essa divulgação por meio das redes sociais, no *site*, no *blog* ou no jornal da escola.
5. Definam também uma data para que a turma assista a todos os vídeos, já devidamente editados, produzidos pelos grupos.

Avaliação

1. O projeto do canal de vídeos contou com a contribuição da turma inteira e com o trabalho em grupo em todas as suas etapas. Portanto, é natural que a avaliação da experiência seja realizada da mesma maneira. Em uma roda de conversa, discutam sobre as questões a seguir.
2. Os canais de vídeos analisados na *Parte I* ajudaram a realizar a produção dos vídeos e do canal da turma?
3. Os debates em sala de aula auxiliaram na definição de um tema para o canal de vídeos?
4. O roteiro produzido facilitou a organização e a definição do que foi explorado e apresentado no canal?
5. O canal de vídeos produzido pela turma seguiu uma linha editorial bem-definida e organizada?
6. Durante o projeto, todos colaboraram para que os vídeos e o canal fossem produzidos?
7. Os vídeos foram editados de acordo com a necessidade observada por toda a turma?
8. Houve dificuldades durante a execução do projeto? Em caso afirmativo, quais foram elas e como vocês as contornaram?
9. Em que medida o resultado final dos vídeos atendeu aos critérios éticos, técnicos e estéticos definidos pela turma?
10. Qual foi o impacto dos vídeos produzidos, após serem divulgados para a comunidade escolar? Qual foi a receptividade do público na internet?
11. Após participar deste projeto, vocês se tornaram mais críticos a respeito dos canais de vídeos existentes? Em caso positivo, o que mudou e por quê?
12. O que funcionou bem durante o projeto e poderia ser replicado em uma nova iniciativa?
13. O que mereceria ser revisto no trabalho desenvolvido por vocês?

INTERAÇÃO

CINECLUBE

A arte cinematográfica, além de proporcionar diversão e entretenimento, pode contribuir para ampliar nossa capacidade de apreciação estética, reflexão crítica e produção de saberes diversos. Ao organizar um cineclube na escola, vocês terão a oportunidade de explorar esse potencial e de compartilhar a experiência com a comunidade.

Muitas vezes, assistimos a um filme para nos entreter e passar um tempo agradável. Não há nada de errado com isso, mas é preciso reconhecer que a arte cinematográfica proporciona uma experiência mais ampla.

Com o cinema, temos acesso a muitas e variadas narrativas – reais, ficcionais ou que desafiam as fronteiras entre realidade e ficção. Ao entrar em contato com diferentes pontos de vista sobre os mesmos fatos e com diferentes formas de contar histórias (com todos os recursos próprios da linguagem audiovisual), conhecemos diferentes culturas e ampliamos nosso repertório de imagens.

Todas essas vivências nos permitem aguçar o olhar para a realidade que nos cerca e pensar sobre a condição humana de forma mais crítica e abrangente. Além disso, possibilitam a aproximação de outras culturas e outros modos de vida com mais respeito e compreensão.

Neste projeto, vocês vão se inspirar em uma iniciativa que, no Brasil, contribuiu para a formação de cineastas e cinéfilos: os cineclubes. Com isso, vão organizar um espaço para exibir os filmes e debatê-los com a comunidade escolar.

Objetivos

- Conhecer a história do cinema, alguns dos profissionais que dão vida aos filmes e as características da linguagem cinematográfica.
- Selecionar e compartilhar com os colegas filmes considerados significativos.
- Analisar e discutir os filmes escolhidos considerando diferentes aspectos das produções cinematográficas.
- Organizar um espaço regular para exibição e discussão de filmes na escola.
- Divulgar a exibição dos filmes e o debate sobre eles na comunidade escolar.

- Elaborar um regimento do cineclube, que deve apresentar as normas a ser seguidas durante o evento.
- Planejar a exibição e conduzir a mediação dos debates sobre os filmes a ser apresentados.

Planejamento

Organização da turma

- Na *Parte I* do projeto, vocês discutirão, em grupos com quatro a cinco estudantes, as características do cinema enquanto manifestação artística.
- Na *Parte II*, vocês vão compartilhar com os colegas de grupo alguns filmes de que gostam, explicando a relevância deles.
- Na sequência, com base nas discussões, vocês vão selecionar os filmes que farão parte do cineclube da turma, indicando os aspectos que justificam tal escolha.
- A *Parte IV* do projeto será destinada à busca e à organização de um espaço adequado para o cineclube na escola.
- Depois de escolher o local do cineclube, vocês vão divulgar o evento para a comunidade escolar, indicando data, horário e filmes do cineclube.
- Por fim, no dia de cada exibição, vocês devem planejar e organizar a projeção e a mediação de um debate com a comunidade a respeito dos temas abordados no filme, procurando seguir o regimento do cineclube.

Procedimentos

Parte I – A importância do cinema

1 Para dar início ao projeto do cineclube, organizem-se em grupos com quatro a cinco estudantes para buscar informações sobre o cinema, essa manifestação artística que causa fascínio nos espectadores. A seguir, estão listados alguns itens que podem ajudá-los nessa tarefa.

304

- **Surgimento do cinema**: a invenção do cinematógrafo, a história dos irmãos Lumière, a chegada da arte cinematográfica ao Brasil, etc.
- **Desenvolvimento do cinema no Brasil**: as diversas fases pelas quais o cinema nacional passou até chegar aos dias de hoje, o Cinema Novo, as premiações e festivais de cinema mais importantes, as indicações brasileiras ao Oscar, etc.
- **Equipe que produz um filme**: elenco, produtor, diretor, técnico de som, roteirista, câmera, editor de fotografia, figurinista, montador, sonoplasta, preparador de elenco, etc.
- **Filmes de sucesso**: bilheteria desses filmes, os assuntos tratados, as polêmicas envolvidas, os festivais de cinema dos quais participaram, os prêmios que ganharam, etc.
- **Tipos de filme**: longa-metragem, curta-metragem, filme de ficção, documentário, filme adaptado de livro, etc.
- **Roteiro de cinema**: a estrutura e a finalidade do roteiro de cinema e os elementos que compõem esse gênero.

2 Feita a coleta dos dados, combinem com o professor um dia para compartilhar as informações com toda a turma.

Parte II – Compartilhando filmes significativos

1 Após o momento de compartilhamento de informações sobre a sétima arte, é hora de retomar a formação dos grupos. Façam um levantamento inicial dos filmes que vocês consideram significativos e acham que merecem ser vistos por outras pessoas. Nesse levantamento, não precisa haver apenas filmes a que vocês assistiram; ao contrário, é interessante incluir filmes conhecidos por meio da leitura de resenhas críticas.

2 Façam uma lista de até quatro filmes com base naqueles que consideram os melhores entre os lembrados pelo grupo. Se houver filmes que não foram vistos por todos, caso seja possível, organizem-se para assistir a eles e discuti-los com o grupo. Caso tenham oportunidade, revejam os filmes que já conhecem.

3 Em data combinada, reúnam-se para conversar sobre os filmes eleitos pelo grupo. Vejam, a seguir, algumas perguntas que podem auxiliá-los.

- Qual é o gênero de cada filme (aventura, comédia, drama, animação, musical, documentário, ficção científica, etc.)?
- Qual é, em geral, a visão de mundo apresentada nesses filmes?
- O que existe de especial em cada filme?
- Quais foram as sensações, as emoções e as reflexões que cada filme produziu em vocês? Que elementos dos filmes contribuíram para isso?
- Por que, na opinião do grupo, cada um desses filmes merece ser visto por outras pessoas?

4 Com base nos pontos discutidos, elejam dois dos quatro filmes para apresentá-los à turma. Elaborem uma fala de aproximadamente cinco minutos sobre cada um, evidenciando as principais informações discutidas por vocês.

Parte III – Seleção de filmes para o cineclube

1. Após a apresentação dos grupos, anotem na lousa o nome de todos os filmes indicados e façam uma votação para escolher quatro deles para serem exibidos à comunidade escolar.
2. Levando em conta, na medida do possível, as preferências individuais em relação a cada filme, definam os grupos que ficarão responsáveis por planejar e executar a exibição e a mediação do debate de cada um.
3. Em grupos, organizem-se para assistir ao filme escolhido, mesmo que já o tenham visto. Porém, dessa vez o objetivo será analisá-lo com base no roteiro de observação proposto no item a seguir.
4. Reflitam sobre cada um destes elementos envolvidos em uma obra cinematográfica e sobre sua importância para o filme escolhido pelo grupo:
   - roteiro (original ou adaptado);
   - relevância do assunto apresentado;
   - direção e produção;
   - edição e montagem;
   - elenco;
   - trilha sonora;
   - fotografia;
   - figurino, cabelo e maquiagem;
   - efeitos visuais ou especiais.
5. Após a experiência de análise crítica do filme, procurem resenhas que ajudem a embasar as opiniões de vocês sobre ele ou que levem a uma mudança de opinião sobre algum aspecto. Isso ajudará vocês na verificação das informações sobre o filme e no preparo para mediar o debate no cineclube.
6. Com base nos pontos discutidos, elaborem uma resenha crítica do grupo a respeito do filme escolhido, destacando as principais informações sobre ele.

> No **cabeçalho** da resenha crítica, é importante apresentar uma ficha do filme, que deve conter: o título completo do filme (caso seja estrangeiro, o título original e o traduzido); o ano e o país de produção; o nome do diretor; e uma lista de palavras-chave que remetam aos temas discutidos no filme.

7. Na data combinada, levem para a sala de aula a resenha finalizada e entreguem-na ao professor. Em seguida, cada grupo responsável por um filme conduzirá a conversa com a turma, dando oportunidade a quem quiser se manifestar, e registrará os pontos mais interessantes que surgirem na discussão. Essas anotações poderão ser consultadas posteriormente, na sessão do cineclube.
8. Durante essa discussão, é importante respeitar os turnos de fala de cada um e também respeitar a opinião de cada colega, mesmo que ela seja diferente da sua.

Parte IV – Organização do espaço

1. Com o professor e a direção da escola, selecionem um local em que o cineclube acontecerá. Para isso, verifiquem a disponibilidade e a estrutura do lugar.
2. Procurem também organizar os itens necessários para o evento: projetor para a apresentação de filmes; tela ou parede branca para projeção; aparelho de som; cadeiras para os espectadores; e microfone (não obrigatório, mas útil para favorecer a escuta durante o debate sobre os filmes).
3. Escolham dois colegas da turma para operar os equipamentos durante o evento.
4. Finalmente, verifiquem a quantidade de cadeiras que será possível disponibilizar no local e como elas devem ser organizadas, pensando no conforto e na visualização dos espectadores.

Parte V – Divulgação do evento para a comunidade escolar

1 A proposta do cineclube é compartilhar com a comunidade escolar os filmes que vocês consideram significativos. Para isso, é preciso divulgar o evento, chamando a atenção para cada filme que será apresentado. Até esta etapa, vocês se dividiram em grupos, sendo que cada um ficou responsável por um filme. Então, ainda em grupos, vocês devem produzir um material de divulgação do filme em questão.

> Aproveitem a etapa de divulgação para pensar em um nome para o cineclube de vocês e, assim, criar uma identidade para o projeto. Indiquem opções de nomes que definam o clube e, então, decidam o ganhador por meio de uma votação.

2 Com o professor, definam em que dia cada filme será exibido, organizando um calendário para o cineclube.

3 Iniciem a produção de cartazes informativos ou fôlderes para divulgar o cineclube e a sessão pela qual o grupo de vocês ficou responsável. Algumas informações são essenciais, como:
- título do filme;
- ficha do filme (cabeçalho da resenha crítica);
- sinopse do filme;
- classificação etária;
- data de exibição;
- local;
- horário.

Em seguida, escolham os lugares nos quais vão distribuir esses materiais de divulgação: mural da escola; jornal, rádio ou *site* da escola; redes sociais dos estudantes e da escola; sala dos professores, etc.

4 Após a divulgação, é importante definir como será organizada a entrada no cineclube. Reflitam sobre a possibilidade de confeccionar e distribuir ingressos um dia antes do evento. Dessa forma, ficará mais fácil organizar a sala de exibição, além de evitar superlotação nas sessões.

Parte VI – Produção do regimento do cineclube e planejamento das sessões

1 O cineclube deve ser um local de debate democrático. Para que essa proposta seja respeitada, é importante que todos os estudantes, com a ajuda do professor, estabeleçam regras de convivência.

> O **regimento do cineclube** deve estabelecer normas a serem seguidas durante o evento. Com elas, delimitem os **direitos** e **deveres** de todos que forem participar das sessões e de todos os integrantes do cineclube.

2 Após elencar as regras de convivência, elaborem o regimento do cineclube. Procurem não listar muitos itens ou se alongar no texto. Uma lista de, no máximo, dez normas, escritas no modo imperativo e com um texto objetivo, será ideal para o evento. Afinal, é importante que todos consigam ler as normas rapidamente e as compreendam sem dificuldade. Afixem o regimento na sala destinada aos encontros. É importante que as regras fiquem em lugar acessível para todos os participantes.

Bet_Noire/iStock/Getty Images

3 Pensem na organização do debate após a exibição do filme. Para isso, vocês podem seguir o modelo recorrente em diversos festivais de cinema do Brasil, nos quais é comum a participação:

- de um mediador, que é responsável por apresentar o debatedor e as regras do debate, organizar as perguntas do público e também fazer algumas perguntas;
- de um debatedor, que, geralmente, é alguém da equipe do filme;
- da plateia, que em sua maioria é formada por críticos de cinema e jornalistas.

No cineclube, o mediador pode ser um colega (ou uma dupla) escolhido pelo grupo responsável pelo filme do dia; o debatedor, um professor cuja disciplina esteja relacionada ao assunto do filme; e a plateia de críticos pode ser formada pela comunidade escolar.

4 Espera-se que todo o grupo auxilie o mediador a se preparar para o debate. Para isso, reúnam-se e retomem as anotações que fizeram durante a análise dos filmes com a turma.

5 Durante o debate, façam uso de operadores argumentativos para defender ideias e assegurar o diálogo com a tese do outro: concordo, discordo, concordo parcialmente, do meu ponto de vista, etc.

Compartilhamento

1 Organizem o local para exibição dos filmes.
2 Façam um teste final dos equipamentos, verificando o som e a imagem do filme.
3 Nas datas combinadas, escolham um representante para dar início ao cineclube, fazendo agradecimentos aos presentes, explicando o objetivo do projeto e convidando todos a permanecer no local após o término da exibição, para uma conversa sobre o filme que será exibido.
4 Verifiquem a possibilidade de deixar a sala escura utilizando cortinas, por exemplo, a fim de que a visualização dos filmes seja adequada.
5 Concluída a exibição do filme, o mediador pode iniciar a conversa apresentando as regras do debate e as considerações do grupo sobre o filme e fazendo uma primeira pergunta ao debatedor, de modo a incentivar a plateia a participar.
6 Organizem os turnos de fala de maneira que todos que desejam falar tenham oportunidade no momento adequado.
7 Concluída a conversa, agradeçam mais uma vez a todos pela presença e convidem-nos a assistir aos outros filmes que serão exibidos no cineclube.

Avaliação

1. O que vocês aprenderam com a realização deste projeto?
2. Do ponto de vista técnico, a exibição dos filmes foi satisfatória?
3. O local onde os filmes foram exibidos estava organizado, limpo, arejado e escuro?
4. As pessoas gostaram dos filmes selecionados por vocês? Como foi possível identificar isso?
5. As conversas após a exibição dos filmes foram produtivas?
6. Vocês se sentiram seguros para realizar a mediação e conseguiram conduzi-la de forma satisfatória?
7. Durante os debates, o público apontou aspectos relevantes dos filmes que vocês ainda não haviam percebido? Em caso afirmativo, quais?
8. Após organizar a iniciativa do cineclube, a relação de vocês com o cinema mudou? Em caso afirmativo, como?
9. Vocês gostariam de dar continuidade à proposta do cineclube? O que seria necessário para viabilizá-la?
10. Quais foram os pontos positivos e negativos do projeto cineclube?

PREPARE-SE!

PARTE 1

Texto para as questões **1** e **2**.

Felicidade clandestina

[...] Eu estava estonteada, e assim recebi o livro na mão. Acho que eu não disse nada. Peguei o livro. Não, não saí pulando como sempre. Saí andando bem devagar. Sei que segurava o livro grosso com as duas mãos, comprimindo-o contra o peito. Quanto tempo levei até chegar em casa, também pouco importa. Meu peito estava quente, meu coração pensativo.

Chegando em casa, não comecei a ler. Fingia que não o tinha, só para depois ter o susto de o ter. Horas depois abri-o, li algumas linhas maravilhosas, fechei-o de novo, fui passear pela casa, adiei ainda mais indo comer pão com manteiga, fingi que não sabia onde guardara o livro, achava-o, abria-o por alguns instantes. Criava as mais falsas dificuldades para aquela coisa clandestina que era a felicidade. A felicidade sempre iria ser clandestina para mim. Parece que eu já pressentia. Como demorei! Eu vivia no ar... Havia orgulho e pudor em mim. Eu era uma rainha delicada. [...]

Clarice Lispector. *Felicidade clandestina*.
Rio de Janeiro: Rocco, 1998. p. 9-10.

Questão 1

Nesse trecho de um conto psicológico, o comportamento da narradora ao voltar para casa revela a

a) tentativa de abrandar a euforia antes da leitura.

b) estratégia para perpetuar um encantamento.

c) ansiedade em relação ao enredo do livro.

d) cautela para não se deixar deslumbrar.

e) euforia ao vivenciar eventos do cotidiano.

Questão 2

No trecho, a expressão "meu coração pensativo" é uma imagem poética que

a) iguala a ação de sentir à ação de pensar.

b) reforça a racionalidade da personagem.

c) exagera no romantismo associado ao pensar.

d) atribui uma característica inanimada a um órgão.

e) contraria o senso comum de que o coração é o órgão das emoções.

Questão 3

Só uma corrida

Olhei pelo espelho e o passageiro continuava chorando, de mansinho, uma garoa nos olhos; aliás, quando vim pra cá, São Paulo era a terra da garoa, hoje quase nem chove mais... E, quando chove, é enchente na certa. Mas aí eu percebi que ele também não era daqui, a gente se reconhece, sabe, não dá pra esconder que esse não é o nosso mundo... A corrida era pra *Congonhas*, então eu tive certeza, ele estava indo embora, ia pegar o seu voo, voltar pra casa, era o fim da viagem, retornava com o coração dolorido, a saudade já machucando... Sim, era isso. [...]

João Anzanello Carrascoza. Só uma corrida. Em: *Espinhos e alfinetes*. Rio de Janeiro: Record, 2010. p. 108-109.

Em um conto psicológico, reflexões e sensações são desencadeadas por fatos aparentemente banais. Nesse trecho do conto, ao observar um passageiro chorando, o narrador, que é um taxista,

a) reconhece na tristeza do outro a própria dificuldade em lidar com a saudade.

b) lamenta a resistência dos paulistanos em falar sobre a vida pessoal.

c) sente saudade dos tempos em que São Paulo era a terra da garoa.

d) lembra-se de sua condição de não pertencente à cidade de São Paulo.

e) prevê um futuro triste marcado pelo distanciamento social.

Questão 4

Povo é necessário

Era tão pequeno aquele reino, que não tinha povo. Rei, sim, tinha. E Rainha. E alguns ministros. Tinha também uns tantos cavaleiros. **Mas** povo, nada.

— Povo é necessário! — queixava-se o monarca com a consorte. — Como posso ser magnânimo, se não há quem implore a minha generosidade? E como posso ser severo se não há quem desrespeite as leis?

— Sendo assim, para que temos leis? — havia perguntado uma vez a Rainha. **Mas**, vendo a expressão do marido, nunca mais se atrevera a repetir a pergunta.

Marina Colasanti. *Quando a primavera chegar*.
São Paulo: Global, 2017. p. 14.

A conjunção *mas* pode estabelecer diferentes relações entre as partes do texto ou entre as orações que ela conecta. Nos trechos em que está destacada, essa conjunção exprime, respectivamente, sentido de

a) contrariedade e desigualdade.
b) contradição e contrariedade.
c) adição e desigualdade.
d) contradição e adição.
e) contrariedade e adição.

Questão 5

Texto I

Primeiro de Maio

No grande dia Primeiro de Maio, não eram bem seis horas e já o 35 pulara da cama, afobado. Estava bem disposto, até alegre, ele bem afirmara aos companheiros da Estação da Luz que queria celebrar e havia de celebrar. Os outros carregadores mais idosos meio que tinham caçoado do bobo, viesse trabalhar que era melhor, trabalho deles não tinha feriado. Mas o 35 retrucava com altivez que não carregava mala de ninguém, havia de celebrar o dia deles. E agora tinha o grande dia pela frente.

Mário de Andrade. Primeiro de Maio. Em: *Contos novos*.
São Paulo: O Estado de S. Paulo/Klick, 1997. p. 43
(Coleção Ler é Aprender).

Texto II

Candido Portinari. *Café*, 1935.
Óleo sobre tela, 130 cm × 195 cm.

O texto I é a abertura do conto "Primeiro de Maio", de Mário de Andrade, e o texto II, uma reprodução da obra *Café*, de Candido Portinari. Em comum, ambos os textos

a) utilizam recursos expressivos para retratar as duras condições de trabalho.
b) denunciam condições subumanas enfrentadas por trabalhadores rurais.
c) registram um raro momento de alegria na dura rotina dos trabalhadores.
d) reforçam a importância do trabalhador braçal para a economia brasileira.
e) representam conflitos entre representantes de classes menos favorecidas.

Questão 6

Texto I

Estágio é oportunidade para conhecer a futura profissão

TNOnline, 26 dez. 2016.
Disponível em: https://tnonline.uol.com.br/noticias/cotidiano/67,397551,26,12,estagio-e-oportunidade-para-conhecer-a-futura-profissao?d=1. Acesso em: 3 mar. 2023.

Texto II

Vídeos mostram ônibus queimando após atentado em Araquari

ND+, 17 jun. 2015. Disponível em: https://ndmais.com.br/noticias/videos-mostram-onibus-queimando-em-araquari/. Acesso em: 3 mar. 2023.

Títulos de notícias têm como características a objetividade e a brevidade. Como estratégia para deixá-los sucintos, em ambos os títulos foram empregados(as)

a) orações sem sujeito.
b) verbos no infinitivo.
c) orações reduzidas.
d) locuções verbais.
e) verbos de ligação.

Texto para as questões **7** e **8**.

Ode ao *e-book*

Sou fã do cheiro dos livros, da maciez das lombadas, das manchas de café nas páginas, das dobras no alto das folhas e do volume físico que você pode morder, arremessar e brandir para matar baratas. Mas também sou entusiasta do livro eletrônico.

[...]

Desde que aderi ao leitor de *e-books*, melhorei da lordose típica de quem carrega livros pesados. Minha mala de viagens também ficou mais leve, embora eu ainda insista em empacotar, junto com a escova de dentes, alguns tomos antigos de valor sentimental ou que não possuem versão eletrônica. (Confesso: a mala para esta Flip não continha um só livro "de verdade" e voltei com apenas dois, o que deve ser uma espécie de recorde às avessas. Por outro lado, a lista de futuras compras eletrônicas só aumenta.)

E a geringonça é discreta: você pode ler as coisas mais vergonhosas sem que ninguém o identifique como fã de Dashiel Hammett, de Agatha Christie ou de livros de zumbis do espaço.

Vanessa Barbara. Ode ao *e-book*. *Blog da Companhia*, 15 jul. 2013. Disponível em: http://www.hortifruti.org/2013/07/15/ode-ao-ebook/. Acesso em: 3 mar. 2023.

Questão 7

O trecho lido é de uma crônica de Vanessa Barbara. Com base na leitura, é possível afirmar que a autora

a) prefere os *e-books*, pois eles não empoeiram.
b) não gosta de *e-books* porque eles não são livros.
c) utiliza um leitor de *e-books*, já que ela tem problemas de coluna.
d) deixou de utilizar livros impressos, visto que aderiu ao leitor de *e-books*.
e) vê vantagens nos *e-books*, embora tenha uma relação afetiva com o livro impresso.

Questão 8

Ao longo do tempo, a crônica passou por algumas mudanças em sua forma e em sua linguagem, em virtude dos novos contextos de produção e de circulação. Sobre a crônica "Ode ao *e-book*" é possível afirmar que

a) a ironia foi utilizada para criticar a ineficiência dos livros.
b) a linguagem é formal para convencer o leitor de um ponto de vista.
c) o humor é utilizado para atrair o público a ler sobre um assunto cotidiano.
d) a autoria do texto é marcada para explicitar a relevância da cronista no assunto.
e) a publicação em um *blog* é proposital para mostrar a importância dos livros eletrônicos.

Questão 9

Uma cidade amigável para as crianças

[...] A voz da criança no espaço urbano deverá fazer parte das agendas de importantes cidades do mundo. Há pelo menos 1 bilhão de crianças crescendo em áreas urbanas – o que aumenta à medida que mais famílias se mudam para as cidades em busca de um futuro melhor.

Em carta ao governo indiano, a representante da Fundação Bernard van Leer para a Índia, Dharitri Patnaik, chama a atenção para o tema: as crianças precisam brincar para processar e entender o mundo ao redor. É preciso que o planejamento urbano preveja espaços seguros e amigáveis para que as crianças possam conviver e brincar. [...]

Ana Estela Haddad. Uma cidade amigável para as crianças. *Folha de S.Paulo*, 12 out. 2015. Disponível em: https://www1. folha.uol.com.br/opiniao/2015/10/1692557-uma-cidade-amigavel-para-as-criancas.shtml. Acesso em: 3 mar. 2023.

Na frase iniciada por "É preciso que [...]", a estratégia argumentativa utilizada pela autora do texto foi

a) citar pontos de vista de uma autoridade.

b) intimidar autoridades dos centros urbanos.

c) enfatizar dados de uma pesquisa internacional.

d) dar estatuto de verdade a uma opinião pessoal.

e) despertar comoção pelas crianças nas cidades.

Texto para as questões **10** e **11**.

Como ainda gostar de futebol?

[...]

Neymar está enrolado com a Justiça, Messi condenado por sonegação, e o futebol segue uma paixão.

Só mesmo se você voltar aos 12 anos... Afinal, ninguém deixa de gostar do Brasil por causa de corrupção endêmica e da desfaçatez dos governantes.

Mas seria muito bom se você não aplaudisse gol de mão de seu time, se deplorasse o dinheiro nebuloso para contratações, e não votasse em político ladrão.

Porque se uma criança de 12 anos não sabe nada disso e fica feliz com a vitória do time, você que sabe não deveria, ao menos, ser conivente.

O que não impede o olhar romântico, o autoengano, cada vez que a bola começa a rolar.

Quem sabe um dia, depois de muitos escândalos, haja quem possa gostar de futebol com a idade que tem.

Neste dia, que certamente não verei, lembre-se dos que denunciaram a podridão sem esquecer a paixão.

Juca Kfouri. Como ainda gostar de futebol? *Folha de S.Paulo*, 19 fev. 2017. Disponível em: https://www1.folha.uol.com.br/colunas/jucakfouri/2017/02/1860052-como-ainda-gostar-de-futebol.shtml. Acesso em: 3 mar. 2023.

Questão 10

Nesse trecho de crônica esportiva, o autor Juca Kfouri

a) incentiva o torcedor a dedicar-se devotadamente ao futebol.

b) convida o torcedor a provar sua paixão ao combater a corrupção no futebol.

c) privilegia aspectos emocionais relacionados ao futebol, embora não desconsidere aspectos racionais.

d) defende que a emoção provocada pelo futebol é um antídoto contra a corrupção.

e) acredita que a paixão pelo futebol implica aceitar os escândalos de corrupção nesse meio.

Questão 11

No texto, a expressão "enrolado com a Justiça"

a) prejudica o viés informativo do texto.

b) remete à origem oral do gênero crônica.

c) refere-se a uma gíria comum no futebol.

d) mostra o tom debochado da crônica esportiva.

e) caracteriza o registro informal utilizado na crônica.

Questão 12

Brasileiro só ama mãe e time

[...]

Aos amigos santistas que irão me cobrar um pronunciamento mais aliado, juro que prefiro sempre que o Santos invista nos tantos possíveis Robinhos e principalmente nos candidatos a Neymares, esse belo plural dos oceanos, os meninos que ainda estão no casulo e valem sempre o milagre da multiplicação dos peixes que renovam a ideia de jogar bola no mundo.

[...]

Xico Sá. Brasileiro só ama mãe e time. *El País*, 12 fev. 2016. Disponível em: http://brasil.elpais.com/brasil/2016/02/12/opinion/1455273136_789783.html. Acesso em: 3 mar. 2023.

Na crônica esportiva, a abordagem do cotidiano esportivo conjuga elementos do jornalismo e da literatura. Considerando que o mascote do Santos Futebol Clube é um peixe, a passagem "o milagre da multiplicação dos peixes" citada no trecho acima é um recurso poético, pois

a) compara o crescimento da torcida santista a um milagre no meio futebolístico.

b) expressa simbolicamente a capacidade do Santos de revelar bons jogadores.

c) apresenta aliteração com a letra *m* para reforçar a ideia de mar.

d) ironiza a incompetência dos dirigentes que administram o Santos.

e) atribui o talento dos jogadores santistas a uma intervenção divina.

Questão 13

Lembrança de um braço direito

[...] No aeroporto, quando esperava a bagagem, vi a minha vizinha de poltrona. Estava com um senhor de óculos, **que**, com um talão de despacho na mão, pedia que lhe entregassem a sua mala. Ela disse alguma coisa a esse homem, e ele se aproximou de mim com um olhar inquiridor **que** tentava ser cordial. Estivera muito tempo esperando; a princípio disseram que o avião ia descer logo, era questão de ficar livre a pista; depois alguém anunciara que todos os aviões tinham recebido ordem de pousar em Campinas ou em outro campo; e imaginava quanto incômodo me dera sua senhora, sempre muito nervosa. "Ora, não senhor." Ele se despediu sem me estender a mão, como se, com aqueles agradecimentos, **que** fora constrangido pelas circunstâncias a fazer, acabasse de cumprir uma formalidade desagradável com relação a um estranho – **que** devia permanecer um estranho.

Rubem Braga. Lembrança de um braço direito. Em: *200 crônicas escolhidas*. 30. ed. Rio de Janeiro: Record, 2009. p. 148.

Os pronomes relativos são usados para fazer referência ou estabelecer relação entre diferentes partes e elementos do texto, sendo fundamentais para a coesão textual. Os pronomes destacados no texto se referem, na ordem em que aparecem, a(ao)

a) vizinha, senhor de óculos, aqueles agradecimentos, ele.

b) senhor de óculos, olhar inquiridor, ele, um estranho.

c) senhor de óculos, vizinha, olhar inquiridor, um estranho.

d) senhor de óculos, olhar inquiridor, aqueles agradecimentos, um estranho.

e) vizinha, senhor de óculos, olhar inquiridor, ele.

Texto para as questões **14** e **15**.

A viagem dos refugiados rumo ao nada

[...]

A guerra tirou 11 milhões de sírios dos seus lares, obrigando quase cinco milhões deles a saírem do país. **A visão do conflito oferecida pela mídia parece se ater à luta entre dois bandos principais: o regime e os rebeldes.** Mas Ahmad, um estudante de arquitetura sírio de 20 anos, afirma, após desembarcar na Europa, que "há cinco bandos lutando entre si" no seu país. "Não me sinto próximo de nenhum", acrescenta. "E isso é quase mais perigoso. Porque então você se torna suspeito para todos os lados. Aleppo estava infestada de postos de controle. Cada vez que eu cruzava um pediam a minha identidade, me olhavam de cima a baixo e me perguntavam:

— De que lado você é? Parece militante islâmico.

— Não, sou só estudante.

— Por que não está lutando? Na sua idade deveria estar lutando.

— É que eu só quero ser arquiteto.

No próximo posto de controle me paravam os do outro bando e me perguntavam o mesmo. E assim, um controle depois do outro."

Ahmad reflexiona em voz alta: "Por que essa guerra? Não sei. Só sei que as pessoas se matam porque o ódio está em seus corações". Por isso decidiu ir para a Turquia. [...]

Fernando del Berro. A viagem dos refugiados rumo ao nada. *El País*, 3 fev. 2017. Disponível em: http://brasil.elpais.com/brasil/2017/01/23/internacional/1485186262_856877.html. Acesso em: 3 mar. 2023.

Questão 14

O texto lido foi retirado de uma reportagem sobre refugiados na Europa. Nele, a frase em destaque revela um(a)

a) impressão pessoal do repórter.

b) autocrítica do repórter à superficialidade da matéria.

c) opinião de Ahmad, refugiado entrevistado para a reportagem.

d) constatação técnica baseada em dados informados na reportagem.

e) argumento levantado pelo repórter com base no depoimento de Ahmad.

Questão 15

Ao tratar da realidade dos refugiados, a matéria

a) destaca dramas pessoais, o que compromete a abrangência do tema.

b) aproxima-se da literatura na medida em que perde seu viés informativo.

c) torna-se tendenciosa, devido à aproximação entre o repórter e seu entrevistado.

d) desempenha função social, pois humaniza a abordagem de um problema social.

e) assume viés de protesto, pois reivindica a melhoria das condições dos refugiados.

Questão 16

Efeitos da luz artificial em seres vivos

Plantas utilizam a luz solar para realizar fotossíntese e direcionar seu crescimento. Mudanças na duração dos dias causadas por luminárias levam plantas a se confundirem em relação à estação do ano em que se encontram, resultando na produção de flores, frutos ou queda de folhas em épocas inesperadas. Tais alterações podem resultar em graves consequências para outros seres que delas dependam, como insetos polinizadores. Em tartarugas marinhas, a luminosidade dos centros urbanos orienta a caminhada dos recém-nascidos na direção oposta ao mar, aumentando a mortalidade desses animais. Nos pássaros, a luz vermelha interfere na orientação magnética; e, nas mariposas e nos besouros, focos de luz atraem as mais diversas espécies, tornando-as mais vulneráveis a predadores.

Oskar Hagen e Alessandro Berghini. O lado sombrio da luz. *Ciência Hoje*. Disponível em: https://www.cienciahoje.org.br/artigo/o-lado-sombrio-da-luz/. Acesso em: 13 dez. 2022.

Ao destacar os efeitos da luz artificial, essa reportagem de divulgação científica

a) incentiva o fim da luminosidade artificial em centros urbanos.

b) convida autoridades a repensar medidas de iluminação pública.

c) destaca impactos negativos desconhecidos pela maioria do público leigo.

d) ensina biólogos a proteger espécies dos males causados pela luz artificial.

e) informa o tipo e a intensidade de luz adequados para o bem-estar das espécies.

Questão 17

Texto I

Vereda

Você sabe o que é uma vereda ou já viu uma? Conhecendo ou não, saiba que elas são muito importantes, além de ser um ambiente incrível, cheio de novidades para explorar. São áreas de vegetação com características próprias, localizadas no bioma Cerrado. Dessa forma, podemos encontrar esses lindos ambientes em Mato Grosso do Sul, Mato Grosso, Minas Gerais, Goiás, Distrito Federal, Tocantins, sul da Bahia e na região amazônica. Como pode notar, são vários os estados onde você pode encontrar as veredas. Pronto para essa viagem? Vamos lá!

[...]

Suzana Moreira, Filipe de Souza, Vali Joana Pott e Arnildo Pott. Vereda. *Ciência Hoje das Crianças*, 3 fev. 2017. Disponível em: https://chc.org.br/vereda/. Acesso em: 3 mar. 2023.

Texto II

Brasil do samba... qui!

Olhando de longe parece um morro comum, mas se você chegar mais perto verá, misturados à terra, ossos, conchas, pedras e muita história para contar. É um sambaqui, que leva esse nome de origem tupi, que significa "amontoado de conchas". Na verdade, hoje, os sambaquis são considerados sítios arqueológicos – lugares que guardam muito da história do homem e da natureza.

[...]

Edson Pereira da Silva, Tate Aquino de Arruda e Michelle Rezende Duarte. Brasil do samba... qui! *Ciência Hoje das Crianças*, 17 fev. 2017. Disponível em: https://chc.org.br/brasil-do-samba-qui/. Acesso em: 3 mar. 2023.

Os textos acima foram retirados de reportagens de divulgação científica voltadas para o público infantil. Em ambos, o recurso expressivo utilizado para aproximar o texto desse público-alvo é o(a)

a) conversa com o interlocutor.

b) abordagem com viés narrativo.

c) referência às fontes de pesquisa.

d) alusão a histórias do folclore brasileiro.

e) uso de adjetivos como *incrível* e *lindos*.

Questão 18

Benefício inusitado da amamentação

[...] Estudos têm demonstrado que recém-nascidos alimentados com leite materno têm menor propensão a desenvolver doenças respiratórias, alergias, diabetes e obesidade. Parece perfeito? O que mais poderíamos esperar de um alimento para nossos pequenos filhos? A resposta para essa pergunta é surpreendente e insólita: bactérias.

Um leitor desavisado pode estar se perguntando por que, afinal, uma mãe gostaria do seu precioso leite materno contaminado com bactérias. Vamos esclarecer: micro-organismos fazem parte da nossa vida e estão presentes em vários locais do nosso corpo. A pele, a boca e o trato gastrointestinal são pesadamente colonizados por bactérias, fungos e vírus. Esses micro-organismos compõem a chamada microbiota humana normal e são essenciais para o funcionamento perfeito do nosso corpo, ou seja, sem eles nossa saúde não seria completa. [...]

Leandro Araujo Lobo, Juliana Soares de Sá Almeida e Regina Maria Cavalcanti Pilotto Domingues. Benefício inusitado da amamentação. *Ciência Hoje*, 29 abr. 2016. Disponível em: https://www.cienciahoje.org.br/artigo/beneficio-inusitado-da-amamentacao/. Acesso em: 6 mar. 2023.

Reportagens de divulgação científica têm como propósito difundir o conhecimento científico para um público leigo. Considerando isso, no trecho lido, destaca-se como estratégia discursiva o emprego de

a) informações organizadas em tópicos.

b) citações de especialistas em amamentação.

c) perguntas e respostas incorporadas ao texto.

d) voz enunciativa na terceira pessoa do singular.

e) analogia entre um elemento científico e um cotidiano.

Questão 19

Reconheça os privilégios da branquitude

Quando publiquei *O que é lugar de fala?*, muitos me perguntaram se pessoas brancas também podem se engajar na luta antirracista. Como explico naquele livro, todo mundo tem lugar de fala, pois todos falamos a partir de um lugar social. Portanto, é muito importante discutir a branquitude.

Djamila Ribeiro. *Pequeno manual antirracista*. São Paulo: Companhia das Letras, 2019. p. 31.

Nesse trecho, as orações "Quando publiquei *O que é lugar de fala?*" e "Como explico naquele livro" estabelecem, respectivamente, relações de

a) tempo e causa.

b) tempo e concessão.

c) tempo e conformidade.

d) proporção e comparação.

e) conformidade e finalidade.

Questão 20

Folia combina com alegria, não com medo

[...]

A exuberância do carnaval de Pernambuco, apesar de todos os problemas nesta área, nunca foi afetada significativamente pelo flagelo da violência, embora as estatísticas, pela natureza da festa, apontem para o aumento de ocorrências. Naturalmente, a partir de cenários assim, o que se espera é que foliões aproveitem os dias de folia sem esquecer normas básicas de segurança, pois cautela continua sendo a melhor forma de dificultar a ação de criminosos.

[...]

Folia combina com alegria, não com medo. *Diário de Pernambuco*, 25 fev. 2017. Disponível em: http://www.impresso.diariodepernambuco.com.br/noticia/cadernos/opiniao/2017/02/folia-combina-com-alegria-nao-com-medo.html. Acesso em: 3 mar. 2023.

Esse trecho é de um editorial, gênero de viés opinativo. No trecho, a oração "embora as estatísticas [...] apontem para o aumento de ocorrências"

a) endossa a preocupação daqueles que temem pela segurança no carnaval.

b) expressa conformismo em relação ao aumento da violência em Pernambuco.

c) incentiva o leitor a redobrar os cuidados com a segurança em detrimento da folia.

d) explicita a questão de que o carnaval resiste a um contexto social adverso, de violência.

e) invalida a opinião de que o carnaval pernambucano nunca foi comprometido pela violência.

317

PARTE 2

Questão 1

Entra uma marcha nupcial. Todas as pessoas assistem, embevecidas, à entrada da noiva. Mas a câmera fica numa família: No centro do quadro, Baby, uma quarentona meio mofada, mas se esforçando bastante, com escova no cabelo e um vestido exageradamente chique. Ao seu lado estão suas duas irmãs, Teca e o marido Lito, que fazem um gênero bem tradicional, com as filhas Clara, 7, e Luana, 1. Também está ali a irmã caçula, Pop, mais moderna, como o nome diz, com Lui, um namorado lindo e entediado. Em primeiro plano, cruzam o quadro daminhas e fotógrafo.

Até que a noiva, vestida de branco, cruza o quadro e, bem perto da câmera, com seu sorriso tenso, ela passa. Todas as pessoas viram-se e ficam olhando a sua chegada ao altar.

Anna Muylaert. *É proibido fumar*. São Paulo: Imprensa Oficial, 2010. p. 23 (Coleção Aplauso – Cinema Brasil).

O texto acima foi retirado do roteiro de um filme. Com base nas instruções presentes nesse trecho, é possível inferir que o enquadramento da câmera cumpre a função de

a) destacar o casamento entre Teca e Lito.

b) captar a reação dos convidados da noiva.

c) registrar a tensão da noiva no casamento.

d) chamar a atenção para o estilo moderno de Pop.

e) apresentar Baby e os contrastes em sua família.

Questão 2

CENA 57
RIOZÃO / EXTERIOR / PÔR DO SOL
MARIA vai andando pela margem do rio. Ouve um gemido e estaca, atenta. Logo percebe no chão o PÁSSARO INCOMUM, que bate as asas e emite uns gemidos estranhamente humanos. Está crivado por uma flecha. MARIA. Abaixa-se e, com extremo cuidado, pega o PÁSSARO e o traz junto ao colo. O PÁSSARO pia dolorosamente.

MARIA
Ruidade que fizero co'essa criatura de Deus! Corage, meu amigo, que vou curar essa ferida! [...]

Luís Alberto de Abreu e Luiz Fernando Carvalho. Baseado na obra de Carlos Alberto Soffredini. *Hoje é dia de Maria*. São Paulo: Globo, 2005.

Esse trecho é parte do roteiro da minissérie *Hoje é dia de Maria*, produzida pela TV Globo em 2005. Sobre esse trecho é possível afirmar que

a) as locações de cenas estão indicadas em itálico.

b) as rubricas ajudam o leitor a visualizar a cena.

c) a numeração indica a ordem de filmagem.

d) as falas estão no discurso indireto livre.

e) o registro de linguagem é formal.

Questão 3

Vidas secas

[...]

Os dois meninos espiavam os lampiões e adivinharam casos extraordinários. Não sentiam curiosidade, sentiam medo, e por isso pisavam devagar, receando chamar a atenção das pessoas. Supunham que existiam mundos diferentes da fazenda, mundos maravilhosos na serra azulada. Aquilo, porém, era esquisito. Como podia haver tantas casas e tanta gente? Com certeza os homens iriam brigar. Seria que o povo ali era brabo e não consentia que eles andassem entre as barracas? Estavam acostumados a aguentar cascudos e puxões de orelhas. Talvez as criaturas desconhecidas não se comportassem como sinha Vitória, mas os pequenos retraem-se, encostavam-se às paredes, meio encadeados, os ouvidos cheios de rumores estranhos.

Graciliano Ramos. *Vidas secas*. 132. ed. Rio de Janeiro: Record, 2016. p. 74.

As regras de concordância verbal são extremamente importantes para realizar diferentes construções sintáticas. Considerando essa afirmação e o trecho lido, pode-se afirmar que

a) as formas verbais *espiavam* e *adivinharam* estão no plural, pois concordam com seus sujeitos compostos *os dois meninos*.

b) a forma verbal *existiam* está no plural, pois concorda com o sujeito posposto *mundos*.

c) a forma verbal *consentia* está no singular, pois concorda com o sujeito simples *eles*.

d) a forma verbal *haver* está no singular, pois concorda com a expressão *tanta gente*.

e) a forma verbal *retraem-se* está no plural, pois concorda com o sujeito *as criaturas*.

Questão 4

Disponível em: http://www.enoisnafita.com.br/. Acesso em: 3 mar. 2023.

A imagem acima é o logotipo de um curso gratuito de cinema para jovens chamado "É nóis na fita". Esse título

a) revela o propósito de ensinar a criação de filmes de gêneros populares, como comédias e comédias românticas.

b) apropria-se de uma gíria que, além de sugerir inclusão, contém uma palavra que remete ao universo do cinema.

c) sugere a informalidade do curso de cinema, já que desobedeceu a regras de ortografia e concordância verbal.

d) protesta indiretamente contra o acesso restrito das classes de baixa renda à educação e às escolas de cinema.

e) restringe o público-alvo do curso de cinema a jovens de classes sociais menos favorecidas economicamente.

Questão 5

[...]

Em tempos de crescente fome e insegurança alimentar no Brasil e no mundo, é perturbadora a estimativa de que um terço dos alimentos anualmente produzidos no planeta se perde ou é desperdiçado. O dado foi divulgado pelo Boston Consulting Group, consultoria internacional que prevê o agravamento do problema nos próximos anos. A projeção é que o mundo chegará a 2030 deixando de aproveitar 2,1 bilhões de toneladas de alimentos por ano, o que significa dizer que tamanha quantidade de carnes e vegetais de todo tipo vai simplesmente apodrecer ou ser jogada fora, em vez de alimentar a população global.

Impossível não pensar em outra estimativa, tão ou mais assustadora, recentemente divulgada pela Organização das Nações Unidas (ONU): até 828 milhões de pessoas, quase 10% da população mundial, enfrentaram privação alimentar no ano passado, ou seja, passaram fome. A situação agravou-se em decorrência da pandemia de covid-19 e, atualmente, sofre também os efeitos da guerra na Ucrânia. Vale lembrar que outros 2,3 bilhões de pessoas (29,3% da população global), conforme a ONU, viviam a chamada insegurança alimentar, isto é, tinham que lidar com incertezas a respeito de sua capacidade de obter comida, o que é sinônimo de redução da quantidade e da qualidade dos alimentos ingeridos.

É nesse cenário que as projeções do Boston Consulting Group se tornam ainda mais aterradoras. Para ter ideia do que representam 2,1 bilhões de toneladas de alimentos – a quantidade que deverá ser perdida em 2030, no mundo –, basta dizer que toda a produção de grãos no Brasil, na atual safra, deve chegar a 271 milhões de toneladas ou 13% disso. A consultoria estima também que o prejuízo financeiro atingirá US$ 1,5 trilhão em 2030. De novo, a título de comparação, vale registrar que tal cifra corresponde a quase todo o Produto Interno Bruto (PIB) do Brasil.

O inaceitável desperdício de alimentos. *O Estado de São Paulo*, 13 set. 2022. Disponível em: https://www.estadao.com.br/opiniao/o-inaceitavel-desperdicio-de-alimentos/. Acesso em: 3 mar. 2023.

O artigo de opinião lido objetiva convencer o leitor dos prejuízos ocasionados à população pela perda e pelo desperdício de alimentos produzidos no planeta. A estratégia argumentativa apresentada no texto para comprovar esse posicionamento baseia-se em

a) citar argumentos de pessoas que são especialistas no assunto.

b) oferecer exemplos que ilustrem o que está sendo apresentado.

c) analisar a evolução histórica de um problema que é citado.

d) mencionar depoimentos que confirmem as afirmações.

e) apresentar dados numéricos que provem as afirmações.

Texto para as questões **6** e **7**.

[...] Os governos deveriam dedicar um pouco mais de atenção e recursos financeiros para a criação de espaços de uso comum onde a natureza esteja disponível.

Isso vai acontecer quando alguém mostrar a economia que os governantes podem ter evitando ausências do trabalho, pagamento de tratamentos, remédios e internações por falta de contato com o ambiente natural. As escolas também podem, aos poucos, retornar algumas aulas com atividades físicas nas quais as crianças possam ser expostas ao sol. Já há escolas nas quais essas atividades ao ar livre são feitas todos os dias e contribuem para o nível de vitamina D das crianças.

[...] Usando a tecnologia a favor, é possível buscar áreas com vegetação próximas a nossas residências ou trabalho para caminhar, por exemplo. Se o local não for seguro, os vizinhos podem ajudar a exigir ações para melhorar a segurança. As próximas férias também podem ser escolhidas não com base no hotel mais confortável, mas sim onde a natureza esteja presente.

[...]

Teresa Magro. Distanciamento da natureza: os responsáveis somos nós mesmos. *Gazeta do Povo*, 28 fev. 2017. Disponível em: http://www.gazetadopovo.com.br/opiniao/artigos/distanciamento-da-natureza-os-responsaveis-somos-nos-mesmos-96dqrujx8xybmlpócuoqknk0l. Acesso em: 3 mar. 2023.

Questão 6

O trecho lido foi retirado de um artigo de opinião. Considerando os argumentos apresentados, o objetivo do texto é

a) estimular o contato com a natureza.
b) prevenir doenças causadas pelo trabalho.
c) incentivar o uso de tecnologias sustentáveis.
d) fomentar a ocupação sustentável de parques.
e) combater o sedentarismo em centros urbanos.

Questão 7

Para persuadir o leitor a concretizar esse objetivo, entre outros aspectos a autora

a) menciona a conjuntura econômica brasileira.
b) propõe a mudança de hábitos turísticos.
c) desacredita as ações da classe política.
d) elogia as políticas públicas de ensino.
e) estimula as inovações tecnológicas.

Questão 8

Anúncio publicitário do *Informa ABC*.

Nesse anúncio, há um desvio de regência verbal, pois o verbo *ir* está regido pela preposição *em*, e não por *a*, conforme prevê a norma-padrão. Com base nos elementos verbais e não verbais do anúncio, é possível afirmar que esse desvio

a) foi intencional, produzindo efeito de humor.
b) não foi intencional, revelando descuido de revisão gramatical.
c) não foi intencional, contrastando com os objetivos da campanha.
d) foi intencional, criando identificação com o leitor pelo uso de um registro típico da fala espontânea.
e) foi intencional, utilizando gírias do ambiente digital adequadas à forma de circulação do texto.

Questão 9

Luis Fernando Verissimo. *As aventuras da Família Brasil*. Rio de Janeiro: Objetiva, 2005. p. 23-24.

É comum que histórias em quadrinhos apresentem alguns desvios em relação à norma-padrão. Isso acontece, muitas vezes, para reproduzir de forma mais natural a maneira como os falantes utilizam a língua em situações informais. Nesse quadrinho, há um desvio da norma-padrão referente à

a) regência verbal de *dar* (à).
b) regência nominal de *lição* (de).
c) regência nominal de *certeza* (de).
d) concordância verbal entre *professora* e *está*.
e) concordância nominal entre professora e apaixonada.

Texto para as questões **10** e **11**.

O **PRESIDENTE DA REPÚBLICA**: Faço saber que o Congresso Nacional decreta e eu sanciono a seguinte Lei:

Título I

Das Disposições Preliminares

Art. 1º Esta Lei dispõe sobre a proteção integral à criança e ao adolescente.

Art. 2º Considera-se criança, para os efeitos desta Lei, a pessoa até doze anos de idade incompletos, e adolescente aquela entre doze e dezoito anos de idade.

[...]

Parágrafo único. Os direitos enunciados nesta Lei aplicam-se a todas as crianças e adolescentes, sem discriminação de nascimento, situação familiar, idade, sexo, raça, etnia ou cor, religião ou crença, deficiência, condição pessoal de desenvolvimento e aprendizagem, condição econômica, ambiente social, região e local de moradia ou outra condição que diferencie as pessoas, as famílias ou a comunidade em que vivem. (incluído pela Lei nº 13.257, de 2016)

[...]

Lei nº 8.069. Disponível em: http://www.planalto.gov.br/ccivil_03/LEIS/L8069.htm. Acesso em: 3 mar. 2023.

Questão 10

O trecho acima foi retirado da Lei nº 8.069, também conhecida como Estatuto da Criança e do Adolescente. Sobre esse trecho é possível afirmar que

a) os parágrafos mostram uma opinião dentro da lei.

b) o Art. 1º resume, de forma clara, o conteúdo geral dessa Lei.

c) os artigos mencionados não apresentam relação um com o outro.

d) o Art. 2º apresenta o entendimento oficial sobre o conceito de juventude.

e) a parte preliminar indica o desconhecimento do presidente sobre o conteúdo da lei.

Questão 11

O texto das leis segue uma estrutura fixa, uma fórmula oficial. Sobre as características desse texto, é possível afirmar que

a) o presidente da República decreta e sanciona a Lei.

b) a epígrafe e a ementa podem ser organizadas em artigos.

c) a linguagem é marcada pelo uso da 1ª pessoa do singular.

d) a publicação e a divulgação são feitas exclusivamente no *Diário Oficial*.

e) os parágrafos complementam uma informação apresentada em um artigo.

Questão 12

Pronominais

Dê-me um cigarro

Diz a gramática

Do professor e do aluno

E do mulato sabido

Mas o bom negro e o bom branco

Da Nação Brasileira

Dizem todos os dias

Deixa disso camarada

Me dá um cigarro.

Oswald de Andrade. Pronominais. Em: *Obras completas*. Rio de Janeiro: Civilização Brasileira, 1972. v. 6-7. p. 125.

Nesse poema de Oswald de Andrade, o emprego do adjetivo *bom* em "o bom negro e o bom branco" reitera o(a)

a) desejo de mudança das regras de colocação pronominal da língua portuguesa.

b) valorização do saber acadêmico do professor, do aluno e do "mulato sabido".

c) exaltação à convivência harmoniosa entre brancos e negros no Brasil.

d) metáfora da simpatia e da cordialidade do povo da "Nação Brasileira".

e) defesa da língua falada por todos, independentemente de raça, em detrimento do rigor linguístico.

Texto para as questões **13** e **14**.

Ótimo, "Capitão América" dispensa vilões e escala 12 mocinhos

A lição básica de "Capitão América – Guerra Civil" é esta: quando você tem 12 super-heróis descolados, cheios de poderes bacanas, você não precisa de um vilão.

O terceiro filme do Capitão América consegue reunir as melhores cenas de combates sobre-humanos que o cinema já produziu, escalando apenas "mocinhos" para trocar socos, pontapés e raios.

[...]

Uma das melhores coisas a se dizer sobre "Capitão América – Guerra Civil" é que, além de espetacular, tem o mérito de ser compreensível para quem nunca teve contato com o universo da Marvel.

Comparação inevitável: a briga entre Capitão América e Homem de Ferro põe no chinelo o confronto recente de Batman e Superman levado ao cinema pela editora rival da Marvel, a DC Comics.

Thales de Menezes. Ótimo, "Capitão América" dispensa vilões e escala 12 mocinhos. *Folha de S.Paulo*, 28 abr. 2016. Disponível em: http://www1.folha.uol.com.br/ilustrada/2016/04/1765273-otimo-capitao-america-dispensa-viloes-e-escala-12-mocinhos.shtml. Acesso em: 3 mar. 2023.

Questão 13

Por ser um texto opinativo, a resenha crítica apresenta estratégias argumentativas para persuadir o leitor. No trecho lido, um dos recursos argumentativos utilizados foi

a) tornar o discurso impessoal, com o objetivo de fazer opiniões subjetivas parecerem verdades consensuais.

b) estabelecer comparações com diversos filmes concorrentes, de modo a apresentar pontos fortes do gênero.

c) usar adjetivos vagos e generalizadores, com o intuito de fazer análises minuciosas.

d) resumir o enredo do filme, de modo a despertar a atenção do leitor para a trama.

e) citar terminologias técnicas do cinema a fim de demonstrar erudição.

Questão 14

Na resenha, foram empregadas palavras e expressões do registro informal, como *descolados*, *bacanas* e *põe no chinelo*. Esse recurso foi utilizado como estratégia para

a) atrair leitores não habituados a textos opinativos.

b) atenuar a formalidade característica de resenhas críticas.

c) abordar um gênero cinematográfico que é pouco prestigiado.

d) criar um clima de descontração que minimiza o trabalho analítico.

e) aproximar do texto o público habitual de filmes de super-heróis por meio da linguagem.

Questão 15

Os diminutivos podem expressar diversos sentidos, dependendo do contexto. No anúncio acima, a palavra *pezinho* expressa

a) consolo, pois induz o conformismo com o pouco contato com a praia.
b) ternura, pois remete aos pés das crianças, público-alvo da propaganda.
c) ironia, pois contrasta com o grande destaque da sandália no anúncio.
d) proximidade, pois promove um diálogo coloquial com o público-alvo.
e) economia, na medida em que sugere o baixo preço da sandália.

Questão 16

Texto I

M. C. Escher.
Up & Down, 1947.
Litografia,
45 cm x 79,5 cm.

Texto II

Disponível em:
http://www.clubedecriacao.com.br/
pecas/escher-6/.
Acesso em: 3 mar. 2023.

O texto I é a reprodução de uma obra de arte do artista holandês M. C. Escher, e o texto II, um anúncio publicitário de um carro de luxo chamado "Quattro". Com base na comparação dos textos, conclui-se que o objetivo do anúncio é

a) desassociar carros de obras de arte.
b) fazer uma intervenção na obra de Escher.
c) atrair motoristas para o mercado de arte.
d) persuadir artistas a comprar o automóvel.
e) agregar prestígio à imagem do automóvel.

Questão 17

Quando você bebe e dirige, alguém sempre se machuca. *Observatório nacional de segurança viária*, 22 ago. 2018. Disponível em: https://www.onsv.org.br/campanha-quando-voce-bebe-e-dirige-alguem-sempre-se-machuca-esta-disponivel-gratuitamente/. Acesso em: 3 mar. 2023.

Nesse cartaz de anúncio de propaganda, a relação entre a linguagem verbal e a não verbal tem o objetivo de

a) apresentar visualmente que a bebida aliada à direção cria marcas profundas no rosto de quem dirige.
b) conscientizar o público-alvo de que dirigir sob efeito de álcool pode causar acidentes.
c) mostrar ao leitor que a ingestão de bebidas alcoólicas causa traumas nos passageiros.
d) incentivar as pessoas que bebem e dirigem a procurar ajuda médica especializada.
e) criticar o comportamento de pessoas que dirigem de forma perigosa.

Questão 18

Texto I

> [...]
> De fato, estamos a assistir a uma verdadeira descaracterização da língua portuguesa, tal a invasão indiscriminada e desnecessária de estrangeirismos — como "holding", "recall", "franchise", "coffee-break", "self-service" — e de aportuguesamentos de gosto duvidoso, em geral despropositados — como "startar", "printar", "bidar", "atachar", "database". E isso vem ocorrendo com voracidade e rapidez tão espantosas que não é exagero supor que estamos na iminência de comprometer, quem sabe até truncar, a comunicação oral e escrita com o nosso homem simples do campo, não afeito às palavras e expressões importadas [...].

Projeto de Lei n. 1.676, de 1999, de Aldo Rebelo. Disponível em: http://www.paulohernandes.pro.br/projeto1676.html. Acesso em: 3 mar. 2023.

Texto II

> **futebol** [...] 'jogo esportivo praticado entre duas equipes com onze jogadores cada uma cujo objetivo é fazer a bola ultrapassar a meta da equipe adversária' XX. Do ing. *foot-ball*.

Antônio Geraldo da Cunha. *Dicionário etimológico da língua portuguesa*. Rio de Janeiro: Lexikon, 2007. p. 373.

O texto I é um trecho de um Projeto de Lei contra o uso de estrangeirismos na língua portuguesa, e o texto II, um verbete de dicionário etimológico, dedicado à origem das palavras. Considerando a origem da palavra *futebol*, o autor do projeto

a) desconsiderou que estrangeirismos podem ser incorporados à língua portuguesa sem comprometer a comunicação.
b) ignorou que o brasileiro é capaz de entender termos estrangeiros ao incorporá-los à fala.
c) reforçou que o uso de estrangeirismos no cotidiano causa estranhamento aos brasileiros.
d) citou que as línguas estrangeiras contribuíram para a formação da identidade brasileira.
e) subestimou que o homem simples do campo possa aprender línguas estrangeiras.

Questão 19

A menina de futuro torcido

[...]

Os tempos passaram, Joseldo sempre esperando que o empresário passasse pela vila. Na garagem os seus ouvidos eram antenas à procura de notícias do contratador. Nos jornais os olhos farejam pistas do seu salvador. Em vão. O empresário recolhia riquezas em lugar desconhecido.

Enquanto isso, Filomena piorava. Quase não andava. Começou a sofrer de vómitos. Parecia que queria deitar o corpo pela boca. O pai avisou-lhe que deixasse essas fraquezas:

— Se o empresário chegar não pode-lhe encontrar da maneira como assim. Você deve ser contorcionista e não vomitista.

Decorreram as semanas, destiladas na angústia de Joseldo Bastante.

Mia Couto. A menina de futuro torcido. Em: *Vozes anoitecidas*. São Paulo: Companhia das Letras, 2013. p. 129.

Nesse trecho, o termo *vomitista* constitui um neologismo formado pelo mesmo processo empregado para formar a palavra *contorcionista*. O uso desse termo pelo pai revela, em relação à Filomena, uma postura de

a) sátira.

b) afeição.

c) repulsa.

d) autoritarismo.

e) valorização.

Questão 20

Assoreado e com seca, rio Madeira trava hidrovia no Norte do país

[...]

Segundo o presidente da Fenavega [Federação Nacional das Empresas de Navegação Aquaviária], a estiagem é um dos motivos para o problema no Madeira, mas o rio também é vítima das barragens de Santo Antonio e Jirau.

O rio chegou a ter profundidade de 1,98 m — quando o mínimo para a navegação é 3 m —, o que impede o transporte de grãos e derivados de petróleo.

"No caso dos grãos, paramos totalmente no início de setembro e retomamos, entre aspas, em meados de outubro, com uma viagem de apenas 8 000 toneladas, quando o normal seria transportar 40 mil, em períodos de águas fartas", afirmou o presidente.

[...]

Marcelo Toledo. Assoreado e com seca, rio Madeira trava hidrovia no Norte do país. *Folha de S.Paulo*, 11 nov. 2016. Disponível em: http://brasil.blogfolha.uol.com.br/2016/11/11/assoreado-e-com-seca-rio-madeira-trava-hidrovia-no-norte-do-pais/. Acesso em: 3 mar. 2023.

O trecho acima foi retirado de uma notícia de jornal sobre o assoreamento e a seca no rio Madeira. Em sua fala, um entrevistado usa a expressão "entre aspas" para comentar a retomada do transporte fluvial de grãos. Ao usá-la, o entrevistado

a) busca deixar claro que fala em nome de uma equipe de trabalhadores.

b) revela a indignação coletiva com a situação crítica a que chegou o rio Madeira.

c) faz uma crítica indireta aos responsáveis pela diminuição do transporte fluvial.

d) expressa a ideia de que o transporte de grãos não foi retomado em sua totalidade.

e) busca isentar-se da responsabilidade pela crise do transporte de grãos no Madeira.

BIBLIOGRAFIA COMENTADA

ABREU, A. S. *Curso de redação*. São Paulo: Ática, 2004.

A obra oferece amplo material direcionado para o aprimoramento da escrita. Com base em textos literários e jornalísticos, apresentam-se conceitos linguísticos e discursivos acompanhados de atividades.

ABREU, A. S. *Gramática mínima*: para o domínio da língua padrão. 2. ed. Cotia: Ateliê, 2006.

Nessa gramática, são abordados aspectos que influenciam a escrita. Segue-se o modelo funcionalista-cognitivista e tomam-se como referência escritores modernos e a mídia de prestígio do país.

ARAÚJO, J. C. (org.). *Internet & ensino*: novos gêneros, outros desafios. Rio de Janeiro: Lucerna, 2007.

O tema dessa coletânea de textos é o impacto da internet no ensino e na aprendizagem. Há capítulos sobre "gêneros digitais" de texto, como o *chat*, o uso de *emoticons* e os efeitos do uso de tecnologias digitais na ortografia. A obra destaca estratégias de ensino e aprendizagem que dialogam com possibilidades e desafios característicos da internet.

BAGNO, M. *Nada na língua é por acaso*: por uma pedagogia da variação linguística. São Paulo: Parábola, 2007.

A obra aborda a noção de "erro" nos estudos da língua. O autor contextualiza historicamente o tema e, depois, insere-o na educação escolar, refletindo sobre a norma-padrão e os usos linguísticos.

BAKHTIN, M. *Os gêneros do discurso*. Organização, tradução, posfácio e notas: Paulo Bezerra. Notas da edição russa: Serguei Botcharov. São Paulo: Editora 34, 2016.

O livro reúne dois textos escritos por Bakhtin entre 1950 e 1960, em que são abordados conceitos como gêneros do discurso, enunciado, texto e cadeia comunicativa. Além desses, há outros textos inéditos do teórico que tratam do aspecto dialógico da língua.

BARBOSA, M. (org.). *Pós-verdade e fake news*: reflexões sobre a guerra de narrativas. Rio de Janeiro: Cobogó, 2019.

Os textos que compõem o livro discorrem sobre as mudanças ocasionadas pela internet nas formas como se produz e se consome informação. Além disso, abordam recursos que surgiram com essa tecnologia e os efeitos deles sobre a democracia.

BAZERMAN, C. *Escrita, gênero e interação social*. Organização: Judith Chambliss Hoffnagel e Angela Paiva Dionisio. São Paulo: Cortez, 2007.

A obra favorece a reflexão sobre a linguagem como elemento de mediação entre interlocutores, apontando a necessidade de estudar o contexto em que um autor está inserido para que sua produção seja efetivamente compreendida.

BECHARA, E. *Moderna gramática portuguesa*. 37. ed. Rio de Janeiro: Nova Fronteira, 2009.

Essa é uma obra de referência na gramaticografia, em que o autor acrescenta reflexões sobre questões linguísticas e discursivas à abordagem normativa que faz da língua.

BENVENISTE, E. *Problemas de linguística geral I*. 5. ed. Tradução: Maria da Glória Novak e Maria Luisa Salum. Campinas: Pontes, 2005.

A partir da publicação dessa obra, ganham força a teoria da enunciação e, com isso, as formas de expressão de subjetividade no texto, os dêiticos e outros conceitos que se solidificaram no século XX. O autor estabelece uma visão objetiva das relações entre língua e sociedade, linguagem e história, forma e sentido.

BRANDÃO, H. N. (coord.). *Gêneros do discurso na escola*: mito, conto, cordel, discurso político, divulgação científica. 4. ed. São Paulo: Cortez, 2003 (Coleção Aprender e Ensinar com Textos, v. 5).

O livro apresenta exemplos de trabalho com o texto em sala de aula. Os gêneros selecionados foram explorados à luz da teoria dialógica interacionista, como divulgação de instrumental para esse trabalho.

BRASIL. Ministério da Educação. Secretaria de Educação Básica. *Base Nacional Comum Curricular*: educação é a base. Brasília: MEC/SEB, 2018. Disponível em: http://basenacionalcomum.mec.gov.br/images/BNCC_EI_EF_110518_versaofinal_site.pdf. Acesso em: 11 abr. 2023.

Documento oficial e de caráter normativo no qual são definidas as aprendizagens essenciais nas diferentes etapas de ensino da Educação Básica. Tem como principal objetivo balizar a qualidade da educação no Brasil, guiando os currículos e as propostas pedagógicas das escolas públicas e privadas.

BRONCKART, J. P. *Atividades de linguagem, textos e discursos*: por um interacionismo sociodiscursivo. 2. ed. Tradução: Anna Rachel Machado e Péricles Cunha. São Paulo: Educ, 2008.

O livro apresenta aspectos teóricos e práticos do ensino da linguagem. É uma referência para professores e estudantes, pois explicita diferentes etapas da produção textual em contextos diversos.

CITELLI, A. *O texto argumentativo*. São Paulo: Ática, 1994 (Série Ponto de Apoio).

Na obra, aborda-se a argumentação considerando aspectos como formação e expressão de ponto de vista e mecanismos argumentativos, além de questões ligadas à coesão e à coerência.

CITELLI, A. *Outras linguagens na escola*: publicidade, cinema e TV, rádio, jogos, informática. 4. ed. São Paulo: Cortez, 2004 (Coleção Aprender e Ensinar com Textos, v. 6).

Livro de caráter prático que apresenta atividades para o ensino de produção de textos em diferentes linguagens e suportes.

COSTA, S. R. *Dicionário de gêneros textuais*. 3. ed. Belo Horizonte: Autêntica, 2008.

Além de definir conceitos relacionados à classificação dos gêneros textuais, o dicionário apresenta cerca de quatrocentos verbetes sobre gêneros escritos e orais de várias esferas.

CUNHA, C.; CINTRA, L. *Nova gramática do português contemporâneo*. Rio de Janeiro: Lexikon, 2009.

A descrição do sistema linguístico é exemplificada com o uso de textos de autores brasileiros, portugueses e africanos, oferecendo uma compreensão morfossintática de fenômenos linguísticos.

GEBARA, A. E. L. *A poesia na escola*: leitura e análise de poesia para crianças. São Paulo: Cortez, 2002 (Coleção Aprender e Ensinar com Textos, v. 10).

O livro faz uma reflexão sobre o ensino de poesia do ponto de vista acadêmico e do planejamento de atividades.

ILARI, R. (org.). *Gramática do português falado*: níveis de análise linguística. 4. ed. Campinas: Editora da Unicamp, 2002.

A coletânea é decorrente dos Seminários Plenos do Projeto de Gramática do Português Falado, que ocorreram entre 1980 e 1990. Esse volume inclui textos de especialistas em fonética, fonologia, sintaxe, morfologia e análise textual.

CRÉDITOS OBRIGATÓRIOS

Ilari, R.; Basso, R. *O português da gente*: a língua que estudamos, a língua que falamos. São Paulo: Contexto, 2006.

Os autores iniciam o estudo a partir da origem latina da nossa língua, passando pela consolidação dela na Europa e pela sua especificidade em nosso continente.

Koch, I. G. V. *A coesão textual*. São Paulo: Contexto, 2007.

O livro aborda a coesão e seus mecanismos, trabalhando a produção e a compreensão de sentidos por meio de enunciados reais.

Koch, I. G. V.; Bentes, A. C.; Cavalcante, M. M. *Intertextualidade*: diálogos possíveis. São Paulo: Cortez, 2007.

O livro discorre sobre o conceito de intertextualidade, isto é, a ideia de que o sentido de um texto é modelado por outros textos. As autoras exploram os diferentes níveis de intertextualidade e sua relação com os conceitos de transtextualidade e polifonia.

Koch, I. G. V.; Travaglia, L. C. *A coerência textual*. São Paulo: Contexto, 2006.

A obra, além de abordar a coerência e sua aplicação, discute as relações entre esse conceito e o ensino.

Leite, L. C. M. *O foco narrativo*. São Paulo: Ática, 2007 (Coleção Princípios).

A obra apresenta a narração na ficção e na historiografia. Expõe e exemplifica os tipos de narrador segundo Friedman e detalha a onisciência seletiva, o monólogo interior e o fluxo de consciência.

Marcuschi, L. A. *Da fala para a escrita*: atividades de retextualização. São Paulo: Cortez, 2010.

O livro discorre sobre as relações entre fala e escrita, apontando diferenças e continuidades entre essas modalidades. Assim, problematiza tradicionais dicotomias e propõe atividades de análise de tipos e gêneros textuais, além de exercícios de retextualização que exploram a passagem de uma modalidade para outra.

Neves, M. H. M. N. *Que gramática estudar na escola?* Norma e uso na língua portuguesa. São Paulo: Contexto, 2003.

A obra propõe um tratamento científico e contextualizado do ensino de gramática, apresenta a importância da taxonomia de formas e funções e valoriza o uso da língua materna e o convívio entre variantes linguísticas.

Saussure, F. de. *Curso de linguística geral*. 28. ed. São Paulo: Cultrix, 2012.

Livro fundamental para a edificação da linguística moderna, lançado postumamente (1916) por estudantes de Saussure com base em três cursos ministrados por ele na Universidade de Genebra. Na obra, estão presentes os pressupostos teórico-metodológicos relacionados ao estruturalismo.

Vieira, F. E.; Faraco, C. A. *Gramática do período e da coordenação*. São Paulo: Parábola, 2020 (Coleção Escrever na Universidade, v. 3).

O livro promove o desenvolvimento de uma consciência sintática que pode ser aplicada à escrita. Embora o título da coleção sugira a produção textual na universidade, o conteúdo é passível de ser aplicado no Ensino Fundamental, e a descrição gramatical é voltada às práticas de leitura e escrita.

- **p. 18** Aquela água toda. *In: Aquela água toda*, de João Anzanello Carrascoza, Alfaguara, Rio de Janeiro. © João Anzanello Carrascoza.
- **p. 21** Peraltagem. *In: Memórias Inventadas*, de Manoel de Barros, Alfaguara, Rio de Janeiro. © by herdeiros de Manoel de Barros.
- **p. 57** MARCIA DESSEN/FOLHAPRESS.
- **p. 83** RENATA MENDONÇA/FOLHAPRESS.
- **p. 97** Rodrigo Ratier/Paula Peres/Alice Vasconcellos/Nova Escola.
- **p. 110** FELIPE PEREIRA/FOLHAPRESS.
- **p. 149** Cássio Zirpoli/DP/D.A Press.
- **p. 151** HÉLIO SCHWARTSMAN/FOLHAPRESS.
- **p. 216** GABRIELA MANZINI/FOLHAPRESS.
- **p. 220** 1966 by EMI SONGS DO BRASIL EDIÇÕES MUSICAIS LTDA.
- **p. 234** MICHEL LAUB/FOLHAPRESS.
- **p. 252** Poeminha do contra. *In: Caderno H*, de Mario Quintana, Alfaguara, Rio de Janeiro. © by herdeiros de Mario Quintana.
- **p. 271** Objetos perdidos. *In: Melhores Poemas de Mario Quintana*, Global Editora, São Paulo. © by herdeiros de Mario Quintana.
- **p. 274** *Transbording*, de Luis Fernando Verissimo, publicado no jornal O Globo, em 21 de maio de 2015. © by Luis Fernando Verissimo.
- **p. 287** Arquivo CB/D.A Press.